Christian Thein

Habermas und die Genealogie nachmetaphysischen Denkens

Meiner

Bibliographische Information der Deutschen Nationalbibliothek

Die Deutsche Nationalbibliothek verzeichnet diese Publikation in der Deutschen Nationalbibliographie; detaillierte bibliographische Daten sind im Internet über ‹http://portal.dnb.de› abrufbar.

ISBN 978-3-7873-4542-7
ISBN eBook 978-3-7873-4543-4

 Satz: mittelstadt 21, Vogtsburg-Burkheim. Druck und Bindung: Stückle, Ettenheim. Gedruckt auf alterungsbeständigem Werkdruckpapier, hergestellt aus 100 % chlorfrei gebleichtem Zellstoff. Printed in Germany.

INHALT

Einleitung

Unter dem Eindruck von spätestens seit der Jahrtausendwende virulenter werdenden Fragestellungen nach der Relevanz von religiösen Traditionen, Ritualen und Sinngehalten für das moderne und säkulare Selbstverständnis formuliert Jürgen Habermas bereits 2005 eine Problemstellung, die den methodischen Zugriff auf die Verhältnisbestimmung von religiösem Denken und philosophischem Diskurs betrifft: »Ich verteidige Hegels These, dass die großen Religionen zur Geschichte der Vernunft selbst gehören. Das nachmetaphysische Denken kann sich selbst nicht verstehen, wenn es nicht die religiösen Traditionen Seite an Seite mit der Metaphysik in die eigene Genealogie einbezieht.«[1]

Die Kernaspekte dieser These überraschen, wenn man sie mit den zwei Jahrzehnte zuvor in seinen prominenten Vorlesungen zum *Philosophischen Diskurs der Moderne* vertretenen Positionen abgleicht, in zweierlei Hinsicht: Zum einen sprach Habermas dort der Religion die Kraft der sozialen Integration innerhalb der modernen Selbstaufklärungsbewegung ab. Die Dialektik zwischen einer »Emanzipation von uralten Abhängigkeiten« einerseits und den neuen Erfahrungen einer Entfremdung »von der Totalität eines sittlichen Lebenszusammenhangs« andererseits könne unter gegenwärtigen Bedingungen gerade nicht mehr durch Rekurs auf den sozial- und kulturintegrativen Anspruch und Sinngehalt von Religionen eingeholt werden: »Die religiösen Kräfte der sozialen Integration sind infolge eines Aufklärungsprozesses erlahmt, der so wenig rückgängig gemacht werden kann, wie er willkürlich produziert worden ist. Der Aufklärung ist die Irreversibilität von Lernprozessen eigen, die darin begründet ist, daß Einsichten nicht nach Belieben vergessen, sondern nur verdrängt oder durch bessere Einsicht korrigiert werden können.«[2] Dass Habermas zwei Jahrzehnte später diese Einsicht auf den Kopf stellt und die Religion retrospektiv als konstitutiven Bestandteil und Motor der Geschichte der metaphysischen Vernunft sowie des nachmetaphysischen Denkens auszuweisen gedenkt, zeugt von einem deutlich veränderten philosophischen Selbstverständnis hinsichtlich der Anliegen einer kritischen Analyse der Moderne und ihrer ideengeschichtlichen Hintergründe.

Nur vor diesem Hintergrund wird auch der zweite überraschende Aspekt der formulierten These, der das methodische Vorgehen betrifft, plausibel. Habermas formuliert hier die Aufgabe einer Selbstverständigung des nachmetaphysischen Denkens über dessen eigene Historie unter Rückgriff auf ein genealogisches Verfahren. Dies ist deshalb überraschend, weil er sich in den Vorlesungen über den *Philosophischen Diskurs der Moderne* von 1985 sowohl in methodologischer Hinsicht als auch mit Blick auf die normativen Voraussetzungen und Implikationen noch als entschiedener Gegner von Genealogien in der Tradition von Nietzsche und Foucault positionierte. In seiner Vorrede zur *Genealogie der Moral* führt Nietzsche bekanntlich eine Unterscheidung zwischen der philosophischen Frage nach dem »Ursprung von Gut und Böse« einerseits und der reifen Wandlung dieser Frage unter den Augen des Philologen und Historikers andererseits ein: »Etwas historische und philologische Schulung, eingerechnet ein angeborener wählerischer Sinn in Hinsicht auf psychologische Fragen überhaupt, verwandelte in Kürze mein Problem in das andere: unter welchen Bedingungen erfand sich der Mensch jene Werthurteile gut und böse? Und welchen Werth haben sie selbst?«[3] Die zu einer solchen Analyse nötigen Kenntnisse über die Bedingungen, unter denen die von Nietzsche bereits als »Erfindung« markierten moralischen Werte entwickelt und verändert worden sind, verwandeln sich nach den einschlägigen Formulierungen im Gange einer solchen historischen Untersuchung in »genealogische Hypothesen«.[4] Mit dieser methodischen Umstellung verfolgt Nietzsche in seiner Spätschrift zwei Ziele. So soll mit der Rekonstruktion der Entstehungsgeschichte von moralischen Urteilen nicht nur die Frage nach ihrem Wert für den und die Menschen aufgeworfen werden, sondern er verweist darüber hinaus auch auf die grundsätzliche Infragestellung moralischer Werte als einer neuen und in radikaler Weise kritischen Forderung an die wissenschaftliche Arbeit: »Wir haben eine Kritik der moralischen Werte nötig, der Wert dieser Werte ist selbst erst einmal in Frage zu stellen – und dazu tut eine

Kenntnis der Bedingungen und Umstände not, aus denen sie gewachsen, unter denen sie sich entwickelt und verschoben haben.«[5]

In diesen dichten Textpassagen fokussiert Nietzsche die bis in die Gegenwart virulente und zugleich komplexe Verhältnisbestimmung von historischer Untersuchung einerseits und Kritik andererseits im Kontext der genealogischen Verfahrensweisen. Er sah sich offenbar nicht in der Lage, eine Moralkritik auf geltungstheoretischer Ebene und unabhängig von einem historischen, zugleich komparatistischen und diachronen Zugriff auf die Geschichte von Moralvorstellungen zu formulieren. Eine historische Betrachtung der Entstehungskontexte und Entwicklungslinien von Moral sei demzufolge die entscheidende Voraussetzung für deren Kritik. Die hierzu notwendige Distanz zum zur Disposition stehenden Wertesystem selbst mache es zudem nötig, einen »Standpunkt außerhalb der Moral«[6] zu beziehen, den erst ein genealogischer Zugang ermögliche. Der explizite Rekurs auf eine genealogische Verfahrensweise im Titel von Nietzsches Schrift stehe deshalb nach der Interpretationsthese von Lars Niehaus noch nicht für den Ausweis einer spezifischen Methode oder Programmatik, wie sie später Foucault verfolgte. Stattdessen verweise Nietzsche zunächst nur auf die sachliche Notwendigkeit einer Fundierung der radikalen Moralkritik in einer »naturalistisch-historischen Deutung der Entstehung einer bestimmten Art von Moral«.[7] Nietzsche selbst konstatiert an verschiedenen Stellen, dass eine Darlegung von Entstehungs- und Entdeckungszusammenhängen nicht mit der Kritik derselben verwechselt werden dürfe. Grundsätzlich eröffnen aber, wie Martin Saar es formuliert, »die genealogischen Geschichten den Raum für Wertfragen, weil nur die Freiheitsgrade, die der Nachweis historischer Varianz und Kontingenz eröffnet, Wertfragen sinnvoll machen«.[8] Die genealogische Beschreibung von moralischen Einstellungen, Praktiken und Normen geht demzufolge immer auch mit deren Wertung einher. Sie impliziert zudem, dieser moralischen Perspektive eine »andere gegenüberzustellen und damit den vermeintlich übergeordneten moralischen Standpunkt zu dezentrieren«.[9]

Dass Jürgen Habermas hinsichtlich seines methodologischen Vorgehens im Spätwerk auf das Konzept einer Genealogie zurückgreift, überrascht angesichts seiner kritischen Auseinandersetzungen mit Nietzsche und auch Foucault in den 1980er Jahren. Die Weise seines neueren Rückgriffs auf genealogische Verfahrensweisen muss demnach mit einem sich hiervon unterscheidenden spezifischen Verständnis und Gebrauch einhergehen.[10] An diese Überlegungen anschließend hat Amy Allen[11] in einer ersten Annäherung an die methodische Problemstellung den Versuch einer Einordnung der von Habermas antizipierten Verwendungsweise der genealogischen Methode im Anschluss an die von Colin Koopman[12] eingeführte Differenzierung zwischen drei Typen von Genealogien vorgenommen. Koopman und daran anschließend auch Allen unterscheiden zwischen einem subversiven, einem vindikatorischen und einem problematisierenden Gebrauch genealogischer Verfahrensweisen. Der subversive Typ stellt mit der durch die genealogische Untersuchung offengelegten Kontingenz des Gegenstandes auch dessen normative Geltungsansprüche übergreifend in Frage und formuliert so eine radikale Kritik an den untersuchten Werten und Normen. Vindikatorische Genealogien befragen ebenso den Wert von Werten, intendieren jedoch die affirmative Herausarbeitung von normativen Potentialen hinter dieser Entstehungsgeschichte. Problematisierende Genealogien nehmen hingegen keine normative Haltung gegenüber ihrem Gegenstand ein, sondern zielen auf eine aufklärende historische Analyse von kulturellen Überzeugungen und sozialen Praktiken. Hier werden also sowohl Gelingens- als auch Misslingensmomente historischer Entwicklungen in den Fokus gerückt.

Amy Allen konstatiert in ihrem Beitrag, dass sich in Habermas' Schriften zum Themenkomplex des Verhältnisses von Glauben und Wissen, die dieser selbst als Genealogien einer »postsäkularen Gesellschaft und ihrer Denkweisen«[13] einordnet, sowohl vindikatorische als auch problematisierende Elemente auffinden lassen, aber keine subversiven.[14] Werkgeschichtlich bezieht sie die vindikatorischen Zugriffsweisen auf das von Habermas bereits in der Diskurstheorie als rationale Rekonstruktion deklarierte Vorgehen einer Rechtfertigung eines moralischen Standpunktes mit universalistischen Implikationen. Im Kontext seiner jüngeren Schriften zur Rolle der Religion in postsäkularen Gesellschaften gehe es ihm nun darum, das säkulare Denken über dessen Ursprünge und Kontexte in religiösen Praktiken und Ideen aufzuklären und auf dieser Grundlage eine kritische Reflexion des philosophischen Selbstverständnisses in Gang zu bringen. Allen zufolge fokussiert sich Habermas seit der Jahrtausendwende stärker auf die problematisierende Herausarbeitung der Selbstverengungen des säkularen Denkens. Dies entspreche auch seinem eigenen Verständnis des genealogischen Moments in der Auseinandersetzung mit der Entstehungsgeschichte nicht nur des nachmetaphysischen Denkens, sondern auch einer von ihm als postsäkular bezeichneten Gegenwart.[15] Nach dieser Lesart kommt der von Habermas überraschend ins Spiel gebrachte Rückgriff auf eine genealogische Verfahrensweise dem Anspruch und der Intention nach dann doch dem nahe, was Martin Saar übergreifend als spezifisches Merkmal von Genealogien im Unterschied zum klassischen hermeneutischen Anlass von geschichtlichen Untersuchungen ausmacht: »Ganz allgemein gilt, dass die genealogischen Historisierungen grundsätzlich von der Gegenwart ausgehen und deren hypothetische, fiktive oder spekulative Vorgeschichte(n) schreiben. Das Problem, dem sie auf dem Weg der Historisierung auf die Spur kommen wollen, ist ein aktuelles; das Mittel zu seiner Formulierung ist die historische Distanzierung durch die Konstruktion von Ursprungs- und Herkunftsszenarien, an denen sich etwas Relevantes zeigt über das Problematische der Gegenwart.«[16]

Der von Amy Allen hervorgehobene Rückgriff von Habermas auf ein Verständnis von Genealogien, das die Problematisierung einer Gegenwartssituation anvisiert, bezieht sich ausschließlich auf die seit der Jahrtausendwende publizierten Aufsätze, Vorträge und Interviews mit einem thematischen Fokus auf den historisch situierten Konnex von nachmetaphysischem und postsäkularem Denken.[17] Nun hat Habermas auch seine 2019 veröffentlichte zweibändige Rekonstruktion der Philosophie- und Wissenschaftsgeschichte entlang des *Diskurses über Glauben und Wissen* unter das methodologische Vorzeichen einer *Genealogie nachmetaphysischen Denkens* gestellt.[18] Der auf einen Vorschlag des Verlags zurückgehende, auf dem Buchmarkt eingeführte Titel des zweibändigen Spätwerks von Jürgen Habermas – *Auch eine Geschichte der Philosophie* – erscheint nun gerade mit Blick auf die Implikationen einer solchen methodologischen Engführung irreführend, gerade wenn es um die über- und ausgreifende philosophische Intention des Werkes geht. Weniger problematisch ist hierbei, dass mit diesem Titel an Herder angeschlossen und aus dessen Konstrukt einer Philosophie der Geschichte eine rekonstruierte Geschichte der Philosophie wird, die – wie es Burkhard Liebsch jüngst in kritischer Absicht formuliert hat – zum einen »ein Signal der Bescheidenheit« aussende und zum anderen in der Fluchtlinie wieder auf »eine veritable Geschichtsphilosophie« hinauslaufe.[19] Zwar stellt in dieser Hinsicht, worauf auch Vittorio Hösle in seiner Besprechung von Habermas' Spätwerk hingewiesen hat, die Titelgebung »eine Umkehrung von Herders Abhandlung« dar, da dieser sich gerade gegen das teleologische Geschichtsdenken gewendet habe.[20] Die hier interessierende Fragestellung bezieht sich jedoch weniger auf die von Liebsch und Hösle formulierte Vermutung, bei der von Habermas unter dem Deckmantel eines sowohl rekonstruierenden als auch genealogischen Zugriffs auf historische Lernprozesse intendierten Ideen- und Philosophiegeschichte handle es sich um eine verkappte, teleologisch angelegte Geschichtsphilosophie. Denn beide Varianten von epochenübergreifend historisch angelegten philosophischen Arbeiten – Geschichtsphilosophie auf der einen und Philosophiegeschichte auf der anderen Seite – stimmen nicht mit den über die bloße Titulierung des Produktes hinausgehenden methodischen und philosophischen Absichtserklärungen des Autors von *Auch eine Geschichte der Philosophie* überein.

An dem an Herder erinnernden Haupttitel der veröffentlichten Version des Spätwerkes sind deshalb nicht jene von Liebsch und Hösle formulierten Spitzfindigkeiten der Ausdeutung des Verhältnisses von Philosophie und Geschichte problematisch, sondern eben genau diese Suggestion: Der Buchtitel *Auch eine Geschichte der Philosophie* suggeriert an der Oberfläche auch der öffentlichen Wahrnehmung eine Intention, die nicht mit den methodischen und sachlichen Zielsetzungen des Autors übereinstimmt. Es geht Habermas der hier vorgelegten Lesart zufolge in seinem Spätwerk eben nicht darum, zu den zahlreichen Philosophiegeschichten einerseits und philosophiehistorischen Werkbeiträgen zu Personen und Epochen andererseits eine weitere hinzuzufügen. Es geht ihm auch nicht darum, in die großen Fußstapfen von teleologisch angelegten *Vorlesungen über die Geschichte der Philosophie* zu treten, die das Zeitalter der großen europäischen Philosophietradition abgeschlossen und zugleich die Historiografen des 19. Jahrhunderts auf den Plan gerufen haben. Bereits in der ersten Fußnote des Spätwerkes bemerkt Habermas, es sei ihm während der Abfassung »wohl nicht nur von Nachteil« gewesen, dass er aufgrund der »bisher überwiegend systematischen Ausrichtung« seiner philosophischen Interessen sich »nicht auf die Vorarbeit philosophiegeschichtlicher Vorlesungen« habe stützen können.[21] Und in diesem Rahmen gibt er auch den ursprünglichen und barock anmutenden Titel des Buches preis, der es jedoch nicht auf das Verkaufsprodukt schaffte: *Zur Genealogie nachmetaphysischen Denkens – Auch eine Geschichte der Philosophie, am Leitfaden des Diskurses über Glauben und Wissen*.[22] Dieser Titel verweist wiederum auf die das Werk motivierende metatheoretische Fragestellung nach einem angemessenen Verständnis der Aufgaben und Zielsetzungen von Philosophie unter den gegenwärtigen gesellschaftlichen und wissenschaftlichen Bedingungen. Die Beantwortung dieser systematischen Problemstellung solle, so Habermas, wiederum über eine genealogische Rekonstruktion der Geistes- und Philosophiegeschichte des Okzidents geleistet werden, die sich als »Vorgeschichte« einer Paradigmenkonkurrenz im nachmetaphysischen Denken herausstellen werde.

Das Hauptaugenmerk liegt bei dieser Variante einer Titelformulierung also auf der genealogischen Zugangsweise. Im Vorgriff auf seine philosophiehistorisch ausgerichteten Ausführungen vollzieht Habermas zugleich eine explizite Abgrenzung des eigenen Vorgehens zu Nietzsches Variante der genealogischen Kritik. Weder verfolgt er das Ziel einer subversiven Bloßstellung von Werten, Idealen oder Ideen, die ursächlich in der Entstehungsgeschichte des Christentums gründen, noch eine ideologiekritische Genealogie in dekonstruktiver oder destruktiver Absicht. Stattdessen intendiert er unter Beibehaltung der »Unabhängigkeit der Geltung von der Genesis der Aussagen« auf logisch-semantischer Ebene eine übergreifende »Rekonstruktion der Lernprozesse, aus denen das nachmetaphysische Denken hervorgegangen ist«.[23] Diffizil wird das Anliegen durch den Verweis, dass diese Rekonstruktion auch einen erweiterten Blickwinkel auf die Entstehungskontexte einnehmen möchte, um auf diesem Wege »nicht nur die Gewinne, sondern auch die Kosten dieser Lernprozesse«[24] sichtbar zu machen. Diese beziehen sich im Kern auf eine grundlegende Voraussetzung der Entwicklung der nachmetaphysischen Denkform, nämlich die zur Neuzeit hin vollzogene »anthropozentrische Wendung des Selbst- und Weltverständnisses«.[25] Diese Wendung, die sich sowohl in den naturwissenschaftlichen Forschungsmethodologien als auch den philosophischen Paradigmen niederschlage, habe zwar den Status eines »unumkehrbaren Erkenntnisfortschritts« erhalten, und doch »ändern sich im Lichte des genealogisch erweiterten, in seinen Kontingenzen sichtbar gemachten Entdeckungshorizonts« dessen Relevanzen für die Gegenwart.[26] Einem nachträglichen Rückblick des Autors auf seine Intentionen bei der Abfassung des Werkes zufolge ist die Genealogie des nachmetaphysischen Denkens entsprechend »als ein Versuch zu verstehen, aus den vielen möglichen Variationen einer Geschichte der Philosophie den roten Faden eines möglichen Lernprozesses herauszuziehen, der uns dazu ermutigen kann, von unserer praktischen Vernunft für die politische Gestaltung gesellschaftlicher Lebensverhältnisse, die zum Himmel schreien, Gebrauch zu machen«.[27]

Habermas intendiert also in seinem Spätwerk eine Rekonstruktion der Art und Weise, wie bestimmte geistes- und philosophiehistorische Schrittfolgen als rational nachvollziehbare Lernprozesse zur »Bearbeitung von überwältigend komplexen Problemen«[28] verstanden werden können. Solche Problemstellungen ergeben sich aus den unumgänglichen kollektiven Bearbeitungen von übergreifenden kognitiven Dissonanzen, die immer schon intersubjektiv geteilte Selbst- und Weltverständnisse erschüttert haben und die grundsätzlich aus zwei verschiedenen Quellen entspringen können: »Zum einen aus neuen Erkenntnissen über die objektive Welt, zum anderen aus Krisen der Gesellschaft.«[29] Die zumindest mit Absicht nicht-teleologische Perspektivierung der historischen Schritte und Abfolgen konzentriert sich deshalb auf Lernprozesse im Sinne von pfadabhängigen und zugleich Kontinuität stiftenden Problemlösungen, die sich von mehr oder weniger guten Gründen haben leiten lassen.

So zielt die intendierte Rekonstruktion von geistes- und philosophiegeschichtlichen Lernschritten nicht nur auf die Aufdeckung eben jener prägenden historischen Spuren, in denen die säkularen Ideale der okzidentalen Aufklärungs- und Moderneverständnisse wurzeln. Darüber hinaus soll der genealogische Zugriff auch den Blick öffnen für die kontingenten Ausdrucks- und Artikulationsformen dessen, was durch die rationale Rekonstruktion als unter evolutionären, rationalen und normativen Gesichtspunkten darstellbare Abfolge von nur abstrakt zu fassenden gesellschaftlichen und philosophischen Lernschritten nachvollzogen wurde und wird. In der Tradition der *Kritischen Theorie* geht Habermas von einer grundlegenden Verschränkung des Formwandels gesellschaftlicher Integration aufgrund von Anpassungsdruck und Krisenerfahrungen auf der einen und philosophischen Selbstverständigungsprozessen auf der anderen Seite aus, so dass sich wiederum aus den soziologischen und evolutionstheoretischen Hintergrundprämissen spezielle Annahmen über philosophische Lernprozesse herleiten lassen: »Diese werden einerseits von internen Fragestellungen motiviert, andererseits gehen sie auf die Lösung von Problemen zurück, denen sich die Philosophie jeweils von zwei Seiten ausgesetzt sieht: von Seiten des Zuwachses an dissonantem Weltwissen (sie muss alle Wissensfortschritte konsistent verarbeiten), sowie vonseiten der gesellschaftlichen Integration.«[30] Aus diesen Verarbeitungsprozessen des aus zwei Richtungen erzeugten Problemdrucks wiederum entwickeln sich auch kontingente Ausdrucksformen philosophischen Denkens, die Habermas eben aus einer genealogischen Perspektive in den Blickpunkt rückt. Ihm zufolge reichen so auch divergierende Entwicklungsschritte der nachmetaphysischen Denkform, die er historisch an einer Weggabelung zwischen Hume und Kant fest macht, bis in die Gegenwart. Diese stellt somit kulturell und philosophisch nicht das Ende der Geschichte dar, sondern sieht sich ebenso mit einem weitreichenden gesellschaftlichen und lebenspraktischen Problemdruck konfrontiert.

***

In diesem Buch wird der Versuch unternommen, sich mit dem Spätwerk von Jürgen Habermas aus einer werkbiografisch informierten Perspektive auseinanderzusetzen. Auf diesem Wege soll eine These untermauert werden, die ich an anderer Stelle beispielhaft mit Blick auf die ethischen und politischen Interventionen von Habermas in verschiedenen Gegenwartsdebatten, die zeitlich nach der Jahrtausendwende liegen, ausformuliert habe.[31] Im Zuge des Überganges in die 2000er Jahre kommt es demzufolge zu einer zweiten großen Wende in Habermas' Denken. Die erste Wende betrifft die Hinwendung zu sprach- und kommunikationstheoretischen Prämissen in den 1970er Jahren, die sich schließlich in der *Theorie des kommunikativen Handelns* von 1981 sowie den ethischen, rechtstheoretischen und philosophischen Schriften der Folgejahre manifestiert hat. Die hier vorgetragene werkbiografische These lautet entsprechend, dass es mit der Jahrtausendwende zu einer zweiten Wende in der Werkbiografie von Habermas kommt, die nicht nur eine Transformation von Grundbegriffen im Kontext einer neuen thematischen Fokussierung – oftmals wird hier die verstärkte Hinwendung zur Religion als dem entscheidenden thematischen Motiv genannt[32] – bedeutet.

Dementgegen soll in diesem Buch aus einer genuin philosophischen Perspektive gezeigt werden, dass die für die Werkgeschichte von Habermas zu konstatierende zweite Wende als eine »Bruchlinie«[33] zu deuten ist, die mit einer nicht nur inhaltlich, sondern auch begrifflich und konzeptuell veränderten Motivlage einhergeht, die als partielle Selbstkritik oder auch als eine Kurskorrektur gedeutet werden kann.[34] So stellt der um die Jahrtausendwende vollzogene philosophische Schritt in die späte Werkphase keinen vollständigen Bruch mit dem Programm der mittleren Werkphase dar. Die Metapher von einer Bruchlinie kann stattdessen in zwei Hinsichten in der hier gemeinten Absicht ausgedeutet werden. Sie meint zum einen eine tektonische Plattenverschiebung, durch die ein Spalt beispielsweise zwischen einem alten und einem neuen Kontinent entsteht, dessen Ränder jedoch aufgrund ihrer Physiognomie darauf hinweisen, dass eine geografische Verbindung – im Sinne einer wechselseitigen Verweisstruktur – bestanden hat und weiterbesteht. Zum anderen kann mit der Rede von einer Bruchlinie auch eine Linie gemeint sein, die zu einem bestimmten Ort- oder Zeitpunkt einen durch eben einen Bruch markierten Richtungswechsel vollzieht, ohne die Richtung gänzlich umzukehren.

Beide Bilder können dienlich sein, um die philosophischen Grundlagen der von Habermas seit den frühen 2000er Jahren vollzogene werkbiografische Wende zu veranschaulichen. Während die mittlere Werkphase – die im Folgenden auf die beiden letzten

Jahrzehnte des 20. Jahrhunderts eingegrenzt wird – durch eine Konzentration auf die sprach- und kommunikationstheoretische Begründung von soziologischen und philosophischen Theorien zu charakterisieren ist, so rücken in seiner späten Werkphase ab der Jahrtausendwende Fragestellungen nach den vor- oder außerdiskursiven Quellen für die normativen Ansprüche, die in Diskursen formuliert oder in Praktiken zum Ausdruck kommen, in den Vordergrund. Das Thema der Religion und die Relevanz des Religiösen in einer postsäkularen Gesellschaft spielt aus dem Blickwinkel der hier vorgelegten Interpretation nur den soziologischen Statthalter[35] für eine Konstellation von viel grundlegenderen philosophischen Problemstellungen, die auf Diskussionen der metaphysischen und idealistischen Tradition zurückverweisen: »Die klassische Philosophie hat über viele Jahrhunderte mit den religiösen Weltbildern die globale Frage nach der ›Stellung des Menschen in der Welt‹ geteilt und damit [...] auch einen funktionalen Beitrag zur gesellschaftlichen Integration geleistet.«[36]

Die mit dieser Textstelle antizipierten Erwägungen über die Funktionen des philosophischen Denkens betreffen auf der Oberfläche zwar erneut das Verhältnis von Philosophie einerseits und Theologie sowie Religion andererseits, das Habermas selbst – wie es der Untertitel des ersten Bandes von *Auch eine Geschichte der Philosophie* anzeigt – historisch in einem Diskurs über die »okzidentale Konstellation von Glauben und Wissen«[37] situiert. Auf einer tieferliegenden Ebene geht es jedoch um die Relevanz von Quellen, die aus einer sich an diskurstheoretischen Prämissen ausrichtenden Perspektive zunächst als vor- oder außerdiskursiv zu kennzeichnen sind, für die praktische Orientierung in Kultur und Gesellschaft. Einen Beitrag zu einer solchen praktischen Orientierung zu leisten, sieht Habermas über die engen Grenzen des einzelwissenschaftlichen Diskurses hinaus mehr denn je als zentrale Aufgabenbestimmung von Philosophie an: »Ich bin davon überzeugt, dass die Philosophie in ihrer bisherigen Gestalt nicht überleben könnte, wenn die Profession ihr Fach ausschließlich mit dem Selbstverständnis einer ›normalen‹, nach Gegenstandsbereich und Methode wohl definierten Wissenschaft betreiben würde. Mit der historischen Gestalt der Philosophie, an deren systematische Bedeutung ich mit meiner Darstellung erinnern will, würde die

Institutionalisierung einer ausgezeichneten Form der Reflexion verschwinden – nämlich die akademisch geschulte Bearbeitung der Frage, was der jeweilige Zuwachs an Weltwissen und dessen Implementierung für uns als Menschen, Individuen und Zeitgenossen bedeutet.«[38]

Nach der hier verfolgten philosophischen und werkbiografischen Analyserichtung kommt es in der späten Werkphase von Habermas übergreifend zu einem Begründungswechsel hinsichtlich der Quellen des normativen Gehalts einer solchen praktischen Orientierung. Während Habermas in den Schriften der 1980er und 1990er Jahre diesen normativen Gehalt aus der quasi-transzendentalen Kontrafaktizität der Kommunikationsvoraussetzungen in ihrem Verhältnis zur politischen, rechtlichen und moralischen Realität entwickelt, so setzt er in den Schriften nach der Jahrtausendwende auf einer tieferen, existentiellen und vordiskursiven Ebene an, was sich an der Hervorhebung von Begriffen wie »Menschenwürde« oder der Rede von einer »verletzbaren Natur des Menschen« exemplarisch aufzeigen lässt.[39] Im *Postskriptum* von *Auch eine Geschichte der Philosophie* knüpft Habermas thetisch an diesen Ausgangspunkt an, wenn er mit Blick auf die Frage nach dem menschlichen Selbstverständnis angesichts seiner wissenschaftlichen Beschreibungen, Erkenntnisse und Objektivierungen konstatiert: »Denn wir ›kennen‹ uns auf intuitive Weise immer schon im Wie unserer auf doppelte Weise abhängigen Existenz – eingelassen in die vegetativen Vollzüge des eigenen, sich selbst reproduzierenden Leibes und verwoben mit dem historisch gewordenen sozialen Beziehungsnetz unserer intersubjektiv geteilten Lebenswelt.«[40]

Die vor- oder außerdiskursiven Quellen einer von Habermas im Anschluss an Kant immer schon unter rationalen und kognitiven Gesichtspunkten verstandenen Normativität kommen so in das Blickfeld der philosophischen Einlassungen und müssen zugleich ihre Kohärenz, aber nicht ihre extensionale und intensionale Deckung mit den Prämissen des nachmetaphysischen Denkens erweisen, die Habermas seit den 1980er Jahren ja auch für die eigenen Vorhaben als wesentliche Hintergrundannahme expliziert hatte. Einen Hinweis auf die Dringlichkeit eines sowohl begrifflich als auch kulturell zu verstehenden Bezuges eines sich der nachmetaphysischen Moderne verpflichtenden Denkens auf sein Anderes findet sich bereits in der *Schlußbetrachtung* der *Theorie des kommunikativen Handelns*: »Der Testfall für eine Theorie der Rationalität, mit der sich das moderne Weltverständnis seiner Universalität versichern möchte, träte allerdings erst dann ein, wenn sich die opaken Gestalten des mythischen Denkens lichten, die bizarren Äußerungen fremder Kulturen aufklären, und zwar so aufklären ließen, daß wir nicht nur die Lernprozesse begriffen, die ›uns‹ von ›ihnen‹ trennen, sondern daß wir uns auch dessen innewürden, was wir im Zuge unserer Lernprozesse *verlernt* haben.«[41] Zwei für das Spätwerk relevante Aspekte werden in dieser Textstelle, die aus der mittleren Werkphase stammt, bereits antizipiert. Sie betreffen erstens Fragen nach einer kritischen Reflexion der Beziehung eines sich selbst als nachmetaphysisches Denken erklärenden Theorieform zu den von ihr in historischer oder kultureller Hinsicht als das Andere der Vernunft beschriebenen Formen der Praxis und der Existenzweisen. Und zweitens stellen sich metaphilosophische Fragen, die sich aus der formulierten These ergeben, dass die historisch rekonstruierbaren Lernprozesse immer auch Verluste implizieren, im Sinne eines Verlernens. Beide Aspekte werden im Spätwerk unter den methodischen Maßgaben und Prämissen einer Genealogie des nachmetaphysischen Denkens historisch situiert und unter dem Blickwinkel der Gegenwartssituation problematisiert.

Mit der zweiten Wende in Habermas' Werk kommt es nach der in diesem Buch verfolgten Argumentationslinie durch eine stärkere Fokussierung der skizzierten Aspekte und Motivlagen zu einer veränderten philosophischen und wissenschaftlichen Standortbestimmung, die auch die eigene Situierung im Rahmen der nachmetaphysischen Denkform betrifft. Die scharfe Abgrenzung von szientistischen und naturalistischen Positionen stellt hierbei nur die eine Seite einer verstärkten kritischen Bezugnahme auf die Entwicklung dieses Projektes in den vergangenen Jahrhunderten seit dessen mit Blick auf Hume und Kant zu konstatierender »Weggabelung«[42] dar. Während Habermas im Kontext seiner ersten philosophischen Explikationen des *Nachmetaphysischen Denkens*[43] das eigene Projekt noch sehr klar in den Kontext einer unumwunden als Paradigmenwechsel eingeführten linguistischen Wende mitsamt einer historisch-kulturell situierten Vernunftbestimmung einträgt, so formuliert er sowohl in den verschiedenen philosophischen Aufsätzen und Schriften nach der Jahrtausendwende als auch in dem zweibändigen Spätwerk zahlreiche kritische Aspekte, die als wahrscheinlich wichtigere zweite Seite der Medaille zu einer internen Korrektur des in der jüngeren Moderne gegangenen philosophischen Weges aufrufen.[44]

In diesem Buch wird die hier zunächst nur thetisch konstatierte zweite Wende im Denken von Jürgen Habermas entlang seiner philosophischen Schriften aus sowohl der mittleren als auch der späten Werkphase rekonstruiert.[45] Damit soll die Absicht eingelöst werden, die methodischen sowie philosophischen Kontinuitäten und Diskontinuitäten sichtbar zu machen, die den rekonstruktiven Linien und genealogischen Horizonten zugrunde liegen, die in *Auch eine Geschichte der Philosophie* zur Darstellung kommen. Dieses Vorgehen führt auch zu einer Abgrenzung von zu engen Rezeptionslinien, die in den Monaten und Jahren nach dem Erscheinen des zweibändigen Spätwerks den Fokus entweder auf eine Auseinandersetzung mit Habermas' Rekonstruktion des auch theologisch virulenten historischen Diskurses über Glauben und Wissen[46] oder auf deren Abgleich mit den eigenen philosophiehistorischen Forschungspositionen gelegt haben[47]. Stattdessen werden in diesem Buch die im zweiten Band von *Auch eine Geschichte der Philosophie* dargelegten neuzeitlichen Lernschrittfolgen vor dem Hintergrund des im ersten Band skizzierten methodischen Rahmens in den Blickpunkt gerückt. Hierbei wird von der genealogischen Maßgabe ausgegangen, dass die historischen Exkurse aus der problematisierenden Perspektive von philosophischen Gegenwartsfragen unternommen werden, die auf den Fluchtpunkt der Darlegungen verweisen. Die zahlreichen Fragen, Kritiken und Debatten, die sich seit den 1980er Jahren in einer kaum überschaubaren, internationalen Rezeptionslage des Werkes von Jürgen Habermas spiegeln, sollen hierbei zugunsten der Zielsetzung zurückgestellt werden, den Autor durch seine in den vergangenen vier Jahrzehnten veröffentlichten Schriften hindurch sprechen zu lassen. Verweise auf Kritiken und Debatten finden sich, sofern Sie nicht für die Rekonstruktion des zur Darstellung zu bringenden philosophischen Kerngedankens von Relevanz sind, im Anmerkungsapparat. Darüber hinaus wird mit diesem Buch auch eine kritische Rezeptionsabsicht mit Blick auf das Spätwerk von Habermas verfolgt, die immanent ansetzt. Der Ausgangs- und Fluchtpunkt einer solchen Kritik entwickelt sich im vorliegenden Buch in Auseinandersetzung mit den von dem Autor selbst formulierten methodischen Zugängen sowie philosophischen Absichten und unterscheidet sich in dieser Hinsicht sehr bewusst von den in den vorangegangenen Anmerkungen angeführten Rezensionen und Kritiken.

Das *erste Kapitel* dieses Buches nimmt Ausgang mit den von Habermas seit den frühen 1980er Jahren auch öffentlich geführten Einlassungen zu Kontroversen über das Projekt der Aufklärung und Moderne angesichts einer unübersichtlicher werdenden Gegenwartssituation. Habermas entwickelte in dieser Zeit einen soziologisch und kulturtheoretisch relevanten Begriff von Moderne, der sowohl auf dessen aporetische Konstellationen verwies als auch aus der Auseinandersetzung mit den philosophischen Diskursen der Moderne die philosophischen Weichenstellungen für das eigene Projekt einer Theorie der kommunikativen Rationalität vorbereitete.

Im *zweiten Kapitel* liegt der Fokus auf den philosophischen Grundbegriffen und Schlüsseltheoremen des Projektes einer *Theorie des kommunikativen Handelns* unter vernunfttheoretischen Prämissen, das in den philosophischen Kontext der von Habermas 1988 erstmalig als ›nachmetaphysisch‹ markierten modernen Denkform gestellt wird. Ein Schwerpunkt der Darstellung liegt auf der sprechakttheoretisch und formalpragmatisch begründeten Explikation der kommunikativen Grundstrukturen verständigungsorientierten Sprachgebrauchs von lebensweltlich situierten Sprechenden, Hörenden und Handelnden.

Das *dritte Kapitel* nimmt mit Blick auf die mit diesem Buch verfolgte werkbiografische Kernthese von einer Bruchlinie zwischen der mittleren und der späten Werkphase eine Schlüsselstellung ein. Mit Rekurs auf die für die hier verhandelten Fragestellungen wesentlichen Schriften aus beiden Schaffensperioden wird aufgezeigt, dass es in vier Hinsichten zu neuen Motivlagen und damit einhergehend transformierten begrifflichen Konstellationen in der späten Werkphase von Jürgen Habermas kommt. Diese betreffen erstens den soziologischen Wechsel von einem säkularen zu einem postsäkularen Gesellschaftsverständnis, zweitens die semantische und normative Erweiterung des in der mittleren Werkphase noch gänzlich diskursiv verstandenen Verständigungskonzeptes durch den Rekurs auf verkörperte Interaktionsformen, drittens die verstärkte Bezugnahme auf außerdiskursive und existentielle Kategorien mit normativer Relevanz für die gegenwärtigen Diskurse und Praktiken, und viertens die methodische Erweiterung des rekonstruktiven Phänomenzuganges durch genealogische Problematisierungen.

Das *vierte Kapitel* zeigt die Relevanz der im dritten Kapitel herausgearbeiteten neuen Motivlagen für den methodischen Zugriff auf die Geschichte des nachmetaphysischen Denkens im Spätwerk *Auch eine Geschichte der Philosophie* auf. Die besondere Aufmerksamkeit gilt dem Zusammenspiel der intendierten Rekonstruktion von philosophisch relevanten Lernschritten im historischen Diskurs über Glauben und Wissen mit den genealogischen Problematisierungen, welches an den von Habermas herausgestellten Paradigmen und Figuren der neuzeitlichen Philosophiegeschichte exemplifiziert wird: Bacon und Descartes, Hume und Kant, Feuerbach und Marx.

Das abschließende *fünfte Kapitel* wendet sich aus der Perspektive einer kritischen Theorie der Gegenwart zurück auf das Projekt von Habermas. Auf die Rekonstruktion von offenen und verborgenen Motivgebern folgen kritische Auseinandersetzungen mit geschichtsphilosophischen und universalistischen Prämissen, die – wenn auch in einem abgeschwächten Sinne – die entscheidende Grundlage für das historische Projekt sowohl in seiner Durchführung als auch mit Blick auf dessen Intentionen bilden. Von hier aus wird nach der gegenwärtigen und zukünftigen Relevanz des historischen Erbes der Kritischen Theorie in einer sich dezentrierenden und globalisierenden Weltgesellschaft gefragt.

1. Der philosophische Diskurs der Moderne

Die frühen 1980er Jahre stellen in der Biografie und auch mit Blick auf die Werkgeschichte »wichtige« Wegmarken in der »Wissenschaftskarriere von Jürgen Habermas« dar, wie auch sein Biograf Stefan Müller-Doohm hervorhebt.[1] Die Umbruchszeit war zum einen mit großen institutionellen Veränderungen des Forschungs- und Lehrhintergrundes verbunden. So kündigte Habermas bereits im Januar 1981 seinen Rücktritt von der von ihm seit zehn Jahren besetzten Position als Direktor des Münchener Max-Planck-Instituts zur ›Erforschung der Lebensbedingungen der wissenschaftlich-technischen Welt‹ an. Zwei Rufe aus Berkeley und Yale lehnte er ab, um 1983 an die Frankfurter Goethe-Universität auf einen Lehrstuhl für Philosophie zurückzukehren, den er bis zu seiner Emeritierung 1994 innehatte. Müller-Doohm beschreibt diesen Schritt als einen aus dem von Habermas selbst als »Elfenbeinturm« bezeichneten Forschungskosmos[2] in eine Phase nicht nur des universitätsangebundenen wissenschaftlichen, sondern auch des in noch stärkerem Maße als zuvor öffentlichen Engagements.[3]

Interessant ist, dass und wie Habermas selbst im Rückblick auf die Verbindungslinien zwischen seiner wissenschaftlichen Arbeit und dem intensiven Eintritt in die öffentliche Debattenlage hinweist. Die wissenschaftliche Arbeit war insbesondere mit dem Entstehungsprozess der von ihm selbst als »Monstrum«[4] bezeichneten *Theorie des kommunikativen Handelns* verbunden, die nach zehnjähriger Schaffenszeit 1981 im Suhrkamp-Verlag in zwei Bänden veröffentlicht wurde. Verschiedene öffentlich geführte Debatten wiederum drehten sich um politische Einschätzungen der Ursachen und Folgen der Geschehnisse der späten 1970er Jahre in der Bundesrepublik zwischen Protestbewegungen, Terrorismus und Neokonservativismus. Habermas selbst gibt das Ende des Jahres 1977 als Umbruchsjahr an. In diesem hatte er sich den Einlassungen zufolge nicht nur »endlich hingesetzt und die Sache ernsthaft angepackt« – gemeint war die Fertigstellung seines Buches über die angestrebte Entwicklung einer gesellschaftskritisch orientierten »Theorie der Rationalisierung«.[5] Er verweist auch auf seine erstmalige Kenntnisnahme und ernsthafte Auseinandersetzung mit den neuen konservativen und spätliberalen Ideologien zur damaligen Zeit, die in den Folgejahren dann zum Fluchtpunkt seiner nicht nur politischen, sondern auch philosophischen Kritik geworden sind: »Ich versuchte mir den in diesen Überlegungen implizierten Begriff von Moderne, und einer Verabschiedung radikaler Demokratie und Aufklärung, der Ideen, die die Bundesrepublik schließlich getragen haben, klarzumachen. Das war die eine Seite. Die andere Seite war, daß ich zum ersten Mal die Bedeutung der neuen Protestpotentiale, neuer Bewegungen, zu denen ich von Haus aus kein Verhältnis hatte, etwas besser zu verstehen glaubte. Wenn sie diese beiden politischen Phänomene zusammennehmen, werden Sie vielleicht verstehen, daß sich damals in meinem Kopf das Interpretationsschema gebildet hat, das vielleicht nicht dem ganzen Buch, aber dem, was ich dort in der Schlußbetrachtung entwickele, die Richtung gewiesen hat.«[6]

Diese den zweiten Band der *Theorie des kommunikativen Handelns* abschließenden Schlussbetrachtungen spannen einen Bogen von der Theorie der Moderne hin zu den Aufgaben und normativen Grundlagen einer kritischen Gesellschaftstheorie.[7] Die erstgenannte Thematik bestimmte so auch Habermas' Auseinandersetzungen mit sowohl dem neuen Konservativismus als auch den mit dem Sammelbegriff der ›Postmoderne‹ bezeichneten kulturellen und philosophischen Strömungen. Als wichtigstes frühes Dokument dieser Interventionen gilt die Rede, die Habermas am 11. September 1980 in der Frankfurter Paulskirche zur Verleihung des Adorno-Preises unter dem Titel *Die Moderne – Ein unvollendetes Projekt* gehalten hat. In dieser extrapolierte Habermas zum einen die aporetische Konstellation der Moderne und kritisierte zum anderen die fehlerhaften Ursachenbestimmungen und Schlussfolgerungen, die jene modernekritischen Strömungen aus den Fehlentwicklungen ihm zufolge gezogen hätten. Eine Fortführung dieser Motivlage stellten sodann die fünf Jahre später veröffentlichten Vorlesungen zum *Philosophischen Diskurs der Moderne* dar, mit einem jedoch deutlich stärkeren Bezug auf die moderne europäische Philosophiegeschichte seit Kant und Hegel. Das 1985 erstmalig veröffentlichte

Buch präsentiert sich als eine systematische Zusammenstellung von Vorlesungen, die Habermas in den beiden vorangegangenen Jahren am Collège de France, an der Cornell University und am Boston College gehalten hatte. Habermas rekonstruiert in den Vorlesungen verschiedene sowohl subjektzentrierte als auch vernunftkritische philosophische Denkrichtungen, die sich in die bereits in der *Preisrede* programmatisch angedeuteten aporetischen Konstellationen des modernistischen Selbstverständnisses verlaufen.

Im Folgenden wird unter Rückgriff auf die angeführten Texte zunächst Habermas' Verständnis dieser Aporien der Moderne dargelegt (1.1). Anschließend werden die bis in die Gegenwart wirkmächtigen Kritiken von Habermas an philosophischen Prämissen der verschiedenen Spielarten der von ihm als Postmodernismus bezeichneten Denkbewegungen in der Tradition Nietzsches zusammengefasst (1.2). Von sachlicher und methodischer Relevanz sind die von ihm in diesen diskursiven Kontext verorteten und kritisierten Versuche von Foucault, moderne- und vernunftkritische Aspekte mit Blick auf die geistes- und wissenschaftsgeschichtliche Entwicklung der Neuzeit unter genealogischen Prämissen zu extrapolieren (1.3). Die von Habermas in Abgrenzung sowohl zu Foucault als auch zu den Intentionen der *Dialektik der Aufklärung* von Horkheimer und Adorno formulierte Idee einer Fortführung des noch unvollendeten Projekts der Moderne knüpfte wiederum in den 1980er und 90er Jahren philosophisch an Hegel und soziologisch an Max Weber an (1.4).

1.1 Aporie und Dialektik der Moderne

Die von Habermas im öffentlichen Kontext gehaltene und vielrezipierte Rede zum Jahrestag von Adornos Geburtstag geht der übergreifenden Frage nach der »Bewußtseinsstellung der Moderne heute«[8] nach. Den diskursiven Hintergrund für die Formulierung dieser Frage bildet nach seinen einleitenden Einlassungen das Aufkommen verschiedener »Theorien der Nachaufklärung, der Postmoderne, der Nachgeschichte«, die einen »neuen Konservativismus« auf den Plan gerufen hätten.[9] Habermas konstatierte mit

Blick auf die Entwicklung der 1970er Jahre, dass die Idee der Moderne und der Modernismus »heute kaum noch Resonanz« finde, und führt diese von ihm problematisierte Entwicklung auf eine falsche Umgangsweise mit den Problemen zurück, vor die sich das Projekt der Moderne sowie das der Aufklärung grundsätzlich gestellt sahen und sehen.[10] Ein entscheidendes Problem des damaligen Umganges mit aufklärerischen und modernistischen Prinzipien identifizierte Habermas in einer tendenziellen Ausrichtung der von ihm als neokonservativ bezeichneten Lehren, die »unbequemen Folgelasten einer mehr oder weniger erfolgreichen kapitalistischen Modernisierung von Wirtschaft und Gesellschaft auf die kulturelle Moderne«[11] theoretisch verschoben zu haben.

Schon in dieser Textpassage wird von Habermas eine Differenzierung ins Spiel gebracht, die auf sein eigenes gesellschaftstheoretisches Projekt verweist und zugleich seine Auseinandersetzung mit den verschiedenen Formen der Modernekritik tragen wird. Denn neben dem Phänomen eines kulturellen Modernismus, das von den historischen und semantischen Theorien über die Moderne primär thematisiert worden ist, müsse auch der Prozess der gesellschaftlichen Modernisierung in den Fokus der kritischen Analyse gerückt werden. Dieser sei zwar hinsichtlich einer Thematisierung der Folgelasten und der damit verbundenen Krisendiagnosen der Moderne zunächst als ein von der Kulturentwicklung unabhängiger Bereich zu betrachten. Jedoch könnten im Anschluss an diese Unterscheidung zweier Sphären die Zusammenhänge zwischen kultureller und gesellschaftlicher Modernisierung neu perspektiviert werden. Das sich ausbreitende »Unbehagen« gegen »modernistische Intellektuelle« oder auch solche, »die sich dem Projekt der Moderne immer noch verpflichtet fühlen«,[12] sei entsprechend nicht nur fehlgeleitet. Es beruhe stattdessen auf einem Mangel an gesellschaftskritischer Ursachenanalyse: »Die vielfältigen Anlässe des Unbehagens und des Protestes entstehen überall dort, wo eine einseitige, an Maßstäben der ökonomischen und der administrativen Rationalität ausgerichtete Modernisierung in Lebensbereiche eindringt, die um Aufgaben der kulturellen Überlieferung, der sozialen Integration und der Erziehung zentriert und daher auf andere Maßstäbe, nämlich auf die einer kommunikativen Rationalität angelegt sind.«[13]

Habermas spannte also schon in der *Preisrede* den oben angesprochenen Bogen zwischen einer auf den Zeitgeist bezogenen Kontroverse über den normativen Gehalt des Modernebewusstseins einerseits und den systematischen Anliegen der Etablierung einer kritischen Gesellschaftstheorie andererseits. Was in diesem Vortrag jedoch noch nicht fokussiert wurde, ist die Rolle der Philosophie. Stattdessen konzentrierte er sich auf eine Explikation der Idee der kulturellen Moderne im Kontext dessen, was seit Immanuel Kant als »Projekt der Aufklärung« bezeichnet wurde und wird. Dieses Projekt besteht dieser Deutung zufolge in der reflexiven Prüfung des modernistischen Unterfangens mit Blick auf dessen widersprüchliche oder aporetische Konstellationen. So gerate auf der einen Seite die erfolgreiche und zugleich mit Folgelasten für sämtliche Lebensbereiche behaftete Entwicklung der ökonomischen und bürokratischen Rationalisierungsprozesse in den Fokus des theoretischen Interesses. Auf der anderen Seite diagnostizierte Habermas für die Entwicklung der kulturellen Moderne auch interne Problemstellungen: »Allerdings bringt die kulturelle Moderne auch ihre eigenen Aporien aus sich hervor.«[14] Damit gemeint ist die »*Innenansicht* der kulturellen Entwicklung«[15] als Anlass zu einer auf die richtige Aufhebung der gemeinten Problemstellungen abzielenden kritischen Reflexion.

Zur Herausarbeitung dieser aporetischen Konstellationen bezieht sich Habermas im Vortragsverlauf auf der Ebene der Analyse und Diagnose zunächst in philosophischer Hinsicht auf Kant und in soziologischer auf Max Weber, mit denen er auf die verschiedenen Ausdifferenzierungsprozesse in der modernen Gesellschaft aufmerksam macht. Diese haben demzufolge in der ersten Hinsicht zu einer Formalisierung des in drei Momente auseinandertretenden Vernunftbegriffs und in der zweiten zu einem nachhaltigen Verfall von religiös imprägnierten Weltbildern geführt. Somit forciere ein Hauptstrang des philosophischen Diskurses im Ausgang von Kant die Etablierung eines sich von substantiellen Konzeptionen entbindenden formalen und auch prozeduralen Vernunftbegriffes. Zum anderen könnten durch die von Kant philosophisch reflektierte Ausdifferenzierung des Vernunftbegriffs die überlieferten Problembestände nun unter den »spezifischen Gesichtspunkten der Wahrheit, der normativen Richtigkeit, der Authentizität oder Schönheit« oder auch »als Erkenntnis-, als Gerechtigkeits-, als Geschmacksfragen« betrachtet werden.[16] Mit Max Weber spricht Habermas aus soziologischer Perspektive hinsichtlich der Sphären, in denen diese unterschiedlichen Geltungsfragen abgehandelt werden, von einer »Ausdifferenzierung von Wissenschaft, Moral und Kunst«, die jeweils eigengesetzliche Handlungssysteme und Rationalitätsformen hervorbringen.[17] Bereits in der *Preisrede* differenzierte er wie auch in folgenden Schriften zwischen der kognitiv-instrumentellen, der moralisch-praktischen und der ästhetisch-expressiven Rationalität.

Von dieser modernen Ausdifferenzierung von gesellschaftlichen Sphären und Rationalitätsformen gehen der Analyse zufolge zwei Entwicklungen mit verschiedenen kulturellen, sozialen und politischen Implikationen aus. Zum einen führe die Differenzierung der Rationalitätsformen zu eigenständigen Wertsphären nicht nur zu deren Verselbstständigung, sondern auch zu einem Primat von instrumentellen Rationalitätsformen. Zum anderen folge aus ihr die Etablierung von Expertenkulturen, die sich von den lebens- und alltagspraktischen Diskursen abkoppeln. Habermas thematisierte in der *Preisrede* kritisch die Folgen dieser »Abspaltung« der neuen, aus den Ausdifferenzierungen hervorgehenden Expertenkulturen von Problembeständen »der Lebenspraxis und des breiten Publikums«.[18] Die auch für vormoderne Gesellschaften typische Kluft werde für die Moderne deshalb zu einem besonderen Problem, weil sie den eigenen normativen Setzungen und Möglichkeiten widerspreche. Durch diese Konstellation hindurch entwickelt sich seiner Kernthese zufolge die besondere aporetische Konstellation der aufgeklärten Moderne: »Das Projekt der Moderne, das im 18. Jahrhundert von den Philosophen der Aufklärung formuliert worden ist, besteht nun darin, die objektivierenden Wissenschaften, die universalistischen Grundlagen von Moral und Recht und die autonome Kunst unbeirrt in ihrem jeweiligen Eigensinn zu entwickeln, aber gleichzeitig auch die kognitiven Potentiale, die sich so ansammeln, aus ihren esoterischen Hochformen zu entbinden und für die Praxis, d.h. für eine vernünftige Gestaltung der Lebensverhältnisse zu nützen. […] Die Ausdifferenzierung von Wissenschaft, Moral und Kunst, durch die Max Weber den Rationalismus der westlichen Kultur kennzeichnet, bedeutet *gleichzeitig* das Autonomwerden von spezialistisch bearbeiteten Sektoren *und* deren Abspaltung von einem Traditionsstrom, der sich in der Hermeneutik der Alltagspraxis naturwüchsig fortbildet.«[19]

Gerade die Ausdifferenzierung der Vernunft in verschiedene Sphären der Rationalität könne demzufolge das mit Aufklärung und Moderne verbundene Versprechen einlösen, für jeden und jede Teilhabe zu ermöglichen. Die Implikationen der Rationalisierung würden jedoch zu der problematisierenden Herausbildung von spezialisierten Expertenkulturen führen, die sich dieser Annahme zufolge von dem distanzieren oder gar abspalten, was Habermas in der *Preisrede* mehrmals ›Alltagspraxis‹, aber in einigen Formulierungen bereits ›Lebenswelt‹ nennt. Alltagspraxis und Lebenswelt enthalten demzufolge in ihrer Grundstruktur die Möglichkeitsbedingungen für eine Aufhebung der aporetischen Situation der Moderne in Form einer »*Aneignung der Expertenkultur aus dem Blickwinkel der Lebenswelt*«.[20] Habermas verbindet dieses aus der Entwicklung der ästhetischen Avantgarde gewonnene Aneignungsmotiv mit seiner gesellschaftsübergreifenden kritischen Intention: »Eine differenzierte Rückkoppelung der modernen Kultur mit einer auf vitale Überlieferungen angewiesenen, durch bloßen Traditionalismus aber verarmten Alltagspraxis wird freilich nur gelingen, wenn *auch* die gesellschaftliche Modernisierung in *andere* nichtkapitalistische Bahnen gelenkt werden kann, die die systematische Eigendynamik des wirtschaftlichen und des administrativen Handlungssystems begrenzen.«[21]

Im Rahmen der Programmatik der *Preisrede* zeigte Habermas sich skeptisch und ernüchtert angesichts einer nicht absehbaren öffentlichen Motivationslage für eine solche sich aus dem Projekt der Moderne selbst ergebende Aufklärungs- und Reflexionsbewegung, die durch die Wiedergewinnung eines Zusammenspiels von Ansprüchen der Alltagspraxis und Lebenswelt und den ausdifferenzierten Expertenkulturen zu einer Auflösung der aporetischen Situation hätte beitragen können. Einen wesentlichen ideologischen Grund hierfür sah er in dem Wiederaufleben von modernekritischen Strömungen, die er als »drei Konservativismen« bezeichnete und deren Ausrichtungen ihm zufolge fehlerhafte Reaktionen auf die »sichtbar gewordenen Aporien der kulturellen Moderne« darstellten.[22]

Zu kontroversen Diskussionen Anlass gab die von Habermas bereits in der *Preisrede* vorgenommene Subsumierung von verschiedenen der Postmoderne und dem Poststrukturalismus zugeordneten Denkern unter eine Gruppierung, die er übergreifend entgegen deren eigenem Selbstverständnis provokativ als antimoderne ›Jungkonservative‹ bezeichnete. Ihnen unterstellte er einen Ausbruch aus der modernen Welt und ihren vernunfttheoretischen Prämissen trotz eines Rekurses auf die entscheidende »Grunderfahrung der ästhetischen Moderne«, zu welcher insbesondere die »Enthüllung der dezentrierten, von allen Beschränkungen der Kognition und der Zwecktätigkeit, allen Imperativen der Arbeit und der Nützlichkeit befreiten Subjektivität« gehöre.[23] Explizit wird in dem Vortrag eine französische Linie von Denkern angeführt, die von »George Bataille über Foucault zu Derrida«[24] reicht. Das Grundproblem dieser Strömungen postmodernen Denkens liege der Kritik zufolge darin, die Aporien der Moderne nicht zu entfalten und statt der Antizipation von Lösungen »mit modernistischer Attitüde […] einen unversöhnlichen Antimodernismus«[25] zu begründen. Als Gründungsfigur dieser Weise der Modernekritik identifizierte Habermas bereits in seinem Vortrag den »Geist des in den 70er Jahren wiedererweckten Nietzsche«.[26] Diese programmatische Kennzeichnung einer unüberbrückbaren philosophischen Differenz zwischen seinem eigenen Projekt und einem radikalisierten Antimodernismus der von ihm als ›postmodern‹ bezeichneten Denker und Denkrichtungen blieb auch für die in den Folgejahren gehaltenen und 1985 erstveröffentlichten Vorlesungen über den *Philosophischen Diskurs der Moderne* prägend. Sie werden im Folgenden unter Berücksichtigung der vollzogenen philosophischen Anschlüsse und Abgrenzungen in den Blickpunkt gerückt.

1.2 Debatten um den Postmodernismus und die Folgen

Die von Habermas schon in der *Preisrede* vorgenommene übergreifende Charakterisierung der postmodernen Denkrichtungen als antimodern, antiaufklärerisch und jungkonservativ forderte bereits in den 1980ern zu verschiedenen Kritiken und Einwänden heraus. Albrecht Wellmer[27] insistierte so in seinem 1985 erstpublizierten Buch *Dialektik von Moderne und Postmoderne* gegen einseitige Lesarten der postmodernen Motivlage darauf, dass die sich gegen verschiedene Rationalisierungstendenzen richtenden Intentionen der gemeinten Denker und Denkrichtungen im Gegensatz zu den von Habermas vollzogenen Einordnungen auch als in der Traditionslinie einer konstruktiven Selbstkritik der Moderne stehend ausgedeutet werden können. Wellmer vergleicht in dialektischer Absicht das »Netzwerk ›postistischer‹ Begriffe und Denkweisen« mit einem Vexierbild: »Man kann in ihm, bei geeigneter Blickrichtung, auch die Konturen einer radikalisierten Moderne, einer über sich selbst aufgeklärten Aufklärung, eines post-rationalistischen Vernunftbegriffs entdecken.«[28] Zumindest beim Diskussionsstand der 1980er Jahre rief diese Einschätzung, dass im postmodernen Denken zugleich »das Pathos des Endes und das Pathos einer Radikalisierung der Aufklärung«[29] zu finden sei, Erstaunen hervor. Der damalige Diskurs im deutschsprachigen Raum war sehr stark von den Selbst- und Fremdzuschreibungen geprägt, die sich bis weit in die 1990er Jahre hinein in komplexen Versuchen einer Verhältnisbestimmung von Moderne und Postmoderne in kulturellen und ästhetischen, aber auch philosophischen Hinsichten kondensierten.

So wies insbesondere Ihab Hassan in paradigmatischer Weise auf das sich selbst immer schon einklammernde Selbstverständnis des Postmodernismus durch die Ausbuchstabierung einer »Merkmalreihe« postmodernen Denkens und Schaffens hin.[30] Ihm zufolge entstand dieses Selbstverständnis im Kontext verschiedener Versuche über die »Möglichkeit einer Ablösung der Moderne«[31] durch eine Denkform, die sich gerade nicht als eine historisch-epochale Größe unter Rückgriff auf komplexe Theoriemodelle festschreiben wollte. Über den Vollzug von Fragmentierung, Hybridisierung und De-Konstruktion in Kunst und Literatur wende sich der Postmodernismus »gegen die Totalisierungs- und Vereinheitlichungsansprüche der klassischen Aufklärung und Moderne«.[32] Interessant ist, dass die Unbestimmtheitstendenz, die den postmodernen Produkten und Inszenierungen innewohnt, ihrerseits das eigene Geschichtsverständnis tangiert: »Hieraus erwächst eine andere Traditionsvorstellung, eine, in der sich Kontinuität und Diskontinuität, hohe und niedere Kultur mischen, nicht um die Vergangenheit nachzuahmen, sondern um sie in die Gegenwart hereinzuholen. In dieser Gegenwart voller Vielfalt sind alle Stilformen in dialektischer Weise verfügbar geworden, in einem Wechselspiel zwischen dem Heutigen und dem Nicht-Heutigen, dem Gleichen und dem Anderen. So verändert sich in der Postmoderne das Konzept der Gleichzeitigkeit zu einer Dialektik des Gleichzeitigen, und hieraus erwächst eine neue Beziehung zwischen historischen Elementen, ohne dass dabei übrigens die Vergangenheit zugunsten der Gegenwart unterdrückt würde.«[33]

Der letztgenannte Punkt bringt genau jene epochenbezogene Selbsteinschätzung zum Ausdruck, die Wellmer aus dem Blickwinkel einer teilnehmenden Beobachtung als *Dialektik von Moderne und Postmoderne* bezeichnet. Für das Verhältnis von Moderne und Postmoderne konstatiert er aus der Retrospektive drei dialektische Bewegungen, die das klassische Schema der Vor- und Nachzeitigkeit von alter und neuer Epoche unterlaufen: Erstens war die postmoderne Fluchtbewegung der Destruktion aller modernen Einheits- und Rationalisierungsbestrebungen eine solche, in der – beispielsweise im Übergang von der gegenständlichen zur abstrakten Malerei oder der tonalen zur atonalen Musik – »die radikalsten Impulse der modernen Kunst versammelt und aufgehoben« sind.[34] Dies führte zugleich aufgrund des Selbstdurchstreichungscharakters des avantgardistischen Kunstverständnisses dazu, dass der moderne Kunstbegriff mitsamt der Ausdifferenzierung einer eigenlogischen Kunstsphäre gegenüber Lebenswelt, Politik und Wissenschaft radikal in Frage gestellt wurde.[35] Zweitens entwickelte sich aus dem Postmodernismus infolge der beschriebenen Merkmale und Tendenzen eine »Ideologie des post-histoire«, die nicht den klassischen Epochenbegriff für sich nutzbar macht und reklamiert, sondern über den pathetischen Gebrauch des Wortes »Augenblick« sich von »der Last des platonischen Erbes« befreit und Selbsteinordnungsversuche zwischen »Vergangenheit und Zukunft« überwunden habe.[36]

Nur vor diesem Hintergrund des historischen Bewusstseins der Postmoderne wird Lyotards Diktum verständlich, nach dem ein Werk nur als modern gelten kann, wenn es »zuvor postmodern war«.[37] Demzufolge ist das Präfix ›Post-‹ nicht auf eine zeitlich an die Moderne anknüpfende Zeitstelle oder Phase beziehbar, sondern wird nur als das konstituierende Momentum für Modernität überhaupt verständlich: »So gesehen, bedeutet der Postmodernismus nicht das Ende des Modernismus, sondern dessen Geburt, dessen permanente Geburt.«[38] Drittens habe die thematisierte Zweideutigkeit des Postmodernismus eine Verankerung in den sozialen Phänomenen selbst: »Es ist die Zweideutigkeit einer Kritik der Moderne – und mit Kritik meine ich nicht nur die theoretisch artikulierte Kritik, sondern zugleich eine soziale Bewegung des Einstellungs- und Orientierungswandels – in der eine Selbstüberschreitung der Moderne in Richtung auf eine wahrhaft offene Gesellschaft sich ebenso ankündigen könnte wie ein Bruch mit dem Projekt der Moderne.«[39]

Habermas' Blickrichtung auf die von ihm als ›postmodern‹ charakterisierten Denkrichtungen und Positionen war seit den Debatten der 1980er Jahre weniger dialektisch, sondern konfrontativ.[40] Die in der *Preisrede* formulierte Mutmaßung, dass die von den als postmodern gekennzeichneten Denkern formulierte Kritik am Rationalismus der Moderne eine Absage an sämtliche ihrer aufklärerischen Grundprämissen und Intentionen bedeute, hatte ihn zu dem hier im Blickpunkt stehenden Versuch veranlasst, den »philosophischen Diskurs der Moderne« schrittweise mit dem Ziel einer Selbstvergewisserung über ihren zum Teil noch unausgeschöpften »normativen Gehalt« zu rekonstruieren.[41] Die Kritik, die Habermas in den Vorlesungen an den verschiedenen Spielarten postmoderner Philosophie und ihren Protagonisten übte, stand seiner Intention zufolge im Zeichen einer Verteidigung des normativen Gehalts der Moderne. In den *Vorlesungen* zum *Philosophischen Diskurs der Moderne* entwickelte er eine philosophische Kritik am postmodernen Denken, die sich mit dem Einfluss von Nietzsche sowie den verschiedenen Ausprägungen eines vernunft- und modernekritischen Denkens bei Bataille, Foucault und Derrida beschäftigt – also genau jenen Denkern, die er zum Abschluss der *Preisrede* bereits in eine geistige Linie gestellt hatte.

Die philosophische Diskussion der postmodernen Tendenzen in Theorie und Kultur hat vor dem Hintergrund einer kritischen Thematisierung der Ablösungsversuche der wissenschaftlichen, technischen und ökonomischen Modernisierungstendenzen vom kulturellen Erbe des aufgeklärten Vernunftbegriffs stattgefunden.

Durch die theoretische und praktische Auflösung der von Habermas als intern markierten »Verknüpfung zwischen dem Begriff der Moderne und dem aus dem Horizont der abendländischen Vernunft gewonnenen Selbstverständnis der Moderne« seien die »gleichsam automatisch weiterlaufenden Modernisierungsprozesse« den verschiedenen Spielarten einer postmodernen Relativierung ausgesetzt worden.[42] Diese Diagnose war dann auch der Anlass für die bereits skizzierte Reflexion über das epochale Selbstverständnis der Moderne und mögliche Auswege aus den Aporien der Post-Diskurse. Die begriffsgeschichtliche Selbstvergewisserung über das, was »die Modernen« als Modernität auf dem Wege einer Ablehnung und Überwindung des Alten und Antiken ansahen, führte Habermas unter Rekurs auf Reinhard Koselleck und Hans Blumenberg zur Einschätzung des immer schon problematischen Kerns des Geschichtsbewusstseins der westlichen Kultur: »Die Moderne kann und will ihre orientierenden Maßstäbe nicht mehr Vorbildern einer anderen Epoche entlehnen, *sie muß ihre Normativität aus sich selbst schöpfen*. Die Moderne sieht sich, ohne Möglichkeit der Ausflucht, an sich selbst verwiesen.«[43]

Dieser klassischen Deutung von Epochenschwellen zufolge werden für das im 19. Jahrhundert erwachsende modernistische Selbstverständnis sowohl in der Philosophie als auch in der Literatur und Kunst entscheidende Umbrüche auch gegenüber dem frühneuzeitlichen Bewusstsein von Modernität in den Epochen der Renaissance und der Aufklärung konstatiert. Die modernistische Rede von einem sich gegen alles Vorangegangene abgrenzenden »Zeitgeist« und einer auf diese reflektierenden Philosophie, die sich in dieser Reflexion »selbst in Gedanken erfasst«,[44] wird – hier knüpft Habermas an klassische Interpretationen an – seit Hegel zum terminologischen Schlüsselvokabular philosophischer Diskurse: »Hegel ist überzeugt, daß er den Begriff, den Philosophie von sich selber ausbildet, unabhängig vom philosophischen Begriff der Moderne gar nicht gewinnen kann.«[45] So ist es den gängigen Geschichtsschreibungen zufolge der Rückbezug auf die Ideen der Französischen Revolution von 1789, welche als einschneidendes Ereignis insbesondere im französisch- und deutschsprachigen Raum aufgenommen wurde und den Scheidegrund zwischen der nachfolgenden neuen Zeit und der vorangegangenen alten Zeit markierte.

Habermas sah in dieser historischen und kulturellen Konstellation den Ursprung des Selbstbezuges einer Moderne, die demzufolge ihre normativen Maßstäbe aus sich selbst zu schöpfen habe: »Weil sich die neue, die moderne Welt von der alten dadurch unterscheidet, daß sie sich der Zukunft öffnet, wiederholt und verstetigt sich der epochale Neubeginn mit jedem Moment der Gegenwart, die Neues aus sich gebiert. Zum historischen Bewußtsein der Moderne gehört daher die Abgrenzung der ›neuesten Zeit‹ von der Neuzeit: die Gegenwart genießt als Zeitgeschichte innerhalb des Horizonts der Neuzeit einen prominenten Stellenwert. [...] Eine Gegenwart, die sich aus dem Horizont der neuen Zeit als die Aktualität der neuesten Zeit versteht, muß den Bruch, den jene mit der Vergangenheit vollzogen hat, als *kontinuierliche Erneuerung* nachvollziehen.«[46] Der im *Philosophischen Diskurs der Moderne* vorgelegten historischen Interpretation zufolge zeigt sich das reflexive Bewusstsein über jene kontinuierliche Erneuerung paradigmatisch in der von Hegel in dessen Frühschriften verwendeten Terminologie. Insbesondere der Gebrauch von Begriffen wie »Revolution«, »Fortschritt«, »Emanzipation«, »Entwicklung«, aber auch die vermehrte Rede von »Krisen« sorgen demzufolge übergreifend für Problemtransparenz mit Blick auf das Geschichtsbewusstsein der modernen Kultur: »Erst am Ende des 18. Jahrhunderts spitzt sich das Problem der *Selbstvergewisserung* der Moderne so zu, daß Hegel diese Frage *als* philosophisches Problem, und zwar als *das Grundproblem* seiner Philosophie wahrnehmen kann. [...] Indem die Moderne zum Bewußtsein ihrer selbst erwacht, entspringt ein Bedürfnis nach Selbstvergewisserung, das Hegel als das Bedürfnis nach Philosophie versteht.«[47]

In den *Vorlesungen* zum *Philosophischen Diskurs der Moderne* rekonstruierte Habermas mit Blick auf den philosophiehistorischen Verlauf des 19. Jahrhunderts die Bildung von drei philosophischen »Parteien«, die nach Hegels Tod um die Platzhalterschaft für dieses »richtige Selbstverständnis der Moderne« wettgeeifert hätten: die Linkshegelianer, die Rechtshegelianer sowie der Postmodernismus.[48] Diese drei Varianten philosophischen Denkens würden zudem das bis in die Gegenwart gültige modernistische Zeitbewusstseins zur Geltung bringen, unter unterschiedlichen Vorzeichen und mit divergierenden Intentionen gegenüber dem

Projekt der Moderne. Die Antwortversuche des Postmodernismus auf die Ambivalenzen und Aporien der Moderne stellen für Habermas bis in die Gegenwart kein philosophisch und gesellschaftstheoretisch tragfähiges Konzept für deren Selbstaufklärung dar. Im *Philosophischen Diskurs der Moderne* führte er im Anschluss an die programmatischen Hinweise in der *Preisrede* Nietzsche als den paradigmatischen Begründer des postmodernen Denkens ein, dessen »Eintritt in den Diskurs der Moderne« im 19. Jahrhundert die »Argumentation von Grund auf« verändert habe.[49]

Mit Blick auf die unterschiedlichen Weisen einer Ausbuchstabierung der Aufklärungs- und Vernunftkritik wird im Vorlesungsverlauf die paradigmatische Figur Nietzsche den Junghegelianern gegenübergestellt. Während der Junghegelianismus den Diskurs der Moderne mit und zugleich über Hegel hinausgehend etabliert und trotz des radikalen kritischen Impulses einen »ausgezeichneten Bezug zur Rationalität bewahrt«[50] habe, habe mit Nietzsche die Kritik der Moderne »zum ersten Mal auf die Einbehaltung ihres emanzipatorischen Gehalts« verzichtet: »Die subjektzentrierte Vernunft wird mit dem schlechthin Anderen der Vernunft konfrontiert.«[51] Hinsichtlich der Durchführung dieses Programms habe Nietzsche schließlich zwischen zwei Strategien geschwankt: auf der einen Seite die mit wissenschaftlichen Mitteln und zugleich in antimetaphysischer, antiromantischer und pessimistisch-skeptischer Einstellung durchgeführte kritisch-historische Weltbetrachtung in Form einer »artistischen Weltanschauung«.[52] Habermas identifiziert bei Nietzsche entsprechend eine wissenschaftliche Strategie mit positivistischer Neigung: »Nach dieser Analyse verbergen sich hinter den scheinbar universalen Geltungsansprüchen die subjektiven Machtansprüche von Wertschätzungen. […] Nietzsche verdankt seinen machttheoretisch entwickelten Begriff der Moderne einer demaskierenden Vernunftkritik, die sich selbst außerhalb des Horizonts der Vernunft stellt.«[53] Diese Form der radikalisierten Vernunftkritik wird auch als entscheidende Inspirationsquelle für Foucaults genealogische Geschichtsschreibung eingeführt.

Auf der anderen Seite bemerkt Habermas bei Nietzsche eine sowohl Heidegger als auch Derrida beeinflussende Metaphysikkritik, die »die Wurzeln des metaphysischen Denkens ausgräbt, ohne sich selbst als Philosophie aufzugeben«.[54] Diese philosophische

Strategie mit antimetaphysischen Implikationen operiere auf der Basis von privilegierten esoterischen und ästhetischen Einblicken, die das Aufklärungsprojekt aus Habermas' Sicht in Gänze zu unterlaufen drohen. Für beide Strategien einer radikalen Vernunftkritik diagnostiziert Habermas ein für das postmoderne Denken virulentes Grundproblem, das die Selbstreferentialität sowohl des wissenschaftlich-positivistischen als auch des philosophisch-mythologischen Standpunktes einer radikal ansetzenden Kritik betrifft: »So verfangen sich die machttheoretischen Enthüllungen im Dilemma einer selbstbezüglichen, total gewordenen Kritik der Vernunft.«[55] Diese kritische Auseinandersetzung mit der Philosophie Nietzsches und ihren Folgen trägt bis in die Gegenwart die von Habermas formulierte Fundamentalkritik am postmodernen Denken. Im Folgenden wird die angesprochene erste Variante der mit Nietzsche geführten Auseinandersetzung unter Rückgriff auf die ausführliche und zugleich in der Rezeption umstrittene Kritik von Habermas an Foucaults Entwurf einer Genealogie ins Blickfeld gerückt.

1.3 Kritik der radikalen Vernunftkritik und die Probleme der Genealogie

Habermas formulierte seine prominent gewordene Kritik an Foucault in der neunten und zehnten Vorlesung seiner problematisierenden Rekonstruktion entscheidender Weichenstellungen und Bezugspunkte des philosophischen Diskurses der Moderne. Bezugspunkt seiner Auseinandersetzung sind insbesondere die Schriften Foucaults, die sich um die zumeist als werkbiografischen Wendepunkt bezeichneten Phase um das Jahr 1970 herum versammeln. Für Habermas handelt es sich bei der hiermit verbundenen methodischen Umstellung von archäologischen hin zu genealogischen Verfahren um zwei methodisch unterschiedliche Zugänge zur Analyse von sowohl wissenschaftlichen als auch kulturellen Diskursen und Praktiken, die sich jedoch nicht ausschließen. Stattdessen ist seiner Interpretation zufolge der Übergang von der Archäologie zur Genealogie als eine Erweiterung des Projektes einer kritischen Geschichtsschreibung der Humanwissenschaften anzusehen. Foucault verfolge in seinen Schriften übergreifend eine methodisch kontrollierte Umsetzung des von Nietzsche vorbereiteten genealogischen Projektes.

Habermas wiederum möchte diesen Übergang zur als methodische Erweiterung interpretierten genealogischen Geschichtsschreibung mit Blick auf zwei Fragen prüfen. Erstens betrifft dieser Übergang die Frage nach der »eigentümlichen Verbindung von Diskursen und Praktiken«, denn die durch die archäologische Methode vollzogene »strukturelle Beschreibung hoch selegierter, auffälliger Diskurse« verweist immer schon auf deren Entstehungsgeschichte – Habermas spricht von »stummen Praktiken, in die sie eingelassen sind«.[56] Entsprechend habe Foucault seit seiner Antrittsvorlesung am *Collège de France* 1970 immer expliziter eine Differenz konstatiert zwischen der »Archäologie des Wissens, die die wahrheitskonstitutiven Ausschließungsregeln der Diskurse aufdeckt, von der genealogischen Untersuchung der dazugehörigen Praktiken«.[57] Und genau in den Schnittstellen dieser beiden Methoden entwickele Foucault durch eine »Wendung zur Machttheorie«[58] ein immer intensiver werdendes Interesse am »konstitutiven Zusammenhang der Humanwissenschaften mit Praktiken einer überwachenden Isolierung«[59]. Der kritische Blick auf die Rolle der Humanwissenschaften für spezifische Machtpraktiken wird demzufolge im Übergang von der archäologischen Diskursanalyse zur genealogischen Geschichtsschreibung nicht nur zum entscheidenden praktischen Thema von gesellschaftstheoretischem Interesse, sondern auch zum neuralgischen Schlüsselkonzept für den Umgang mit aus den methodischen Verfahrensweisen resultierenden Problemstellungen.

Zweitens fragt Habermas im Aufriss seines eigenen Zuganges zu Foucault danach, ob »in der Form einer archäologisch ansetzenden, zur Genealogie erweiterten Geschichtsschreibung der Humanwissenschaften« die Durchführung einer radikalen Vernunftkritik gelinge, »ohne sich in den Aporien dieses selbstbezüglichen Unternehmens zu verfangen«.[60] So fokussiert er übergreifend das besondere Problem der Stellung des Historikers zu seinem Untersuchungsgegenstand, das seit den frühen archäologischen Schriften von virulenter Relevanz für Foucaults Intention sei: »Ebenso ungeklärt wie das Verhältnis von Diskursen zu Praktiken blieb nämlich in den früheren Arbeiten das methodische Problem, wie eine Geschichte der Konstellationen von Vernunft und Wahnsinn überhaupt geschrieben werden kann, wenn sich die Arbeit des Historikers doch ihrerseits im Horizont der Vernunft bewegen muß.«[61] Die kritische Befragung zielt entsprechend auf das positivistische Selbstverständnis des genealogischen Verfahrens einschließlich den distanzierten Bezugnahmen des Beobachters zu den von ihm untersuchten Diskursen und Praktiken: »Die Genealogie untersucht, wie sich Diskurse formieren, warum sie auftreten und wieder verschwinden, indem sie die Genesis der geschichtlich variablen Geltungsbedingungen bis in die Wurzeln hinein verfolgt.«[62]

Habermas verwies bereits 1985 auf den entscheidenden biografischen Einfluss der durch den politischen Kontext beeinflussten neuen Nietzscherezeption in den späten 1960er Jahren[63] mit Blick auf Foucaults Etablierung des genealogischen Konzeptes einer vernunftkritischen und zugleich »als Antiwissenschaft auftretenden, gelehrsam-positivistischen Geschichtsschreibung«.[64] Während die Materialstudien *Überwachen und Strafen* von 1975 und *Der Wille zum Wissen* von 1976 als die Hauptwerke einer Umsetzung der genealogischen Methode am historischen Material gelten, gab Foucault in drei früheren Vorträgen und Vorlesungen eine erste Skizze dieses Ansatzes. Im Jahr 1964 nutzte er die Gelegenheit eines Roundtable-Gesprächs im Rahmen des deutsch-französischen Treffens zu den Perspektiven der Nietzsche-Forschung in Royaumont nördlich von Paris, um über die Interpretationstechniken in den Werken von diesem sowie Freud und Marx zu sprechen.[65] Der Vortrag und das anschließende Gespräch wurden drei Jahre später erstmalig veröffentlicht: »Zu den jungen Franzosen gehörte damals auch Michel Foucault, dem damals genau wie Deleuze noch kein großer Ruf vorauseilte. Dass sein Vortrag über ›Nietzsche, Freud, Marx‹ als einziger bis heute gelesen wird, dürfte daran liegen, dass er eine Beobachterperspektive zweiter Ordnung annimmt. Anstatt den Interpretationen der Nietzsche-Exegeten eine weitere hinzuzufügen, macht er die Interpretation als solche zum Gegenstand.«[66] Marx, Freud und insbesondere Nietzsche erweckten also Foucaults Interesse aufgrund einer neuen und für den Modernismus typischen Art der Hermeneutik, die sich von klassischen Formen des interpretativen Zuganges deutlich abgrenzen lasse. Ihm zufolge verwickeln alle drei Autoren die Lesenden in eine endlose Spiegelungsaufgabe der Interpretation. Mit Bezug auf Nietzsche formuliert Foucault seine Hauptthese, dass Worte und Zeichen immer Interpretationen sind, so dass Letztere den Ersteren strukturell vorgeordnet bleiben: »Für Nietzsche gibt es kein ursprünglich Bezeichnetes. Die Worte sind selbst nichts anderes als Interpretationen; in ihrer ganzen Geschichte sind sie Interpretationen, bevor sie Zeichen sind, und sie haben nur deshalb eine Bedeutung, weil sie Interpretationen sind.«[67] Die Implikationen dieser These sind von grundlegender Bedeutung für den genealogischen Ansatz. Wenn die Zeichen ihre Bedeutung erst durch Interpretationen erhalten, werden sie zu einem Element in einem Spiel konkurrierender Interpretationen, so dass nicht mehr von der hermeneutischen Zugänglichkeit zu einer ursprünglichen Bedeutung oder Wahrheit ausgegangen werden kann. Laut Foucault erhalten die Interpretationen durch das Verständnis und die Verwendung von Zeichen in diesem Sinne einen zwingenden Charakter. Demzufolge komme dem »großen Gewebe der gewaltsamen Interpretationen«[68] in grundsätzlicher Weise ein thematischer Vorrang zu.

Diese frühe Argumentation verweist auf Foucaults spätere Explikation der Fluchtpunkte der genealogischen Analyse und Kritik. In der neunten Vorlesung des *Philosophischen Diskurses der Moderne* rückt Habermas zunächst die 1974 erstmalig ins Deutsche übersetzte Antrittsvorlesung von Foucault von Dezember 1970 in den Blickpunkt. Sie bildet in seiner Rekonstruktion einen ersten Anknüpfungspunkt für Lösungsversuche zu den oben skizzierten methodischen Problemstellungen eines aus den Aporien der Vernunftkritik entkommenden Zuganges der Diskursanalyse zum jeweiligen historischen Phänomen. Foucault nehme hier erstmalig die Ausschließungsmechanismen in den Blick, durch die diskursive Grenzziehungen zwischen der Vernunft und dem Anderen – insbesondere dem Wahnsinn – in der Neuzeit überhaupt erst möglich werden. Es sind demzufolge praktisch wirksame Exklusionsmechanismen, durch die »sich die vernünftige Rede konstituiert«[69] und die zugleich »erst festlegen, was innerhalb eines Diskurses jeweils als wahr und falsch zu gelten«[70] habe. Über die archäologische Analyse historischer Diskursformationen hinaus und in

Kombination mit der Kritik der analysierten diskursiven Ordnungen verfolgt die Genealogie unter problematisierenden Gesichtspunkten die Aufdeckung der Entwicklung von Machtverhältnissen, die den Interpretationen, Diskursen und Wissensordnungen zugrunde liegen: »Der genealogische Aspekt betrifft die tatsächliche Entstehung der Diskurse [...]. Die Kritik analysiert die Prozesse der Verknappung, aber auch der Umgruppierung und Vereinheitlichung der Diskurse: die Genealogie untersucht ihre Entstehung, die zugleich zerstreut, diskontinuierlich und geregelt ist.«[71]

Foucault begründet das in den frühen 1970er Jahren etablierte Verfahren einer genealogischen Geschichtsschreibung wieder mit Nietzsche, wie es auch von Habermas im *Philosophischen Diskurs der Moderne* an entscheidenden Gelenkstellen der Argumentation herausgestellt wird. Während Foucault in dem Vortrag von 1964 Nietzsche noch als einen Begründer einer radikalisierten Form der Tiefenhermeneutik vorstellt, so konzentriert er sich nun auf wichtige methodische Elemente in dessen als genealogisch gekennzeichneten Schriften aus der späten Werkphase, insbesondere der *Genealogie der Moral.* Martin Saar verweist darauf, dass Foucault in dem prominenten Aufsatz *Nietzsche, die Genealogie, die Historie* von 1971, auf den auch Habermas explizit rekurriert, »seinen Nietzsche« und damit sich selbst »in Nietzsches Gewand« präsentiert habe.[72] Foucault vollzieht in diesem Text erstmalig in expliziter Form eine methodische Verlagerung von einer archäologischen und diskursanalytischen Einstellung hin zum genealogischen Verfahren, das er als alternative Form der Geschichtsschreibung einführt. Er bezeichnet dieses Projekt im Anschluss an Nietzsche selbstbewusst als die »wirkliche Historie«, die in einer besonderen Beziehung zur klassischen oder traditionellen Geschichtsschreibung stehe: »Der historische Sinn gibt dem Wissen die Möglichkeit, innerhalb seines Erkenntnisprozesses die eigene Genealogie zu ergründen. Die *wirkliche Historie* betreibt an dem Ort, an dem sie steht, die Genealogie der Historie. In dieser Genealogie der Historie, mit der Nietzsche sich mehrfach befasst, verknüpft er den historischen Sinn mit der Historie der Historiker.«[73] Foucault spricht von einer neuen Form der Geschichtsschreibung durch die selbstkritische Wendung der historischen Analyse »gegen ihre eigene Herkunft«[74].

Die genealogische Geschichtsschreibung hat diesen von Foucault nachdrücklich vollzogenen Setzungen zufolge zwar eine gemeinsame Herkunft mit der traditionellen, stellt sich dieser jedoch zugleich konfrontativ gegenüber, indem sie »das übliche Verhältnis zwischen dem Eintritt des Ereignisses und der kontinuierlichen Notwendigkeit«[75] verkehrt. Diese Verhältnisverkehrung soll dazu führen, die Ereignisse in ihrer Einzigartigkeit und Zufälligkeit hervortreten zu lassen und das Diskontinuierliche in die Geschichtsschreibung einzuführen. Dadurch werde es möglich, die metaphysischen und geschichtsphilosophischen Vorstellungen von teleologisch gedachten Kontinuitäten und Zwecksetzungen zu überwinden. Entsprechend ordnet auch Habermas das Projekt der von Foucault verfolgten genealogischen Geschichtsschreibung nicht nur als ein vernunftkritisches, sondern auch als ein sich gegen den gängigen wissenschaftlichen Kodex richtendes ein: »Die neue Histoire muß alle jene Voraussetzungen negieren, die für das historische Bewußtsein der Moderne, das geschichtsphilosophische Denken und die historische Aufklärung seit dem Ende des 18. Jahrhunderts konstitutiv gewesen sind.«[76]

Habermas konzentriert sich in seiner Rekonstruktion der Intentionen Foucaults auf drei Aspekte des Projektes einer genealogischen Geschichtsschreibung. Erstens ziele dieses auf die Überwindung einer »Privilegierung der Gegenwart«[77] mitsamt ihren Selbstansprüchen gegenüber der immer unter der Prämisse dieser Privilegierung betrachteten Vergangenheit. Für Foucault stelle nach Habermas diese Problematik eine Folgelast des *»präsentistischen Zeitbewußtseins der Moderne«*[78] dar. Zweitens intendiere dessen Versuch einer genealogischen Geschichtsschreibung methodisch den »konsequenten Abschied von der Hermeneutik« auf Grundlage einer übergreifenden Destruktion und Zerstreuung des hermeneutischen Anspruchs auf ein Sinnverstehen des jeweiligen »wirkungsgeschichtlichen Zusammenhangs«.[79] Die Intention einer Auflösung von *»falschen Kontinuitäten«* sowie die gleichzeitige Hervorhebung von »Brüchen, Schwellen und Richtungsänderungen« liest Habermas drittens als den radikalen Vollzug eines Abschiedes von einer *»globalen Geschichtsschreibung«*, die Geschichte als ein Makrobewusstsein konzipiere und von einer Geschichte im Singular ausgehe.[80] Sowohl die Archäologie als auch die Genealogie leisteten demzufolge einen Beitrag zu der mit dem Programm einer radikalen Vernunftkritik einhergehenden »Destruktion einer Geschichtsschreibung, die anthropologischem Denken und humanistischen Grundüberzeugungen verhaftet bleibt«.[81] So zeige die Archäologie mit diskursanalytischen Mitteln auf, dass die inneren Ansprüche von Diskurspraktiken auf Einheit und Totalität von außen sich als begrenzte Kontingenzen und Partikularitäten zu erkennen geben. Habermas bezeichnet dies als einen »schwachen Transzendentalismus« im archäologischen Zugang zu historischen Diskurspraktiken, die nun als »kristalline Formen willkürlicher Diskursformationen« auf einem »Eisberg« erscheinen.[82] Diese Erstarrung könne wiederum nur durch den Übergang oder Wechsel aus der Perspektive einer genealogischen Betrachtung dynamisiert werden: »Unter dem zynischen Blick des Genealogen gerät der Eisberg in Bewegung: die Diskursformationen verschieben und vermengen sich, wogen auf und ab. Der Genealoge erklärt dieses Auf und Ab mit Hilfe unzähliger Ereignisse und einer einzigen Hypothese – daß das einzige, was währt, die Macht ist, die im Wechsel anonymer Überwältigungsprozesse unter immer neuen Masken auftritt.«[83]

Für Habermas nimmt die von Foucault in den 1970er Jahren vollzogene Einführung des Machtbegriffs in die historische Analyse die entscheidende systematische Schlüsselrolle innerhalb der gängiger Weise in Phasen unterteilten Werkentwicklung ein: »Die Wendung zur Machttheorie muß als eine intern motivierte Bewältigung von Problemen verstanden werden, denen sich Foucault gegenübersieht, nachdem er [...] eine Entlarvung der Humanwissenschaften allein mit diskursanalytischen Mitteln durchgeführt hatte.«[84] Und im Übergang zur Problematisierung dieser Machtheorie in der zehnten *Vorlesung* des *Philosophischen Diskurses der Moderne* konstatiert er, Foucault erhebe in seiner genealogischen Phase »›Macht‹ zum transzendental-historischen Grundbegriff einer vernunftkritischen Geschichtsschreibung«[85] und verwende diesen in abstrakter Weise als »Synonym für diese *reine strukturalistische Tätigkeit*«[86]. Habermas zufolge transportiert Foucault in seinen genealogischen Schriften einen ambivalenten Machtbegriff. Als Konstituens für Praktiken und Diskurse habe er diese als zugleich »transzendentale Erzeugungs- *und* empirische Selbstbehauptungsmacht«[87] konzipieren müssen.

In dieser doppelseitigen Konzeptualisierung von Macht liegt so auch das von Habermas diagnostizierte methodische Grundproblem mit Blick auf die inhaltlichen und materialen Bezugspunkte der genealogischen Verfahrensweise. So lasse sich die Weise einer solchen empirischen Selbstbehauptung nur in konkreten Formen und Praktiken aufzeigen, die kulturell spezifisch auftreten und zu historischen Vergleichen herausfordern: »In seinen späteren Untersuchungen wird Foucault diesen abstrakten Machtbegriff anschaulich ausgestalten: er wird Macht als die Interaktion kriegführender Parteien, als das dezentrierte Netzwerk von leibhaftigen Konfrontationen von Angesicht zu Angesicht, schließlich als die produktive Durchdringung und subjektivierende Unterwerfung eines leibhaften Gegenübers verstehen.«[88] Entsprechend hatte Foucault in seinen Beiträgen zu Nietzsche zunächst den Zeichen eine »gewisse Bösartigkeit« zugesprochen, durch die hindurch sich »ein ganzes Wechselspiel von negativen Konzepten, Widersprüchen und Gegensätzen [...], kurz: das ganze Spiel reaktiver Kräfte« entfalte.[89] Im Kontext der genealogischen Geschichtsschreibung wird aus diesem Spiel das auf seine Entstehungsgeschichte hin zu untersuchende »Herrschaftsspiel« oder auch das »große Spiel der Geschichte«, dessen Regelhaftigkeit in der »kalkulierten Lust am Gemetzel und der Hoffnung auf Blut« bestehe.[90] Habermas rekonstruiert diesen Schritt als Überwindung des von Nietzsche vorbereiteten Theorems vom Willen zum Wissen hin zur Explikation von dem das gesamte Theoriegebäude stützenden Grundbegriff der Macht mit gesellschaftstheoretischen Implikationen. Im Zuge dieses methodischen Überganges werde die Archäologie des Wissens den genealogischen Verfahrensimperativen untergeordnet und in der Folge »die Entstehung des Wissens aus Praktiken der Macht erklärt«.[91]

In diesem thematischen Kontext zeige sich so auch die Anschlussfähigkeit von Foucaults Analysen für die Gesellschaftstheorie, wie Habermas im *Philosophischen Diskurs der Moderne* unter Bezugnahme auf die im gleichen Jahr publizierte Promotionsschrift von Axel Honneth bemerkt. Honneth unternimmt in seiner im gleichen Zeitraum entstandenen und publizierten Schrift *Kritik der Macht* den Versuch, die Begrenztheit der auf Fragen der »außerdiskursiven Sozialordnung« bezogenen Erklärungsleistungen der diskursanalytischen Perspektive von archäologischen

Untersuchungen kritisch aufzuweisen. Entsprechend verbleibe das frühe Werk Foucaults noch »vor der Schwelle zur eigentlichen Gesellschaftsanalyse«.[92] In den genealogischen Schriften habe Foucault hingegen die »Grundzüge einer Theorie sozialer Macht« entlang eines strategischen Machtmodells entwickelt, mit dem Ziel einer Übertragung der »naturalistisch geprägten Vorstellungen Nietzsches in den Rahmen einer Gesellschaftstheorie«.[93]

Habermas interessierte sich in seinen philosophischen Auseinandersetzungen mit Foucaults Machttheorie in den 1980er Jahren jedoch weniger für die gesellschaftstheoretisch relevanten Darstellungen von konkreten Gestaltformen der Macht, die sich in Foucaults mittlerer Werkphase auffinden lassen. Stattdessen konzentrierte er sich mit Blick auf die Begründungsebene des methodischen Zugriffs auf die internen Paradoxien dieses Machtkonzeptes, die ihm zufolge aus einer doppelten Anlage und Intention resultierten: »Foucault historisiert nicht nur, er denkt zugleich nominalistisch, materialistisch und empiristisch, indem er die transzendentalen Machtpraktiken als das Besondere denkt, das sich gegen alle Universalien sträubt, ferner als das Niedere, Körperlich-Sinnliche, das alles Intelligible unterläuft, und schließlich als das Kontingente, das auch anders sein könnte, weil es keiner regierenden Ordnung untersteht.«[94] Ein Haupteinwand, den Habermas gegenüber Foucault hinsichtlich der paradoxen Doppelausrichtung des transzendental-historischen Machtbegriffes formuliert, betrifft den gesellschaftstheoretisch relevanten Konnex zwischen dem auf konkrete empirische Praktiken ausgelegten kritischen Anspruch der genealogischen Geschichtsschreibung und der deskriptiv angelegten Geschichte der Wissenssysteme. Um diese paradoxale Operation zu unterlaufen, habe Foucault, um dem eigenen Anliegen methodisch gerecht zu werden, die Herkunfts- und Entstehungsgeschichte seines eigenen »transzendental-historistischen Machtbegriffs« aus der genealogischen Reflexion ausklammern oder gar verheimlichen müssen: »Foucault gewinnt den gesellschaftstheoretischen Boden freilich nur dadurch, daß er im Hinblick auf seine *eigene* genealogische Geschichtsschreibung nicht genealogisch denkt.«[95]

Auf der Grundlage dieser methodischen Einwände gegen das auf der Begründungsebene als ambivalent gekennzeichnete Machtkonzept Foucaults konstatiert Habermas in der *zehnten Vorlesung* drei »methodologisch folgenreiche Reduktionen«, die aus der genealogisch geleiteten Konzentration auf Macht als analytischer und zugleich ambivalenter Grundkategorie folgen.[96] Die erste Reduktion betrifft Bedeutungs- und Sinnfragen, die nach der Lesart von Habermas beim archäologischen Zugang auf die Erklärung von Diskursen selbst zurückgeführt und beim genealogischen Zugang wiederum nur aus den zugrundeliegenden Praktiken erklärt werde. Dadurch solle unter vollständiger Einklammerung der möglichen hermeneutischen Prämissen der Beobachterposition selbst die Objektivität des Zugriffs auf das historische Material gewährleistet werden. Für Habermas stellen diese Reduktionen von Bedeutungs- und Sinnfragen auf ein objektivistisch reduziertes Ensemble von Diskursen und Praktiken einen aporetischen Versuch dar, der in der Folge in einen subjektivistischen Präsentismus umschlage: »Die Entlarvung der objektivistischen Illusionen jedes Wissenwollens führt zum Einverständnis mit einer narzißtisch auf den Standort des Historikers ausgerichteten Geschichtsschreibung, die die Betrachtung der Vergangenheit für die Bedürfnisse der Gegenwart instrumentalisiert.«[97]

Analog dazu führe die funktionalistische Reduktion von Geltungsansprüchen auf Machtwirkungen in eine selbstbezügliche Situation. So soll nach Foucaults methodischem Anspruch der Sinn von Geltungsansprüchen auf der einen Seite ausschließlich in den Machtwirkungen der Praktiken und Diskurse selbst zu verorten und zu analysieren sein. Habermas wendet nun ein, dass diese Grundannahme der Machttheorie eine zirkuläre Struktur aufweise, denn »sie muß, wenn sie zutrifft, die Geltungsgrundlage auch der von ihr inspirierten Forschungen zerstören«.[98] Auch hier steht also der eigene Standort des genealogischen Geschichtsschreibers zur Disposition, weil der anspruchsvolle Versuch einer distanzierten Betrachtung der machtvollen Kämpfe um Wissensansprüche Habermas zufolge »selbst eine neue Hierarchie des Wissens« zu errichten intendiert, obschon Foucaults Konzept der Macht einen solchen »erkenntnisprivilegierenden Begriff der Gegenmacht« gar nicht erlaube.[99] Unvermeidlich verlaufe sich demzufolge die Reduktion von Geltungsansprüchen auf Machtwirkungen in den »unvermeidlichen Relativismus einer gegenwartsbezogenen

Analyse, die sich selbst nur noch als ein kontextabhängiges praktisches Unternehmen verstehen kann.«[100] Dieser aus der Reduktion von Wahrheit und Werten auf Macht folgende Relativismus der Theoriebildung gehe sodann ebenso mit einem – wie Habermas es bezeichnet – »Kryptonormativismus« einher, der aus der Einklammerung eigener normativer Geltungsansprüche bei der Frage nach der Evaluation von Diskursen und Praktiken folge: »Schon diese Begründung einer Wertfreiheit zweiter Stufe ist natürlich nicht wertfrei.«[101]

An diese Kritik an einem mangelnden Ausweis der normativen Maßstäbe der Theoriebildung knüpft die im *Philosophischen Diskurs der Moderne* vollzogene Zurückweisung des gesellschaftskritischen Potentials der genealogischen Machtanalysen Foucaults an. Der als aporetisch bezeichnete Versuch, die Kategorien der Bedeutung, der Geltung und des Wertes sowohl auf der metatheoretischen als auch der empirischen Ebene der transzendentalhistorischen Machtanalyse zu eliminieren, führt nach Habermas zu einer Verdrängung von Grundbegriffen mit normativer Relevanz. Er verweist an dieser Stelle auf die gesellschaftstheoretisch relevante Dimension der »symbolischen Vorstrukturierung von Handlungssystemen«[102], deren Explikation Foucault vollständig vermissen lasse, wodurch er zwei grundlegende soziologische und sozialphilosophische Fragestellungen unterlaufen habe: »die Frage, wie soziale Ordnung überhaupt möglich ist, und wie sich Individuum und Gesellschaft zueinander verhalten.«[103] Dieses Fehlen einer Thematisierung der sozialintegrativen Mechanismen der modernen Gesellschaft gehe entsprechend mit einem Bild des Verhältnisses von Gesellschaft und Individuum einher, das Habermas als »einseitiges und kategorial verarmtes Vermachtungsmodell«[104] bezeichnet. Dementgegen besteht er auf einer explikativen und normativen Thematisierung der grundlegenden Reziprozität von Vergesellschaftungs- und Individuierungsprozessen.

Diese verschiedenen komprimiert vorgetragenen Kritikpunkte, die seit den 1990er Jahren zu einer kaum überblickbaren Rezeptions- und Diskussionslage Anlass gegeben haben,[105] zielen im Kern auf die Ablehnung der Nietzsche und Foucault unterstellten radikalen Negation der normativen Potentiale des Aufklärungsprojektes. Hierbei rekurriert Habermas ausschließlich auf Schriften aus der frühen und mittleren Werkphase Foucaults. Ein Jahr bevor Michel Foucault im Juni 1984 verstarb, traf Habermas den Franzosen zum ersten Mal persönlich – also noch vor der Veröffentlichung, aber schon nach der Abfassung der Vorlesungen. Stefan Müller-Doohm merkt an, dass in den wenigen Wochen der Begegnung und des philosophischen Austauschs in Paris »die wechselseitigen Vorbehalte« ausgeräumt worden seien und Habermas in seinen anschließenden Kommentaren verstärkt auf die »Gemeinsamkeiten des philosophischen Denkens in Frankreich und Deutschland« hingewiesen habe.[106] Sein in der *Tageszeitung (taz)* am 7. Juli 1984 abgedruckter Nachruf zeigt sich nicht nur auf der persönlichen, sondern auch auf der philosophischen Ebene versöhnlich, insbesondere mit Blick auf Foucaults späte affirmative Aneignung von Grundgedanken eines modernistisch gelesenen Kant: »Während aber Foucault bisher den Willen zum Wissen in den modernen Machtformationen nur aufgespürt hatte, um ihn zu denunzieren, zeigt er ihn jetzt in einem völlig anderen Licht: als den bewahrenswerten und erneuerungsbedürftigen kritischen Impuls, der sein eigenes Denken mit den Anfängen der Moderne verbindet.«[107] Habermas rekurrierte hier auf die von Foucault im selben Jahr gehaltene Vorlesung über Kants Aufklärungsschrift unter eben jenem Titel *Was ist Aufklärung?*. In seiner zweiteiligen Vorlesung deutet Foucault die Aufklärungsschrift von 1784 deshalb als einschneidendes philosophiehistorisches Dokument, weil Kant in dieser die Selbstreflexion des philosophischen Denkens mit Blick auf die eigene Gegenwart als neues Problem extrapoliert habe: »Ich möchte die These vorschlagen, daß dieser kleine Text gleichsam am Schnittpunkt von kritischer Reflexion und der Reflexion der Geschichte lokalisiert ist. Es ist die Reflexion Kants über die Aktualität des eigenen Unternehmens. […] Die Reflexion auf das ›Heute‹ als Differenz in der Geschichte und als Motiv für eine bestimmte philosophische Aufgabe scheint mir das Neuartige dieses Textes zu sein.«[108] Als diese Aufgabe identifiziert Foucault wiederum im zweiten Vorlesungsteil eine spezifische moderne Haltung, die er auch als »philosophisches *Ethos*« im Sinne einer permanenten »Analyse der Grenzen und ihrer Reflexion« charakterisiert.[109] Er interpretiert diese Aufgabe der Einnahme einer kritischen Grenzhaltung jedoch im Sinne einer »in ihrer Absicht genealogisch und in ihrer Methode archäologisch« vorgehenden historischen Untersuchung, welche die Genese von »uns als Subjekten dessen, was wir tun, denken und sagen«, zum Gegenstand hat, um von dort aus eine transformative Grenzüberschreitung zu ermöglichen.[110]

1.4 Die Idee der Moderne und das Problem der Rationalität

In seinem öffentlichen Nachruf interpretierte Habermas dieses von Foucault dargelegte Anliegen jedoch nicht hinsichtlich dieser genealogischen Intentionen, sondern aus der Perspektive des eigenen philosophischen Zugriffs auf das Selbstverständnis der Moderne. Dieses stellt für ihn sowohl den positiven Bezugs- und Konvergenzpunkt als auch den kritischen Problembezug eines zeitangemessenen philosophischen Denkens dar: »Die Periode der Aufklärung tritt auch retrospektiv noch unter der Beschreibung auf, die sie sich selbst gegeben hat; sie bezeichnet den Eintritt in eine Moderne, die sich dazu verurteilt sieht, ihr Selbstbewußtsein und ihre Norm aus sich selbst zu schöpfen.«[111] Die damit verbundene kulturelle und politische Aufgabenstellung formulierte er in programmatischer Absicht bereits in der *Preisrede*. Die philosophischen Problemstellungen der Moderne als Denk-, Kultur- und Gesellschaftsform ergeben sich demzufolge aus den Versuchen ihrer Begründung und Legitimierung, die sie ihrem Selbstverständnis nach nicht mehr aus dem Rückgriff auf oder durch eine Absetzung von vergangenen und überwundenen Epochen beziehen kann. Dass der gemäß von Habermas proklamierten und zugleich als Grundproblem ausgewiesenen Kernthese die Moderne *»ihre Normativität aus sich selber schöpfen«*[112] müsse, stelle sie vor die schwierige Aufgabe ihrer Selbstbegründung. Ihr Prinzip habe zum einen jener Anforderung ohne historische und metaphysische Referenzen gerecht zu werden und lasse zum anderen Spielraum für die Differenzierungsprozesse der modernen Gesellschaft. Ausgangspunkt für eine Lösung der ersten Problemstellung stellten für Habermas schon in den 1980er Jahren die Philosophien von Kant und Hegel dar.

Mit Blick auf die Verbindungslinien zwischen einem sich selbst problematisierenden philosophischen Modernebewusstsein und den unter soziologischen Gesichtspunkten analysierbaren Rationalisierungsmechanismen der modernen Gesellschaft rückt Habermas wiederum Max Weber in die Perspektive des gesellschaftstheoretisch orientierten Interesses. Entscheidend sind die unterschiedlichen Rollen, die Habermas im *Philosophischen Diskurs der Moderne* Kant und Hegel mit Blick auf die Wende zur philosophischen Moderne zuspricht. Während Habermas die kantische Philosophie als den ersten theoretischen Ausdruck der »modernen Welt« deutet, positioniert er Hegel als den ersten Philosophen, der einen »kritischen Begriff der Moderne aus einer dem Prinzip der Aufklärung selbst innewohnenden Dialektik« entwickelt habe.[113] Der in den Vorlesungen präsentierten Rekonstruktion zufolge stellt das von Kant und Fichte explorierte Prinzip der Subjektivität sowohl den Ausgangspunkt der modernen Philosophie als auch die ursächliche Grundentscheidung für verschiedene philosophische und kulturelle Problementwicklungen dar. Die Kernfrage laute entsprechend, »ob das Prinzip der Subjektivität und die ihr innewohnende Struktur des Selbstbewußtseins als Quelle für normative Orientierungen ausreichen – ob sie ausreichen, um nicht nur Wissenschaft, Moral und Kunst überhaupt zu fundieren, sondern eine geschichtliche Formation, die sich aus allen historischen Verbindlichkeiten gelöst hat, zu stabilisieren«.[114]

In den ersten Vorlesungen zum *Philosophischen Diskurs der Moderne* diskutiert Habermas die unterschiedliche philosophische Erfassung des Prinzips, der Struktur sowie der normativen Implikationen von Subjektivität bei Kant und Hegel. Die für die Moderne typischen Ausdifferenzierungsprozesse in Wissenschaft, Moral und Kunst, aber auch Religion, Staat und Gesellschaft stellen ihm zufolge »ebenso viele Verkörperungen des Prinzips der Subjektivität dar«.[115] Durch die Formalisierung und Ausdifferenzierung des Vernunftbegriffs habe Kant somit nicht nur die Architektonik der Vernunft transparent gemacht, sondern auch jenen Ausdifferenzierungsprozessen zu einem philosophischen Ausdruck verholfen. Ebenso sei Kants Philosophie aufgrund ihrer Reflexionslogik als ein erster Ausdruck des modernen Denkens zu verstehen. Da sich die selbst begründende und reflektierende Vernunft in den drei *Kritiken* als eine »richterliche Kompetenz« gegenüber den verschiedenen Sphären ihrer Verkörperung in Stellung bringt, sieht demzufolge bereits Hegel »das Wesen der modernen Welt in der Kantischen Philosophie wie in einem Brennpunkt versammelt«.[116] So reflektiere sich in dessen Gedankengebäude »wie in einem Spiegel«[117] die moderne Welt und ihre wesentlichen Züge.

Die Deutung von Kants Philosophie als einem ersten, spiegelbildlich zu verstehenden philosophischen Ausdruck der Moderne werde jedoch den Darstellungen in den *Vorlesungen* zufolge dadurch eingeschränkt, dass in ihr die wesentliche Struktur der Moderne noch nicht explizit reflektiert worden sei. Deshalb war es Habermas zufolge erst der retrospektive Blick von Hegel auf Kants Philosophie, der diese »als die maßgebliche Selbstauslegung der Moderne« begriffen und zugleich auf ihre Defizite hingewiesen habe: »Hegel meint zu erkennen, was in diesem reflektiertesten Ausdruck der Zeit eben auch unbegriffen bleibt: Kant empfindet die Differenzierungen innerhalb der Vernunft, die formalen Gliederungen innerhalb der Kultur, überhaupt die Aufspaltung jener Sphären nicht *als* Entzweiung. Kant ignoriert deshalb das Bedürfnis, das mit den vom Prinzip der Subjektivität erzwungenen Trennungen auftritt. Dieses Bedürfnis drängt sich der Philosophie auf, sobald sich die Moderne als eine geschichtliche Epoche begreift, sobald dieser die Ablösung von exemplarischen Vergangenheiten und die Notwendigkeit, alles Normative aus sich selber zu schöpfen, als ein geschichtliches Problem zu Bewußtsein kommt.«[118]

In einem weiten Bogen von den *Jenaer Frühschriften* hin zur Spätphilosophie in der Berliner Zeit rekonstruiert Habermas in der zweiten Vorlesung zum *Philosophischen Diskurs der Moderne* Hegels philosophische Entwicklung bereits unter den eigenen philosophischen Prämissen. Im Fokus steht hierbei die Frage nach den normativen Implikationen von Hegels kritischen Auseinandersetzungen mit dem Prinzip der Subjektivität in den unterschiedlichen Werkphasen. Ausgangspunkt bilde die von Hegel gegen die Subjektphilosophie ins Spiel gebrachte Überlegung, dass die philosophische Kritik ein Bedürfnis zu befriedigen habe, das »objektiv hervorgerufen wird«.[119] Die Perspektive der von Habermas unternommenen Hegelrezeption in den 1980er Jahren betrifft also die Frage, inwieweit die sich gegen den subjektiven Idealismus richtenden kritischen Impulse Hegels »das Selbstverständnis der Moderne, das in diesen sich ausspricht, treffen«.[120] Zugleich intendiert er eine Prüfung von Hegels eigenen philosophischen Lösungswegen mit Blick auf die von ihm bereits in jungen Jahren extrapolierte Problemstellung des modernen Selbstverständnisses auf der Grundlage einer Beibehaltung ihrer Voraussetzungen. Als Grundproblem der Moderne identifiziert Habermas mit dem jungen Hegel einen »Zustand der Entzweiung, in den das Prinzip der Subjektivität sowohl die Vernunft selber wie das ganze System der Lebensverhältnisse gestürzt hatte«.[121] Die Phänomene der Entzweiung und Entfremdung stehen dementsprechend im Fokus der Krisenerfahrungen, welchen der junge Hegel mit seinem reflexivkritischen Blick auf die kulturelle und gesellschaftliche Entwicklung viel stärker als Kant seine Aufmerksamkeit widmet: »Hegel will mit seiner Kritik, die sich unmittelbar auf die philosophischen Systeme Kants und Fichtes richtet, zugleich das Selbstbewußtsein der Moderne, das in diesen sich ausspricht, treffen.«[122] Während sich philosophisch die gemeinten Entzweiungen an den eher epistemisch und ontologisch konnotierten Dualismen der kantischen Philosophie kritisch aufweisen lassen, verweist Habermas auch auf die praktisch orientierten zeitgeschichtlichen Motive des jungen Hegel. Diese seien in den konkreten Problemen seiner Zeit situiert, zu denen die Spaltung von Glauben und Wissen, die dogmatischen Kehrseiten des Aufklärungsversprechens sowie die Erstarrung nicht nur von religiösen und kirchlichen, sondern auch von rechtlichen und politischen Formen gehören.

Diese vom jungen Hegel erstmalig auf den Begriff gebrachten modernen Krisenerscheinungen von Philosophie, Gesellschaft und Kultur koppelt Habermas bereits im Rahmen seiner philosophiehistorischen Ausführungen mit der auch für die gesellschaftstheoretische Systematisierung relevanten Unterscheidung der Rationalitätsformen von erstens Wissenschaft und Forschung, zweitens Moral, Recht und Politik sowie drittens Kunst, Kunstkritik und Kultur. Im Anschluss an Emil Lask und Max Weber bezeichnet Habermas seit den 1980er Jahren diese sich ausdifferenziert habenden Sphären als »kulturelle Wertsphären«, die sich gegeneinander abgrenzen und »ihre jeweilige Legitimität aus ihrem Inneren schöpfen«.[123] Die mit der Rede von Wertsphären einhergehende Unterscheidung von drei Rationalitäts- und Geltungssphären spiegele sich ebenso in der Ausdifferenzierung des Vernunftbegriffs in den drei *Kritiken* Kants, die im Rückgriff auf die Spiegelungsthese moderner Entwicklungen in der transzendentalen Subjektphilosophie bereits als »Reaktion auf eine Verselbständigung verschiedener Rationalitätskomplexe«[124] zu verstehen seien. Analog zur Beanspruchung einer richterlichen Kompetenz gegenüber den Ausprägungen des Vernunftprinzips gehe die Autonomisierung der Wertsphären zudem nicht nur mit einer Bearbeitung der jeweiligen Problemstellungen unter je eigenen Geltungsaspekten einher. So unterscheidet Habermas in der Vorlesung mit Bezug auf die Verselbstständigung der Eigenlogiken der Wert- und Geltungssphären zwischen Wahrheitsfragen, Gerechtigkeitsfragen und Geschmacksfragen. Zugleich taucht die bereits in der *Preisrede* thematisierte Aporie der kulturellen Moderne im *Philosophischen Diskurs der Moderne* als gesellschaftstheoretisches Schlüsselproblem an der Wende vom 18. ins 19. Jahrhundert wieder auf: »Und diese Sphäre des Wissens hatte sich insgesamt von der Sphäre des Glaubens einerseits, von der des rechtlich organisierten Verkehrs wie des allgemeinen Zusammenlebens andererseits abgesondert.«[125]

Der vielperspektivische Rekurs auf Max Weber in den Vorlesungen ist von besonderer Relevanz für ein Verständnis der Auseinandersetzung von Habermas mit den verschiedenen philosophischen Strömungen. Diesem zufolge war es Weber, der die in den kritischen Blickpunkt gerückten Entwicklungen moderner Kultur und Gesellschaften soziologisch auf ihren mittlerweile klassischen Begriff gebracht habe. Durch deren Beschreibung unter Gesichtspunkten der Rationalisierung sei erst die Ausdifferenzierung in Wert- und Geltungssphären gesellschaftstheoretisch im Sinne einer schrittweise vollzogenen »Institutionalisierung eines zweckrationalen Wirtschafts- und Verwaltungshandelns« auf der politisch-rechtlichen Seite einerseits und einer dadurch bedingten Auflösung von »traditionalen, in der frühen Moderne vor allem berufsständisch differenzierten Lebensformen« andererseits analysierbar geworden.[126] Die durch die Rationalisierungsprozesse hervorgerufene Modernisierung der Lebenswelt führt demzufolge ebenso zu einem Reflexionspotential mit progressivem Einfluss auf die Ausbildung von Handlungsnormen und auch Sozialisationsmustern. In der ebenfalls im *Philosophischen Diskurs der Moderne* artikulierten Kritik der *Dialektik der Aufklärung* von Horkheimer und Adorno weist Habermas auf genau diese nicht nur deskriptive, sondern auch normative Relevanz und Rolle von Webers Theorie der Moderne hin: »Die der kulturellen Moderne eigene Würde besteht in dem, was Max Weber die eigensinnige Ausdifferenzierung der Wertsphären genannt hat. [...] Denn nun können Wahrheitsfragen, Fragen der Gerechtigkeit und des Geschmacks nach ihrer jeweils eigenen Logik bearbeitet und entfaltet werden. Wohl verstärkt sich mit der kapitalistischen Wirtschaft und modernem Staat auch die Tendenz, alle Geltungsfragen in den beschränkten Horizont der Zweckrationalität sich selbst erhaltender Subjekte oder bestandserhaltender Systeme einzuziehen. Mit dieser Neigung zur gesellschaftlichen Regression der Vernunft konkurriert aber der unverächtliche, durch die Rationalisierung von Weltbildern und Lebenswelten induzierte Zwang von fortschreitender Differenzierung einer Vernunft, die darüber eine prozedurale Gestalt annimmt.«[127]

Habermas argumentierte in den Diskursen und Debatten der 1980er Jahre unter Rekurs auf die angeführten Klassiker der Moderne und auf Grundlage der Annahme einer solchen internen Verbindung von Rationalisierungsprozess und Reflexionspotential gegen die ihm zufolge sowohl von der Postmoderne als auch der *Dialektik der Aufklärung* konstatierte Reduktion von Rationalität auf rein zweckrationale und instrumentelle Logiken. So spricht er in den *Vorlesungen* explizit von einer gerade mit Blick auf den kritischen Umgang mit den normativen Folgelasten der Entwicklungen relevanten »internen Verknüpfung zwischen dem Begriff der Moderne und dem aus dem Horizont der abendländischen Vernunft gewonnenen Selbstverständnis der Moderne«.[128] Hegel wiederum habe dieser »internen Beziehung zwischen Modernität und Rationalität«[129] zum entscheidenden philosophischen Ausdruck verholfen, ohne aber – so der wesentliche Kritikpunkt – das Grundproblem in die Spuren eines den modernen Problemstellungen angemessenen Lösungsansatzes überführt zu haben. So sei für Hegel als erstem Denker der Moderne bereits in jungen Jahren diese zugleich zum Problem geworden. Davon zeuge die philosophiehistorisch erstmalig explizit gemachte Sichtbarkeit seiner Arbeit an der »begrifflichen Konstellation zwischen Moderne, Zeitbewußtsein und Rationalität«.[130] Doch Hegel habe seine früh artikulierte und sowohl die philosophischen Prämissen als auch die Institutionen der Religion, der Gesellschaft und des Staates in den Fokus rückende Kritik in späteren Schriften wieder aufgehoben und sei dadurch hinter das kritische Zeitbewusstsein seines Frühwerkes zurückgefallen, dessen Spur erst im Junghegelianismus wieder aufgenommen worden sei. Diese von Habermas als regressiv ausgelegte Aufhebung betrifft ihm zufolge sowohl die philosophischen Grundkonstellationen der reifen Philosophie Hegels als auch deren politische Implikationen.

Mit Blick auf die grundbegrifflichen Fragestellungen kritisiert Habermas im *Philosophischen Diskurs der Moderne*, dass der frühe Ansatz einer gegenüber den Prämissen des transzendentalen Subjektivismus kritischen Philosophie wiederum in Hegels reifem idealistischen Werk in eine Philosophie der höherstufigen Subjektivität aufgehoben worden sei, die »das anfängliche Problem einer Selbstvergewisserung der Moderne nicht nur löst, sondern zu gut löst: die Frage nach dem genuinen Selbstverständnis der Moderne geht im ironischen Gelächter der Vernunft unter«.[131] Durch die Konzeptualisierung einer objektiven und absoluten Geistphilosophie habe Hegel seine frühen Überlegungen zu einer Neufassung von Subjektivität unter intersubjektivitätstheoretischen Prämissen durch eine Rückkehr zu einer geistphilosophischen Metaphysik quasi konterkariert, mit negativen Konsequenzen sowohl für die philosophische Denkbewegung selbst als auch für die durch diese vollzogene Reflexion des politischen Zeitgeistes: »Hegel selbst sprengt am Ende diese Konstellation (zwischen Moderne, Zeitbewußtsein und Rationalität), weil die zum absoluten Geist aufgeblähte Rationalität die Bedingungen, unter denen die Moderne ein Bewußtsein ihrer selbst erlangt hat, neutralisiert.«[132]

In seiner Auseinandersetzung mit Hegel zeichnen sich bereits die von Habermas selbst verfolgten philosophischen Motive einer Lösung der Aporie der Moderne ab. Hegels theoretisches Grundproblem wird schon in den *Vorlesungen* in dem über die Werkentwicklung sich verstärkenden Versuch verortet, eine Kritik der Subjektivität ausschließlich innerhalb des von ihr selbst gesteckten begrifflichen Rahmens und Prinzips durchgeführt zu haben. Die von Hegel in seinen Frühschriften vollzogenen kategorialen Weichenstellungen einer Thematisierung des Primats der intersubjektiven Beziehungen einer »in den Lebenszusammenhängen verkörperten kommunikativen Vernunft«[133] habe er aufgrund seiner Konzeptionalisierung eines alle individuellen und kollektiven Momente in sich prozessual vereinigenden oder aufhebenden Vernunftprinzips hingegen nicht in einer Weise ausdifferenziert, die deren Eigenlogik in den Vordergrund rückt. Der den idealistischen Grundgedanken von einer autonomen Subjektivität ins Absolute überführende Lösungsversuch führt dieser Lesart der hegelschen Werkentwicklung zufolge[134] zu einer »*Entschärfung der Kritik*«, die die Wirklichkeit aus dem Blick verliert und mit einer »*Entwertung der Aktualität*« einhergeht.[135]

Dieses kritische und aktualitätsbezogene Bewusstsein führt also Habermas zufolge den jungen Hegel auf die Spuren einer »dem Prinzip der Aufklärung selbst innewohnenden Dialektik«.[136] Im Unterschied dazu wertet er in der fünften Vorlesung das von seinen Lehrern Max Horkheimer und Theodor W. Adorno in Fragmenten publizierte Projekt einer *Dialektik der Aufklärung* als »Radikalisierung und Selbstüberbietung der Ideologiekritik, die die Aufklärung über sich selbst aufklären soll«.[137] Durch die historischen Ereignisse des Nationalsozialismus sei das Vertrauen der Autoren in die bürgerlichen Ideale als einer zwar ambivalenten, aber auch positiv ausdeutbaren Grundlage von Ideologiekritik so erschüttert worden, dass sich diese gegenüber Hegel erneuerte Kritik einer *Dialektik der Aufklärung* in totaler Weise gegen ihre eigenen Vernunftgrundlagen gewendet habe: »Der Ideologieverdacht wird total, aber ohne die Richtung zu verändern. Er wendet sich nicht nur gegen die unvernünftige Funktion der bürgerlichen Ideale, sondern gegen das Vernunftpotential der bürgerlichen Kultur selber und erstreckt sich damit auf die Grundlage einer immanent verfahrenden Ideologiekritik; aber die Absicht bleibt, einen Enthüllungseffekt zu erzielen. Unverändert ist die Denkfigur, in die die Vernunftskepsis eingearbeitet wird: nun wird die Vernunft selbst der heillosen Konfusion von Macht- und Geltungsansprüchen verdächtigt, aber noch in aufklärerischer Absicht.«[138]

Für Habermas bewegt sich die radikalisierte Aufklärungs- und Vernunftkritik von Horkheimer und Adorno in einen performativen Widerspruch, da sie sich in ihrem kritischen Gestus der gleichen Mittel – der Totalisierung und Radikalisierung – bediente, die sie an der aufklärerischen Vernunft kritisiert.[139] Allerdings bemüht sich Habermas, die in der *Dialektik der Aufklärung* und auch noch in den späten Schriften Adornos präsente Variante einer totalisierenden philosophischen und dadurch immer schon auf paradoxe Weise selbstbezüglichen Kritik von jenem Weg zu unterscheiden, den Nietzsche und Foucault mit der Explikation einer alle geltungstheoretischen Fragestellungen außer Kraft setzenden genealogischen Theorie der konfligierenden, weil pluralen Machtinteressen gegangen seien: »Horkheimer und Adorno treffen eine andere Option, indem sie den performativen Widerspruch einer sich selbst überbietenden Ideologiekritik schüren und offenhalten, aber nicht mehr theoretisch überwinden wollen. Nachdem, auf dem erreichten Niveau der Reflexion, jeder Versuch, eine Theorie aufzustellen, ins Bodenlose gleiten müßte, verzichten sie auf Theorie und praktizieren ad hoc die bestimmte Negation, stemmen sich damit jener Fusion von Vernunft und Macht, die alle Ritzen verstopft, entgegen.«[140]

Die von Habermas als ausweglos bezeichnete Situation, in die sich seiner reduktiven Interpretation zufolge die Autoren der *Dialektik der Aufklärung* begeben hätten, hat weder zeitdiagnostisch noch wissenschaftlich den Anliegen entsprochen, die er für sein eigenes Projekt in den 1980er Jahren veranschlagte. Auch hier scheint der scharfe, teils polemische Ton, den Habermas gegen die rezipierten Autoren anschlägt, die Funktion der Etablierung der eigenen philosophischen Position durch Abgrenzung zu haben.[141] Den kritischen Boden oder auch die gesuchten »normativen Grundlagen« der Ideologie- und Gesellschaftskritik beabsichtigt er über einen Rekurs auf das junghegelianische Problembewusstsein auf der einen Seite sowie mit einer »sozialwissenschaftlichen Revision der Theorie« auf der anderen zu begründen.[142] Letztere deutet sich bereits in der an Hegels reifem Idealismus formulierten Kritik an. Robert B. Pippin hat den entscheidenden philosophischen Streit- und Differenzpunkt zwischen Hegel und Habermas in einem kommentierenden Beitrag zum Begriff der Modernität begrifflich einzukreisen versucht: »The important issue has to do with differences about the nature of appeals to reason in modernity, especially between Hegel's account of a collectively selfgrounded subjectivity and Habermas's of a procedurally regulated intersubjective discourse.«[143] Pippin zufolge affirmieren sowohl Hegel als auch Habermas den Versuch der Aufklärung, die integrierenden und sozialen Potentiale der Vernunft in Theorie und Praxis voranzutreiben. Im Unterschied zu Hegel habe sich Habermas allerdings auf die Situierung der immer schon sozial und situiert gedachten Vernunft in den alltäglichen Kommunikationspraktiken konzentriert. Hieraus folgen nach Pippin ein gegenüber den idealistischen Konzeptionen deutlich verschobener Begriff von Normen, ein anderer Fokus des Autonomiekonzepts sowie eine andere Idee von kollektiver Vergemeinschaftung. Diese über die idealistischen Prämissen hinausweisende Grundidee kondensiert sich bei Habermas in einem der Intention nach formal, prozedural und nachmetaphysisch angelegten kommunikationstheoretischen Konzept von Vernunft.

2. Metaphysisches und Nachmetaphysisches Denken

Mit Blick auf die erforderliche inhaltliche Konturierung einer normativ ausgerichteten Theorie der Moderne verfolgte Habermas zunächst in offener Konfrontation mit den postmodernen Theorien in der Nachfolge Nietzsches das großangelegte Ziel, gegen eine apodiktische und sich in die Totale aufspreizende Vernunftkritik an der Relevanz des Aufklärungsprojektes für die Entwicklung der kulturellen und gesellschaftlichen Moderne, im Spiegel philosophischer Reflexion und in kritischer Hin- und Absicht, festzuhalten. Zu den Grundstrukturen des modernen Selbstverständnisses zählte er die Dezentrierung von Weltbildern sowie die damit einhergehende Trennung von Natur und Kultur, die Autonomisierung des Subjekts mitsamt der Entwicklung von universalistischen Bewusstseinsstrukturen sowie die kulturelle Ausdifferenzierung der Wertsphären mitsamt ihren unterschiedlichen Geltungsansprüchen. Alle diese Faktoren und Aspekte ermöglichten demzufolge die unhintergehbare Reflexivität der Moderne, so dass nach dem von Habermas verfolgten normativen Anspruch »eine emanzipierte Gesellschaft nur durch die Vollendung des Projektes der Moderne«[1] möglich sei.

Zwei Argumentationsstränge waren für die Fortentwicklung dieses Projektes entscheidend. Zum einen die kritische Ausarbeitung der Gründe und Folgen der selbsthervorgebrachten Aporien der kulturellen Moderne, zum anderen die kritische Darstellung des sich vollzogen habenden Primats von strategischen und instrumentellen Rationalisierungsformen gegenüber dem, was er bis heute als lebensweltlich angebundene Form der kommunikativen Rationalität bezeichnet.[2] Mit Blick auf die philosophischen Denkformationen waren es der Idealismus und der Junghegelianismus, auf deren Motivlagen und Problembewusstsein Habermas sich überwiegend affirmativ bezog und die er als die wegweisenden Gestalten des modernen Zeitgeistes ausmachte: »Sie sehen – meine theoretischen Interessen sind von Anbeginn und anhaltend durch jene Probleme bestimmt worden, die philosophisch und gesellschaftstheoretisch aus der Denkbewegung von Kant bis Marx entstanden sind.«[3] Und auch die Ausweglosigkeit, in die sich seinen Ausführungen zufolge die machttheoretisch fokussierte Genealogie bei Foucault mit Blick auf die paradoxalen Konsequenzen des Versuchs manövriert habe, im Grundbegriff der Macht »das transzendentale Moment von Erzeugungsleistungen zurückzubehalten und doch alle Subjektivität aus ihm zu vertreiben«,[4] führte ihn in den Folgejahren zurück zur idealistischen Ausgangssituation der Moderne: »Die grundbegrifflichen Aporien der Bewußtseinsphilosophie, die Foucault im Schlußkapitel der ›Ordnung der Dinge‹ scharfsichtig diagnostiziert, sind ja von Schiller, Fichte, Schelling und Hegel schon einmal auf eine ähnliche Weise analysiert worden. Wenn jetzt aber die Machttheorie ebensowenig einen Ausweg aus dieser aporetischen Situation zeigt, empfiehlt es sich, den Weg des philosophischen Diskurses bis zum Ausgangspunkt zurückzugehen – um an den Wegkreuzungen die damals eingeschlagene Richtung noch einmal zu überprüfen.«[5]

In den Folgejahren wurde für Habermas entsprechend diesem Interesse an philosophischen Auswegen aus der ihm zufolge »aporetischen Situation« der Subjekt- und Bewusstseinsphilosophie auch die eigene Verortung in den philosophischen Diskurs der Moderne virulent. Hierbei stand gerade aufgrund der Auseinandersetzung mit den idealistischen Philosophien die Frage nach der Rolle des philosophischen Denkens nicht nur in den kulturellen Kontexten, sondern auch im Kontext der sich weiter ausdifferenzierenden und spezialisierenden Wissenschaftsentwicklung im Raum. Bereits im Juni 1981 äußerte sich Habermas anlässlich eines von der Internationalen Hegel-Vereinigung veranstalteten Kongresses in Stuttgart zu dieser Frage explizit und zugleich wegweisend. Er problematisierte ausdrücklich die der Philosophie noch von ihren philosophischen Meisterdenkern Kant und Hegel zugesprochene Rolle eines Richters und Platzanweisers gegenüber den Wissenschaften: »Es scheint, als sei sie mit dieser Rolle eines Platzanweisers überfordert. […] Demgegenüber möchte ich schließlich die These verteidigen, daß die Philosophie auch wenn sie sich aus den problematischen Rollen des Platzanweisers und des Richters zurückzieht, ihren Vernunftanspruch in den bescheideneren Funktionen eines Platzhalters und eines Interpreten wahren kann – und wahren sollte.«[6] Die Rolle des Platzhalters statt des Platzanweisers könne sie beispielsweise im Zusammenspiel mit empirischen Theorien mit einem universalistischen Erklärungsanspruch einnehmen, wenn es um die im Bewusstsein der eigenen Fallibilität zu vollziehende Entwicklung von Theorien der Rationalität gehe. Die Rolle des Interpreten wiederum nimmt Bezug auf die aporetische Konstellation der Moderne und soll hier die Funktion des »kulturinspizierenden Richters« in produktiver und einer zwischen den Sphären vermittelnden Weise ersetzen: »In der kommunikativen Alltagspraxis müssen kognitive Deutungen, moralische Erwartungen, Expressionen und Bewertungen einander ohnehin durchdringen. Die Verständigungsprozesse der Lebenswelt bedürfen deshalb einer kulturellen Überlieferung auf ganzer Breite, nicht nur der Segnungen von Wissenschaft und Technik. So könnte die Philosophie ihren Bezug zur Totalität in einer der Lebenswelt zugewandten Interpretenrolle aktualisieren.«[7]

Mit diesen beiden Aufgabenbestimmungen sind bereits die Weichen für das Philosophieverständnis gelegt, das Habermas in Auseinandersetzung mit sowohl verschiedenen erneuerten oder auch dekonstruierten metaphysischen Ansprüchen als auch den szientistischen, analytischen und pragmatistischen Strömungen der Philosophie ab den 1980er Jahren zu etablieren intendierte. So waren es in Stuttgart Richard Rorty, William v. O. Quine, Donald Davidson und Hilary Putnam, mit denen Habermas in einen regen Austausch über das Erbe Hegels sowie die aus verschiedenen Richtungen vorgetragene Kritik transzendentalphilosophischer Prämissen in der Philosophie trat. Ab Mitte der 1980er Jahre rückte zunehmend die mittlerweile in der dritten Auflage veröffentlichte *Theorie des kommunikativen Handelns* in den Fokus des öffentlichen und wissenschaftlichen Interesses, wovon die prominent ausgerichteten und besetzten Tagungen und Kongresse im Juni 1986 am Bielefelder Zentrum für interdisziplinäre Forschung, im Frühjahr 1987 am Goethe-Institut in Madrid und der 14. Deutsche Kongress für Philosophie in Gießen im Herbst 1987 zeugten.[8] Schon hier zeichnete sich ab, dass die in der *Theorie des kommunikativen Handelns* auf dem Boden von sprechakttheoretisch, sozialphänomenologisch und sprachpragmatisch begründeten Konzepten vollzogenen gesellschaftstheoretischen Überlegungen auch die philosophischen Grundbegriffe tangieren. So hat Habermas in der Folge den in Gießen gehaltenen Abendvortrag mit dem Titel *Die Einheit der Vernunft in der Vielfalt ihrer Stimmen* 1988 in dem Aufsatzsammelband *Nachmetaphysisches Denken* publiziert, der sich einer Explikation der philosophischen Grundlagen und Implikationen seines zu dieser Zeit bereits gereiften Werkes verschreibt.

Ein weiterer entscheidender Einfluss für die tiefergehende Explikation seines philosophischen Standortes in der Moderne war eine öffentlich ausgetragene Kontroverse mit Dieter Henrich über die Tragfähigkeit metaphysischer und idealistischer Theoreme für eine zeitangemessene Philosophie,[9] in deren Kontext Habermas das Syntagma vom ›nachmetaphysischen Denken‹ unter Rückgriff auf die moderne Philosophiegeschichte einführte. Auftakt der philosophischen Debatte war dessen im Oktober 1985 im *Merkur* im Kontext einer Sammelrezension vorgetragene Kritik der von Henrich in der 1982 ebenfalls im Suhrkamp-Verlag veröffentlichten und ohne eine einzige Fußnote oder Anmerkung auskommenden Monografie mit dem Titel *Fluchtlinien.* In dieser entfaltete der Münchener Philosoph den Versuch einer Vereinigung der von Habermas als problematisch erachteten transzendentalen und idealistischen Grundgedanken von Kant und Hegel in einer Theorie des Selbstbewusstseins mit platonischem Hintergrund. Das Interessante an diesem Versuch einer »Rückkehr zur Metaphysik« – so auch der Titel der in dem Aufsatzsammelband 1988 mit einem Fragezeichen versehenen wiederveröffentlichten Rezension – ist, dass Henrich diesen nach Habermas' Lesart mit dem Anspruch verband, nicht hinter die moderne Bewusstseinsstellung zurückzutreten, sondern in dieser zu verharren: »Aber er stellt sich die paradoxe Aufgabe, in der modernen Bewußtseinslage auszuharren und gleichwohl die philosophische Erhellung als Metaphysik, als eine die Wissenschaften überbietende Theorieform zu rechtfertigen.«[10] Habermas versucht in der Rezension den argumentativen Nachweis zu erbringen, dass Henrich diesem Anspruch aus zwei Gründen nicht gerecht geworden sei. Zum einen stütze er das von ihm unhinterfragte Paradigma der Bewußtseinsphilosophie durch einen sich der wissenschaftlichen Argumentation entziehenden Rückgang auf die

»intuitive Erfahrung des Selbstbewußtseins«.[11] Zum anderen adoptiere er aufgrund dieser Selbstbeschränkung auf eine subjektphilosophische Rahmenhandlung die Idee einer »Gewaltenteilung zwischen Philosophie und Wissenschaft«.[12] Dadurch nehme Henrich dem philosophischen Denken die Möglichkeit, einen Beitrag zu Fragen zu leisten, die die seit Hegel als objektive Sphäre des Geistes bezeichneten sozialen, kulturellen und politischen Ebenen der gesellschaftlichen Aushandlungsprozesse betreffen.

Auf die von Henrich formulierten und ebenso im *Merkur* im Juni 1986 erstveröffentlichten *Thesen gegen Jürgen Habermas*[13] antwortete Habermas 1987 wiederum mit einem Beitrag zu einer Henrich gewidmeten Festschrift, der wiederum in dem Aufsatzsammelband zum *Nachmetaphysischen Denken* unter dem Titel *Metaphysik nach Kant* wiederveröffentlicht wurde. In diesem Aufsatz präzisierte Habermas einerseits seine Kritik am Festhalten am Bewusstseinsparadigma in Henrichs Theorie der Subjektivität. Andererseits verwies er sehr offensiv auf die philosophische Relevanz der in der *Theorie des kommunikativen Handelns* dargelegten kommunikations- und gesellschaftstheoretischen Überlegungen mit Blick sowohl auf die Platzhalter- als auch die Interpretenrolle der Philosophie: »Die Beantwortung metaphysischer und religiöser Fragen […] wird von den lebensweltlichen Bedingungen sozialisierter Deutungsmuster und den darin angelegten Rationalitätsstandards abhängig gemacht. Das theoretische Konzept der Lebenswelt wird weiter nicht problematisiert, jedoch wird diese als ›naturwüchsiger Quell‹ philosophischer Grundfragen ebenso wie als Ressource eines ›schon erreichten Differenzierungs- und Begründungsniveaus‹ angesetzt.«[14]

Damit sind die Stichworte genannt, die Habermas' philosophisches Denken im letzten Werkabschnitt bis zur Jahrtausendwende bestimmt haben. Erstens ging es um die Explikation des in der *Theorie des kommunikativen Handelns* gesellschafts- und sprechakttheoretisch grundgelegten Konzeptes der Lebenswelt hinsichtlich der philosophischen Aufgabenbestimmungen in der kulturellen Moderne. Zweitens rückten in Absetzung zu metaphysischen, postmodernen und szientistischen Denkströmungen die Motivlagen der von Habermas als nachmetaphysische Denkformen beschriebenen Philosopheme in den Blickpunkt. Und drittens stellten sich verschiedene methodische, theoretische und praktische Fragen an Lesarten der transzendentalen und idealistischen Philosophien insbesondere Kants und Hegels eben aus dem Horizont eines nachmetaphysischen Denkens. Eine werkbiografische Klammer bilden die Aufsatzsammelbände *Nachmetaphysisches Denken* sowie die gut zehn Jahre später, 1999, unter dem Titel *Wahrheit und Rechtfertigung* erstveröffentlichten erkenntnistheoretischen Beiträge. Unter Rückgriff auf die in beiden Publikationen versammelten *Philosophischen Aufsätze* soll im Folgenden zunächst die von Habermas vollzogene Entgegensetzung von metaphysischer und nachmetaphysischer Denkform rekonstruiert werden (2.1). Im Anschluss an die gesetzten nachmetaphysischen Prämissen plädiert Habermas unter kritischem Rückgriff auf Kant und Hegel für ein gegenüber dem bewusstseinsphilosophischen Paradigma verändertes, detranszendentalisiertes Verständnis von Subjektivität, das den grundbegrifflichen Horizont eines philosophischen Paradigmenwechsels eröffnet (2.2). Zur theoretischen und praktischen Grundfigur von Habermas' Philosophie wird die nicht nur für die individuelle Identitätsausbildung, sondern auch den weltbezogenen Sprachgebrauch und das soziale Handeln maßgebliche Form der Intersubjektivität, für deren kommunikationstheoretische Ausbuchstabierung er wiederum auf das von ihm formalpragmatisch transformierte phänomenologische Konzept der Lebenswelt zurückgreift (2.3). Zunächst provisorisch als Korrelat für die unter Maßgaben einer kommunikativen Rationalität anvisierten Verständigungsprozesse eingeführt, wird die Analyse der propositional-performativen Doppelstruktur von Sprache relevant für den von Habermas unternommenen Versuch einer Begründung des kommunikativen Charakters von Rationalität und Vernunft (2.4).

2.1 Kritik der Metaphysik und die nachmetaphysische Denkform

Unter dem Titel *Rückkehr zur Metaphysik?* finden sich im ersten von drei Teilen des Bandes *Nachmetaphysisches Denken* drei philosophische Aufsätze versammelt, in denen Habermas sich direkt oder indirekt im Ausgang von der Debatte mit Dieter Henrich mit der Rolle des metaphysischen Denkens in der Moderne befasste. Hierbei entwickelte er schrittweise den eigenen philosophischen Standort, der in den Vorlesungen zum *Philosophischen Diskurs der Moderne* angedeutet und in sozial- und sprachtheoretischer Hinsicht bereits in der *Theorie des kommunikativen Handelns* angelegt ist. Interessant ist, dass Habermas ganz grundsätzlich nicht davon ausgeht, dass sich die zeitgenössische Ausgangssituation damals und auch heute »von jener der ersten Generation der Hegelschüler [...] wesentlich unterscheidet«.[15] Zu einer Überführung der metaphysischen Strömungen der Philosophie in eine nachmetaphysische Denkform sieht Habermas mit Blick auf die ihm zufolge unveränderte historische, politische und philosophische Ausgangssituation, vor die sich bereits die »rebellischen Schüler Hegels« gestellt sahen, zugleich »keine Alternative«.[16] In dem aus verschiedenen Vorträgen in den Jahren 1986 und 1987 hervorgegangenen Beitrag *Motive nachmetaphysischen Denkens* verweist Habermas in einer an die zitierte Passage anschließenden Fußnote[17] darauf, dass die kurz zuvor veröffentlichten Vorlesungen zum *Philosophischen Diskurs der Moderne* gänzlich der Begründung jener Prämisse gedient hätten. Die von ihm erstmalig in dieser sprachlichen Weise explizit markierte nachmetaphysische Denkform ist seinen Einlassungen zufolge eines von vier verbindenden Motiven der für deren Etablierung maßgeblichen Denkbewegungen des 20. Jahrhunderts, zu denen er die analytische Philosophie, die Phänomenologie, den westlichen Marxismus und den Strukturalismus zählt. Sie bringen ihm zufolge eine spezifische philosophische Modernität durch einen grundsätzlichen Traditionsbruch zum Ausdruck, der bis zur Gegenwart nachwirke: »Diese Motive des nachmetaphysischen Denkens, der linguistischen Wende, der Situierung der Vernunft und der Überwindung des Logozentrismus gehören, über Schulgrenzen hinweg, zu den wichtigsten Antrieben des Philosophierens im 20. Jahrhundert.«[18]

Habermas bezeichnete in einem Zeitungsbericht von 1987 mit dem Titel *Der Horizont der Moderne verschiebt sich* die genannten vier Denkströmungen als »philosophische Bewegungen« mit einer in die Breite gehenden Wirkungsgeschichte, die nicht notwendig mit dem »Gang der akademischen Philosophie« zusammenfalle oder auf diese zu beschränken sei.[19] Während analytische Philosophie und Phänomenologie sich insbesondere im Fach selbst fortentwickelt und dort ihren stärksten methodischen und sachlichen Einfluss ausgeübt hätten, seien der westliche Marxismus und der Strukturalismus den interdisziplinären, sich über die Geistes- und Sozialwissenschaften erstreckenden Weg gegangen. Habermas verwies ebenfalls in diesem Beitrag auf die Nachentwicklungen der Ursprungsideen dieser Strömungen beispielsweise in der postempirischen Wissenschaftsphilosophie, der postanalytischen Sprachphilosophie oder auch im Poststrukturalismus. Das Gemeinsame dieser philosophischen Bewegungen sah Habermas nicht nur in der Verfolgung ihrer je eigenen Prämissen und Intentionen. Darüber hinaus hätten sie durch die neue Motivlage hindurch eine starke Problematisierung und in gewisser Weise auch Entwertung der »Metaphysik als Denkform«[20] vollzogen. Entscheidend für ein adäquates Verständnis von Habermas' Theoriebildung im Kontext des zur Darstellung gebrachten philosophischen Diskurses der Moderne ist dessen reflexiv-kritische Selbstverortung in den skizzierten Denkentwicklungen. Seit der Aufsatzsammlung von 1988 verweist er immer wieder auf Problemstellungen, die mit den Weichenstellungen und Motivlagen des nachmetaphysischen Denkens gerade unter dem Blickwinkel der zu aktualisierenden philosophischen Aufgabenbestimmungen in den Wissenschaften und der Öffentlichkeit einhergehen. So sprach Habermas bereits in dem Artikel zu den Horizontverschiebungen der Moderne neben den transportierten philosophischen und wissenschaftlichen Einsichten auch von »neuen Bornierungen«[21] sowie sich stellenden »neuen Problemen«[22] dieser nachmetaphysischen Motivlagen.

Habermas zufolge führten eher die Motive als die Methoden der nachmetaphysischen Denkform zu einer für die Problemstellungen der Moderne adäquaten Überwindung von Grundmotiven der klassischen metaphysischen und idealistischen Philosophie: »Vier Motive kennzeichnen den Bruch mit der Tradition. Die Stichworte lauten: nachmetaphysisches Denken, linguistische Wende, Situierung der Vernunft und Umkehrung des Vorrangs der Theorie vor der Praxis – oder Überwindung des Logozentrismus.«[23] Analog dazu ordnet Habermas in dem Vortrag *Motive nachmetaphysischen Denkens* der klassischen metaphysisch orientierten Philosophietradition idealtypisierend verschiedene Charakteristika und Aspekte zu, die ebenso auf die »antimetaphysischen Gegenbewegungen« wie Materialismus, Nominalismus und Empirismus zutreffen, welche trotz der Absetzungsversuche immer »innerhalb des Horizonts der Denkmöglichkeiten der Metaphysik« verblieben seien.[24] Als Kernaspekte dieses traditionellen philosophischen Denkens nennt Habermas erstens eine Form des Identitätsdenkens, nach der die durchgängige Bestimmtheit des Vielen und Mannigfaltigen sich aus einem ersten Einheitsprinzip sowohl der Genese als auch der Geltung nach begründen oder auch erklären lasse. Mit dieser von Habermas auch als »idealistisches Einheitsdenken« bezeichneten Voraussetzung gehe zweitens eine »idealistische Verkehrung« oder auch »paradoxe Entgegensetzung« von Idee und Erscheinung sowie Form und Materie einher, bei der die mit Attributen wie Allgemeinheit, Notwendigkeit und Überzeitlichkeit versehene »begriffliche Natur des Idealen« nicht als Abstraktion vom immer schon formgebundenen Stofflichen und Materiellen der empirischen Einzeldinge durchschaut werde.[25] Drittens sei das metaphysische Denken durch einen starken Theoriebegriff geprägt, der sich mit der Annahme eines Vorrangs der Theorie vor der Praxis verbinde.

Von Interesse ist die besondere Stellung der idealistischen Philosophie im Rahmen dieser idealtypisierten Geschichtsschreibungsskizze. Zum einen führt Habermas werkübergreifend Kant und Hegel als die entscheidenden Wegbereiter nicht nur des modernen philosophischen, sondern auch des nachmetaphysischen Denkens an. Zum anderen aber positioniert er diese trotz der Transformation ihrer grundbegrifflichen Konstellationen im Ausgang von der Subjekt- und Bewusstseinsphilosophie noch in der klassischen Tradition. Entsprechend erneuere die idealistische Philosophie Habermas zufolge »beides, Identitätsdenken und Ideenlehre, auf der neuen, durch den Paradigmenwechsel von der Ontologie zum Mentalismus erschlossenen Grundlage der Subjektivität.«[26] Zur

Begründung dieses Fortbestehens von Denkmotiven der Tradition verweist er auf die auch im Paradigma der Subjektivität vollzogene Wiederaufnahme von Motiven der traditionellen Metaphysik, zu denen ihm zufolge der totalisierende Vernunftbegriff sowie ein rigoroses Festhalten an der Idee von einem »Vorrang der Identität vor der Differenz und der Idee vor der Materie«[27] gehören. In den Formen des Identitätsdenkens, der Ideenlehre sowie einem gegenüber dem Praktischen überhöhten Theoriebegriff seien auch an der Epochenschwelle um 1800 noch jene traditionellen Denkmotive zum Ausdruck gebracht worden, mit denen erst die nachfolgende, nach-idealistische Philosophieepoche brechen wird: »Damit schließt sich der Kreis eines Identitätsdenkens, das sich selber einbezieht in die Totalität, die es erfasst und daher der Forderung genügen will, alle Prämissen aus sich selber zu begründen. Unabhängigkeit der theoretischen Lebensführung sublimiert sich in der modernen Bewusstseinsphilosophie zu einer absolut sich selbst begründenden Theorie.«[28]

Habermas antizipierte bereits im *Philosophischen Diskurs der Moderne* zwei Problemstellungen, vor die sich das subjektphilosophische Paradigma in allen Varianten und unter modernen Bedingungen immer schon gestellt gesehen habe. So sei weder abzusehen, wie dieses als »Quelle für normative Orientierungen« dienen, noch, wie es als Bezugspunkt für eine »Kritik einer mit sich selbst zerfallenen Moderne« fungieren könne.[29] Für Habermas jedenfalls erweist sich seit der junghegelianischen sowie der späteren linguistischen Wende im philosophischen Denken der Rückgang auf eine transzendental oder auch absolut verstandene Subjektivität aus modernetheoretischer Perspektive als ein in problematischer Weise »einseitiges Prinzip«, das zwar die normative Kraft besitze, eine »Bildung der subjektiven Freiheit und der Reflexion hervorzubringen«.[30] Zugleich sieht Habermas bereits in den 1980er Jahren die auch für das Spätwerk relevante kulturelle Problematik des Wegfallens eines bindenden objektiven Rahmens mit Sinngehalt gerade durch diese Heraushebung von Subjektivität im Sinne von Selbstbewusstsein und Selbstbestimmung. Dieser kritischen Lesart zufolge habe die subjektzentrierte Philosophie letztlich nicht die Herabsetzung und den Wegfall der Religion aus der Sphäre der modernistischen Selbstverständigung ersetzen können. Die im Säkularisierungsprozess historisch herbeigeführte »Spaltung von Glauben und Wissen« sei – so die Kernthese bereits im *Philosophischen Diskurs der Moderne* – von der sich am Subjektprinzip orientierenden Aufklärung nicht aus eigener Kraft zu überwinden.[31]

Eine andere Richtung der kritischen Auseinandersetzung mit dem subjektphilosophischen Paradigma führt Habermas in dem Vortrag *Motive nachmetaphysischen Denkens* auf einen durch die Wissenschafts-, Gesellschafts- und Kulturentwicklung hervorgebrachten notwendigen Bruch mit dem idealistischen Vernunftbegriff. Dieser Bruch betreffe erstens eine übergreifende Abkehr vom metaphysischen Ausgriff des vernunftbestimmten Denkens auf Weltinhalte, Ganzheiten und Totalitäten. Über den Einfluss der Erfahrungswissenschaften wird Rationalität in modernen Wissenschaftskontexten hingegen als formal und prozedural unter den Maßgaben eines fallibilistisch orientierten verfahrensgeleiteten Bewusstseins mit problemlösender Zwecksetzung konzipiert. Zweitens verweist Habermas auf die Entwicklung eines »angemessenen Begriffs von *situierter* Vernunft«[32] in den Geistes- und Humanwissenschaften, durch die eine wissenschaftsübergreifende Kritik der transzendentalphilosophisch konnotierten Stellung von Subjektivität angestoßen worden sei. Verschiedene Versuche einer Situierung von Vernunft in die historischen und kulturellen Kontexte haben ihm zufolge zu einer »Veränderung in der Architektonik der Grundbegriffe«[33] herausgefordert, die jedoch im Kontext der hermeneutischen und strukturalistischen Traditionslinien nicht zufriedenstellend abgeschlossen worden seien. Drittens sei durch diese Situierung, Kontextualisierung und auch Vereinzelung von »sprach- und handlungsfähigen Subjekten« der erkenntnistheoretische Subjekt-Objekt-Dualismus problematisch geworden, wodurch die als philosophischer Paradigmenwechsel eingeführte linguistische Wende im Sinne eines »Übergangs von der Bewußtseins- zur Sprachphilosophie« eingeleitet worden sei.[34] Zudem spricht Habermas sehr nachdrücklich davon, dass alle diese Motivlagen viertens zu einer praxisorientierten Stärkung des »Bewußtseins für die Relevanz der alltäglichen Kontexte des Handelns und der Kommunikation«[35] geführt haben. Hintergrund für diese veränderte innerphilosophische und -wissenschaftliche Motivlage mitsamt einer Kritik sowohl der Metaphysik als auch des Idealismus sind nach dem in der Aufsatzsammlung von 1988 formulierten Erklärungsanspruch insbesondere die mit der Modernisierung verbundenen »gesellschaftlich bedingten Entwicklungen«.[36]

Die Aufgabe und Rolle eines philosophischen Denkens unter nachmetaphysischen Prämissen und Bedingungen bestimmt Habermas jedoch nicht antimetaphysisch; vielmehr konstituiere sich ein zeitgemäßes philosophisches Denken in einer Frontstellung zum Szientismus und Naturalismus. So weist er der Philosophie unter nachmetaphysischen Bedingungen in einem Beitrag mit dem Titel *Die Philosophie als Statthalter und Interpret* zwei Aufgaben zu, eine wissenschaftsinterne und eine öffentlichkeitswirksame. Erstens habe sie im Rahmen der wissenschaftlichen Arbeitsteilung und Kooperation einen methodisch rekonstruktiven Beitrag zur Etablierung einer zeitgemäßen Theorie der Rationalität zu leisten. Zweitens komme ihr die Rolle eines vom Wissenschaftssystem unabhängigen Interpreten zu, der »zwischen den Expertenkulturen von Wissenschaft und Technik, Recht und Moral einerseits, der kommunikativen Alltagspraxis andererseits vermittelt«.[37]

Interessant gerade mit Blick auf die nachfolgende werkbiografische Entwicklung ist, dass Habermas die Ermöglichungsbedingung für beide Aufgaben darin sieht, dass die Philosophie trotz ihrer Verankerung im arbeitsteiligen und methodisch nüchternen Wissenschaftssystem den »Bezug aufs Ganze, der die Metaphysik ausgezeichnet hat, keineswegs ganz preisgibt«.[38] Dieser Bezug könne jedoch nicht mehr durch einen Rekurs oder einen Ausgriff auf ein metaphysisches Ganzes oder Eines hergestellt werden, sondern nur durch die Etablierung eines zugleich affirmativen und kritischen Verhältnisses des philosophischen Denkens zur Alltagspraxis und Lebenswelt: »Wie der Common Sense bewegt sich die Philosophie im Umkreis der Lebenswelt […]. Und doch ist sie dem gesunden Menschenverstand ganz und gar entgegengesetzt durch die subversive Kraft der Reflexion, der aufhellenden, kritischen, zerlegenden Analyse.«[39] Habermas plädierte anknüpfend an diese Überlegungen bereits in den 1980er Jahren an verschiedenen Stellen dafür, den Titel ›Metaphysik‹ im Zeitalter des nachmetaphysischen Denkens weniger explanativ und prätentiös als in der Tradition zu gebrauchen und ausschließlich auf den Bereich lebensorientierender

Fragen und Antworten zu beziehen. In diesem Sinne ist seine in der Aufsatzsammlung *Nachmetaphysisches Denken* formulierte Empfehlung zu lesen, hinsichtlich des philosophisch relevanten Problembewusstseins von lebenspraktischen Fragen mit humanem Sinngehalt die integrierende Rede von »metaphysischen *und* religiösen Fragen«[40] zu nutzen.

2.2 Detranszendentalisierung des Subjekts

Ein gemeinsamer Fluchtpunkt der von Habermas in den Folgejahren vorgetragenen und in dem 1999 erstmalig veröffentlichten Band *Wahrheit und Rechtfertigung* versammelten philosophischen Vorträge und Aufsätze ist die Kritik von erkenntnistheoretischen Voraussetzungen der als subjekt- und bewusstseinsphilosophisch eingeordneten philosophischen Denkbewegungen. Deren Gemeinsamkeit liege in dem jeweiligen Ausgang von »mentalistischen oder repräsentationalistischen Prämissen« im Rahmen eines subjekt- und bewusstseinsphilosophischen Grundansatzes, der von Habermas als paradigmatisch für die neuzeitliche Philosophiegeschichte vor der nachmetaphysischen Wende eingestuft wird.[41] Habermas knüpfte mit der in diesen Textstellen angeführten Unterteilung der okzidentalen Philosophiegeschichte in drei epochenübergreifende Paradigmen – dem ontologischen, dem mentalistischen und dem linguistischen – an einen prominenten Vorschlag von Herbert Schnädelbach und Ernst Tugendhat an.[42] Der Paradigmenwechsel von der antiken und mittelalterlichen Ontologie zum Mentalismus besteht demzufolge primär in dem theoretischen Erschließen der epistemischen Grundlagen von Subjektivität: »Das Selbstbewusstsein, die Beziehung des erkennenden Subjekts zu sich, bietet seit Descartes den Schlüssel zur innerlichen und absolut gewissen Sphäre der Vorstellungen, die wir von Gegenständen haben.«[43] Konstitutive Bestandteile des durch die subjektphilosophische Wende markierten grundbegrifflichen Rahmens sind demnach die Einführung des zwischen dem Subjekt und den Objekten vermittelnden Begriffes von Vorstellungen sowie die Problematik der Selbstreferenz des erkennenden Subjekts. Subjektivität verweist nach dieser Interpretation, die den Grundüberlegungen des *Philosophischen Diskurses der Moderne* folgt, auf eine erschlossene Innerlichkeit und führt implikativ auf ein »dualistisches Muster von Subjekt-Objekt-Beziehungen«.[44] Die diesem Dualismus zugrunde liegende Annahme eines privilegierten und unmittelbaren Zugangs zum Selbst als der Quelle einer genetischen Erklärung von Objektivität, nach welcher sich Wahrheit an subjektiver Evidenz und Gewissheit bemisst, impliziere zudem eine strikte Unterscheidung des Mentalen vom Physischen. Von entscheidender Relevanz für die von Habermas verfolgte Argumentationslinie sind die der Gegenüberstellung von Physischem und Mentalem zugrunde liegenden »drei Dualismen«[45] zwischen Innen und Außen, der privaten und der öffentlichen Sphäre sowie dem unmittelbar und dem mittelbar Gegebenen.

Habermas verortet dieses neuzeitliche Paradigma explizit sowohl in der »vertrackten und komplexen Geschichte von Ideen«[46] zwischen Descartes und Kant als auch in den nach-kantischen Philosophien von Fichte, Husserl und Sartre. Kant wird von Habermas in dem Beitrag über *Wege der Detranszendentalisierung* entsprechend ebenfalls in diese von Descartes ausgehende, mentalistische Geschichte von bewusstseinsphilosophischen Grundideen eingereiht, jedoch unter Berücksichtigung der Spezifika der transzendentalen Wende: »Im Kern geht es darum, daß das erkennende Subjekt selbst die Bedingungen festlegt, unter denen es sich von der ›Welt‹ oder den Dingen an sich sinnlich affizieren läßt. Die Welt von Gegenständen möglicher Erfahrung verdankt sich der weltentwerfenden Spontaneität eines Subjekts [...].«[47] Habermas verweist auf die Ambivalenzen der mit der Idee von einer spontanen Subjektivität verbundenen Transzendentalphilosophie, die Aspekte sowohl von Unabhängigkeit als auch von Abhängigkeit gegenüber den Gegenständen der Welt transportiere. Trotz der starken Rolle der Spontaneität des Bewusstseins von Gegenständen verbleibe auch das kantische Verständnis von Subjektivität gebunden an eine bewusstseinsphilosophische Rahmenhandlung, die weiterhin ausschließlich in Oppositionsbegriffen beschrieben werde, nämlich als »Spontaneität versus Rezeptivität, als Form versus Materie, als Allgemeinheit und synthetische Einheit versus Besonderheit und Mannigfaltigkeit«.[48] Zugleich führt Habermas drei von Kant werkübergreifend entfaltete Modi an, die »vom grundbegrifflichen Rahmen des Mentalismus unabhängig sind« und somit über die Prämissen der neuzeitlichen Philosophie hinausweisen: erstens den mit der transzendentalen Reflexion einhergehenden Selbstbestimmungsaspekt, zweitens die Befähigung zur »*kritischen Auflösung* von illusionären Welt- und Selbstverständnissen als *Prozess der Aufklärung*« und drittens die auf dem Begriff der Autonomie aufruhende praktische Anforderung an eine »*Dezentrierung* des eigenen Selbst- und Weltverständnisses durch die gleichmäßige Berücksichtigung der Perspektiven aller Beteiligten«.[49] Trotzdem stellten Habermas zufolge gerade die genannten Oppositionsbegriffe eine epistemische und normative Grundproblematik wieder her, die Kant mit dem mentalistischen Paradigma geerbt habe und die im Kontext der subjektivitätstheoretisch fundierten Transzendentalphilosophie nicht gelöst werden könne.[50]

Die von Habermas in einer Vielzahl von philosophischen Aufsätzen in den 1980er und 1990er Jahren extrapolierten Versuche einer Lösungsfindung für die skizzierten Problematiken von subjekt- und bewusstseinsphilosophischen Voraussetzungen zielten entsprechend auf die Eruierung von Möglichkeiten einer Überwindung der Grundprämissen dieses Paradigmas. In verschiedenen Texten bezog er sich entsprechend positiv auf einen sowohl in der idealistischen Denkbewegung als auch in den Nachfolgetraditionen selbst angelegten »Prozess der Detranszendentalisierung der idealistischen Subjektbegriffe«,[51] durch den die gesellschaftlichen und kulturellen Entwicklungen reflektiert werden. In dem Aufsatz *Motive nachmetaphysischen Denkens* referierte er im Anschluss an die Grundüberlegungen aus den ersten Vorlesungen des *Philosophischen Diskurses der Moderne* diese verschiedenen Versuche einer neuen Situierung der Vernunft im Endlichen und Weltlichen. Er konzentrierte sich dort auf die Kritik an den idealistischen Fassungen des Vernunft- und Subjektbegriffs bei den Junghegelianern, die die Endlichkeit des Geistes sowie den Primat von Natur, Gesellschaft und Geschichte in den Vordergrund des Philosophierens stellen. Ebenso hätte ihm zufolge das Aufkommen der Geistes- und Humanwissenschaften zwar zu einer Erschütterung der Transzendentalphilosophie geführt, jedoch nicht zu deren Überwindung. Allen Autoren von Dilthey bis Heidegger sei daher der Versuch gemein, die synthetischen Leistungen der Subjektprinzipien in der Welt selbst und somit in den Dimensionen der Geschichtlichkeit, Einzelheit und Endlichkeit zu verorten, ohne »ihre interne Verbindung mit dem Prozess der Weltkonstituierung aufgeben zu müssen«.[52] Die sich aus diesen Versuchen ergebenden Veränderungen in der Architektonik der Grundbegriffe hätten wiederum zu Folgeproblemen geführt: »Sobald nämlich das Bewusstsein überhaupt in den Pluralismus einzelner weltstiftender Monaden zerfällt, stellt sich das Problem, wie aus deren Sicht jeweils eine intersubjektive Welt konstituiert werden kann, in der die eine Subjektivität der anderen nicht nur als objektivierende Gegenmacht, sondern in ihrer originären, weltentwerfenden Spontaneität begegnen könnte«.[53] Eine Lösung der Frage nach dem Verhältnis der vielen endlichen Subjekte zu einer ihnen gemeinsamen objektiven Welt verbleibe trotz der verschiedenen Versuche einer Detranszendentalisierung von Subjektivität und Vernunft noch zu stark in subjekt- oder bewusstseinsphilosophischen Prämissen verfangen.

Einen bereits in der idealistischen Philosophie selbst zu verortenden Ansatz einer Überwindung dieses die Neuzeit prägenden Paradigmas sieht Habermas seit seiner Antrittsvorlesung von 1967 über *Arbeit und Interaktion*[54] bis in die Gegenwart in den Frühschriften Hegels aus der Jenaer Zeit angelegt. An die dortigen Überlegungen anknüpfend rekonstruierte er zwischen 1996 und 1998 im Sinne einer nachholenden Reflexion auf die philosophische Grundlegung seines eigenen kommunikationstheoretischen Theoriegebäudes die systematisch relevante Transformation der subjektphilosophischen Denkansätze innerhalb des Idealismus. Habermas konstatiert bezüglich der schon in den Vorlesungen zum *Philosophischen Diskurs der Moderne* als ambivalent markierten philosophiehistorischen Stellung Hegels im Kontext der Paradigmenwechsel zur Moderne, dass dessen Philosophie noch nicht als zugehörig zu jener Denkbewegung eingeordnet werden könne, die in der nachfolgenden Philosophieepoche die verschiedenen Schritte zu einer Detranszendentalisierung des erkennenden Subjekts in expliziter Weise gegangen sei. Er habe jedoch diese Geschichte in einer maßgeblichen Weise »angestoßen«.[55] Ausgangspunkt der auf Hegel bezogenen Folgeargumentation des Beitrages über *Wege der Detranszendentalisierung* mit dem Untertitel *Von*

Kant zu Hegel und zurück sind entsprechende Überlegungen zu dessen kritischer Auseinandersetzung mit den erkenntnistheoretischen Grundzügen der subjekttheoretisch ausgerichteten Transzendentalphilosophie: »Er hat als erster Kants transzendentales Subjekt in die diesseitigen Kontexte zurückgeholt und die Vernunft, die durch diese Kontexte hindurchgreift, im sozialen Raum und der historischen Zeit situiert.«[56]

Die von Hegel antizipierte Detranszendentalisierung von idealistischen Grundbegriffen beruhe systematisch auf dessen Kritik der mentalistischen Prämissen der Subjekt- und Bewusstseinsphilosophie. Die dilemmatische oder auch paradoxale Struktur jener epistemischen Prämissen und Voraussetzungen enthalte zugleich ein Problemlösungspotential. Beides sei in der von Kant verfolgten Grundidee aufzuspüren, nach der das erkennende Subjekt vor aller empirischen und sozialen Erfahrung bereits die Bedingungen, unter denen es sich von einer von ihm unabhängigen Welt sinnlich affizieren lässt, in autonomer Weise bestimmt und festlegt. Im grundbegrifflichen Rahmen der kantischen Philosophie seien die im Fokus stehenden Beziehungen von Geist und Welt in der Folge nur auf der Grundlage eines in problematischer Weise vorausgesetzten Dualismus zwischen dem vorstellenden Subjekt und den vorgestellten Gegenständen formulierbar: »Wenn wir allein auf dem Wege des vorstellenden Denkens, d.h. der Vorstellung von Gegenständen, etwas erkennen können, muss auch die im Selbstbewusstsein vollzogene Vorstellung meiner Vorstellungen das eigene Bewusstsein zum Gegenstand machen. Unter der Form des Objektes wird jedoch das Wesentliche der Subjektivität verfehlt, weil sich die transzendentale Spontaneität als solche jeglicher Vergegenständlichung entzieht.«[57] Daher bleibe gerade infolge der auf mentalistische Prämissen zurückzuführenden dualistischen Vorstellung von Subjekt-Welt-Beziehungen auch des kantischen Ansatzes sowohl der Begriff der Subjektivität als auch dessen gegenstandskonstituierende Funktion einer kritischen Analyse entzogen.

Im Anschluss an dieses Referat von kritischen Aspekten der Transzendentalphilosophie fokussiert Habermas die von Hegel in der Jenaer Zeit angestoßene Überwindung des damit verbundenen grundbegrifflichen Rahmens: »Hegel ist davon überzeugt, dass die epistemologischen Grundfragen nach Ursprung und kausaler Abhängigkeit der Erkenntnis – ebenso wie Kants dualistische Antworten – Artefakte eines falschen mentalistischen Paradigmas sind.«[58] Systematisch entscheidend ist Habermas zufolge die in den Jenaer Schriften immer wieder antizipierte Kritik an der »Entgegensetzung von Subjekt und Objekt [...], die den Kern des mentalistischen Paradigmas bildet«.[59] Die epistemologische Grundfrage der kantischen Philosophie, wie eine an sich nichtbegriffliche Welt, die dem erkennenden Subjekt gegenübertritt, in dessen Formen des kategorialen Urteilens überführt werden könne, werde durch den jungen Hegel radikal auf ihre Grundannahmen hin befragt: »In den *Jenaer Vorlesungen zur Philosophie des Geistes* ist das hauptsächliche Angriffsziel die mentalistische Vorstellung einer selbstgenügsamen und selbstbezüglichen Subjektivität. Von dieser Konzeption leiten sich die Dualismen zwischen innen und außen, privat und öffentlich, unmittelbar und vermittelt, evident und ungewiß her. Hegel schiebt diese Gegensätze beiseite und befreit die Operationen eines schon von Kant als wesentlich praktisch begriffenen Erkenntnissubjekts aus der Abgeschlossenheit des narzißtisch in sich gekehrten Ich. Das Subjekt hat sich immer schon in Prozesse der Begegnung und des Austauschs verstrickt, findet sich selbst immer schon in Kontexten vor. Das Streckennetz für Subjekt-Objekt-Beziehungen ist bereits angelegt, mögliche Verbindungen zu Objekten sind schon hergestellt, bevor sich das Subjekt auf Beziehungen aktuell einläßt und Kontakte mit der Welt tatsächlich aufnimmt. Es operiert als ein in den Weltzusammenhang eingelassenes Element.«[60]

Habermas interessiert sich entsprechend seit den späten 1960er Jahren bis in die späteren Werkphasen für eine mögliche philosophische Perspektivierung dieser nachmetaphysischen Prämisse der Kontextualisierung von Subjektivität in die praktischen Vermittlungszusammenhänge. Die vom jungen Hegel in den Blick genommene Überwindung der Problemstellungen des subjekt- und bewusstseinsphilosophischen Paradigmas besteht den Ausführungen zwischen 1967 und 1999 zufolge darin, Subjektivität als eingebettet in Prozesse der Begegnung und des Austauschs zu begreifen, durch die es immer schon in Bezug gesetzt ist zu Anderen und Anderem – es bestehe also gar keine zu überbrückende Kluft: »Ein solches Subjekt kann nicht bei sich selbst sein, ohne beim Anderen zu sein; und erst im Umgang mit anderen Subjekten bildet es ein Bewußtsein seiner selbst aus.«[61] Im weiteren Argumentationsverlauf verweist Habermas an diese Grundüberlegung anknüpfend auf die Relevanz von intersubjektiven Beziehungen für die Ausbildung von Individualität und Identität von Subjekten als Personen. Hegel habe entsprechend »Intersubjektivität als den Kern der Subjektivität entdeckt«.[62] Entscheidend ist, dass durch diese grundlegende intersubjektive Konstitution der Bezüge von Subjekten zu anderen Subjekten auch das »suggestive Bild von Subjekt-Objekt-Beziehungen«[63] grundlegend konterkariert werde: »Anstelle der fruchtlosen Kontroversen der Erkenntnistheorie will Hegel die Diskussion auf jene Medien lenken, die die Beziehungen zwischen Subjekt und Objekt bereits vor jeder aktuellen Begegnung strukturieren. Beide Seiten, Subjekt und Objekt, sind Relata, die nur mit und in ihren Beziehungen zueinander existieren, so daß die Vermittlung nicht mehr mentalistisch begriffen werden kann.«[64]

Hegel konkretisiert, so Habermas, diese über den Geistbegriff systematisch verallgemeinerte Vermittlung durch die Einführung von Medien, nämlich Arbeit und Sprache einerseits, Interaktion andererseits: »Sprache und Arbeit sind Medien, in denen die vom Mentalismus auseinandergerissenen Aspekte des Inneren und Äußeren verklammert sind.«[65] Als Medien sorgen Sprache und Arbeit für die von Habermas als ›ursprünglich‹ bezeichnete Verklammerung von Subjektivität und Objektivität in theoretischer und praktischer Hinsicht. Nach dieser Lesart der Philosophie Hegels bewegt sich das erkennende Subjekt durch den Bezug auf das Medium der Sprache auch in seiner kognitiven Dimension »von vornherein in dem sprachlich erschlossenen Horizont möglicher Erfahrungen«.[66] Durch das Sprachvermögen werde eine interne Verbindung mit der Außenwelt immer schon ermöglicht, so dass die Überwindung des mentalistischen Vorstellungsrahmens vor allem an der Fokussierung der kognitiven und welterschließenden Funktionen der Sprache festgemacht werden kann. Zur Konstitution einer objektiven symbolischen Welt durch die sprachlichen Bedeutungen geselle sich zudem im Medium der Arbeit die praktisch-technische Seite der Weltintervention nach Zwecksetzungen: »Hegel begreift Arbeit als zielgerichtete Intervention in die Welt, womit der Aktor Zwecke realisiert und Bedürfnisse befriedigt. Das praktische Bewußtsein manifestiert sich in und gewinnt Existenz durch Arbeit.«[67]

Hegel habe demzufolge in seinen frühen Schriften die mentalistischen Vorstellungen über die Subjekt-Objekt-Beziehung deshalb unterlaufen können, weil er dort Sprache und Arbeit in einen Kontext von immer schon medial vermittelten kognitiven und praktischen Weltbezügen gestellt habe. Im Rahmen einer solchen Kontextualisierung stellen Subjekte und Objekte keine äußerlich und mentalistisch aufeinander zu beziehenden Erkenntnispole mehr dar: »Die Vermittlungsfunktion von Sprache und Arbeit unterminiert die mentalistische Vorstellung von Subjekt-Objekt-Beziehungen.«[68] Zugleich gehe der junge Hegel den entscheidenden Schritt von einer rein subjektiven Betrachtung des symbolischen Sprachgebrauchs und technischen Werkzeugeinsatzes zu deren kollektiven und gesellschaftlichen Formen: »Die Sprache kann eine kommunikative Funktion oder die Überlieferung von Gewußtem erst im Kontext einer Sprachgemeinschaft übernehmen. Auch die Technik kann ihre wirtschaftlichen Funktionen erst unter Bedingungen der gesellschaftlichen Arbeitsteilung erfüllen.«[69] Habermas zufolge führte die vom jungen Hegel anvisierte Detranszendentalisierung des Subjektbegriffs über die Einführung der den Weltbezug theoretisch und praktisch vermittelnden Medien Sprache und Arbeit bereits zu einer normativen Antizipation der grundlegenden Figur der »Intersubjektivität von geteilten Weltbildern und Lebensformen«[70] über die Idee von anerkennenden Interaktionsformen zwischen Subjekten. Diese entfalteten sich demzufolge nach den drei Dimension des Einzelnen, Besonderen und Allgemeinen, nämlich als Privatrechtspersonen, in Liebesbeziehungen und im Kontext der Selbstgesetzgebung von Bürgern eines Staatswesens.

2.3 Intersubjektivität und Lebenswelt

Habermas las diese von Hegel antizipierte Einführung der die Weltbezüge des Subjekts vorgängig strukturierenden Medien Sprache, Arbeit und Interaktion bereits aus der Perspektive des eigenen theoretischen Projektes und verknüpfte in dem Beitrag über den Weg von Kant zu Hegel entsprechend zwei Themen, die ihm zufolge die für das nachmetaphysische Denken grundlegende Detranszendentalisierung des Subjektbegriffs einleiteten. Zum einen liegt die Betonung auf der Erkenntnis einer epistemischen Vorgängigkeit der dieser Auffassung zufolge durch Arbeit und Sprache vermittelten Erkenntnispole. Zum anderen liegt ein Fokus auf der bereits 1981 in der *Theorie des kommunikativen Handelns* entfalteten Thematik der nicht nur für den Weltbezug und die Identitätsausbildung, sondern auch für den kommunikativen Sprachgebrauch und das soziale Handeln von Individuen konstitutiven Form der Intersubjektivität. Habermas zufolge war Hegel der erste Philosoph, der in seinen frühen Schriften rationale Formen des objektiven Weltbezug über die intersubjektiven Beziehungen von Subjekten in das Blickfeld seiner geisttheoretischen Erwägungen nahm. Kennzeichnend für den intersubjektivitätstheoretisch ausgewiesenen Zugriff auf die Thematik einer nachmetaphysischen Bestimmung philosophischer Termini ist der konstitutive Vorrang der von Habermas als »Anerkennungsverhältnisse«[71] beschriebenen persönlichen, sozialen und kulturellen Relationen zwischen Subjekten. Beide Themen zusammen führen auf ein Verständnis von einer konstitutiven, internen und gleichursprünglichen Verschränkung von Subjekt-Objekt- und Subjekt-Subjekt-Beziehungen unter der grundlegenden Figur der Intersubjektivität, die den Subjektbildung und Welterschließung ermöglichenden grundlegenden Zusammenhang zur begrifflichen Darstellung bringt: »Im vorgängig durch Sprache und Arbeit vorstrukturierten Raum besteht eine innere Verschränkung von Subjektivität, Intersubjektivität und Gegenstandsbezug, innerhalb der sich die Referenzen, Intentionalitäten und Interaktionen der Subjekte vollziehen.«[72]

Bereits in der elften Vorlesung zum *Philosophischen Diskurs der Moderne* skizzierte Habermas den Übergang zum »Verständigungsparadigma« unter Bezugnahme auf die Grundidee einer Vorrangigkeit von »sprachlich erzeugter Intersubjektivität« als den einzig gangbaren Ausweg aus den Aporien der Subjektphilosophie.[73] Aus Subjekten werden in einem interaktiven und sprachlichen Zusammenhang so Sprechende und Hörende, die sich »frontal miteinander über etwas in einer Welt verständigen« und sich aufgrund dessen immer schon »innerhalb des Horizonts ihrer gemeinsamen

Lebenswelt« bewegen.[74] Habermas konzeptualisiert Subjektivität auch aus philosophischer Perspektive über die Rede von Subjekten als Teilnehmenden an einer »sprachlich vermittelten Interaktion«, durch die eine »andere Beziehung des Subjekts zu sich selbst« im Vergleich zu den Modellierungen der subjektphilosophischen Ansätze möglich werde.[75] Das Verständnis von Subjektivität als einer paradoxen transzendental-empirischen Doublette, die sich als zugleich Subjekt und Objekt der philosophischen Untersuchung einer problematischen Vergegenständlichung ausgeliefert sehe, könne schon den Ausführungen im *Philosophischen Diskurs der Moderne* zufolge nur aus einer grundlegend intersubjektiven Perspektivierung des epistemischen und sozialen Weltbezuges überwunden werden: »Dann steht Ego in einer interpersonalen Beziehung, die es ihm erlaubt, sich aus der Perspektive von Alter auf sich als Teilnehmer an einer Interaktion zu beziehen.«[76]

Zum tieferen Verständnis dieser von Habermas seit den 1980er Jahren intendierten intersubjektivitätstheoretischen Überwindung der aporetischen Situation der Subjektphilosophie muss sowohl sein Konzept der Lebenswelt als auch sein kommunikationstheoretischer Sprachbegriff philosophisch in den Blick genommen werden. In dem Aufsatzsammelband zum *Nachmetaphysischen Denken* unternahm Habermas den Versuch einer komprimierenden Darstellung in dem Beitrag *Handlungen, Sprechakte, sprachlich vermittelte Interaktionen und Lebenswelt*, der an Kernüberlegungen aus der *Theorie des kommunikativen Handelns* unter philosophischen Gesichtspunkten anschließt. In einer frühen Rezension, die am 13. März 1982 in der *Frankfurter Rundschau* erschien, arbeitete bereits Hauke Brunkhorst heraus, dass der Kern der bis heute als Hauptwerk bezeichneten zwei Bände in einer »Präzisierung des Begriffs der Intersubjektivität in der kommunikativen Rede« liege, durch die von Habermas ein »stabiles Konzept der Vernunft« begründet werde.[77] Diese Stabilität wiederum hängt stark mit dem von Habermas ausbuchstabierten Lebensweltkonzept zusammen, das er in der *Theorie des kommunikativen Handelns* als Horizont und Hintergrund der intersubjektiven Zusammenhänge zwischen rationalen Personen einführt. Die Rationalität von Personen wird von Habermas im ersten Band, der sich den Zusammenhängen von *Handlungsrationalität und gesellschaftlicher Rationalisierung* widmet, entsprechend in intersubjektiven und kommunikationsbezogenen Begriffen ausgedeutet: »Rational nennen wir eine Person, die sich verständigungsbereit verhält und auf Störungen der Kommunikation in der Weise reagiert, daß sie auf die sprachlichen Regeln reflektiert.«[78] Entsprechend konstatiert Habermas gegen die egologisch oder instrospektiv ausgerichteten bewusstseins- oder transzendentalphilosophischen Theorien, dass Rationalität als Disposition von sprach- und handlungsfähigen Subjekten, die sich immer schon in intersubjektiven Kontexten und Situationen bewegen, zu verstehen sei.

Dieser Paradigmenwechsel betrifft auch die Bezugnahme auf die phänomenologischen Theorien, die einen Hintergrund für Habermas' eigenständige sozial- und gesellschaftstheoretische Konzeptualisierungen des konstatierten Paradigmenwechsels bilden. So folgt Habermas zwar dem über Husserls phänomenologische Prämissen hinausweisenden Schritt von Alfred Schütz hin zu einer sozialphänomenologischen Analyse von auf Intersubjektivität verweisenden Lebensweltstrukturen. Intersubjektivität wird hierbei als eine eigenständige und für sich selbst konstitutive Sphäre angesehen, die nicht aus Subjektivität abgeleitet oder als durch diese konstituiert angesehen werden kann. Die Existenz einer gemeinsamen, intersubjektiv strukturierten Welt wird als immer schon oder auch ›ursprünglich‹ gegebener Kontext für die Ausbildung von Subjektivität vorausgesetzt. Jedoch verbleibe auch Schütz – wie Habermas in seiner ausführlichen Auseinandersetzung im zweiten Band der *Theorie des kommunikativen Handelns* darlegt[79] – dem Paradigma der Subjektivität verhaftet, da er die intersubjektiven Relationen zwischen Subjekten ausschließlich aus der subjektiven Binnenperspektive in den Blick nehme. Aus einem solchen, genuin phänomenologischen Blickwinkel könnten jedoch die Strukturen der Lebenswelt nicht im Modus eines »direkten Zugriffs auf die Strukturen sprachlich erzeugter Intersubjektivität«, sondern ausschließlich durch die »Spiegelung des subjektiven Erlebens einsamer Aktoren«[80] erfasst werden. Habermas ersetzt hingegen diese Perspektive subjektiven Erlebens in seinen kommunikationstheoretischen Analysen durch die Teilnehmendenperspektive von Subjekten, die in Kommunikationsprozesse eingebunden sind.

In der *Theorie des kommunikativen Handelns* betrachtet Habermas wie auch in dem die Kernüberlegungen fokussierenden Beitrag aus *Nachmetaphysisches Denken* das aus der phänomenologischen Tradition übernommene und zugleich transformierte Konzept der Lebenswelt aus zwei Perspektiven. Zum einen analysiert er aus einer »rekonstruktiven Forschungsperspektive«[81] die Strukturen der Lebenswelt in der eben bereits angedeuteten kommunikationstheoretischen Hinsicht aus dem Blickwinkel der sprechhandelnden Subjekte. Methodologisch wird das Lebensweltkonzept hier als »Komplementärbegriff zum kommunikativen Handeln«[82] eingeführt. Zum anderen führt er nach einem Perspektivwechsel, den er im Rahmen einer Zwischenbetrachtung zu Lebenswelt und System im zweiten Band seines Hauptwerkes explizit thematisiert, einen gesellschaftstheoretischen Begriff der Lebenswelt aus der theoretischen Beobachterperspektive ein. Dieser methodologische Perspektivwechsel[83] transportiert den Anspruch, gerade jene Strukturen der Lebenswelt in den Blick zu bekommen, die »gegenüber den historischen Ausprägungen partikularer Lebenswelten [...] als invariant angesetzt werden«[84] und entsprechend von allgemeiner oder auch universaler Art seien. Die Analyse, die einen solchen Blick auf die Strukturen der Lebenswelt ermögliche, nennt Habermas in der *Theorie des kommunikativen Handelns* eine gesellschaftstheoretisch gerahmte formalpragmatische, durch die die transzendentalphilosophischen Fragestellungen auf die Grundfigur der Intersubjektivität appliziert werden. Den hierzu zu vollziehenden Perspektivwechsel beschreibt Habermas in seinem Sammelbandbeitrag von 1988 zum Verhältnis von sprachlich vermittelter Interaktion und Lebenswelt in anschaulicher Weise: »Die Terminologie von ›Hintergrund‹, ›Vordergrund‹ und ›situationsrelevanter Ausschnitt der Lebenswelt‹ ergibt nur einen Sinn, solange wir die Perspektive des Sprechers einnehmen, der sich mit einem anderen über etwas in der Welt verständigen will und dabei die Plausibilität seines Sprechaktangebots auf eine Masse intersubjektiv geteilten, unthematischen Wissens stützen kann. Als ganze kommt die Lebenswelt erst dann in den Blick, wenn wir uns gleichsam im Rücken des Aktors aufstellen und das kommunikative Handeln als Element eines Kreisprozesses auffassen, in dem der Handelnde nicht mehr als Initiator erscheint, sondern als Produkt von Überlieferungen, in denen er steht, von solidarischen Gruppen, denen er angehört, von Sozialisations- und Lernprozessen, denen er unterworfen ist.«[85]

Im ersten Band des Hauptwerkes führt Habermas den kommunikationstheoretischen Begriff der Lebenswelt zunächst provisorisch als »Korrelat zu Verständigungsprozessen«[86] ein. Aus dieser Perspektive stellt die Lebenswelt einen Horizont dar, innerhalb dessen sich die kommunikativ handelnden Subjekte verständigen. Sie bildet demzufolge auch einen Hintergrund von Überzeugungen und Gewissheiten, der als Bedingung der Möglichkeit von kommunikativen Handlungen fungiert. In diesem Sinne legen, wie Habermas im zweiten Band an entscheidender Stelle vermerkt, die »Strukturen der Lebenswelt [...] die Formen der Intersubjektivität möglicher Verständigung fest«.[87] Zugleich bekommen die handelnden Subjekte diese Strukturen aus der Teilnehmendenperspektive nicht und nie als Ganzes in den Blick: »Nur die begrenzten Ausschnitte der Lebenswelt, die in einen Situationshorizont hineingezogen werden, bilden einen thematisierungsfähigen Kontext verständigungsorientierten Handelns und treten unter der Kategorie des *Wissens* auf. Aus der situationszugewandten Perspektive erscheint die Lebenswelt als ein Reservoir von Selbstverständlichkeiten oder unerschütterten Überzeugungen, welche die Kommunikationsteilnehmer für kooperative Deutungsprozesse nutzen.«[88] In diesem Sinne ist die Lebenswelt aus der Teilnehmendenperspektive stets präsent, aber nicht thematisierbar oder reflexiv einzuholen. Habermas bezeichnet sie aus kommunikationstheoretischer Sicht als einen »transzendentalen Ort, an dem sich Sprecher und Hörer begegnen«.[89] In Anknüpfung an die phänomenologische Tradition nennt er sie auch einen beweglichen Horizont, bei dem die jeweilige Handlungssituation das temporäre Zentrum bildet. In symboltheoretischer Hinsicht ist sie als ein stabiler und auch als konservativ zu interpretierender Hintergrund oder auch Verweisungszusammenhang zu verstehen, in den die jeweiligen Deutungsprozesse immer schon eingebettet sind.

Habermas definiert das Lebensweltkonzept aus einer kommunikationstheoretischen Perspektive als einen Horizont, der die Binnenperspektive der sprechend handelnden Subjekte rahmt. Auf diesen beziehen sich die Subjekte als einen gemeinsam geteilten

Hintergrund, der zugleich eine konstitutive Bedingung der Möglichkeit von Kommunikation überhaupt darstellt: »Kommunikativ handelnde Subjekte verständigen sich stets im Horizont einer Lebenswelt. Ihre Lebenswelt baut sich aus mehr oder weniger diffusen, stets unproblematischen Hintergrundüberzeugungen auf. Dieser lebensweltliche Hintergrund dient als Quelle für Situationsdefinitionen, die von den Beteiligten als unproblematisch vorausgesetzt werden.«[90] Dieses aus der phänomenologischen Tradition gewonnene und kommunikationstheoretisch transformierte Lebensweltkonzept hat Habermas zufolge methodologisch den Vorteil, »den soziokulturellen Lebenszusammenhang *von innen*«[91] zu erschließen und die Perspektiven der Teilnehmenden zugleich direkt in die Grundfigur der Intersubjektivität einzubetten und so an diese anzuschließen. Das Besondere dieser Teilnehmendenperspektiven von sprachhandlungsfähigen Subjekten bestehe demzufolge darin, dass sie zwar keinen gesellschaftstheoretischen Blick auf die Lebenswelt als Ganze gewinnen, aber zugleich im Ausgang von ihren Handlungsperspektiven sowie Deutungs- und Interpretationsarbeiten zwischen der Lebenswelt und ihren Weltbezügen durch die Spezifika ihres Sprachgebrauchs unterscheiden können. Die teils diffusen und stets unproblematischen Überzeugungen und Gewissheiten, auf die das Lebensweltkonzept verweist, stellen den gemeinsamen und zugleich stabilen Hintergrund für all jene Kontroversen und auch Dissense dar, die in einem bestimmten Kontext und aus einer spezifischen Situation heraus dazu führen können, dass sprachhandlungsfähige Subjekte überhaupt in einen Diskurs zur Aushandlung von fraglich gewordenen Meinungen und Behauptungen über die objektive oder soziale Welt treten: »Das meiste von dem, was in der kommunikativen Alltagspraxis gesagt wird, bleibt unproblematisch, entgeht der Kritik und dem Überraschungsdruck kritischer Erfahrungen, weil es vom Geltungsvorschuß vorgängig kondensierter, eben lebensweltlicher Gewißheiten lebt.«[92]

Die Lebenswelt wird aus dieser Sicht als der unthematisiert bleibende Kommunikationshintergrund konzeptualisiert, der sich von dem im Vordergrund stehenden Thema unterscheidet, durch das ein bestimmter weltbezogener Relevanzbereich aus der Lebenswelt herausgeschnitten wird. Diese Themen wechseln und verschieben dadurch den »situationsrelevanten Ausschnitt der Lebenswelt, für den im Hinblick auf aktualisierte Handlungsmöglichkeiten ein Verständigungsbedarf entsteht«.[93] Der von Husserl übernommene und zugleich aus dem Paradigma der Bewusstseinsphilosophie herausgelöste, weil kommunikationstheoretisch interpretierte Begriff des ›Horizontes‹ steht genau für diesen situationsabhängigen Standort und die mit diesem einhergehenden Perspektiven einer Gruppe von kommunikativ handelnden Subjekten: »Die Handlungssituation bildet für die Beteiligten jeweils das Zentrum ihrer Lebenswelt; sie hat einen beweglichen Horizont, weil sie auf die Komplexität der Lebenswelt *verweist*. In gewisser Weise ist die Lebenswelt, der die Kommunikationsteilnehmer angehören, stets präsent; aber doch nur so, daß sie den *Hintergrund* für eine aktuelle Szene bildet.«[94] Thematisierungsfähig werden den Ausführungen in der *Theorie des kommunikativen Handelns* zufolge aus der Perspektive der Teilnehmenden entsprechend nur jene begrenzten Ausschnitte der Lebenswelt, die »in einen Situationshorizont hereingezogen werden«.[95]

In dem Beitrag aus *Nachmetaphysisches Denken* markiert Habermas bezüglich der verschiedenen, mit dem Konzept der Lebenswelt verbundenen Wissensformen noch stärker als in der *Theorie des kommunikativen Handelns* einen Unterschied zwischen dem stabilen lebensweltlichen Hintergrundwissen, dem situationsbezüglichen Horizontwissen und dem themenabhängigen Kontextwissen. Das lebensweltliche Hintergrundwissen hat eine große Stabilität und zeigt sich daher weitestgehend immun gegen Problematisierungen, die durch krisenhafte oder kontingenzerzeugende Erfahrungen ausgelöst werden. Es bildet entsprechend eine »Tiefenschicht unthematischen Wissens, in der das immer noch vordergründige Horizont- und Kontextwissen wurzeln«.[96] Dementgegen sind sowohl das situationsbezügliche Horizontwissen als auch das themenabhängige Kontextwissen viel leichter einer Problematisierung zugängig zu machen. So ist ersteres immer an eine wahrgenommene Umgebung gebunden, die wiederum in »nichtwahrgenommene, konzentrisch angeordnete raumzeitliche Horizonte eingebettet« ist, die von den Beteiligten zwar als gemeinsam unterstellt werden, aber sich hinsichtlich ihrer sinnvollen Ausdeutungsdimensionen verschieben können. Das Kontextwissen wiederum setzt gemeinsame kulturelle, milieuspezifische oder erlebnisbezogene Rahmenhandlungen und -narrative voraus, die sich jedoch durch die Veränderung von Kontexten so verschieben können, dass das jeweils Gesagte oder das Thema in einem anderen Licht erscheint. Sowohl der Situationshorizont als auch das Thema brauchen sich also »nur um ein weniges zu verschieben«,[97] um zunächst von der Kommunikationsgemeinschaft geteilte Voraussetzungen als problematisch erscheinen zu lassen.

Den Anstoß für Problematisierung und Befragung des regelhaft unthematisch bleibenden Wissenshintergrundes bieten nach Habermas »kritische Erfahrungen«, durch die es zu einer Scheidung des lebensweltlichen Hintergrundes vom Vordergrund komme: »Dabei differenzieren sich die Erfahrungen selber nach den praktischen Formen des Umganges mit dem, was in der Welt begegnet – Dinge und Ereignisse, Personen und Geschichten, in die Personen verstrickt sind«.[98] Durch die Problematisierung, die immer anhand von sprachlichen Darstellungen im kommunikativen Raum verlaufen, komme es zu jener Unterscheidung von objektiven, sozialen und subjektiven Weltbezügen anhand der in Sprechakten formulierten Geltungsansprüche, die für eine Analyse der invarianten Strukturen der Lebenswelt und ihrer kommunikativen Rationalität von Relevanz sind: »Die Gliederung der Erfahrung spiegelt die Architektur der Lebenswelt insofern wider, als sie mit der trichotomen Verfassung der Sprechakte und des lebensweltlichen Hintergrundes verknüpft ist.«[99] Diese Verknüpfung setzt eine sprechakttheoretische Mikroanalyse voraus, die sodann mit den sozialtheoretischen Überlegungen zur Struktur des lebensweltlichen Hintergrundes unter formalpragmatischen Prämissen verbunden wird.

Zur Umsetzung dieses Vorhabens einer Verknüpfung der soziologischen mit den sprachtheoretischen Dimensionen einer *Theorie des kommunikativen Handelns* verweist Habermas auf die Notwendigkeit eines Wechsels der theoretischen Perspektive bei der Betrachtung der Lebensweltstrukturen. Etwas missverständlich ist diesbezüglich Habermas' Rede von einem Wechsel zur Beobachterperspektive, da es beim Einstellungswechsel vom kommunikativen Lebensweltkonzept zu dessen gesellschaftstheoretischer Fokussierung um eine differente theoretische Betrachtungsweise geht.

Während im erstgenannten theoretischen Zugriff die Perspektive von Teilnehmenden virtuell eingenommen wird,[100] so lässt sich davon die funktionale Beobachtung der Lebenswelt unterscheiden, »mit der sich die Beobachterperspektive als *terminus technicus* in der Gesellschaftstheorie identifizieren lässt«.[101] Letztere zielt auf die Betrachtung von Lebenswelt hinsichtlich deren Bedeutung für die Reproduktion der Gesellschaft, so dass auf diesem Wege empirisch gesättigte Aussagen über deren Relevanz für die soziale und kulturelle Reproduktion getroffen werden sollen. In den Argumentationslinien der Kommunikationstheorie verlässt Habermas hierzu die soeben skizzierte Perspektivierung von Lebenswelt aus der Sicht der Akteure und fasst aus der theoretischen Vogelperspektive »das kommunikative Handeln als Element eines Kreisprozesses [...], in dem der Handelnde nicht mehr als Initiator erscheint, sondern als Produkt von Überlieferungen, in denen er steht, von solidarischen Gruppen, denen er angehört, von Sozialisations- und Lernprozessen, denen er unterworfen ist«.[102] Hierdurch wird die Rede von Lebensweltstrukturen möglich, die sich wiederum als Funktionen des kommunikativen Handelns darstellen. Habermas verweist darauf, dass kulturelle Muster, legitime Ordnungen und Persönlichkeitsstrukturen Verdichtungen der durch den kommunikationstheoretischen Lebensweltbegriff angezeigten interpersonalen Verständigungsprozesse darstellen.

Die Lebenswelt als Rückzugsort für gemeinsame Deutungen von Situationen und Handlungsweisen stellt sich aus dieser theoretischen Sicht als eine konstitutive Basis für grundlegende Mechanismen der Vergesellschaftung heraus. Soziale Integration und kulturelle Reproduktion in der Lebenswelt stabilisieren sich demzufolge primär über den Rückbezug auf tradierte Normen, Ordnungen und Wissensbestände: »Das Netz kommunikativer Alltagspraxis erstreckt sich über das semantische Feld der symbolischen Gehalte ebenso wie in den Dimensionen des sozialen Raumes und der historischen Zeit und bildet das Medium, durch das sich Kultur, Gesellschaft und Persönlichkeitsstrukturen ausbilden und reproduzieren.«[103] Gesellschaftstheoretisch fasst Habermas die Lebenswelt entsprechend als einen symbolisch strukturierten Raum von vernetzten kommunikativen Handlungen. Die Reproduktion von Gesellschaft in sozialer und kultureller Hinsicht steht dieser Argumentation zufolge in einem nicht nur engen, sondern auch internen Zusammenhang mit dem kommunikativen Handlungstypus. Der Sprache kommen hierbei mit Blick auf die doppelperspektivische Ausarbeitung des Lebensweltkonzeptes zweierlei Rollen zu. Aus gesellschaftstheoretischer Sicht nimmt sie eine transzendentale Rolle oder Stellung insofern ein, als die sozialisierten Subjekte zu Sprache und Kultur »in actu nicht dieselbe Distanz einnehmen wie zur Gesamtheit der Tatsachen, Normen oder Erlebnisse, über die Verständigung möglich ist«.[104] Entsprechend bemerkt Habermas im zweiten Band der *Theorie des kommunikativen Handelns* apodiktisch: »Sprache und Kultur sind für die Lebenswelt selbst konstitutiv.«[105] Diese konstitutive Stellung von Sprache und einer inhaltlich in Erscheinung tretenden kulturellen Überlieferung verweist auf einen internen Zusammenhang zwischen den lebensweltlichen Grundstrukturen und jenen des sprachlich artikulierbaren kulturellen Weltbildes. Die Sprache wie auch die kulturellen Zusammenhänge und Überlieferungen können so nicht eigens durch die sprachhandlungsfähigen Subjekte thematisiert und reflektiert werden. Sie bewegen sich stattdessen immer schon im Kontext einer Sprache und einer Kultur, die beide wiederum »im Rücken«[106] der kommunikativ Handelnden verbleiben.

Die erste Funktion der Sprache ist demzufolge eine unbewusst ablaufende konstitutive mit Blick auf die jeweiligen kulturellen Hintergründe. Die zweite, eher kommunikations- als sozialtheoretisch relevante Rolle und Stellung der Sprache entfaltet Habermas in der *Ersten Zwischenbetrachtung* der *Theorie des kommunikativen Handelns*. Hier betrachtet er den intersubjektiven, also über die reine Informationsvermittlung hinausgehenden Sprachgebrauch von verständigungsorientierten Subjekten als den entscheidenden Schlüssel zur Analyse der die Sozialbeziehungen konstituierenden kommunikativen Rationalität. Das Besondere seines Zuganges zu sprechakttheoretischen Fragestellungen besteht darin, auf der Grundlage einer rationalen Rekonstruktion von sprachbasierter Kommunikation zugleich den Nachweis zu verfolgen, dass der verständigungsorientierte kommunikative Sprachgebrauch wiederum konstitutiv ist für die Rationalität der auch handlungsrelevanten Weltbezüge: »*Der Sprachgebrauch ist nicht nur rational rekonstruierbar, sondern bringt Rationalität und Vernunft selbst hervor.*«[107] Während aus der theoretischen Beobachterperspektive des gesellschaftstheoretischen Zuganges Sprache und Kultur sowie Verständigung und Zweckorientierung nur als Bestandteile der Lebenswelt in das Blickfeld treten, ist die kommunikationstheoretische Perspektive entsprechend sensibel für die durch den Sprachgebrauch sichtbar oder explizit zu machenden Differenzierungen. Diese betreffen den Unterschied zwischen dem diffusen lebensweltlichen Bedeutungshintergrund, der zugleich als Kontext und Ressource für die Verständigungsprozesse zwischen Subjekten über etwas in der sozialen oder objektiven Welt fungiert. In dieser Hinsicht erscheint das Lebensweltkonzept als »Komplementärbegriff zum kommunikativen Handeln«.[108] Durch die von Habermas insbesondere im ersten Band der *Theorie des kommunikativen Handelns* durchgeführte rekonstruktive Analyse von verständigungsorientierten Kommunikationsprozessen zwischen sprachhandlungsfähigen Subjekten rücken die grundlegenden Modi der Sprachverwendung sowie die damit verbundenen Weltbezüge und Geltungsansprüche in den Fokus der Untersuchung. Im Verhältnis zu diesen intersubjektiven Sprechhandlungen verbleibt die Lebenswelt aus kommunikationstheoretischer Sicht als ein ausschließlich »ex negativo, als Kontrast zu unmittelbaren Verständigungsleistungen«[109] zu lesendes provisorisches und nur auf indirektem Wege analysierbares Konzept im Hintergrund.

2.4 Sprache und kommunikative Vernunft

Schon die Untertitel der beiden Bände der *Theorie des kommunikativen Handelns* zeigen an, dass die Thematik um Rationalität und Rationalisierung in den Kontext von handlungs- und gesellschaftstheoretischen Fragestellungen eingebettet ist. Aus der Analyse der kulturellen und gesellschaftlichen Konstellationen der Moderne gewinnt Habermas hier zwei historische Einsichten. Zum einen differenziert sich die moderne Gesellschaft in drei Wertsphären aus, die auf unterschiedlichen Rationalisierungsmustern beruhen. Zum anderen nimmt der übergreifende Rationalisierungsprozess der modernen Gesellschaft eine einseitige Gestalt an, die sich durch die Abkoppelung der Expertenkulturen von den Alltagspraktiken einerseits sowie die Durchsetzung einer technisch-instrumentellen Rationalität gegenüber verständigungsorientierten Formen des intersubjektiven Handelns andererseits auszeichnet. Habermas setzte diesen gesellschaftlichen Tendenzen eine normative Theorie der kommunikativen Vernunft entgegen. Er intendierte die Konzeptualisierung eines Begriffes von vernünftiger Rationalität, der nicht nur zur Beschreibung letztgenannter Handlungsformen dient, sondern zugleich aus den für die lebensweltlichen Handlungskoordinationen zwischen Subjekten konstitutiven Sprachpraktiken gewonnen werden kann. Dieses Konzept vernünftiger Kommunikation entspreche sowohl den Prämissen des nachmetaphysischen Denkens als auch den Intentionen einer kritischen Theorie der Moderne: »He insists on the possibility of a conception of reason that is *postmetaphysical yet nondefaitist*. Indeed, he argues that such a conception is already operative in the everyday linguistic practices of modern societies.«[110]

Der Sprache und ihrer alltagspraktischen Verwendung kommt also eine zentrale Bedeutung hinsichtlich der Explikation eines kommunikativen Begriffes von Rationalität und Vernunft zu. Seit den in den 1970er Jahren vorgenommenen *Vorstudien zum kommunikativen Handeln* wurde von Habermas insbesondere in der zweiten Werkphase die Sprache in ihrer pragmatischen Dimension als das zentrale handlungskoordinierende, sozialintegrierende und rationalitätsstiftende Medium in den Blick genommen. Methodologisch hat er zur Entwicklung einer formalpragmatischen Kommunikationstheorie hierzu auf sprechakttheoretische Einsichten von John L. Austin und John Searle zurückgegriffen. Diese bildeten wiederum die Grundlage für die in der *Theorie des kommunikativen Handelns* ausgearbeiteten handlungs- und gesellschaftstheoretischen Konzeptualisierungen. Die Grundfigur der Intersubjektivität, die für die epistemische und – wie im Folgenden darzulegen sein wird – normative Vorrangigkeit der Relation zwischen Subjekten vor allen anderen Weltbezügen einsteht, wird durch den Rekurs auf die Vermittlung dieser Relation qua Sprache in den Kontext der linguistischen Wende überführt. Den Kern der sprechakttheoretischen Einsichten, die sich auf die pragmatischen Aspekte des Sprachgebrauchs fokussieren, bildet die seit Austin überlieferte Unterscheidung zwischen lokutionären, illokutionären und perlokutionären Akten. Jeder Sprechakt weist demzufolge neben der propositional-semantischen Dimension einen für die Vollzugsform des Gesagten paradigmatischen illokutionären Akt sowie perlokutionäre Intentionen und Effekte auf: »Die drei Akte, die Austin unterscheidet, lassen sich also durch die folgenden Stichworte charakterisieren: *etwas* sagen; handeln, *indem* man etwas sagt; etwas bewirken, *dadurch daß* man handelt, indem man etwas sagt.«[111]

Die Möglichkeit der Entkoppelung der propositional gegliederten Inhalte von Sprechakten von ihren verschiedenen illokutiven Verwendungsweisen führt Habermas nicht nur im Anschluss an Searle auf die damit verbundene Doppelstruktur von sprachlichen Äußerungen zurück,[112] durch die sowohl ein Weltbezug sprachlich angezeigt als auch die Beziehungsebene zwischen Sprechenden und Hörenden affiziert wird. Bereits in dem Beitrag *Was heißt Universalpragmatik?* aus den *Vorstudien und Ergänzungen zum kommunikativen Handeln* verweist Habermas auf ein weiteres entscheidendes Merkmal von Sprache: »Mit der Doppelstruktur der Rede hängt ein Grundzug der Sprache zusammen, nämlich die ihr innewohnende Reflexivität. [...] Die eigenartige Reflexivität der natürlichen Sprache beruht also zunächst auf der Vereinigung einer in objektivierender Einstellung vollzogenen Kommunikation des Inhalts und einer in performativer Einstellung vollzogenen Metakommunikation über den Beziehungsaspekt, unter dem der Inhalt verstanden werden soll.«[113] Gut ein Jahrzehnt später betonte Habermas in dem Beitrag *Handlungen, Sprechakte, sprachlich vermittelte Interaktionen und Lebenswelt* die Kehrseite von Austins Einsicht, nach der man etwas tut, indem man etwas sagt. Denn ebenso folgt aus der Ausführung einer Sprechhandlung, dass man sagt, was man tut. Daher komme in der Doppelstruktur der Sprache die dem Sprechakt selbst innewohnende Reflexivität mitsamt einer spezifischen Art der Performativität zum Ausdruck: »Sprechhandlungen interpretieren sich selbst; sie haben nämlich eine selbstbezügliche Struktur. Der illokutionäre Bestandteil legt in der Art eines pragmatischen Kommentars den Verwendungssinn des Gesagten fest.«[114] Die Selbstbezüglichkeit von intersubjektiv ausgerichteten sprachlichen Äußerungen ist demzufolge der Grund für die Perspektivenverdoppelung, nach der in jedem Sprechakt zwei unterschiedliche Einstellungen – eine sachbezogene und eine beziehungsbezogene – verbunden werden. Der illokutionäre Bestandteil von Sprechakten zeigt sich entsprechend verantwortlich sowohl für deren reflexive als auch performative Dimension.

Habermas interessiert sich unter Maßgabe der normativen Zielsetzungen der *Theorie des kommunikativen Handelns* für die illokutionären Bindungskräfte der Sprache in Kontexten des intersubjektiven Sprachgebrauchs. Hieraus erklärt sich seine Entkoppelung der formalpragmatisch ansetzenden sprechakttheoretischen Analyse von Fragestellungen einer formal-logischen Semantik, die sich auf die gebrauchsunabhängige Struktur von assertorischen Sätzen konzentriert. Problemstellungen dieses Ansatzes resultieren wiederum aus einer sprechakttheoretischen Konzentration auf die Akzeptabilitätsbedingungen von Äußerungen im als immer schon intersubjektiv vorgestellten Verstehensprozess: »*Wir verstehen einen Sprechakt, wenn wir wissen, was ihn akzeptabel macht.*«[115] Habermas nimmt zur Plausibilisierung zunächst die Perspektive von Sprechenden ein, die die Akzeptabilitätsbedingungen mit dem illokutionären Erfolg des Sprechaktes identisch setzen. Dies belege, dass Akzeptabilität nur »aus der performativen Einstellung des Kommunikationsteilnehmers«[116] definiert werden könne, und eben nicht aus der objektivistischen Einstellung eines theoretischen Beobachters.[117] Die performative Einstellung des Sprechenden hat wiederum einen notwendigen Bezug auf die intersubjektive Dimension des Sprechaktes, da die Bedingungen auch auf der Seite der Hörenden anerkannt werden müssen: »Diese Bedingungen können nicht einseitig, weder sprecher- noch hörerrelevant erfüllt sein; es sind vielmehr Bedingungen für die intersubjektive Anerkennung eines sprachlichen Anspruchs, der sprechakttypisch ein inhaltlich spezifiziertes Einverständnis über interaktionsfolgenrelevante Verbindlichkeiten begründet.«[118]

Das Erschließen sowohl der Selbstbezüglichkeit von in kommunikativer Absicht geäußerten Sprechakten als auch ihrer daraus folgenden propositional-performativen Doppelstruktur erfordert demzufolge methodisch einen Einstellungswechsel in die Perspektive von Sprechenden und Hörenden. Zugleich kann dieser Aspekt des sprachbasierten lebensweltlichen Handelns nur aus der kommunikationstheoretischen Perspektive hinsichtlich dessen Relevanz für die Ebene der sozialen und kulturellen Reproduktion der Gesellschaft in den Blickpunkt gerückt werden: »Man muss dieselbe Sprache sprechen und gleichsam in die von einer Sprachgemeinschaft intersubjektiv geteilte Lebenswelt eintreten, um aus der eigentümlichen Reflexivität der natürlichen Sprache Vorteil zu ziehen und die Beschreibung einer mit Worten ausgeführten Handlung auf das Verständnis der impliziten Selbstkommentierung dieser Sprechhandlung zu stützen.«[119] Teilnehmende an kommunikativen Handlungen müssen hierzu immer auf beiden Ebenen des Sprachgebrauchs – der Inhalts- und der Beziehungsebene – gleichzeitig kommunizieren. Zudem wird durch diese Textpassage deutlich, dass der Konnex von gemeinsamer Sprache und kultureller Überlieferung als den konstitutiven Momenten des Lebensweltkonzeptes zugleich die Ermöglichungsbedingung für den propositional-performativen Doppelcharakter von sprachlichen Äußerungen entlang deren reflexiver Grundstruktur darstellt. Die Lebenswelt hat daher eine bedingende und stabilisierende Funktion für die einzelnen kommunikativen Sprechhandlungen. Sie reproduziert sich zugleich durch die Handlungen der Sprechenden und Hörenden: »The three domains of the lifeworld identified by Habermas are thus the domains of cultural reproduction, social integration, and socialization, which correspond to the three functional aspects of communicative action: reaching consensus, coordinating action, and socialization (the formation of personal identities).«[120]

Auf Grundlage dieser sprechakttheoretischen Analyse, die in den Kontext der gesellschaftlichen Koordination von für die soziale und kulturelle Reproduktion relevanten Interaktionen gestellt wird, kann Habermas in der *Theorie des kommunikativen Handelns* zwischen zwei Handlungstypen unterscheiden, die auf unterschiedlichen Bedingungen beruhen und verschiedene Zielsetzungen verfolgen. Auf der einen Seite stehen instrumentelle und strategische Handlungen, die beide zwecktätige und erfolgsorientierte Interventionen in die Welt darstellen. Die instrumentellen Handlungen stehen hierbei unter Imperativen von technischen Handlungsregeln und verfolgen Ein- und Zugriffe auf Ereignisse und Zustände in der Außenwelt und Natur, während strategische

Handlungen selbst soziale Handlungen darstellen, die jedoch nicht über Akte der sich den performativen und reflexiven Charakter von Sprache zunutze machenden sozialen Interaktion koordiniert sind. Solche Akte wiederum nannte Habermas bereits seit 1968 explizit »kommunikative Handlungen«,[121] bei denen »die Handlungspläne der beteiligten Aktoren nicht über egozentrische Erfolgskalküle, sondern über Akte der Verständigung koordiniert sind«.[122] Verständigung fasst er in der *Theorie des kommunikativen Handelns* wiederum prozessual und formal im Sinne der modernen Rationalitätskonzepte in den Wissenschaften: »Verständigung gilt als ein Prozeß der Einigung unter sprach- und handlungsfähigen Subjekten. [...] Ein kommunikativ erzieltes, oder im kommunikativen Handeln gemeinsam vorausgesetztes, Einverständnis ist propositional differenziert. Dank dieser sprachlichen Struktur kann es nicht allein durch Einwirkung von außen induziert sein, es muß von den Beteiligten als gültig akzeptiert werden. [...] Verständigungsprozesse zielen auf ein Einverständnis, welches den Bedingungen einer rational motivierten Zustimmung zum Inhalt einer Äußerung genügt. Ein kommunikativ erzieltes Einverständnis hat eine rationale Grundlage.«[123] Die von Habermas bereits in den späten 1960er Jahren antizipierte[124] und 1981 ausformulierte Kernthese, dass »Verständigung [...] als Telos der menschlichen Sprache«[125] innewohne, findet ihre Begründung in jenen Analysen des für kommunikative Sprechakte charakteristischen performativen und reflexiven Status von Sprache.

Dem Begriff der Verständigung kommt diesen einschlägigen Textpassagen zufolge eine doppelte Bedeutung zu, worauf Meave Cooke hingewiesen hat: »*Verständigung* refers both to linguistic understanding and to the process of reaching agreement.«[126] In dem späteren Beitrag aus dem Sammelband zum *Nachmetaphysischen Denken* unterscheidet Habermas in handlungstheoretischer Hinsicht entsprechend zwischen einer Verständigungsrationalität und einer Zweckrationalität, die sich weder füreinander substituieren noch aufeinander reduzieren lassen und die für zwei unterschiedliche Interaktionstypen einstehen. Sie unterscheiden sich wiederum sowohl nach dem Mechanismus der Handlungskoordinierung als auch hinsichtlich der intendierten und erzielbaren Handlungseffekte: »Während im kommunikativen Handeln die konsenserzielende Kraft der sprachlichen Verständigung, d.h. die Bindungsenergien der Sprache selbst für die Koordination der Handlungen wirksam wird, bleibt im strategischen Handeln der Koordinierungseffekt abhängig von einer über nicht-sprachliche Tätigkeiten laufenden Einflussnahme der Aktoren auf die Handlungssituation und aufeinander.«[127] Verständigung und Einflussnahme schließen sich aus der Perspektive von Teilnehmenden grundsätzlich aus, so dass das auf verständigungsorientierten Sprachgebrauch angewiesene kommunikative Handeln strengeren Bedingungen genügen muss als die strategischen Formen der Interaktion. Die im Kontext der Lebenswelt stattfindenden kommunikativen Koordinierungsmechanismen sind demzufolge ausschließlich über Verständigungsprozesse zwischen Sprechenden und Hörenden zu erreichen, in denen die Sprechhandlungen mit kritisierbaren Geltungsansprüchen verknüpft sind. Nur durch eine solche Verknüpfung werde die Ausrichtung der illokutionären Bindungskräfte von Sprechakten auf intersubjektive Anerkennung sowie auf ein wirksames Einverständnis aller Beteiligten ermöglicht: »Das kommunikative Handeln unterscheidet sich also vom strategischen in der Hinsicht, daß sich eine erfolgreiche Handlungskoordinierung nicht auf die Zweckrationalität der jeweiligen individuellen Handlungspläne stützt, sondern auf die rational motivierende Kraft von Verständigungsleistungen, auf eine Rationalität also, die sich in den Bedingungen für kommunikativ erzieltes Einverständnis manifestiert.«[128]

Habermas weist an dieser Stelle auf zwei neue sprechakttheoretische Aspekte hin, die von Austin und Searle noch nicht thematisiert wurden. Zum einen unterstellt er den Sprechakten besondere Bindungskräfte, die auf den illokutionären Bestandteil zurückzuführen sind. Meave Cooke verweist diesbezüglich auf die Doppelbedeutung der Rede von illokutionären Bindungskräften im Sinne von »*bonding* und *compelling*«,[129] also hinsichtlich ihres verbindenden und verpflichtenden Charakters. Zum anderen ist es ein entscheidender und zugleich kontrovers diskutierter Zug seiner Analysen in der *Theorie des kommunikativen Handelns*, die herausgearbeitete reflexive und performative Struktur der Sprechakte mit einer Theorie der kritisierbaren Geltungsansprüchen zu verknüpfen. Hierzu greift er auf die funktionalistisch orientierte Sprachtheorie von Karl Bühler zurück,[130] nach der die Sprache im Kontext ihrer kommunikativen Verwendung drei aufeinander nicht reduzierbare und zugleich intern verknüpfte Funktionen erfüllt, die aus der Grundformel jeglicher Verständigung folgen, nach der Sprechende sich mit Hörenden über Gegenstände oder Sachverhalte in der Welt zu verständigen suchen. Nach Habermas kann mit Bühler diesbezüglich zwischen drei Funktionen der Zeichenverwendung unterschieden werden: »die kognitive Funktion der Darstellung eines Sachverhalts, die expressive Funktion der Kundgebung von Erlebnissen des Sprechers und die appellative Funktion von Aufforderungen, die an den Adressaten gerichtet werden.«[131] Habermas identifiziert in der *Theorie des kommunikativen Handelns* diese drei Aspekte und Funktionen des Sprachgebrauchs mit den drei strukturellen Komponenten von Sprechakten. Die Darstellung von Sachverhalten entspricht demnach dem propositionalen, die Kundgebung von Erlebnissen dem zumeist implizit bleibenden expressiven und die appellative Funktion schließlich dem die Bindungskraft erzeugenden illokutionären Bestandteil: »Mit jeder Komponente ist *ein* Merkmal verknüpft, das für sprachlich differenzierte Verständigung überhaupt konstitutiv ist.«[132] Indem alle drei Bestandteile von Sprechhandlungen mit Geltungsansprüchen verknüpft werden können, generalisierte Habermas das Konzept der Geltung von Aussagen über die semantische Dimension der sachbezogenen Aussagenwahrheit hinausgehend in pragmatischer Hinsicht auf die sozialen und expressiven Aspekte von Sätzen. Indem Sprechende diesem kommunikationstheoretischen Konzept zufolge alltagspraktisch typische Sprechakte ausführen, gehen sie eine pragmatische Beziehung zu Gegenständen, Tatsachen und Sachverhalten in drei möglichen Welten ein, so dass die Aktor-Welt-Beziehungen »in den reinen Typen verständigungsorientierten Handelns«[133] wiederkehren.

Die drei möglichen Welten sind – hier schließt Habermas sowohl an seine Hegelrezeption als auch an die Drei-Welten-Theorie von Popper an – die objektive Welt als die Gesamtheit der Entitäten, über die wahre Aussagen möglich sind, die soziale Welt als die Gesamtheit der legitim geregelten interpersonalen Beziehungen und die subjektive Welt als die Gesamtheit der introspektiv zugänglichen Erlebnisse, die Sprechende vor Hörenden in einer sprachlich übersetzbaren Form äußern können. Habermas stellt in den sprechakttheoretischen Ausführungen in der *Theorie des kommunikativen Handelns* eine interne Verbindung dieser Weltbezüge zu den drei in jedem Sprechakt auftretenden Geltungsansprüchen auf Wahrheit, Richtigkeit und Wahrhaftigkeit her: »Das kommunikativ erzielte Einverständnis bemißt sich an genau drei kritisierbaren Geltungsansprüchen, weil die Aktoren, indem sie sich miteinander über etwas verständigen und dabei sich selbst verständlich machen, nicht umhin können, die jeweilige Sprechhandlung in genau drei Weltbezüge einzubetten und für sie, unter jedem dieser Aspekte, Gültigkeit beanspruchen.«[134] Auf der Grundlage dieser Verbindung und unter der Maßgabe, dass die Sprechakte ihren Ort in einem öffentlichen, das heißt von mindestens zwei Personen konstituierten Kommunikationsraum finden, können die mit allen Sorten von Sprechakten verbundenen Geltungsansprüche als normativ ausgezeichnet werden, da sie den Anspruch erheben, als soziale Handlungen in jenem Raum zu intervenieren. In diesem Raum können Sprechakte unter Bezugnahme auf die mit ihnen formulierten Geltungsansprüche auch kritisiert oder abgelehnt werden, »als unrichtig, unwahr, oder unwahrhaftig [...], weil sie entweder mit unserer Welt legitim geordneter interpersonaler Beziehungen oder mit der Welt existierender Sachverhalte oder mit der jeweiligen Welt subjektiver Erlebnisse nicht in Einklang steht«.[135] In dieser Hinsicht ist die Zuschreibung einer normativen Berechtigung zu sowohl auf theoretische Wahrheit oder praktische Richtigkeit abzielenden Sprechakten zu unterscheiden von der Ebene der »epistemischen Berechtigung (begründeter) Behauptungen und der (speziellen) moralischen Richtigkeit aufrichtiger Äußerungen«.[136]

Über dieses Verständnis von der Normativität aller Sorten von Sprechakten hinausgehend vertritt Habermas auch die zweite, im Forschungsdiskurs wiederum umstrittene These, dass die mit jedem Sprechakt auftretenden normativen Geltungsansprüche ebenso den drei angeführten Bestandteilen von Sprechakten – propositional, illokutionär und expressiv – entsprechen. Demzufolge vertreten und erheben Sprechende »mit jedem Sprechakt (mindestens) drei universale Geltungsansprüche: den der Wahrheit, den der (normativen) Richtigkeit und den der Aufrichtigkeit und Wahrhaftigkeit«.[137] Die idealtypische Unterscheidung von *»reinen Fällen von Sprech-*

akten« in erstens konstative oder assertorische, zweitens performative oder regulative und drittens expressive[138] verweist zwar auf die Irreduzibilität der Bestandteile. Trotzdem vertritt Habermas seit der *Theorie des kommunikativen Handelns* die Auffassung, dass alle drei Dimensionen und somit auch die drei Geltungsansprüche in jeder Sprechhandlung nicht nur repräsentiert, sondern auch mit den illokutionären Klassen kurzgeschlossen werden. Ihm zufolge ermögliche diese interne Verbindung von illokutionären Klassen und Geltungsansprüchen erst eine themen- und diskursspezifische Konkretisierung des Aktes der Verständigung im Medium des intersubjektiven Sprachgebrauchs.[139] Im zweiten Band der *Theorie des kommunikativen Handelns* verweist Habermas auf die sozial- und kulturtheoretische Relevanz dieser sprechakttheoretischen Überlegungen: »Sobald die kommunikativen Akte die Gestalt grammatischer Rede annehmen, hat die symbolische Struktur *alle* Bestandteile der Interaktion durchdrungen.«[140]

Die von Habermas vorgenommene Ausdifferenzierung von drei Modi der Sprachverwendung transportiert den Anspruch einer Erklärung der spezifischen Bindungskraft kommunikativer Rationalität, die den alltäglichen Sprachpraktiken im lebensweltlichen Kontext bereits innewohnt. Sie dient demzufolge den an kommunikativen Praktiken Teilnehmenden als »gemeinsames Bezugssystem und Rationalitätsschema«, das zugleich die Bedingung der Möglichkeit für ein »differenziertes und rationales, nämlich durch Gründe motiviertes Einverständnis« darstellt.[141] Durch die Möglichkeit der Stellungnahme zu Sprechhandlungen einschließlich einer Ablehnung der jeweiligen Geltungsansprüche wird die kritische Dimension von Sprache offensichtlich, die in der Habermas' Gesellschaftstheorie durch den Übergang vom lebensweltlichen Austausch von Gründen in argumentativ strukturierte theoretische oder praktische Diskurse als dem »Medium, in dem negative Erfahrungen produktiv verarbeitet werden«,[142] markiert wird. In dem in *Nachmetaphysisches Denken* abgedruckten Beitrag zur *Einheit der Vernunft in der Vielheit ihrer Stimmen* findet sich eine prägnante Zusammenfassung der kontrafaktischen und zukunftsbezogenen Relevanz dieser Kernüberlegung über die auch aus der Beteiligtenperspektive einleuchtende interne Verknüpfung von Sprechakten mit Geltungsansprüchen hinsichtlich des damit transportierten immanenten und zugleich kontexttranszendierenden Vernunftanspruches: »Die für Propositionen und Normen beanspruchte Geltung transzendiert Räume und Zeiten, aber der Anspruch wird jeweils hier und jetzt, in bestimmten Kontexten und mit faktischen Handlungsfolgen akzeptiert oder zurückgewiesen.«[143]

Mit dieser Engführung der immanenten Fluchtlinien der kommunikativen Rationalität von verständigungsorientierten Sprechhandlungen intendiert Habermas den sprachtheoretisch begründeten und sowohl handlungs- als auch gesellschaftstheoretisch relevanten Nachweis der These, dass der verständigungsorientierte Sprachgebrauch den »*Originalmodus* von Sprache« darstelle, zu dem sich »die indirekte Verständigung, das Zu-verstehen-geben oder das Verstehen-lassen, parasitär verhalten«.[144] Handlungstheoretisch folgt daraus entsprechend der Argumentation in dem Beitrag *Handlungen, Sprechakte, sprachlich vermittelte Interaktionen und Lebenswelt* ein nicht nur normativer, sondern auch begründungslogischer Primat des kommunikativen vor dem strategischen Handeln: »Der latent-strategische Sprachgebrauch lebt parasitär vom normalen Sprachgebrauch, weil er nur funktioniert, wenn mindestens eine Seite davon ausgeht, daß die Sprache verständigungsorientiert gebraucht wird. Dieser abgeleitete Status verweist auf die zugrundeliegende Eigengesetzlichkeit der sprachlichen Kommunikation [...]. Im strategischen Handeln verändert sich die Konstellation von Sprechen und Handeln. Hier erlahmen die illokutionären Bindungskräfte; die Sprache schrumpft zum Informationsmedium.«[145] Die enge Koppelung von sprach- und handlungstheoretischen Überlegungen mündet auch hier in den Vorrang der normativ gehaltvollen intersubjektiven Relationen, die aus einem verständigungsorientierten Sprachgebrauch folgen, für die soziologisch relevanten Konzeptualisierungen eines kommunikativen Vernunftbegriffs: »Das Konzept des kommunikativen Handelns entfaltet die Intuition, daß der Sprache das Telos der Verständigung innewohnt. Verständigung ist ein normativ gehaltvoller Begriff, der über das Verstehen eines grammatischen Ausdrucks hinausreicht.«[146]

Dieses von Habermas eingeführte Konzept wurde seit den 1980er Jahren zum empirischen und normativen Schlüssel für die gesellschaftstheoretische Zielsetzung der Etablierung einer kritischen Theorie der Rationalität, worauf Axel Honneth schon in der frühen Rezeptionsphase hingewiesen hat: »Dieses Handlungsmodell, das Habermas auf dem von der sprachanalytischen Philosophie eingeschlagenen Weg einer Rekonstruktion kommunikativer Sprechakte weiterverfolgt, bestimmt den kategorialen Aufbau seiner Gesellschaftstheorie; er konzipiert das Gesamtspektrum sozialer Praxisweisen von diesem Handlungstyp aus, so daß alle nicht verständigungsorientierten, aber sozial ausgerichteten Handlungen zu praktischen Abweichungen kommunikativen Handelns werden.«[147] Habermas wurde bereits in der mittleren Werkphase mit Rückfragen zu jenen Ambivalenzen konfrontiert, die aus dem skizzierten Versuch einer Detranszendentalisierung der klassischen philosophischen Begriffe von Subjekt und Vernunft auf sprach- und handlungstheoretischer Grundlage entspringen.

3. Genealogie der postsäkularen Vernunft

Die mit der theoretisch weitläufigen Explikation eines kommunikativen Vernunftbegriffes einhergegangenen, ebenso vielstimmigen Rückfragen und Einwände betrafen insbesondere die Mittelstellung des Konzeptes des kommunikativen Handelns zwischen lebensweltlicher Situierung und Kontextualisierung einerseits und den verbleibenden formalistischen und kontrafaktischen Präsuppositionen andererseits. Wie sehr Habermas mit diesen Ambivalenzen gerungen hat, ist aus verschiedenen sprachlichen Nuancierungen insbesondere seiner bereits referierten philosophischen Schriften aus der mittleren Werkphase herauszulesen. Hier changierte er zwischen Verteidigung und Problematisierung der Errungenschaften der von ihm als nachmetaphysisch prädizierten philosophischen Denkform. So konstatiert er in dem Beitrag zu den *Motiven nachmetaphysischen Denkens*, dass die Philosophie »ihren Status im Wissenschaftssystem weder durch Assimilation an einzelne exemplarische Wissenschaften noch durch die exklusive Distanzierung von Wissenschaft überhaupt behaupten« könne – stattdessen müsse sie sich »auf das fallibilistische Selbstverständnis und die Verfahrensrationalität der Erfahrungswissenschaften einlassen«.[1]

Für Habermas stellt die in dieser Textpassage angesprochene wissenschaftliche Verfahrensrationalität seit der mittleren Werkphase den notwendigen Schritt zur Überwindung von Problemstellungen der klassischen philosophischen Vernunftansprüche dar, die vernunftgemäße Rationalität noch als ganzheitlich, total und die gesamten Weltinhalte organisierend und strukturierend vorgestellt hatten. Zugleich beschreibt er jene Prozesse der nachmetaphysischen Erdung von Philosophie auch nach Prämissen der einzelwissenschaftlichen Forschung mit den Begriffen des ›Schrumpfens‹ und ›Verflüchtigens‹, die durch ihren suggestiven Einschlag bereits auf Problemstellungen hinweisen, die mit den formalistischen und prozeduralen Umstellungen auf eine methodische Verfahrensrationalität einhergehen: »Die Rationalität schrumpft zur formalen insofern, als sich die Vernünftigkeit der Inhalte zur Gültigkeit der Resultate verflüchtigt.«[2] Methodisch favorisierte er im Zuge der kommunikationstheoretischen Wende das Verfahren der rationalen Rekonstruktion, durch welches die universalistischen Fragestellungen an ein detranszendentalisiertes Verständnis von Vernunft und Subjektivität zurückgebunden werden sollen.

Doch blieb diese gewollte Verbindung des Gedankens einer Situierung und Kontextualisierung von Vernunft und Subjektivität mit der Beibehaltung von universalistischen Geltungsansprüchen mit Problemstellungen belastet, die Habermas bereits in der mittleren Werkphase antizipierte. So formulierte er seine Neuperspektivierung des Vernunftbegriffs im Rahmen eines auf dem 14. Deutschen Kongress der Philosophie 1987 in Siegen gehaltenen Vortrages mit dem Titel *Die Einheit der Vernunft in der Vielheit ihrer Stimmen* sowohl gegen Spielarten des ethnozentrischen Kontextualismus als auch gegen neue Varianten einer transzendentalphilosophischen Reformulierung von Rationalität: »An der Möglichkeit sprachlicher Verständigung können wir einen Begriff situierter Vernunft ablesen, die ihre Stimme in zugleich kontextabhängigen und transzendierenden Geltungsansprüchen erhebt.«[3] Kommunikative Vernunft sei demzufolge immanent kritisch und eher mit dem kantischen Konzept einer regulativen als dem einer extramundanen Idee in Verbindung zu bringen. In einem dreizehn Jahre später in Münster auf einer Konferenz über die Philosophie Putnams gehaltenen Vortrag mit dem Titel *Werte und Normen*, der in der erweiterten Auflage des Sammelbandes *Wahrheit und Rechtfertigung* 2004 veröffentlicht ist, formuliert Habermas zwar erneut die von ihm vollzogene Überwindung der transzendentalphilosophischen Grundidee der kantischen Philosophie: »Das transzendentale Subjekt verliert seinen Status jenseits von Raum und Zeit und verwandelt sich in die vielen sprach- und handlungsfähigen Subjekte, die sich in den Kooperationszusammenhängen und Praktiken ihrer sprachlich artikulierten Lebenswelten vorfinden.«[4] Er klammert die mit diesem Satz ausgesprochene Situierung des Subjektbegriffs mitsamt der dadurch vollzogenen Abkehr vom transzendentalen Vernunftbegriff jedoch sogleich wieder ein, indem er den kantischen Dualismus von intelligibler und empirischer Welt auch als in den lebensweltlichen Kontexten wirksam konzeptualisiert: »Die transzendentale Vernunft ist vom intelligiblen Sockel herabgestiegen und hat sich in die Poren der Praktiken und Lebensformen historischer Sprachgemeinschaften festgesetzt. Mit dieser kulturellen Verkörperung der Vernunft verlieren die transzendentalen Unterscheidungen ihre Trennschärfen. Allerdings verschwinden sie nicht spurlos. Die Unterscheidung von intelligibler und erscheinender Welt kehrt in detranszendentalisierter Gestalt wieder zurück.«[5]

Mehrere in diesen Textstellen subtil aufscheinende Problemstellungen sind als maßgeblicher Einfluss auf die philosophischen Motivlagen der späten Werkphase zu betrachten. Durch die Frage nach den Aufgaben und methodischen Vorgehensweisen der nachmetaphysischen Philosophie sieht sich Habermas zunehmend veranlasst, neben dem Verfahren der rationalen Rekonstruktion und einer praktischen Orientierung an den ethischen und politischen Zeitfragen auf Vorgehensweisen zurückzugreifen, die mit dem Anliegen einer genealogischen Aufdeckung von historischen und kulturellen Spuren einer solchen kommunikativen Vernunft zusammenhängen. Hierbei bleibt das Konzept der Lebenswelt als Fundament der nachmetaphysischen Reflexionen erhalten und setzt sich weiterhin aufgrund seiner ausschließlich sprachpragmatischen Ausbuchstabierung den angedeuteten Rückfragen aus. So wird in der oben zitierten Textstelle aus dem Vortrag *Werte und Normen* zum einen von der »sprachlich artikulierten Lebenswelt« gesprochen, zum anderen wird der detranszendentalisierten Vernunft eine »kulturelle Verkörperung« in den »Praktiken und Lebensformen historischer Sprachgemeinschaften« zugeschrieben.[6] Das Verhältnis von sprachlicher Verständigung und verkörperten Praktiken wird von Habermas in seiner späten Werkphase schrittweise so transformiert, dass Letzteren ein normativer Überschuss gegenüber Ersteren zugesprochen wird.

Hinzu kommen zwei Ereignisse, die um die Jahrtausendwende für Habermas den entscheidenden, sowohl ethisch als auch politisch motivierten Anlass boten, über jene grundbegrifflichen Konstellationen mit philosophischen Implikationen erneut nachzudenken. So veranlasste eine von Peter Sloterdijk bereits 1999 ausgelöste öffentliche Kontroverse um das Thema der Eugenik[7] ihn zwei Jahre später zu der auf aktuelle Fragestellungen der Bioethik zugeschnittenen Veröffentlichung *Die Zukunft der menschlichen Natur.*[8] Entgegen den Prämissen seines in den 1990er Jahren ausformulierten diskurstheoretischen Konzeptes, das eine strikte Unterscheidung vorsah zwischen ethischen Fragen auf der einen Seite, die das inhaltsbezogene Selbstverständnis von Individuen und Kollektiven betreffen und kein genuiner Gegenstand philosophischer Reflexion seien, und moralphilosophischen Fragestellungen auf der anderen Seite, die Gerechtigkeitsfragen unter ausschließlich formalen Gesichtspunkten aushandeln, positioniert Habermas sich nun zu dem konkreten Inhalt einer bioethischen Fragestellung unter gattungstheoretischen und somit auch universalistischen Gesichtspunkten. Habermas begründet diesen Schritt damit, dass die verhandelte bioethische Frage über den üblichen Gehalt von ethischen Kontroversen hinausweise, da von den neueren biowissenschaftlichen Eingriffsmöglichkeiten in die menschliche Natur nicht nur lebensformbezogene Fragestellungen betroffen sind, sondern die normative Orientierung der menschlichen Gattung als solcher: »Die Genmanipulation berührt Fragen der Gattungsidentität, wobei das Selbstverständnis des Menschen als eines Gattungswesens auch den Einbettungskontext für unsere Rechts- und Moralvorstellungen bildet.«[9] Der insbesondere durch die Präimplantationsdiagnostik ermöglichte Eingriff in das menschliche Genom, den Habermas als Manipulation des Erbgutes charakterisiert, gefährde ihm zufolge nicht nur die unter liberalen Gesichtspunkten relevante Autonomie der Person, sondern auch die Unverfügbarkeit der natürlichen Anlagen von Menschen und vorpersonalem Leben qua ihrer existentiellen Verfassung. Die letztgenannten Kategorien koppelt er in den 2000er Jahren viel enger an die Grundidee der Menschenwürde als in der mittleren Werkphase.[10]

Das zweite prägende Ereignis verarbeitet Habermas im Rahmen seiner Dankesrede mit dem Titel *Glauben und Wissen* am 14. Oktober 2001 anlässlich der Verleihung und Entgegennahme des Friedenspreises des Deutschen Buchhandels in der Frankfurter Paulskirche. In dieser nimmt er die nur 33 Tage zurückliegenden Anschläge vom 11. September zum Anlass, »öffentlich über Bedingungen der Modernität sowie einer gelingenden Säkularisierung nachzudenken«.[11] Interessanterweise eröffnet Habermas seine Rede mit einem Brückenschlag von der bioethischen Debatte, die das Spannungsfeld zwischen szientistischem Fortschrittsglauben und Fragen der Gattungsethik aufspannt, hin zu einer kulturell und politisch aufbrechenden globalen Problemstellung: »Noch vor kurzem schieden sich die Geister an der Frage, ob und wie weit wir uns einer gentechnischen Selbstinstrumentalisierung unterziehen oder gar das Ziel einer Selbstoptimierung verfolgen sollen. [...] Aber am 11. September ist die Spannung zwischen säkularer Gesellschaft und Religion auf eine ganz andere Weise explodiert.«[12] Habermas drängt auf einen neuen Selbstverständigungsprozess der von ihm nun als ›postsäkular‹ bezeichneten Gesellschaften über die Risiken einer »entgleisenden Säkularisierung«.[13] Postsäkulare Gesellschaften sind seinen Ausführungen zufolge solche Gesellschaften, die sich »auf das Fortbestehen religiöser Gemeinschaften in einer sich fortwährend säkularisierenden Umgebung einstellen«.[14] Diese Einsicht habe sodann auch Konsequenzen für die Explikation eines zeitgemäßen Vernunftbegriffes, der zum einen ein Bewusstsein von seinen geschichtlich rekonstruierbaren »*kritischen* Anverwandlungen religiöser Gehalte« hat und zum anderen eine Distanz zur Religion wahrt, »ohne sich deren Perspektiven zu verschließen«.[15]

In diesem Kapitel werden die mit diesen Erwägungen einhergehenden neuen und für die späte Werkphase von Habermas charakteristischen Weichenstellungen und Motivlagen entlang den von mir eingangs als ›Bruchlinien‹ markierten grundbegrifflichen und methodischen Konstellationen nachgezeichnet. Ausgangspunkt sind jeweils philosophische Problemstellungen, die bereits für die Theoriebildung in der mittleren Werkphase virulent waren, aber erst in den philosophischen Schriften des neuen Jahrhunderts argumentativ expliziert werden. Hauptbezugspunkt sind die beiden Aufsatzsammlungen *Zwischen Naturalismus und Religion* von 2005 sowie *Nachmetaphysisches Denken II* von 2012. Hierzu wird im Folgenden zunächst das soziologische Konzept der postsäkularen Gesellschaft im Kontext der von Habermas vollzogenen verstärkten Thematisierung des religiösen Bewusstseins für die kommunikative Rationalität in der Gegenwart vorgestellt (3.1). Entscheidend für die Wende zum Spätwerk ist der nun mit Blick auf das Konzept der Lebenswelt neu herausgehobene Zusammenhang von sprachbasierten Verständigungsformen und verkörperten Interaktionen (3.2). Hieraus ergeben sich gegenüber der Programmatik aus den 1980er Jahren verschiedene neue Motivlagen des nachmetaphysischen Denkens, die sich sensibel zeigen für die Anforderungen der postsäkularen Gesellschaft (3.3). Vorgreifend auf *Auch eine Geschichte der Philosophie* entfaltete Habermas bereits seit den späten 1990er Jahren in verschiedenen Etappen Überlegungen zu einer nicht nur systematisch, sondern auch historisch relevanten Arbeit mit rekonstruktiven und genealogischen Verfahrensweisen zur Explikation von für praktische Orientierungsfragen relevanten normativen Sinngehalten (3.4).

3.1 Kommunikative Rationalität in der postsäkularen Gesellschaft

Mit dem Begriff der kommunikativen Vernunft intendierte Habermas bereits in der mittleren Werkphase eine Bündelung von soziologischen und philosophischen Argumentationssträngen. Beabsichtigt war die Explikation einer vermittelnden kommunikativen Kraft zwischen den sich ausdifferenzierenden Rationalitätssphären in der Moderne. Der Eigensinn der theoretisch-instrumentellen, moralisch-praktischen und ästhetisch-expressiven Rationalität sollte durch die Entfaltung einer kommunikativen Vernunft zusammengeführt werden, um einseitigen Entwicklungen von instrumentellen und strategischen Handlungstypen entgegenzuwirken. Diese Kontrafaktizität in kritischer Absicht bezog sich sowohl auf die gesellschaftlichen Entwicklungen als auch die wissenschaftlichen und philosophischen Konzeptualisierungen von Fragen des rationalen Handelns in sozialen und kulturellen Kontexten. Der kommunikativen Rationalität wird so eine doppelte, in gewisser Hinsicht auch höchst ambivalente Aufgabe zugesprochen, die sowohl die soziologische als auch die sprachtheoretische Seite des Projektes betrifft. So soll die für moderne Gesellschaften paradigmatische Ausdifferenzierung von Rationalitätssphären, die Habermas sowohl im *Philosophischen Diskurs der Moderne* als auch in der *Theorie des kommunikativen Handelns* als sich voneinander separierende kulturelle Wertsphären mit je eigenen Expertenkulturen fasst, eine Spiegelung erfahren in der formalpragmatisch begründeten Fassung der Sprechakttheorie. Diese fokussiert die drei Geltungsansprüche auf Wahrheit, Richtigkeit und Wahrhaftigkeit, auf die sich verständigungsorientierte Teilnehmende an kommunikativen Interaktionen dem Erklärungsanspruch der *Theorie des kommunikativen Handelns* zufolge immer schon simultan beziehen. Für beide Ebenen – die soziologische und die sprachtheoretische – stellt sich jedoch nicht nur das Problem ihrer wechselseitigen Spiegelung, sondern auch das einer Verhältnisbestimmung von Differenz und Interdependenz sowohl der Wertsphären untereinander als auch ihrer jeweiligen Geltungsdimensionen. Habermas selbst antizipierte diese miteinander verschlungenen und dadurch sehr diffizilen Begründungsprobleme bereits in den Schlusspassagen der *Theorie des kommunikativen Handelns*: »So ist die Vermittlung der Vernunftmomente kein geringeres Problem als die Trennung der Rationalitätsaspekte, unter denen Wahrheits-, Gerechtigkeits- und Geschmacksfragen voneinander differenziert worden sind. Gegen eine empiristische Verkürzung der Rationalitätsproblematik schützt nur die beharrliche Verfolgung jener verschlungenen Pfade, auf denen Wissenschaft, Moral und Kunst auch miteinander kommunizieren.«[16]

Als weitere Problemstellung begleitet Habermas seit der mittleren Werkphase die Herausforderung einer Reformulierung des Vernunftbegriffes vor dem Hintergrund eines explizit modernistischen Selbstverständnisses unter nachmetaphysischen Prämissen: »Ferner stellt sich die Theorie des kommunikativen Handelns die Aufgabe, die in die kommunikative Alltagspraxis eingelassene Vernunft aufzusuchen und aus der Geltungsbasis der Rede einen *unverkürzten Begriff der Vernunft* zu rekonstruieren.«[17] Auch hier eröffnen sich Fragen hinsichtlich des Verhältnisses der soziologischen Analyse zu den normativen Beweggründen, die bereits im Kontext der *Vorstudien* zur *Theorie des kommunikativen Handelns* in das Blickfeld geraten waren: »Die Leistung der kulturellen Moderne besteht darin, die formalen Strukturen der Vernunft von den semantischen Gehalten der tradierten Weltdeutungen abzulösen, und das heißt auch – die Vernunft in ihre Momente zerfallen zu lassen. Die Kehrseite dieser Autonomisierung von Wissenschaft, Moral und Kunst ist aber die Abspaltung von dem Traditionsstrom, der die Verständigungsprozesse des Alltags nährt. Die Vernunft wird abstrakt, und damit entsteht das Problem, wie die eigensinnig angesammelten kognitiven Potentiale aus ihren Hochformen entbunden und einer in ihrer Traditionssubstanz immer stärker *verarmten* Lebenswelt zugeführt werden können.«[18] Martin Seel konstatierte in einem kritischen Beitrag aus der frühen Diskussionsphase des soziologischen und philosophischen Kerngehaltes der *Theorie des kommunikativen Handelns*, dass hier der Philosoph Habermas gegen den Soziologen opponiere, da er »an die durchgreifende Realität dieser Trennung«[19] von semantischen Gehalten und ihren traditionsbezogenen Herkünften nicht mehr so recht glauben könne und wolle.

Habermas wiederum plädierte gegen die von Seel formulierte Kritik einer unklaren Verhältnisbestimmung von soziologischen Erklärungen, die auf die Trennung und Separierung der Wert- und Geltungssphären abzielen, einerseits und den philosophischen Intentionen einer Vermittlung der sich ausbildenden Pluralitäten durch eine »mindestens prozedurale Einheit«[20] der kommunikativ verstandenen Vernunft andererseits für eine diffizile Unterscheidung von Ebenen und Themen. Die Komplementarität von Lebenswelt und kommunikativem Handeln verweise auf eine Differenz im Konzept der Intersubjektivität, das jedoch durch die Idee einer übergreifenden kommunikativen Rationalität zusammengehalten werde: »Deshalb ist die kommunikative Rationalität nicht weniger in den Strukturen der ungebrochenen Intersubjektivität lebensweltlich garantierter Vorverständigung verkörpert wie in den Strukturen der gebrochenen Intersubjektivität möglicher, jeweils von Aktoren selbst zu leistender Verständigung.«[21] Diese Differenz im Konzept der Intersubjektivität spiegelt sich demzufolge in der Möglichkeit eines reflexiven Heraustretens aus der Lebenswelt in theoretischen und praktischen Diskursen. Habermas verweist darauf, dass sich aus dieser »Polarität von vorgängigem Verständigtsein und herzustellendem Einverständnis« eine »gerichtete Dynamik« ergebe, die in beide Richtungen verlaufen könne[22] – in eine konservative Stabilisierung der ungebrochenen Intersubjektivität oder eine auf Veränderung dringende und zugleich verständigungsorientierte Bearbeitung von Formen der gebrochenen Intersubjektivität: »Unter dem funktionalen Aspekt der Verständigung dient kommunikatives Handeln der Überlieferung und der Erneuerung kulturellen Wissens.«[23]

Diese These von einer in zwei Richtungen drängenden sozialkulturellen Dynamik der intersubjektivitätstheoretisch verstandenen Lebenswelt verbindet das Thema ihrer Rationalisierung mit den mit Max Weber konstatierten gesellschaftlichen Rationalisierungstendenzen. Diese kanalisieren sich Weber zufolge in der Autonomisierung und dem Eigensinn der drei Wertsphären, dem gegenüber Habermas auf die Unterscheidung zwischen normativen und empirischen Fragen hinsichtlich des soziologisch analysierten Phänomenbestandes drängt. Ebenso sei die Frage der Verhältnisbestimmung der Wertsphären zueinander von der auf die Aporien der Moderne bezogenen kulturkritischen Problemstellung der mangelnden Vermittlung zwischen Expertenkulturen und Alltagspraxis zu unterscheiden, die Habermas im Kontext seiner Frankfurter *Preisrede* erörterte. Der gesellschaftskritische Impuls der kommunikationstheoretischen Überlegungen konzentriere sich auf die aufweisbaren Formen einseitiger Verläufe des modernen Rationalisierungsprozesses. Diese verstärkten sich demzufolge zu Ungleich- und Übergewichten, deren Genese Habermas wiederum auf eine »ungleichmäßige Ausschöpfung von kulturell verfügbar gemachten Rationalitätspotentialen«[24] zurückführt. Den kontrafaktischen normativen Maßstab einer als Normalform deklarierten »unverzerrten Kommunikation« formulierte Habermas in der Entgegnung auf Seel zudem äußerst explizit und mit einem an den späten Kant und Schiller erinnernden Gestus: »Den dabei intuitiv in Anspruch genommenen Maßstab für die Entstellung von Lebensformen bildet also die Idee des freien Zusammenspiels des Kognitiv-Instrumentellen mit dem Moralisch-Praktischen und dem Ästhetisch-Expressiven in einer Alltagspraxis, in der sich kognitive Deutungen, moralische Erwartungen, Expressionen und Wertungen auf eine *ungehemmte* und *ausgeglichene* Weise müssen durchdringen können.«[25]

Für diese mit den modernen Rationalisierungstendenzen einhergehenden Problemstellungen, die in der zugleich traditions- wie auch kritikorientierten Ausdeutbarkeit des Lebensweltkonzeptes zum Ausdruck kommen, wird die soziokulturell verankerte kognitive und ethische Dimension der Weltbildentwicklung von Relevanz. In der *Theorie des kommunikativen Handelns* erfolgte die Auseinandersetzung mit der Entwicklung von religiös-metaphysischen Weltbildern und deren moderner Überwindung zunächst über eine Rezeption von Webers Theorie der Rationalisierung unter Einbezug von dessen religionssoziologischen Studien. Für Weber vollzieht sich die Rationalisierung von Weltbildern in den Weltreligionen zwar gerichtet, jedoch mit unterschiedlichen Ausprägungen und Weichenstellungen: »Religiös-metaphysische Weltbilder begründen fundamentale Einstellungen zur Welt. Jede Welteinstellung bringt in dem Maße, wie sie sich *einheitlich* und vereinheitlichend auf Natur und Gesellschaft *im ganzen* richtet und somit einen systematischen Begriff von Welt voraussetzt, eine Rationalisierung zum Ausdruck; freilich kann es sich dabei noch nicht um ein formales Weltkonzept handeln, sondern erst um den Begriff einer konkreten Weltordnung.«[26] Die Systematisierung der Einstellungen von handelnden Subjekten zur Welt können hierbei sowohl Aspekte der ethischen als auch der kognitiven Rationalisierung umfassen – für die europäischen Traditionen sind hier jedoch deutlich unterschiedliche Akzentuierungen auszumachen.

Während nach Webers Studien die antik-griechische Weltanschauung ein primär kognitiv rationalisiertes Weltbild präsentierte, folgte aus der jüdisch-christlichen Tradition eine Ethisierung des Weltbildes, die durch die reformatorischen Bewegungen in die Prozesse einer Entzauberung von Handlungsformen und Interaktionen zunächst im Glauben selbst und später in den diesseitigen kommunikativen Beziehungen führten. Wiederholt deutete Habermas in der *Theorie des kommunikativen Handelns* darauf hin, dass trotz der mit den Weltbildern einhergehenden Rationalisierungen eine strikte Ausdifferenzierung von Wertsphären und die Formalisierung von Weltbegriffen im vormodernen Denken noch nicht stattfinden konnte: »In den Grundbegriffen sind die deskriptiven, normativen und expressiven Aspekte, die innerhalb der Weltbilder jeweils aufgelöst werden, noch fusioniert; gerade in den Anfängen lebt ein Stück mythischen Denkens fort und schützt die rationalisierten Weltbilder als Weltbilder vor Konsequenzen, die den traditionssichernden Modus des frommen Glaubens oder

der ehrfürchtigen Anschauung gefährden müßten. Die moderne Denkweise hingegen kennt weder in der Ethik noch in der Wissenschaft Reservate, die von der kritischen Kraft hypothetischen Denkens ausgenommen wären.«[27]

Der Schritt von den religiös-metaphysischen Weltbildern hin zum Selbstverständnis der modernen Denkweise musste entsprechende Folgen für zwei wesentliche Momente eines dynamisierten Verständnisses von den lebensweltlichen Kernstrukturen haben, und dies mit Blick sowohl auf die evolutionäre Logik der gesellschaftlichen Differenzierungsprozesse als auch die rationalisierten Formen von Interaktion und Kooperation. Rationalisierungsfortschritte beziehen sich demzufolge weniger auf die Akkumulation von Wissen, als dass sie in den Formbestimmungen des Wissenserwerbs und der Wissensorganisation aufzusuchen sind: »Lernprozesse wird man für eine solche strukturelle Differenzierung der Lebenswelt postulieren müssen, wenn sich nachweisen läßt, daß diese einen Zuwachs an Rationalität bedeutet. [...] Je weiter die strukturellen Komponenten der Lebenswelt und die Prozesse, die zu deren Erhaltung beitragen, ausdifferenziert werden, umso mehr treten die Interaktionszusammenhänge unter Bedingungen einer rational motivierten Verständigung, also einer Konsensbildung, die sich letztlich auf die Autorität des besseren Arguments stützt.«[28] Im zweiten Band der *Theorie des kommunikativen Handelns* interpretiert Habermas diese Ersetzung von rituellen und symbolischen Formen der religiös und metaphysisch geprägten Weltbilder durch diskursive Formen der Kommunikation und Integration im Sinne einer »Durchsetzung der Idee der Versprachlichung des Sakralen«.[29] Das kommunikative Handeln übernimmt demzufolge die sozialintegrativen und expressiven Funktionen von den sich gegenüber Kritik und Veränderung opak verhalten habenden rituellen Praktiken und kulturellen Überlieferungen: »Das bedeutet eine Freisetzung des kommunikativen Handelns von sakral geschützten normativen Kontexten. Die Entzauberung und Entmächtigung des sakralen Bereichs vollzieht sich auf dem Weg einer Versprachlichung des rituell gesicherten normativen Grundeinverständnisses; und damit geht die Entbindung des im kommunikativen Handeln angelegten Rationalitätspotentials einher.«[30] Bei Tim Reiß findet sich darauf bezugnehmend die werkbiografische Anmerkung, dass die *Theorie des kommunikativen Handelns* als dasjenige Werk von Habermas zu betrachten sei, das »wohl am stärksten durch die Perspektive einer Religion in der Moderne geprägt ist«.[31]

Die mit der Einführung des Begriffs des kommunikativen Handelns verbundene normative Intention wird von Habermas demzufolge nicht rein begrifflich vollzogen, sondern beruht auf spezifischen sozial- und kulturhistorischen Annahmen. Die Entbindung des im kommunikativen Handeln angelegten Rationalitätspotentials bleibt bezogen auf bestimmte geschichtliche Entwicklungsverläufe, die nach den soziologischen Prämissen seiner Theorie aus der mittleren Werkphase eng mit der westeuropäischen Geschichte verbunden sind. Historisch und systematisch ersetzen nach den von Habermas in der mittleren Werkphase vorgelegten Überlegungen zu einer Theorie der Moderne die bindenden Kräfte von Geltungsansprüchen im Verlauf dieser historisch rekonstruierbaren Entwicklungen aus sich heraus die Aura des Sakralen und die Bannkräfte des Heiligen. Am Ende der Argumentation kommt Habermas zu dem Ergebnis, dass die Versprachlichung des Sakralen so zu einer reflexiv ausgerichteten Rationalisierung von Lebenswelt führe. Deren Reproduktion wird nicht nur »durch das Medium des verständigungsorientierten Handelns *hindurchgeleitet*, sondern den Interpretationsleistungen der Aktoren selber *aufgebürdet*«.[32]

Die unter Rekurs auf Weber vollzogene Beschreibung der Religion in ihrem Verhältnis zu den modernen Rationalisierungsprozessen verbleibt in der *Theorie des kommunikativen Handelns* jedoch nicht nur in einem funktionalistischen Erklärungsrahmen. Die verschiedenen theologischen und religionswissenschaftlichen Kritiken verweisen ebenso auf die Einseitigkeit der historischen Darstellung.[33] Auch wenn Habermas über Webers Zugriff hinausgehend bereits in dem Hauptwerk der mittleren Phase in der Religion eine Quelle von unausgeschöpften Rationalitätspotentialen verortet, so problematisiert er diese Einseitigkeit bereits 1988 in einem an der Universität von Chicago gehaltenen Vortrag[34] selbstkritisch. Zugleich wirbt er in dem Vortrag für eine offene Aushandlung der Implikationen und Konsequenzen der Religionsentwicklung für die Moderne: »Der Prozeß einer kritischen Aneignung wesentlicher Gehalte der religiösen Überlieferung ist noch im Gang, sein Resultat schwer vorherzusagen.«[35] Die in diesem Exkurs über *Transzendenz von innen, Transzendenz ins Diesseits* vorgetragenen Überlegungen zu der Bedeutung nicht nur der philosophischen, sondern auch der theologischen Reflexionen über die Moderne und ihre Problemkonstellationen nehmen bereits Motivlagen vorweg,[36] die Habermas seit der Jahrtausendwende offensiv thematisieren wird.

Durch die rationalitätstheoretische und reflexionslogische Ausdeutung des Lebensweltkonzeptes soll nach dem von Habermas seit den frühen 1980er Jahren artikulierten Anspruch die Etablierung einer Theorie der Moderne auch philosophisch auf sichere Füße gestellt werden. Sie schreibt sich weiterhin unmissverständlich die Rehabilitierung des Vernunftbegriffes unter den Bedingungen der nachmetaphysischen Moderne auf die Fahnen: »Die linguistische Wende hat Vernunft und Einheitsdenken zwar transformiert, aber doch nicht aus der philosophischen Diskussion vertrieben.«[37] Mit den seit der Jahrtausendwende greifbarer werdenden Entwicklungen hin zu einem postsäkularen Gesellschaftsverständnis wird die Reformulierung des Vernunftbegriffes jedoch nicht mehr nur unter philosophieinternen Gesichtspunkten ausgetragen, sondern durch den geforderten erneuerten Blick auf die beständige normative Kraft der Religionen in modernen Gesellschaften noch einmal deutlich komplexer. Habermas' seit den späten 1990er Jahren intensiver werdende Beschäftigung mit den Verhältnissen von Moderne und Religion sowie Philosophie und Theologie führt Ulrich Willems auf vier Elemente der beobachteten Rückkehr der Religion in die politische Sphäre zurück: »Zu den bedeutsamen Elementen dieser Rückkehr zählt Habermas die Ausbreitung und das Wachstum vor allem der Weltreligionen in beinahe allen Teilen der Welt (mit Ausnahme Europas), die Zunahme fundamentalistischer Tendenzen in allen Weltreligionen sowie den Umstand, dass Religion wieder verstärkt eine Rolle in gewaltsam ausgetragenen Konflikten spielt. Das entscheidende Element bildet jedoch die Erkenntnis, dass Religion [...] nicht nur nicht verschwunden ist, sondern religiöse Akteure zu den wichtigen Mitspielern in politischen Prozessen zählen und religiöse Traditionen in erheblichem Maße zur Formierung individueller wie kollektiver Identitäten beitragen.«[38] Für die begriffliche Arbeit an einem nachmetaphysischen Vernunftbegriff haben die philosophischen Implikationen dieser Erkenntnisse, die in der

Friedenspreisrede von 2001 in Formulierungen wie der Rede von einer »unabgeschlossenen Dialektik des eigenen, abendländischen Säkularisierungsprozesses«[39] münden, erhebliche Konsequenzen.

In dem vieldiskutierten Vortrag über das zugleich traditionelle wie aktuelle Thema *Glauben und Wissen* entspricht Habermas dem von ihm bereits 1988 erstmalig formulierten Anspruch, eine offene Lesart des Säkularisierungsprozesses vorzuschlagen. Entgegen den aus der Geschichte überlieferten Verdrängungs- und Enteignungsdiskursen insistiert er auf dem zwischen Wissenschaft und Religion vermittelnden Standpunkt des »demokratisch aufgeklärten Commonsense«, dem er in politischer, kultureller und philosophischer Hinsicht eine nach beiden Seiten hin geöffnete »zivilisierende Rolle« hinsichtlich der Ausdeutungsmöglichkeiten des Säkularisierungsprozesses zuspricht.[40] Für die mit diesem Standpunkt einhergehenden Sichtweisen ist demzufolge wesentlich, dass sie sich erstens auf den nötigen Perspektivenwechsel von wissenschaftlichen Beschreibungen hin zu den rechtfertigungsbasierten Gründen von Teilnehmenden an den lebensweltlichen Alltagspraktiken einlassen. Zweitens ist der aufgeklärte Commonsense an Übersetzungsleistungen zwischen den unterschiedlichen Diskursen interessiert, die sich in den Alltagspraktiken, aber auch zwischen diesen und den Expertenkulturen vollziehen.

Für Habermas sind die Bezugnahmen auf theologische und religiöse Diskurse angesichts der postsäkularen Herausforderungen, vor denen moderne Gesellschaften stehen, drängend und dringlich. Zugleich kritisiert er, dass die szientistischen Objektivierungsversuche die Binnenperspektiven von alltäglichen Praktiken, Diskursen und Sichtweisen nicht einzuholen vermögen, denn nur Letzteren komme aufgrund ihrer lebensweltlichen Situierung ein »Bewusstsein ihrer rechenschaftspflichtigen Autorschaft«[41] zu. Insbesondere mit Blick auf moralische und ethische Aspekte des Selbstverständnisses von Individuen und Kollektiven spricht er den religiösen Stimmen und Sprachen eine normative Kraft zu, die Potentiale birgt und auf Übersetzungen drängt: »Moralische Empfindungen, die bisher nur in religiöser Sprache einen differenzierten Ausdruck besitzen, können allgemeine Resonanz finden, sobald sich für ein fast schon vergessenes, aber implizit Vermisstes eine rettende Formulierung einstellt.«[42] Die hierzu erforderliche

Übersetzung von religiösen Gehalten in eine säkulare und verallgemeinerbare Sprache versteht er wiederum als eine gesamtgesellschaftliche Aufgabe: »Die Grenze zwischen säkularen und religiösen Gründen ist ohnehin fließend. Deshalb sollte die Festlegung der umstrittenen Grenze als eine kooperative Aufgabe verstanden werden, die von *beiden* Seiten fordert, auch die Perspektive der jeweils anderen einzunehmen.«[43] In der Konsequenz führe dies zu einem Säkularisierungsverständnis, das religiöse Gehalte nicht verdrängt oder gar vernichtet, sondern das sich »im Modus der Übersetzung vollzieht«.[44] Der Philosophie spricht Habermas an den Grenzbereichen zwischen säkularem Selbstverständnis und der Übersetzung von religiösen Gehalten eine besondere Stellung zu, die er in den Kontext ihrer historischen Verflechtungsgeschichte mit Religion und Theologie stellt: »Die postsäkulare Gesellschaft setzt die Arbeit, die die Religion am Mythos vollbracht hat, an der Religion selbst fort. Nun freilich nicht mehr in der hybriden Absicht einer feindlichen Übernahme, sondern aus dem Interesse, im eigenen Haus der schleichenden Entropie der knappen Ressource Sinn entgegenzuwirken.«[45]

Die Frage nach möglichen Quellen und Ressourcen für die Kompensation von normativen Verlusten, die mit dem einseitigen Rationalisierungsprozess einer zu entgleisen drohenden Modernisierung einhergehen, stellt Habermas natürlich nicht zum ersten Mal. Jedoch wies er insbesondere in den Vorlesungen zum *Philosophischen Diskurs der Moderne* den möglichen Rekurs auf religiöse, theologische, metaphysische und ästhetische Kräfte als einen falschen, reaktionär-konservativen Weg aus. In dem bereits zitierten Vortrag von 1988 kritisierte Habermas ebenso philosophische Versuche, sich die religiöse Sprache und Terminologie gänzlich unübersetzt zu eigen zu machen. Zugleich mahnte er die Herausforderung einer adäquaten Übersetzung religiöser Gehalte in eine von ihm damals als ›neutral‹ bezeichnete Sprache an: »Wer heute, unter Bedingungen nachmetaphysischen Denkens, einen Wahrheitsanspruch stellt, muß jedoch Erfahrungen, die im religiösen Diskurs ihren Sitz haben, in die Sprache einer wissenschaftlichen Expertenkultur übersetzen – und von dort in die Praxis rückübersetzen.«[46] Zur gleichen Zeit formulierte er im letzten Satz des Beitrages zu den *Motiven nachmetaphysischen Denkens* eine Forderung an die

Philosophie, die bereits auf die Überlegungen einer gemeinsamen Übersetzungsanstrengung aus der späten Werkphase vorverweist: »Solange die religiöse Sprache inspirierende, ja unaufgebbare semantische Gehalte mit sich führt, die sich der Ausdruckskraft einer philosophischen Sprache (vorerst?) entziehen und der Übersetzung in begründete Diskurse noch harren, wird Philosophie auch in ihrer nachmetaphysischen Gestalt Religion weder ersetzen noch verdrängen können.«[47]

Große mediale Aufmerksamkeit erzeugt bis in die Gegenwart ein Gespräch, das Habermas im Januar 2004 in der Katholischen Akademie in München mit Joseph Ratzinger führte und das unter dem Titel *Dialektik der Säkularisierung* veröffentlicht wurde.[48] Der Beitrag ist in dem ein Jahr später veröffentlichten Sammelband *Zwischen Naturalismus und Religion* einem breiteren Publikum zugänglich gemacht worden und hat die Frage nach den *Vorpolitischen Grundlagen des modernen Rechtsstaats?* zum Gegenstand. In einem Exkurs zur Einordnung von philosophischen Denkfiguren, die das eigene Verhältnis zu Theologie und Religion im Kontext der Moderne reflektieren,[49] formuliert Habermas nun eine im Vergleich zu den Aufgabenbeschreibungen aus der mittleren Werkphase deutlich niedrigschwelliger ansetzende Bestimmung der Möglichkeiten einer Philosophie, die sich »ihrer Fehlbarkeit und ihrer fragilen Stellung innerhalb des differenzierten Gehäuses der modernen Gesellschaft bewusst ist«.[50]

Die Unterscheidung zwischen säkularer und religiöser Rede ist demzufolge als generisch, jedoch nicht als pejorativ zu verstehen, und der Philosophie komme aus Respekt vor den religiösen Lebensweisen und deren kulturellen Überlieferungen nicht die Aufgabe zu, die religiösen Gehalte geltungstheoretisch auf ihren Wahrheits- und Richtigkeitsgehalt hin zu prüfen. Umgekehrt spricht Habermas an die Adresse der Philosophie die seiner Meinung nach gut begründbare Forderung aus, »sich gegenüber religiösen Überlieferungen lernbereit zu verhalten«.[51] Diese inhaltliche Lernbereitschaft gehe mit der Asymmetrie der jeweiligen epistemischen Ansprüche einher, da nur die religiösen Überlieferungen Raum lassen für Intuitionen, Ausdrucksmöglichkeiten und Sensibilitäten, die sich auf Phänomene des verfehlten Lebens oder auch der Deformation von entstellten Lebenszusammenhängen beziehen. Habermas spricht von einer Komplementarität der Lernprozesse, die durch den Begriff ›postsäkular‹ angezeigt werde: »In der postsäkularen Gesellschaft setzt sich die Erkenntnis durch, dass die Modernisierung des öffentlichen Bewusstseins phasenverschoben religiöse wie weltliche Mentalitäten erfasst und reflexiv verändert.«[52] Die Bedeutung der Religion für die postsäkulare Gesellschaft beschränke sich sodann nicht nur auf die Bereitstellung von normativen Ressourcen für ethische und moralische Sinnstiftungen, sondern transportiere darüber hinaus einen auf Solidarität abzielenden politischen Gehalt, der durch die Rationalisierungs- und Privatisierungsprozesse der verloren zu gehen drohe. So spricht Habermas bereits in der Einleitung die Vermutung aus, dass der moderne demokratische Verfassungsstaat auf »autochtone weltanschauliche oder religiöse, jedenfalls kollektiv verbindliche ethische Überlieferungen angewiesen«[53] sei, um seinen eigenen normativen Bestand sicherstellen zu können. Der Bruch mit dem in den 1980er Jahren vorgetragenen Anliegen, die normativen Maßstäbe einer nachmetaphysischen Vernunft aus ihren eigenen kommunikativen Ressourcen zu entwickeln und zu etablieren, tritt in diesen nur zwei Jahrzehnte später für eine breite Öffentlichkeit artikulierten Formulierungen sichtbar zutage.

Mit den skizzierten Überlegungen sind die unterschiedlichen Aspekte, Charakteristika und Aufgaben einer kommunikativen Vernunft in der nun mit dem Prädikat ›postsäkular‹ beschriebenen Gesellschaft ebenso angedeutet wie der semantische Gehalt dieses von Habermas neu eingeführten soziologischen Begriffs mit philosophischen Implikationen. So unterscheidet José Casanova mit Blick auf Habermas' Rekurs auf das Konzept des Postsäkularismus zwischen drei unterschiedlichen Bedeutungen und den mit diesen einhergehenden normativen Verständnissen von ›postsäkular‹. Demzufolge adressiere Habermas mit seiner Verwendung des Begriffes weder die Vorstellungen von einer Re-Sakralisierung oder Re-Mythologisierung moderner Gesellschaften noch die bloß empirische Feststellung von religiöser werdenden Individuen und Kollektiven in der Moderne. Über die in der *Friedenspreisrede* von 2001 vorgeschlagene Bestimmung von ›postsäkular‹ als einem gegenwärtigen Aggregatzustand von modernen Gesellschaften hinaus verwende Habermas den Begriff nun als Reflexionskategorie für ein säkulares Bewusstsein, das sich auf sein historisches und kulturelles Verhältnis zu Religion und Theologie hin befragt: »Within the context of this third meaning of the term ›secular‹, that of secularist secularity, postsecular would imply reflexively abandoning or at least questioning the modern secularist stadial consciousness with relegates ›religion‹ to a more primitive, more traditional, now surpassed stage of human and societal development. This appears the sense in which Habermas uses the term […]. There is no doubt that Habermas himself in his later writings has adopted a postsecular reflexive attitude and has corrected the most blatantly secularistic self-misunderstandings built into his own theories.«[54]

In einem mit Eduardo Mendieta im Jahr 2009 geführten Gespräch differenziert Habermas die beiden im Raum stehenden Gebrauchsweisen von ›postsäkular‹ erneut. Als soziologisches Prädikat nutze er den Begriff zur Beschreibung moderner und säkularisierter Gesellschaften, die »mit dem Fortbestehen religiöser Gemeinschaften und der fortbestehenden Relevanz der verschiedenen religiösen Überlieferungen rechnen müssen«.[55] Zugleich könne mit dem Begriff ein bestimmter Bewusstseinswandel im Selbstverständnis säkularisierter Gesellschaften – Habermas nennt hier Westeuropa, Kanada und Australien – beschrieben werden. Er bezeichnet in diesem Falle eine »mentalitätsgeschichtliche Zäsur«.[56] Für die philosophischen und soziologischen Analysen ergeben sich aus diesem veränderten Gesellschaftsverständnis reaktive Konsequenzen, so dass die nachfolgend skizzierten veränderten Weichenstellungen und Motivlagen als theoretische Folgerungen aus dieser Umstellung zu verstehen sind.

3.2 Sprachliche Verständigung und verkörperte Interaktion

Für den Begriff der kommunikativen Vernunft haben diese mit der Jahrtausendwende formulierten Überlegungen zur Relevanz und Persistenz von religiösen Diskursen und Gehalten für die Stabilisierung von modernen Gesellschaften sowohl konzeptuelle als auch praktische Folgen. Habermas scheint immer stärker daran zu zweifeln, dass sich die »ambivalente Moderne allein aus säkularen

Kräften einer kommunikativen Vernunft stabilisieren wird«.[57] Die im Rekurs auf die Postsäkularität von modernen Gesellschaften aufscheinende Skepsis gegenüber den Emanzipationsversprechen von selbstbezüglichen säkularen Diskursen kann philosophisch insbesondere an einem veränderten Zugang zu Verständigungsfragen nachgezeichnet werden, der den Kern des kommunikativen Vernunftbegriffs betrifft. Die von Habermas in der mittleren Werkphase verfolgten sprachtheoretischen Erwägungen ordnet Sibille Krämer einem »logosorientierten Bild von der Sprache als einem Medium von Aufklärung«[58] zu, das den Austausch von sprachlichen Äußerungen mit begründetem Geltungsanspruch in den Vordergrund rückt. Ein kommunikativ erzieltes Einverständnis von rationalen Teilnehmenden an kommunikativen Handlungen muss sich demzufolge auf Gründe stützen. Nicht nur der Diskurs, sondern bereits »die der Alltagspraxis innewohnende Rationalität verweist also auf die Argumentationspraxis als Berufungsinstanz«.[59]

In der *Theorie des kommunikativen Handelns* folgt aus diesem am diskursiven Sprachgebrauch orientierten Bild von intersubjektiven Beziehungen zwischen Teilnehmenden von sozialen Alltagspraktiken ein ebenso sprachzentrierter Verständigungsbegriff: »Verständigung bedeutet die Einigung der Kommunikationsteilnehmer über die Gültigkeit einer Äußerung; Einverständnis die intersubjektive Anerkennung des Geltungsanspruchs, den der Sprecher für sie erhebt.«[60] Die Verständigung zwischen Subjekten hängt im Kontext dieser theoretischen und für die mittlere Werkphase konstitutiven Weichenstellung für Habermas gänzlich ab von deren Referenz auf das »*Modell der Rede*«.[61] Sprachliche Kommunikation beruht auf einer spezifischen, als rational deklarierten Kompetenz der Teilnehmenden an Interaktionen, welche umgekehrt wiederum von Bedingungen zehren, die selbst eine kommunikative Struktur aufweisen müssen: »Sprachliche Kommunikation, die auf Verständigung angelegt ist und nicht lediglich wechselseitiger Beeinflussung dient, erfüllt die Voraussetzungen für rationale Äußerungen bzw. für die Rationalität sprach- und handlungsfähiger Subjekte.«[62]

In dem für die mittlere Werkphase paradigmatischen sprach- und kommunikationstheoretischen Beitrag *Handlungen, Sprechakte, sprachlich vermittelte Interaktionen und Lebenswelt* fußt die

Argumentation entsprechend auf der dichotomen Unterscheidung von sprachlichen und nicht-sprachlichen Handlungen: »Sprechakte unterscheiden sich von einfachen nicht-sprachlichen Tätigkeiten nicht nur durch den reflexiven Zug der Selbstinterpretation, sondern des weiteren durch die Art der Ziele, die intendiert, durch die Art der Erfolge, die durchs Sprechen erreicht werden können.«[63] Demzufolge lassen sich nicht-sprachliche Handlungen ausschließlich durch das teleologische Modell der Zwecktätigkeit beschreiben. Entsprechend wird der Erfolg von Sprechakten durch die Bedingungen ihrer Durchführungen bestimmt: »Während die Zweckrationalität auf die Bedingungen für kausal wirksame Interventionen in die Welt existierender Sachverhalte verweist, bemißt sich die Rationalität von Verständigungsverhältnissen an dem Zusammenhang von Gültigkeitsbedingungen für Sprechakte, Geltungsansprüchen, die mit Sprechakten erhoben werden, und Gründen für die diskursive Einlösung dieser Ansprüche.«[64] Diese dichotome Unterscheidung führt Habermas in der Folge zu der bereits thematisierten Differenzierung zwischen Zweck- und Verständigungsrationalität. Die Sprache selbst wird seinen paradigmatischen Überlegungen zufolge zum entscheidenden Medium nicht nur der Differenzierung zwischen kommunikativem und strategischem Handeln, sondern auch der Kritik des letzteren: »Die kommunikative Schaltung über vorbehaltlos ausgeführte Sprechakte setzt die egozentrisch auf den jeweiligen Aktor zugeschnittenen Handlungsorientierungen und -verläufe unter die strukturellen Beschränkungen einer intersubjektiv geteilten Sprache.«[65] Diese Überlegungen transportieren ein kantisches Motiv in die intersubjektive Kommunikationstheorie, weil der diskursive Sprachgebrauch in kommunikativer Absicht, der sich Krämer zufolge dadurch auszeichnet, dass durch ihn Vernunft und Rationalität erst hervorgebracht werde, zugleich eine ein- und beschränkende Wirkung gegenüber strategischen Handlungsformen hat, die aus der kommunikationstheoretischen Perspektive als nicht kooperativ einzustufen sind.

Krämer formuliert bereits mit ausschließlichem Bezug auf die frühen kommunikationstheoretischen Vorstudien von Habermas aus den 1970er Jahren eine entscheidende Frage, die auf die Sprachzentrierung des der mittleren Werkphase zuzuordnenden Verständigungskonzeptes zielt: »Ist dieses logoszentrierte Bild von Sprache als einem Medium von Aufklärung angemessen, wenn es darum geht, gerade ihrer intersubjektiven Bindungskraft auf die Spur zu kommen?«[66] Diese Frage führt sowohl über die internen sprechakttheoretischen[67] als auch über die auf die normative Rahmenhandlung des Projektes einer *Theorie des kommunikativen Handelns* bezogenen[68] Kritiken und Einwände hinaus, da der von Habermas dargelegte innere Konnex von formalpragmatischem Sprachverständnis und intersubjektivitätstheoretischen Grundlagen grundsätzlich zur Disposition gestellt wird. Während sich Habermas in der mittleren Werkphase – die auch den Ausführungen von Krämer zugrunde liegt – ausschließlich auf den propositional und performativ ausdifferenzierten Sprachgebrauch fokussierte, um dessen intersubjektive Bindungskräfte und Integrationsleistungen herauszuarbeiten, kann für die spätere Werkphase eine verstärkte Aufmerksamkeit für gestische und rituelle Formen der Kommunikation aufgezeigt werden.

Nachvollziehen lässt sich diese Wendung, die Teil der beschriebenen ›Bruchlinie‹ in Habermas Denken ist, anhand verschiedener Aufsätze aus dem 2012 – also gut dreißig Jahre nach der *Theorie des kommunikativen Handelns* – veröffentlichten Sammelband *Nachmetaphysisches Denken II*. Insbesondere mit Blick auf die normative Verpflichtungskraft und die Sinndimension des sprachlichen Handelns sieht sich Habermas nun auf »von der sprachlichen Form der sozialen Integration unabhängige Erklärungen«[69] verwiesen. So erklärt er in dem aus einem Vortrag hervorgegangenen Beitrag mit dem für seine neue Programmatik einschlägigen Titel *Die Lebenswelt als Raum symbolisch verkörperter Gründe* zwar die pragmatische Rolle von Gründen weiterhin aus dem kommunikativen Sprachgebrauch: »Nun können Gründe erst in einer propositional ausdifferenzierten Sprache auftreten.«[70] Zugleich entkoppelt Habermas hier diese Bedingung des argumentativen Austausch von Gründen von der Verständigungsfrage, wenn er wenige Zeilen später schreibt: »Schon die Verwendung elementarer Gesten kann den normativen Sinn einer Verständigung erfüllen, bevor Gründe explizit ins Spiel kommen.«[71]

In dieser für normative Fragestellungen wesentlichen Entkoppelung des aus der mittleren Werkphase übernommenen formalpragmatischen Konzeptes der kommunikativen Rationalität von den

Anforderungen an sinngenerierende Verständigungsleistungen besteht eine entscheidende grundbegriffliche Transformation, aus der heraus weitere Motivlagen des Spätwerkes erklärt werden können. In der *Theorie des kommunikativen Handelns* bindet Habermas die Verständigungsleistung noch an die Überwindung gestischer Kommunikationsformen: »Sobald die kommunikativen Akte die Gestalt grammatischer Rede annehmen, hat die symbolische Struktur alle Bestandteile der Interaktion durchdrungen: sowohl die kognitiv/instrumentelle Erfassung der Realität, wie der Steuerungsmechanismus, der das Verhalten verschiedener Interaktionsteilnehmer aufeinander abstimmt, wie auch die Aktoren mit ihren Verhaltensdispositionen sind an die sprachliche Kommunikation angeschlossen und symbolisch durchstrukturiert. Gleichzeitig ermöglicht es erst diese Umstellung von Kognitionen, Obligationen und Expressionen auf eine sprachliche Basis, daß die kommunikativen Mittel ihrerseits neue Funktionen übernehmen: außer der Funktion der *Verständigung* nun auch die der *Handlungskoordinierung* und der *Vergesellschaftung* von Aktoren.«[72] Dreißig Jahre später spricht er interessanterweise bereits den vorsprachlichen Gesten und Symbolen diese letztgenannten Funktionen in einem zumindest rudimentären Sinne zu. Sein Interesse für die Geste bezieht sich hierbei nicht auf deren darstellenden, sondern wiederum ausschließlich auf deren kommunikativen Gebrauch im öffentlichen Raum: »Die Geste ist das öffentliche Element, in dessen Wahrnehmung sich die Intentionen der Beteiligten treffen.«[73] Damit rückt die Symbolisierungsleistung von Gesten an sich in den Blickpunkt des Interesses, unter Absehung von den konkreten leiblichen Vollzügen gestischer Handlungen oder den Verkörperungsprozessen als solchen. Habermas interessiert sich auch hier ausschließlich für die intersubjektive Relation, in der auch durch Gesten gegenseitige Perspektivenübernahmen und gemeinsame Intentionen artikuliert werden können: »Die erste Geste, die für Ego und Alter eine identische Bedeutung stiftet, befreit das subjektive Bewusstsein aus seinem egozentrischen Gehäuse. Indem individuelle Bewusstseinsinhalte über die Symbolisierung von Bedeutungen zugleich externalisiert und sozialisiert werden, öffnet sich das monadische Bewusstseinsleben des einen für das des anderen Artgenossen.«[74]

Interessant ist, dass Habermas in dieser Textstelle die kommunikationstheoretische Urszene menschlicher Interaktion mit Verständigungsabsicht[75] ersetzt durch den basaleren Verlauf einer Gestenkommunikation, die sich in gleicher Weise auf einen sich vom konkreten Verständigungsgeschehen ablösbaren, also extern zu verortenden symbolischen Gegenstand richten kann: »Für eine symbolisch vermittelte Kommunikation ›sprachlichen‹ Charakters genügt der konventionalisierte Austausch von Gesten.«[76] Entscheidend ist die Stiftungsmöglichkeit eines gemeinsamen semantischen Raumes durch die Gestenkommunikation unter der Verwendungsbedingung, dass »durch die reziproke Übernahme der Perspektive des anderen eine interpersonale Beziehung zwischen Ego und Alter (und zwar in Form einer Ich-Du-Beziehung) hergestellt wird; und dass sich die kommunikative Absicht gegenüber einer zweiten Person erst im gemeinsamen, also intersubjektiv geteilten intentionalen Bezug auf etwas in der Welt erfüllt (wodurch diese wiederum erst die Objektivität einer für alle Beteiligten identischen und unabhängig existierenden Welt annimmt).«[77]

Neben die durch die Gestenvermittlung ermöglichte Handlungskoordinierung tritt entsprechend die auf einer komplexeren Ebene anzusiedelnde »welterschließend-konstituierende Leistung der Symbolisierung«.[78] Durch diese Leistung führt die Gestenkommunikation Habermas zufolge über ihren situativen Vollzug hinaus auf die mit ihr wiederum verwandten Formen der rituellen Kommunikation. Diese weisen jedoch im Gegensatz insbesondere zu mythischen Erklärungen und Darstellungen einen hohen Grad an Opazität auf: »Demgegenüber begegnen uns Riten vor allem unter dem performativen Aspekt von genau schematisierten und wiederholten Handlungen. Dabei bleiben die semantischen Inhalte trotz des ausdrucksstarken Charakters der verwendeten Symbole und Bilder implizit.«[79] Gemeinsam sind der profanen Gebärdenkommunikation und dem rituellen Verhalten Aspekte der Nachahmung und der ikonischen Darstellung, so dass für Habermas der Ritus eine Variante der Gestenkommunikation darstellt. Beide stellen mimetische Kommunikationsformen dar, die zugleich eine gemeinsame Welt symbolischer Bedeutungen erzeugen.

Riten und Formen der rituellen Kommunikation deutet Habermas aus einer primär sozialfunktionalistischen Perspektive, indem er nach den Problembewältigungen durch diese symbolisch vermittelten Interaktionen fragt: »Wenn die rituelle Praxis den Zusammenhalt der sozialen Gruppe, der einem Dauerrisiko ausgesetzt ist, sichert und die störanfällige Balance aufrechterhält, liegt die Annahme nahe, dass die starke Normativität von Verhaltenserwartungen dieser außeralltäglichen Form der Kommunikation entspringt.«[80] Der Ritus, dessen Referenz und Objektbezug in einer anderen, oftmals transzendenten Dimension zu liegen scheint, antwortet demzufolge auf Störungen im Inneren des gesellschaftlichen Kollektivs und bleibt abhängig von dessen Kommunikationsformen. Die außeralltägliche Kommunikationsform des Ritus stellt eine Reaktion auf unbewältigte Probleme der diesseitigen, sozialen und kulturellen Kommunikationsformen dar, während die basalere Gestenkommunikation Herausforderungen von kognitiver Art begegnet. Für den mit den Weltbildern und Weltreligionen entstehenden und Mythos mit Ritus verbindenden sakralen Komplex wiederum finden sich mögliche Erklärungen für Problembewältigungen, die kognitive und praktische Herausforderungen umgreifen und die trotz der evolutionär gedeuteten Schritte einer Überwindung von religiös-metaphysischen Weltbildern in säkularen Gesellschaften – so die Pointe der Argumentation – bis in die Moderne und Gegenwart fortbestehen: »Andererseits ist, wenn auch in transformierter Gestalt, die rituelle Praxis erhalten geblieben. Der sakrale Komplex hat sich nicht aufgelöst; religiöse Überlieferungen haben in der Symbiose mit dem Kultus ihrer Gemeinden ihre Vitalität bewahrt.«[81]

Nach Habermas lässt sich nun die von ihm erst in der späten Werkphase explizit thematisierte »Leerstelle«, die sich gerade aus einer sprachtheoretisch und kognitivistisch verkürzten sozialpragmatischen Sichtweise auf mögliche Erklärungen der Stärke von traditionell überlieferten normativen Wertungen und Verhaltenserwartungen in sozialen Gruppen und kulturellen Kontexten ergibt, nur durch den Rekurs auf eben solche rituelle Kommunikationsformen »unter phylogenetischen Gesichtspunkten ausfüllen«.[82] Der Entwicklungsschritt zur primären Verwendung von grammatisch und propositional ausdifferenzierten Sprachen bedeutet demzufolge also nicht die vollständige Ersetzung der normativen Bindungskraft von vorprädikativen, nicht-sprachlichen und verkörperten Sinnsegmenten. Stattdessen liefern gerade diese Verkörperungsformen die wesentlichen normativen Ressourcen zum Transport von die sozialen und kulturellen Alltagspraktiken stabilisierenden Sinngehalten. Deren Übersetzung in die universell zugängigen Kommunikations- und Diskursformen stellt Habermas zufolge jedoch weiterhin die Bedingung für die intendierte normative Zwecksetzung in gesellschaftspraktischer Hinsicht dar.

3.3 Neue Motivlagen nachmetaphysischen Denkens

Sibille Krämers Ausgangsfrage nach den Grenzen der intersubjektiven Bindungskraft von sich rein sprachlich vollziehenden Kommunikationsformen versucht Habermas in den Schriften der späten Werkphase durch eine solche verstärkte Bezugnahme auf die normative Relevanz von außerdiskursiven Sinnressourcen zu lösen, wie die rituellen Kommunikationsformen sie bereitstellen. Hierdurch kommt es auch zu konzeptuellen Verschiebungen in der Explikation des Lebensweltkonzeptes. Schon im Titel des Beitrages *Die Lebenswelt als Raum symbolisch verkörperter Gründe* deutet sich diese Hinwendung zu verkörperten Sinnsegmenten des lebensweltlichen Hintergrundes von kommunikativ ausgerichteten Verständigungen an, die insbesondere in sakralen Praktiken aufbewahrt und kondensiert seien. Die eigenen entwicklungsgeschichtlichen und zugleich systematischen Annahmen über eine fortschreitende Rationalisierung lebensweltlicher Strukturen, die das kommunikationstheoretische Konzept der mittleren Werkphase gestützt haben, klammert Habermas in ihrer Erklärungskraft nun zugleich ein: »Zwar gibt es auch Anhaltspunkte für die sozialevolutionäre Annahme einer sukzessiven Verflüssigung und kommunikativen Entbindung der Potentiale, die in den sakralen Komplexen gewissermaßen eingekapselt sind. Aber ›verflüssigen‹ heißt nicht verflüchtigen. Offensichtlich bewegen sich auch diskursive Praktiken, die kontroverse Äußerungen dem zwanglosen Zwang des besseren Arguments unterwerfen, letztlich innerhalb eines Horizonts von undurchdringlich-opaken Erfahrungen, die ikonisch dargestellt, aber diskursiv nicht vollständig eingeholt und aufgeklärt werden können.«[83]

Damit ist als eine weitere Problematik der Einbettung von diskursiven in außerdiskursive Praktiken die nicht vollständige Übersetzbarkeit der letzteren in erstere angesprochen. Positive und problematische Aspekte einer grundsätzlichen Verkörperung von Gründen in kulturellen, psychosozialen und materiellen Kontexten liegen nach Habermas eng beieinander. Zum einen gewinne die »Metapher vom Raum der Gründe eine konkrete Bedeutung, die über die Beherrschung der im sprachlichen Vokabular gespeicherten inferentiellen Zusammenhänge hinausreicht«.[84] Zum anderen verweist er stärker denn je auf die Opazität dieser sprachtranszendenten Sinngehalte, die dadurch eine einschränkende Wirkung auf die diskursiven Praktiken entfalten: »Der Raum der Gründe ist in einen nichtverbalisierbaren oder vorprädikativen Sinnhorizont eingebettet. Er wird durch eine Zone von nichtsprachlichen Darstellungen und Praktiken begrenzt, deren Bedeutung zwar kommentiert, aber nicht diskursiv erschöpft werden kann.«[85] Während in der mittleren Werkphase das soziologische und philosophische Theoriegebäude sich noch ausschließlich um die Sprache als Medium der entgrenzenden kommunikativen Verständigung entwickelt hatte,[86] insistiert Habermas nun auf einer problematisierenden Explikation der Grenzen des diskursiven Raumes der Gründe. Damit reagiert er auf die mit Blick auf seine kommunikations- und diskurstheoretischen Schriften geäußerte kritische Vermutung, »dass es Formen von Handlungen gibt, die als normativ geleitet und sogar als normkonstitutiv verständlich sind, deren Gehalt jedoch nicht durch die Analyse von unterstellten Geltungsansprüchen, wie sie Diskurse kennzeichnen, rekonstruiert werden können, weil sie sich gar nicht auf der Ebene des Ausdrucks propositionaler Gehalte bewegen.«[87]

Im Unterschied zu der in der mittleren Werkphase vertretenen Position sind für den späten Habermas Begründungsfragen also in einer grundsätzlichen Weise mit Verkörperungsformen von Sinngehalten nach ihren kulturellen, psychosozialen und materiellen Dimensionen verbunden. Allerdings vertritt er kein reziprokes Verständnis von Verkörperung und Diskurs, sondern versteht dieses nach der kritischen Darstellung von Matthias Jung ausschließlich »*top-down*: als die individuelle Inkorporation von kollektiven Werten und potentiell universellen Normen«.[88] Jung zufolge entfalte Habermas die Bezugnahmen auf Verkörperungsformen in einseitiger Weise und vernachlässige dadurch das Potential von Verkörperungen »als Quelle rationaler Kreativität, als *locus* von qualitativen Intensitäten und sensomotorischen Gewohnheiten, die den Lauf der diskursiven Vernunft inspirieren und formen«.[89] Nach der hier vorgelegten Lesart kann dieser Interpretation nur partiell zugestimmt werden. Gerade die Bezugnahme von Habermas' Überlegungen zu den Verkörperungsformen von Sinnsedimenten auf die Diskussion der Übersetzbarkeit von religiösen Gehalten in säkulare Gründe lassen auf ein ›Bottom-up‹-Konzept schließen, durch welches die normativen Leerstellen geschlossen werden könnten, die das selbstreferentielle Rationalitätskonzept der säkularen Moderne hinterlassen habe. Die von Habermas genutzte Metapher des Übersetzens legt nahe, dass er weiterhin von zwei getrennten symbolischen Systemen ausgeht. Der diskursive Raum der Gründe wird von ihm auch im Spätwerk als in geltungstheoretischer Hinsicht freistehend verstanden, auch wenn er nun dessen genetischer Einbettung in den umfassenderen Raum der verkörperten Gründe für unter Gesichtspunkten der normativen Implikationen von Interaktionen für die soziale und kulturelle Integration für äußerst relevant erachtet. Vor diesem Hintergrund kann wiederum im Spätwerk von Habermas eine weitere von Matthias Jung extrapolierte Problemstellung verfolgt werden. So steht die kritische Rückfrage im Raum, ob nicht gerade durch einen solchen Übersetzungsprozess genau dasjenige verlorengeht, was nicht nur »für umfassende Weltanschauungen«, sondern für das »menschliche Weltverhältnis« von einer generellen anthropologischen Relevanz ist,[90] nämlich die Verkörperungsform selbst.[91]

Die von Habermas in der letzten philosophischen Aufsatzsammlung von 2012 eingeführte neue Verhältnisbestimmung von diskursiven und verkörperten Kommunikationsformen im Rahmen eines soziologisch bestimmten Einbettungsverhältnisses hat Implikationen nicht nur auf der Ebene der entwicklungsgeschichtlichen Beschreibung von Rationalisierungsprozessen. Sie betrifft ebenso das philosophische Selbstverständnis des nachmetaphysischen Denkens. Es steht die Frage im Raum, ob die von Habermas bereits in den 1980er Jahren gelieferte Selbstbeschreibung der Gegenwartsphilosophie als einer spezifisch nachmetaphysischen Denkform angesichts des neuen postsäkularen Blicks auf Gesellschaft und Lebenswelt eine Änderung oder Transformation erfahren muss. In dem 2010 erstmalig veröffentlichten Interview über das »neue Interesse der Philosophie an der Religion« hat Eduardo Mendieta Habermas diese Frage direkt gestellt und um eine weitere Differenzierung gebeten: »In welcher Hinsicht wird der Schritt zur postsäkularen Vernunft durch gesellschaftliche Entwicklungen ausgelöst, in welcher Hinsicht durch eine innere, problemgesteuerte Dynamik nachmetaphysischen Denkens angetrieben?«[92] In seiner Antwort unterscheidet Habermas zunächst zwischen den gesellschaftlichen Herausforderungen und den Anforderungen an die Entwicklung von Denkformen: »Auch in einer als ›postsäkular‹ beschreibbaren Situation bleibt nach meiner Auffassung das nachmetaphysische Denken säkular; aber in dieser veränderten Situation kann es sich eines säkularistischen Selbstmissverständnisses bewusst werden.«[93] Die philosophische Redeweise von einer post-metaphysischen Denkform ist demzufolge nicht gleichbedeutend mit der soziologischen von einer post-säkularen Gesellschaft. Für die Entwicklung Ersterer scheint deshalb von Relevanz, was Habermas mit der Rede von einem ›säkularistischen Selbstmissverständnis‹ anzeigen möchte. In dem Interview deutet er an, dass die Aufspaltung der epistemischen Zugänge zur Welt, die er vor allem auf die Unterscheidung der Perspektiven von Teilnehmenden und Beobachtenden zurückbezieht, eine Ursache für jene Missverständnisse darstellen könnte.

Das Verhältnis der Philosophie zur Wissenschaftsentwicklung und den szientistischen Ansprüchen und Maßgaben scheint der Schlüssel für die Problemkonstellationen zu sein, mit denen philosophisches Denken in der nachmetaphysischen und zugleich postsäkularen Gegenwart konfrontiert wird. Die Klärung des Selbstverständnisses des nachmetaphysischen Denkens hängt nach Habermas an der Deutung der »mentalitätsgeschichtlichen Zäsur«,[94] die neben der Beschreibung von philosophischen Entwicklungen ebenso mit dem soziologischen Prädikat der Postsäkularität verbunden bleibt. Die Feststellung, dass Gründe und diskursives Denken zum einen »das Zentrum des sprachabhängig operierenden Geistes und vor allem das Vehikel des lernenden menschlichen Geistes« darstelle und zum anderen sich der »Raum des symbolisch verkörperten Sinns immer noch in eine Peripherie von Sinnsedimenten erstreckt, die über den Raum der explizit verfügbaren Gründe hinausreicht«, führt für das Selbstverständnis nachmetaphysischen Denkens virulente Implikationen mit sich.[95] Die philosophische Beschäftigung mit genau dieser opaken Peripherie von Sinngehalten und ihrer Beziehung zu den diskursiven Gründen rückt in das Zentrum der Aufmerksamkeit. Die außerdiskursiven Sinnsedimente und deren normative Potentiale sind wiederum nicht auf szientistischem Wege und einer beobachtenden und die Beobachtung objektivierenden Position aus transparent und nutzbar zu machen. Die von Eduardo Mendieta übergreifend aufgeworfene Frage nach der von ihm als neu gekennzeichneten Stellung der Philosophie zur Religion gründet somit in jenem veränderten Blick auf die Lebenswelt, die von Habermas nun als Raum nicht nur der kognitiven und diskursiven, sondern gerade auch der verkörperten Gründe charakterisiert wird. Als Statthalter für letztere führt er genau jene opaken oder sedimentierten Sinngehalte ein, die rituellen oder religiösen Ursprungs sind. Für das nachmetaphysische Denken fordert er einen entsprechenden »Einstellungswechsel zu einer lernbereiten und dialogischen Beziehung gegenüber allen religiösen Überlieferungen – und eine Reflexion auf die Stellung des nachmetaphysischen Denkens zwischen den Wissenschaften und der Religion«.[96]

Für die Notwendigkeit einer solchen Reflexion auf die Stellung des nachmetaphysischen Denkens zur Religion führt Habermas neben der systematischen Frage nach der Relevanz von verkörperten Symbolen für die Struktur des lebensweltlichen Raumes in dem Interview einen empirischen und einen philosophiehistorischen Gesichtspunkt an. Empirisch folge aus der Feststellung der Postsäkularität moderner Gesellschaften, dass die Religion weiterhin – mit Hegel gesprochen – als eine »*zeitgenössische* Gestalt des Geistes«[97] zu betrachten sei. Historisch verweist Habermas auf den bis in die Spätantike zurückreichenden »Prozess einer Übersetzung wesentlicher religiöser Gehalte in die Sprache der Philosophie«.[98] In der nachfolgenden Reflexion wiederum problematisiert Habermas zum einen ein »säkularistisches Selbstverständnis der Philosophie, das sich zum Programm setzt, seinerseits in Wissenschaft aufzugehen«.[99] Zum anderen insistiert er darauf, die modernen Grenzziehungen zwischen Religion, Philosophie und Wissenschaft unberührt zu lassen: »Auch wenn sich aus dem Nachdenken über die postsäkulare Situation eine veränderte Einstellung zur Religion ergeben sollte, sollte dieser Revisionismus nichts daran ändern, dass das nachmetaphysische Denken ein säkulares Denken ist und auf der Unterscheidung zwischen Glauben und Wissen als zwei wesentlich verschiedenen Modi des Für-wahr-Haltens beharrt.«[100] In dem Beitrag über *Religion und nachmetaphysisches Denken* formuliert Habermas mit Blick auf die Stellung des nachmetaphysischen Denkens und dessen zukünftige Aufgabenbestimmungen entsprechend programmatisch: »Ich sehe zu den Operationen nachmetaphysischen Denkens keine Alternative.«[101] Zugleich gehe es nun aber darum, »das säkulare Denken über das säkularistische Selbstmissverständnis einer bornierten Aufklärung aufzuklären«.[102]

Gegenüber den in den 1980er Jahren formulierten modernistischen Prämissen des eigenen Projektes, das den normativen Gehalt der Moderne ausschließlich in die drei Wertsphären von Wissenschaft und Technik, Moral und Recht sowie Kunst und Kultur ausdifferenziert gesehen und der Religion somit keinen Spielraum mehr beigemessen hat, verändert die postsäkulare Gesellschaftsdiagnose den Blickwinkel sehr deutlich: »Nach meiner Auffassung gehören die an moderne Lebens- und Erkenntnisbedingungen angepassten religiösen Selbst- und Weltdeutungen ebenso zu den legitimen Diskursen der Moderne wie die Vielfalt der heute konkurrierenden Ansätze nachmetaphysischen Denkens.«[103] Aus dieser werkbiografisch eher jüngeren Auffassung entwickelt sich dann auch die von Rainer Forst als »Forderung nach einer doppelten beziehungsweise reziproken Übersetzungsleistung«[104] ausgewiesene neue kommunikative Aufgabenstellung zwischen den säkularen, post-säkularen und religiösen Diskursen und Denkformen. Die Übersetzungsarbeit müsse demnach nicht nur von religiöser Seite geleistet werden – umgekehrt seien auch säkulare Positionen verpflichtet, von den religiösen zu lernen und die Übersetzungsleistungen verstehend zu unterstützen, gerade auch aufgrund der gegenwärtigen Umstrittenheit von Grenzziehungen zwischen säkularen und religiösen Gründen.

In einem bereits 2004 erstveröffentlichten Beitrag zur Religionsphilosophie Kants spricht Habermas der Philosophie als Konsequenz aus der Reflexion der gegenwärtigen Stellung des nachmetaphysischen Denkens zur Religion erneut die Rolle eines Übersetzers zu, der »in der legitimen Vielfalt der substantiellen Lebensentwürfe von Gläubigen, Andersgläubigen und Ungläubigen aufklärend, aber nicht als der besserwissende Konkurrent auftritt«.[105] An anderer Stelle heißt es, dass das nachmetaphysische Denken sich zugleich »lernbereit und agnostisch«[106] gegenüber der Religion zu verhalten habe. Tim Reiß deutet diesbezüglich an, dass sich an diesen Formulierungen der Versuch einer Vermittlung der »Perspektive einer dialektischen Transformation mit der Perspektive einer dauerhaften Koexistenz von Religion und säkularer Vernunft«[107] herauslesen lasse.

Die Grenzziehungen zwischen Religion, Philosophie und einzelwissenschaftlicher Forschung sind ebenso relevant, um die Kritik der szientistischen Wissenschaftsverständnisse, die Habermas wiederholt und verstärkt in der späten Werkphase formuliert, einzuordnen. Diese Kritik zielt nicht auf die objektivierenden Vorgehensweisen und Ergebnisgenerierungen der empirisch verfahrenden Einzelwissenschaften, sondern auf Spielarten einer szientistisch reduzierten Philosophie: »Erst wenn sich Philosophen als Wissenschaftler verkleiden und unter der Hand die Gegenstandsbereiche der Wissenschaften totalisieren, das heißt auf die Welt im Ganzen ausdehnen, wird daraus ein Problem.«[108] Auch hier scheint wieder das Motiv der Ermöglichung von theoretischen Bezugnahmen auf die lebensweltlichen Perspektiven auf, zu welchen der szientistische Objektivismus keinen Zugang findet. In einem Beitrag zu Adornos naturgebundenem Vernunftbegriff stellt Habermas sowohl die Differenz als auch die nur sehr eingeschränkte Komplementarität der jeweiligen Zugangsweisen zum Phänomenbereich heraus: »Diese unüberbrückbare semantische Kluft zwischen dem normativ aufgeladenen Vokabular der Alltagssprachen, worin erste und zweite Person miteinander über etwas kommunizieren, und dem nominalistischen Zuschnitt der auf deskriptive Aussagen spezialisierten Wissenschaftssprachen ist in der tiefsitzenden Differenz zwischen Beobachter- und Teilnehmerperspektive begründet. Beide sind in dem Sinne komplementär, dass nicht alles, was aus der einen Perspektive zugänglich ist, sich aus der anderen Perspektive einholen lässt.«[109] Dieser verstärkten Aufmerksamkeit für jene mit diskursiven oder wissenschaftlichen Mitteln nicht vollständig einholbaren Selbst- und Weltverständnisse von Personen und Kollektiven versucht Habermas in der späten Werkphase durch eine veränderte philosophische Terminologie gerecht zu werden. An die Stelle des sprachpragmatischen Vokabulars treten hier vermehrt existentielle und naturbezogene Begrifflichkeiten, die als Platzhalter für jene außerdiskursiven Quellen von normativen und moralischen Gehalten eingeführt werden.[110]

3.4 Rationale Rekonstruktion und Genealogie

Die skizzierten veränderten Aufgabenbestimmungen des nachmetaphysischen Denkens fordern zu einer erneuten methodischen Reflexion heraus. Auffällig ist, dass Habermas in seiner späten Werkphase in unterschiedlichen thematischen Kontexten affirmativ auf das Konzept der Genealogie zurückgreift, das er in seinen Kritiken an Nietzsche und Foucault in den 1980er Jahren noch zurückgewiesen hatte. Da die Beziehungen zwischen Philosophie, Religion und den Wissenschaften eine historische Dimension haben und diese immer schon in Wechselbeziehungen zu den lebensweltlichen Ausprägungen des kognitiven, sprachlichen und verkörperten Gehalts von Normen und Werten stehen, gewinnen genealogische Verfahrensweisen für Habermas nun an Attraktivität. Sie sollen einen Beitrag dazu leisten, die Entdeckungs- und Entstehungsgeschichten von »kognitiven Schüben oder Stufen«[111] auch mit Blick auf Kontingenzen und Folgekosten zu rekonstruieren. In das Blickfeld rücken hierdurch sowohl die »geschichtlichen Variationen« als auch die »historischen Fortschritte«, die es demzufolge »in allen Dimensionen gibt, in denen Menschen *lernen* können«.[112] Eine spezifische Form der Rekonstruktion unter Einbezug von genealogischen Gesichtspunkten soll diese Schritte und Schübe als Lernprozesse zwischen Philosophie, Religion und Wissenschaften auf der einen sowie den lebensweltlichen und gesellschaftlichen Zusammenhängen auf der anderen Seite ausweisen.

Habermas spricht auch in seiner späten Werkphase weiterhin über kulturelle und kognitive Entwicklungen in Kategorien von Lernprozessen und koppelt diese Redeweise an das bereits seit den 1970er Jahren unter verschiedenen Gesichtspunkten etablierte Konzept der ›rationalen Rekonstruktion‹. In einem methodisch orientierten Beitrag zu den Aufgaben einer *Universalpragmatik*[113] ordnete er 1976 den formalen Zugriff der Analyse in den Kontext von Verfahren ein, die auf die rationale Nachkonstruktion von Begriffen, Kriterien, Regeln und Schemata abzielen. Solche rekonstruktiven Verfahren grenzen sich von empirisch-analytischen Vorgehensweisen dadurch ab, dass die systematische Nachkonstruktion sich auf vortheoretische Wissensformen konzentriert. Die Rolle von Autoren und Interpretinnen wird hierdurch in den Vordergrund gerückt. Einer ersten Unterscheidung zufolge bezieht sich das Können oder auch Know-how eines kompetenten Subjekts auf eine bestimmte Leistung oder die Hervorberingung einer bestimmten Sache. Der Autor selbst wie auch dessen Interpretin können ebenso ein explizites Wissen – ein Know-that – erster Stufe über den Vorgang oder die Äußerung erhalten; Ersterer, indem er weiß, was er meint, und Zweitere, indem sie die Äußerung oder den Vorgang inhaltlich versteht. Das Know-how wiederum beruht immer auf einem impliziten Regelbewusstsein. Die Interpretin wiederum steht vor einer komplizierteren Aufgabe, da sie das implizite Wissen nicht nur teilt, sondern der Verstehensversuch ein explizites Wissen zweiter Stufe erforderlich macht: »Das ist die Aufgabe des rekonstruktiven Verfahrens, also der Bedeutungsexplikation im Sinne der rationalen Nachkonstruktion von Erzeugungsstrukturen, die der Hervorbringung symbolischer Gebilde zugrundeliegen. Da das zu rekonstruierende Regelbewußtsein ein kategoriales Wissen ist, sind wir bei der Rekonstruktion zunächst auf die Operationen der begrifflichen Explikation angewiesen.«[114]

In den sprachpragmatischen Analysen wird die Anwendung der rekonstruktiven Verfahrensweise mit einem starken epistemischen Anspruch verbunden, da die rekonstruierten kommunikativen Kompetenzen als Ermöglichungsbedingungen von in den lebensweltlichen Alltagspraktiken eingelassenen Verständigungsprozessen Habermas zufolge ein gattungsspezifisches universelles Können ausdrücken: »Wenn das zu rekonstruierende vortheoretische Wissen ein universelles Können, eine allgemeine kognitive, sprachliche oder interaktive Kompetenz (oder Teilkompetenz) ausdrückt, zielt das, was als Bedeutungsexplikation beginnt, auf die Rekonstruktion von Gattungskompetenzen.«[115] In diesem Sinne bezeichnete er in den 1970er Jahren das eigene Vorgehen als eine »universalpragmatische Nachkonstruktion allgemeiner und unvermeidlicher Präsuppositionen möglicher Verständigungsprozesse«.[116] Der universalistische Anspruch wird jedoch zugleich normativ eingeklammert, da er nur die Beschreibungsebene vortheoretischen Wissens betrifft und somit die intuitive Beherrschung von Regelsystemen durch kompetente Sprechende. In einem zweiten Schritt kann sodann – wie in der *Theorie des kommunikativen Handelns* – aus den rekonstruierten und für jeden kommunikativen Handlungsvollzug zu unterstellenden Vorbedingungen intersubjektiv ausgerichteter Sprechhandlungen auf die »immanente Normativität sozialer Praktiken« geschlossen werden, wie es Titus Stahl formuliert: »In diesem Sinne stellt Habermas als ›Universalpragmatik‹ ein sprachphilosophisches Programm vor, das darauf ausgerichtet ist, die notwendigen Unterstellungen von kommunikativen Handlungen zu rekonstruieren.«[117]

In dem wenige Jahre später veröffentlichten Beitrag *Rekonstruktive vs. verstehende Sozialwissenschaften*[118] zählte Habermas Logik, Metamathematik, Erkenntnis- und Wissenschaftstheorie, Linguistik und Sprachphilosophie sowie Ethik, Handlungstheorie, Ästhetik und Argumentationstheorie als Disziplinen auf, die sich mit der rationalen Rekonstruktion des Know-how von sprach- und handlungsfähigen Subjekten beschäftigen. Den gemeinten Verfahrensweisen sprach er drei Funktionen und Rollen zu: erstens eine kritische, die durch die Identifizierung von vom Regelsystem abweichenden Fällen ermöglicht wird; zweitens eine konstruktive durch die mögliche Etablierung neuer Standards der Interpretation; drittens eine in einem schwachen Sinne transzendentale mit universalistischem Begründungsanspruch. Zugleich betont Habermas, dass »*alle* rationalen Rekonstruktionen so wie die übrigen Wissenstypen nur einen hypothetischen Status haben«.[119] Entscheidend an diesen Ausführungen ist, dass dem vortheoretischen Wissen eine normative Relevanz innezuwohnen scheint, da es auch um handlungstheoretische Aspekte der Regelbefolgung geht. Zum anderen stellt Habermas neben die Dimension eines »ontogenetischen Erwerbs kognitiver, sprachlicher und sozio-moralischer Fähigkeiten« auch jene von einem »evolutionären Auftreten und den institutionellen Verkörperungen innovativer Bewußtseinsstrukturen in der Geschichte«.[120] Damit tritt die Frage nach der Rekonstruktion von generischen sowie evolutionären Aspekten der Entwicklung theoretischer und praktischer Kompetenzen im Spannungsfeld von Rationalität und Historizität in das Blickfeld der methodischen Reflexion.

In einem für die späte Werkphase wegweisenden Beitrag von 1996 bezog Habermas die vorgenannten methodischen Aspekte auf Fragestellungen der Moralphilosophie. Die anvisierte *Genealogische Betrachtung zum kognitiven Gehalt der Moral* wurde ihm zufolge gerade aufgrund der nachmetaphysischen Ausgangslage notwendig und gründet in der Frage nach der Begründungs- und Rechtfertigungskraft, aber auch der Überzeugungs- und Motivationskraft von moralischen Theorien nach dem Wegfall des Rekurses auf eine religiös oder metaphysisch begründete Schöpfungsordnung oder Heilsgeschichte. Ausgangspunkt der Überlegungen ist die methodische Problemstellung, wie eine Rekonstruktion des kognitiven Gehaltes von moralischen Überzeugungen, die Teilnehmende an lebensweltlichen Begründungspraktiken mit ihren Äußerungen verbinden, zu vollziehen sei. Habermas reflektiert auf die Unterschiedlichkeit von soziologischen und philosophischen Betrachtungsweisen der alltagspraktisch situierten moralischen Auseinandersetzungen. Nur deren Rekonstruktion ermögliche eine den engen Sprachspielkontext transzendierende Perspektive auch unter Beibehaltung eines phänomenologischen Blickwinkels: »Der reflektierende Nachvollzug der lebensweltlichen Begründungspraxis, an der wir Laien selbst teilnehmen, erlaubt rekonstruierende Übersetzungen, die ein kritisches Verständnis fördern. In dieser methodischen Einstellung erweitert der Philosoph die *festgehaltene* Beteiligungsperspektive über den Kreis der *unmittelbar* Beteiligten hinaus.«[121]

Diese methodische Einstellung führt jedoch zu Schwierigkeiten, die mit der jeweils zugrundeliegenden moraltheoretischen Konzeption zusammenhängen. Systematisch gilt es, im Rahmen der Rekonstruktion sowohl die phänomenologische Binnenperspektive des Urteilens zu fokussieren als auch den eigenen normativen Maßgaben für die Möglichkeit eines moralischen Begründens unter posttraditionalen Bedingungen und Gesichtspunkten zu genügen: »Eine Moralphilosophie, die sich als Rekonstruktion des alltäglichen Moralbewußtseins versteht, steht damit vor der Herausforderung zu prüfen, was von dieser Substanz vernünftig gerechtfertigt werden kann.«[122] Zu dieser Problemstellung, mit der sich die Versuche einer Rekonstruktion des alltäglichen Moralbewusstseins unter moraltheoretischen Prämissen grundsätzlich konfrontiert sehen, gesellt sich aufgrund der historischen Situation zudem die Frage, »ob die Überzeugungskraft akzeptierter Werte und Normen so etwas wie ein transzendentaler Schein ist oder ob der kognitive Geltungssinn von moralischen Urteilen und Stellungnahmen auch unter nachmetaphysischen Bedingungen gerechtfertigt werden kann«.[123] In diesem Beitrag charakterisiert Habermas die nachmetaphysischen Bedingungen noch als solche, die gänzlich »ohne religiöse Rückendeckung«[124] auskommen und entsprechend überzeugen müssten: »Die Moralphilosophie muß ohne dieses Rüstzeug den kognitiven Geltungssinn moralischer Urteile und Stellungnahmen rechtfertigen.«[125] Die Beantwortung der von Habermas hier als genealogisch charakterisierten Fragestellung vollzieht er in dem Beitrag über eine Rekonstruktion und Diskussion der Überzeugungskraft traditioneller und gegenwärtiger Moralphilosophien angesichts der modernen, nachmetaphysischen Ausgangslage und landet schließlich bei der von ihm favorisierten diskursethischen Lesart Kants: »Wir sind von der genealogischen Frage ausgegangen, ob sich der kognitive Gehalt der Moral der gleichen Achtung und solidarischen Verantwortung für jedermann nach der Entwertung ihrer religiösen Geltungsgrundlage noch rechtfertigen läßt. Ich möchte abschließend prüfen, was wir mit der intersubjektivistischen Deutung des Kategorischen Imperativs im Hinblick auf diese Frage gewonnen haben.«[126]

Die angedeutete Prüfung bezieht sich folglich auf zwei Problemkomplexe, die den »Übergang zu einer posttraditionalen Moral«[127] betreffen. Die Frage nach der Rechtfertigungsbasis für eine kontexttranszendierende normative Moraltheorie wird gerade deshalb virulent, weil die religiösen Geltungsgrundlagen unter nachmetaphysischen Bedingungen eine Entwertung erfahren hatten.

Auch wenn Habermas 1996 erstmalig auf die Relevanz einer mit den modernitätstheoretischen Annahmen verbundenen genealogischen Fragestellung hinweist, so bildet hier weiterhin noch der für die diskursethische Option entscheidende und ausschließlich formalpragmatisch ausbuchstabierte Universalisierungsgrundsatz entlang seiner die allgemeinen und zugleich normativ gehaltvollen Argumentationsvoraussetzungen von situierten Diskursen immer schon mit reflektierenden Eigenschaften den Anker für den favorisierten Lösungsweg: »Mit ›U‹ (dem Universalisierungsgrundsatz, CT) vergewissern wir uns auf reflexive Weise [...] einer in posttraditionalen Gesellschaften gleichsam übrigbleibenden, weil in Formen des verständigungsorientierten Handelns und der Argumentation bewahrten Rests von normativer Substanz.«[128]

Der Universalisierungsgrundsatz ergibt sich demzufolge durch seine Kombination mit der diskurstheoretischen Begründungsidee von Normen und Werten aus dem Gehalt von Argumentationsvoraussetzungen, die alle Teilnehmenden einer solchen Praxis implizit voraussetzen. Die Gültigkeit einer Norm ist nach diesem abduktiv gewonnen Vorschlag dann gegeben, wenn »die voraussichtlichen Folgen und Nebenwirkungen, die sich aus ihrer allgemeinen Befolgung für die Interessenlagen und Wertorientierungen eines jeden voraussichtlich ergeben, von allen Betroffenen gemeinsam zwanglos akzeptiert werden können«.[129] Zugleich verweist Habermas auf die Grenzen dieses Versuchs einer formalpragmatisch durchgeführten Begründung des moralischen Gesichtspunktes. Die allgemeinen Argumentationsvoraussetzungen der Inklusivität und des unbeschränkten Zuganges, der Gleichverteilung kommunikativer Freiheiten sowie der Zwanglosigkeit der Argumentationspraxis tangieren noch nicht die Fragen des moralischen Sollens und der mit ihr verbundenen Handlungsmotivation: »Eine moralische Verbindlichkeit kann sich aus der gleichsam transzendentalen Nötigung unvermeidlicher Argumentationsvoraussetzungen alleine nicht ergeben; sie haftet vielmehr den speziellen Gegenständen des praktischen Diskurses an – den in ihn eingeführten Normen, auf die sich die in der Beratung mobilisierten Gründe beziehen«.[130]

Der Rückgriff auf eine genealogische Verfahrensweise wird notwendig infolge der Einsicht, dass die formalpragmatisch begründete Diskurstheorie aus sich heraus keinen Zugang zu dessen praktischen Gegenständen und den durch sie eingeführten internen Normen findet. Amy Allen weist in einem Beitrag zu der von Habermas verfolgten Gebrauchsweise des Konzeptes darauf hin, dass es sich in dem Artikel von 1996 um eine vindikatorische[131] handelt, die ihr Vorgehen mit der Absicht einer Rechtfertigung von moralischen Gesichts- und Standpunkten verbindet: »In one of Habermas's earlier usages of the term, he maintains that genealogical arguments can help to justify the moral point of view by providing necessary support for the principle of universalization. [...] In this context, it sounds as if Habermas's genealogy of the moral point of view is vindicatory: it aims to vindicate or justify the principle of universalization by making it out to be the outcome of a moral learning process and/or on the ongoing process of the rationalization of the lifeworld.«[132] Das genealogische Verfahren wird von Habermas in den angeführten methodischen Reflexionen als Hilfestellung für die rationale Rekonstruktion von moralischen Äußerungen mit Begründungspotential im Lichte moraltheoretischer Prämissen mit Universalitätsanspruch genutzt.

Ein gutes Jahrzehnt später dreht Habermas auf der Grundlage der postsäkularen Gesellschaftsdiagnose den Fokus der Betrachtung um. Das artikulierte Verständigungsbedürfnis über die Rolle der Philosophie unter nachmetaphysischen und zugleich postsäkularen Bedingungen wird nun noch stärker in einen historischen und kulturellen Gesamtzusammenhang eingebettet: »Die Diskussion über die Säkularisierungsthese wähle ich nur als Ausgangspunkt für eine Frage, die auf die Klärung des Selbstverständnisses nachmetaphysischen Denkens abzielt.«[133] Die Gründe für die empirisch kaum bezweifelbare Annahme, dass die Religion eine zeitgenössische Gestalt des Geistes geblieben ist, liegen ihm zufolge auch in der eigenen Geschichte des zwischen Glauben und Wissen changierenden Denkens im weiten Bogen von der Achsenzeit über die Spätantike und die nominalistische Revolution des Mittelalters bis hin zur Neuzeit. Die problematische Stellung der reflexiven Dimension der Philosophie zu Religion und Wissenschaft unter nachmetaphysischen Bedingungen und in einer postsäkularen Gesellschaftssituation muss demzufolge zunächst in ihrer historischen Genese entschlüsselt werden. Habermas spricht von dem Projekt oder auch Versuch[134] einer *Genealogie des nach-*

metaphysischen Denkens, die die ideengeschichtlichen Zusammenhänge nicht isoliert von den gesellschaftlichen Kontexten betrachtet: »Die Weltbildrevolution der Achsenzeit und die Trennung des säkularen vom religiösen Denken in der europäischen Neuzeit bilden Einschnitte in der Genealogie des nachmetaphysischen Denkens und sind zugleich Bestandteile der sozialen Evolution.«[135] Entsprechend steht der Versuch einer Beschäftigung mit der Entstehungsgeschichte nachmetaphysischen Denkens unter zweierlei methodischen Maßgaben: »Unter dem Gesichtspunkt der *rationalen Rekonstruktion* soll diese Geschichte auch als eine Folge von Problemlösungen dargestellt werden können, während unter dem *genealogischen Gesichtspunkt* die historisch zufälligen Konstellationen in den Blick kommen, unter denen die faktisch eingetretenen Lernprozesse möglich geworden sind.«[136]

Die von Habermas in der späten Werkphase vollzogene Hinwendung zum Konzept der Genealogie ist demzufolge mit zweierlei Intentionen verbunden. Zum einen ermöglicht der für historische und kulturelle Kontingenzen sensibilisierte genealogische Blick eine Problematisierung des modernistischen und säkularen Selbstverständnisses von nachmetaphysischen Denkformen in den Wissenschaften, der Philosophie und den politischen Öffentlichkeiten. In diesem Sinne steht nicht mehr der vindikatorische Aspekt einer genealogischen Rekonstruktion von in den Alltagspraktiken eingelagerten moralischen Gehalten im Vordergrund der Theoriebildung, sondern – worauf Amy Allen hinweist – die selbstverständigungsorientierte Problematisierung des säkularen Denkens: »Habermas's genealogy of postsecular reason clarifies the dangers associated with a narrowly secularistic point of view. Hence, the payoff of such a problematizing genealogy would be twofold: not only to provide secular thought with a more accurate self-understanding, but also, from a political point of view, to give the lie to the secularistic assumption that religious believers are so strange and different from ›us‹ that we no longer have to talk to ›them‹ or even take ›them‹ seriously.«[137]

Diese genealogisch orientierte Selbstverständigung hinsichtlich der gegenwärtigen Problemstellungen nachmetaphysischen Denkens in postsäkularen Gesellschaften wird zum anderen von Habermas in einem sehr weitläufigen Sinne historisch eingebettet, so dass der genealogische Zugriff auf die ideengeschichtlichen Entstehungszusammenhänge in den jeweils historisch spezifischen gesellschaftlichen Kontexten mit politischen, sozialen und kulturellen Besonderheiten ausgedehnt wird. Allen fasst diesen Aspekt wiederum als eine Wiederkehr der vindikatorischen Deutung der genealogischen Verfahrensweise auch in seinem Spätwerk: »And yet, alongside and in a somewhat uncomfortable tension with this problematizing strand of Habermas's genealogy of postsecular reason, there is a strong vindicatory current as well. [...] Habermas makes it clear that the point of his genealogy of postsecular reason is to reconstruct its own history as a learning process.«[138]

In seiner Replik auf diese Einordnung der genealogischen Verfahrensweise hebt Habermas wiederum die problematisierenden Aspekte des geschichtlich orientierten Vorhabens gegenüber den vindikatorischen hervor: »Allerdings soll die Genealogie eines Pfades, der, von der Moderne ausgehend, über die Symbiose der griechischen Metaphysik mit dem Christentum auf komplementäre Ursprünge in der Achsenzeit zurückführt, ein bestimmtes, in der Profession – und keineswegs nur unter harten Naturalisten – vorherrschendes philosophisches Selbstverständnis korrigieren. Sie verfolgt mithin die *problematisierende Absicht*, das säkulare Denken über das säkularistische Selbstmissverständnis einer bornierten Aufklärung aufzuklären.«[139] Die genealogische Seite des Vorhabens fokussiert dem Anspruch zufolge die Kontingenzen und Kontexte von Lernschritten, die sich als Problemlösungen anzeigen und die aus dem »komplementären Verhältnis von nachmetaphysischem Denken und reformiertem religiösem Bewusstsein«[140] hervorgegangen sind. Sie hat demnach – worauf Habermas sehr ausdrücklich insistiert – »keine Rechtfertigungsfunktion«.[141] Der genealogische Blick auf die Entstehungsgeschichte des nachmetaphysischen Denkens intendiert hingegen die Beförderung eines reflexiven Bewusstseins von der »Kontingenz des Entstehungskontextes der Hintergrundprämissen von einstweilen für gültig gehaltenen theoretischen Erkenntnissen und praktischen Einsichten«.[142]

Bereits in den nach Habermas' eigener Auskunft nur »verstreut«[143] vorliegenden Arbeiten zum Verhältnis von nachmetaphysischem Denken, gesellschaftlicher Modernisierung und Religion aus dem ersten Jahrzehnt des 21. Jahrhunderts werden die gegenwartsbezogenen Fragestellungen zumeist durch historische Kontextualisierungen und Exkurse beantwortet. Diese beziehen sich sowohl auf ideen- und wissenschaftsgeschichtliche Themen als auch auf den Gang der Entwicklung philosophischer Denkformen. Habermas interessieren die »kognitiven Schübe«, »Stufen« und Einschnitte«, die nicht nur mit den Fortschritten von Philosophie und Wissenschaft, sondern gerade auch mit dem »okzidentalen Pfad der Religionsentwicklung« verbunden sind.[144] Er spricht von der fortbestehenden Relevanz einer »evolutionären Sicht auf Stadien der Weltbildentwicklung«,[145] für die der Strukturwandel von Religion und rituellen Praktiken von nicht nur praktischer, sondern auch epistemischer und kognitiver Bedeutung war und ist. Die Anpassungsanforderungen an veränderte soziale Umwelten sind demzufolge nur eine Erklärung für die Weltbildentwicklungen im Ausgang vom Religiösen und Rituellen: »Er geht vielmehr auch, und vielleicht sogar in erster Linie, auf *interne* Lernprozesse zurück, die ihrerseits von sozialen Umbrüchen ausgelöst werden, aber auf kognitive Herausforderungen antworten.«[146]

Entscheidende Wegmarken für epochale Lernprozesse der menschlichen Gattung bildeten laut Habermas der Übergang von einer zentrierten Organisation kultischer Praktiken ab dem dritten vorchristlichen Jahrtausend hin zur achsenzeitlichen Entstehung[147] von metaphysischen Weltbildern und monotheistischen Weltreligionen mit Gesetzesbezug in China, Israel und Griechenland. Einen ähnlichen Einschnitt wie die Achsenzeit stellt für Habermas der aus der neuzeitlichen Entwicklung der Wissenschaften und der Philosophie hervorgehende und als ambivalent gekennzeichnete Übergang zur Moderne dar, der durch die interne Wissensdynamisierung ebenso angestoßen wurde wie durch die Rechtsentwicklung oder die nominalistische Revolution: »Mit dem moralischen Eigensinn des modernen Rechtssystems und dem empirischen Eigensinn der modernen Wissenschaften entwickeln sich profane Wissensarten, die auf deren theologische und metaphysische Ursprünge ihrerseits zurückwirken. [...] Das religiöse Bewusstsein, das sich (in einem nichtkonfessionellen Sinne) reformierte, und das nachmetaphysische Denken, das eine Kritik der Vernunft erarbeitete, sind am Ende komplementäre Antworten auf dieselben kognitiven Herausforderungen der aus säkularen Wissensquellen gespeisten Aufklärung.«[148]

Mit dem historisch weit ausgreifenden Konnex zwischen der achsenzeitlichen und der modernen Reformierung von Weltbildern können nach Habermas auch bestimmte philosophische Pfade markiert werden, die sich zunächst als eine Fortschrittsgeschichte deklarieren lassen: »Auf den hier grob skizzierten Pfaden einer *Genealogie des neuzeitlichen Denkens* hat eine Ausdifferenzierung stattgefunden, der die starken metaphysischen Ansprüche zum Opfer gefallen sind. Man kann diesen Differenzierungsprozess auch als ein Aussortieren von jenen Gründen vorstellen, die für das nachmetaphysische Denken allein noch zählen.«[149] Diese Geschichte des nachmetaphysischen Denkens gründe in einer bis in die Achsenzeit zurückreichenden Vorgeschichte, deren maßgebliche Lernschritte sich einem seit der Spätantike fortwährenden und weitverzweigten Diskurs über Glauben und Wissen verdanken. Mit dieser Einschätzung verbindet sich auch eine Abkehr von der starken Prämisse seines noch 1988 vorgetragenen Verständnisses von einem einschneidenden philosophiehistorischen Paradigmenwechsel zwischen metaphysischem und nachmetaphysischem Denken, den er damals als Folgeerscheinung der in dieser Frage ambivalenten Philosophie Hegels gedeutet hatte. Die Vorgeschichte des nachmetaphysischen Denkens wird nun sehr viel tiefer in der okzidentalen Ideengeschichte verortet. Am entscheidenden Wendepunkt des aus dieser Geschichte hervorgehenden neuzeitlichen Differenzierungsprozesses, der zu den Herausbildungen der eigenlogischen Sphären von Philosophie, empirischen Wissenschaften und Theologie geführt hat, stehen Habermas zufolge mit David Hume und Immanuel Kant die beiden ersten und zugleich wegweisenden, weil paradigmenbildenden nachmetaphysischen Denker.

4. Genealogie des nachmetaphysischen Denkens

In dem auf Dezember 2018 datierten *Vorwort* zum zweibändigen Werk *Auch eine Geschichte der Philosophie* spricht Habermas von einer »länger als ein Jahrzehnt währenden Beschäftigung«[1] mit der Thematik der historischen Genese des nachmetaphysischen Denkens. Das mit der Arbeit einhergehende philosophiehistorische Interesse unter sowohl systematischen als auch auf die eigene Biografie bezogenen Gesichtspunkten gebe jedoch eine nur ungenügende Rechtfertigung ab für das »waghalsige, eigentlich unseriöse Unternehmen«, sich ohne intensive Kenntnis der zugleich spezialisierten und ausgreifenden Forschungslagen noch einmal mit der ›Geschichte der westlichen Philosophie‹ zu beschäftigen: »Also kann es bei diesem erneuten Durchgang durch die Geschichte der westlichen Philosophie bestenfalls um die Plausibilisierung einer Lesart gehen, und zwar im Hinblick auf eine [...] metatheoretische Frage: Was kann heute noch ein angemessenes Verständnis der Aufgabe der Philosophie sein?«[2]

Im Folgenden wird zunächst die mit dieser Fragestellung verbundene Programmatik und Intention des 2019 erstmalig veröffentlichten Spätwerks von Habermas in den Blickpunkt gerückt (4.1), die zudem eng an das methodische Vorgehen einer genealogischen Rekonstruktion von geistes- und ideengeschichtlich überlieferten philosophischen Lernschritten gekoppelt ist (4.2). Anschließend soll der von Habermas bereits im Kontext der Debatten über das gegenwartsbezogene Verhältnis von säkularer Denkform und religiösem Bewusstsein angesprochene philosophiehistorische Wendepunkt hin zu einer nachmetaphysischen Paradigmenkonkurrenz innerhalb der »Genealogie des neuzeitlichen Denkens«[3] historisch eingeordnet (4.3) und anhand von drei Figurenkonstellationen veranschaulicht werden (4.4). So stehen Francis Bacon und René Descartes für die schrittweise erfolgte philosophische Reflexion auf die naturwissenschaftlichen Entwicklungsschritte im Umbruch von der Renaissance zur frühen Neuzeit (4.4.1). Hume und Kant wiederum gelten der übergreifenden Rekonstruktion in *Auch eine Geschichte der Philosophie* zufolge als die ersten nachmetaphysischen Denker, die für zwei bis in die Gegenwart konkurrierende Gestalten und Paradigmen dieser Denkform stehen (4.4.2). Mit Feuerbach und Marx wiederum wird die alltags- und lebenspraktisch ausgerichtete Situierung der detranszendentalisierten Subjekte in die mit der Entwicklung der bürgerlichen Gesellschaft zusammenhängenden Lebensformen und Praktiken theoretisch so reflektiert, dass die kritischen Potentiale modernen Denkens offengelegt werden (4.4.3). Im Ausgang von dieser exemplarischen Darstellung der drei Figurenkonstellationen werden diese abschließend in den von Habermas in *Auch eine Geschichte der Philosophie* retrospektiv vollzogenen, aber dem Anspruch nach auch auf Zukunftsfragen verweisenden größeren Zusammenhang der bis in die Gegenwart reichenden Geschichte des nachmetaphysischen Denkens gestellt (4.5).

4.1 Fragestellung, Programmatik und Intention

Habermas beschreibt im *Vorwort* sowie den ersten Kapiteln von *Auch eine Geschichte der Philosophie* ausführlich seine Motive für die Abfassung des voluminösen Spätwerks. Diese liegen demzufolge nicht nur in einem philosophiehistorisch orientierten Interesse, sondern entspringen vornehmlich der zeitgenössischen Frage nach einem angemessenen Verständnis der Aufgaben der Gegenwartsphilosophie. Habermas artikuliert eine Unsicherheit mit Blick auf die Zukunft der Philosophie als Fach, und deutet die zunehmende Spezialisierung der Disziplin im Wissenschaftssystem nicht nur als Herausforderung, sondern auch als Problem. Infolge einer sich verstärkenden szientistischen Entwicklung der Philosophie als Fach und Disziplin verliere diese zunehmend ihre grundlegenden, holistischen und aufs Ganze Bezug nehmenden Orientierungsaufgaben aus dem Blick: »Auch die Philosophie ist eine wissenschaftliche Denkungsart, aber sie ist keine Wissenschaft, die daran arbeitet, immer mehr über immer weniger, das heißt enger und genauer definierte Gegenstandsbereiche zu lernen;

sie unterscheidet nämlich zwischen Wissenschaft und Aufklärung, wenn sie erklären will, was unsere wachsenden wissenschaftlichen Kenntnisse von der Welt *für uns bedeuten* – für uns als Menschen, als moderne Zeitgenossen und als individuelle Personen.«[4] Die bereits seit der Modernediagnose der 1980er Jahre formulierte Frage nach den Möglichkeiten der Auf- und Übernahme einer solchen, sich am Ideal der vernünftigen Freiheit orientierenden Aufklärungsrolle durch die Philosophie im nachmetaphysischen Zeitalter bildet auch hier den festzuhaltenden und doch beständig an Halt verlierenden Anker.

Es ist nach Habermas das szientistische Missverständnis über diese Aufklärungsrolle, das zu einer Rollenverschiebung der Philosophie als Disziplin geführt habe. Dieser Verschiebung im Selbstverständigungsprozess möchte er durch einen »historischen Selbstbezug« sowie eine »historische Selbstvergewisserung« in kritischer Absicht nachspüren: »Dieser Selbstbezug darf sich freilich nicht kurzatmig in der Reflexion auf die Bindungen des jeweils aktuellen Nachdenkens an den historischen Ort seiner gesellschaftlichen Bezüge und politischen Herausforderungen erschöpfen. Die historische Selbstvergewisserung muss weiter ausholen und sich auf eine Rekonstruktion von *beiden Strängen* des philosophischen Erbes erstrecken.«[5] Die von Habermas seit den frühesten Arbeiten diskutierte Frage nach einem Rationalitätskonzept, das den für moderne ausdifferenzierte Gesellschaften relevanten Aspekten der sozialen und kulturellen Integration gerecht wird, integriert er im Spätwerk in die übergreifende philosophische Aufgabenstellung nach einer rationalen Orientierung im Selbst- und Weltverständnis.

In der *Vorrede* zu *Auch eine Geschichte der Philosophie* wird eine paradigmenbildende Entwicklungslinie in der Tradition von Hume und Bentham als der eine Strang der philosophischen Erblast markiert. Der andere Strang ist nach Habermas der von Kant, Schelling und Hegel über den Junghegelianismus ausgehende, der dem praktischen Orientierungsbedürfnis durch eine »rätselhafte Initiative zum Gebrauch unserer vernünftigen Freiheit«[6] Ausdruck verliehen habe. Später spricht er von einer »Wegscheide [...], an der das nachmetaphysische Denken selbst sich gabelt«, mit Auswirkungen bis in die Philosophie des 20. und 21. Jahrhundert: »Mit Hume und Kant verzweigen sich die Pfade. Das nachmetaphysische Denken entfaltet sich auf der einen Seite, gewissermaßen vorbei am sogenannten deutschen Idealismus, zu Spielarten einer im engeren Sinne ›wissenschaftlichen‹ Philosophie, während es sich auf der anderen Seite – seit Feuerbach, Marx und Kierkegaard – weiterhin an der Gedankenbewegung von Kant bis Hegel abarbeitet.«[7] Diese ideengeschichtlich kontextualisierte Pfadverzweigung ist für Habermas deshalb von herausragender Bedeutung, weil sie ein Licht wirft sowohl auf die Problematiken als auch auf die Möglichkeitenhorizonte der nachmetaphysischen Philosophie in der postsäkularen Gegenwart: »Beide Denkungsarten setzen ein im 17. Jahrhundert wurzelndes säkulares Denken fort, das sich im Laufe des 18. Jahrhunderts nicht nur von religiösen, sondern auch von metaphysischen Weltbildkonstruktionen verabschiedet hat. Rückblickend erkennen wir aber, dass sich in diesem neuen Horizont nachmetaphysischen Denkens zwei Varianten des Verständnisses von dem, was Philosophie ist und sein soll, herausgebildet haben.«[8]

Im weiteren Textverlauf tauchen erste Konkretionen der Differenz zwischen Hume und Kant mit Blick auf den jeweiligen Vernunftbegriff auf, die in unterschiedlichen Konzepten von Rationalität kulminieren. Mit Kant stellt sich Habermas explizit auf die Seite eines weiten und komprehensiven Begriffs von Vernunft, an dem auch in der Gegenwart festgehalten werden müsse. Die weitreichende Kernaufgabe vernünftigen Denkens und Handelns besteht demzufolge »im Operieren mit allen Gründen, von denen sich der menschliche Geist im Umgang mit Anderen und mit der Welt affizieren lässt. Dazu gehören nicht nur empirische oder theoretisch-empirische, letztlich auf Beobachtungen von etwas in der Welt zurückgehende Gründe; sondern ebenso ethische, moralische und juristische, auf Werte und Normen des Zusammenlebens bezogene, oder ästhetische und existentielle, von extraordinären Erfahrungen abhängige Gründe.«[9] In der postsäkularen und philosophisch verunsicherten Gegenwart kehre dieses über den Idealismus überlieferte Thema eines vernünftigen, das heißt an Gründe gebundenen Gebrauchs der Freiheit »in seiner ganzen Wucht zurück, sobald sich die Philosophie ihres eigenen Entstehungskontextes vergewissert«.[10] Die Perspektivierung dieser Genese der nachmetaphysischen Denkform, zu der sich Habermas in seinem Spätwerk entschließt, unterscheidet sich jedoch bereits mit Blick auf die im *Vorwort* formulierten Prämissen deutlich und entscheidend von den historischen Exkursen im *Philosophischen Diskurs der Moderne* von 1985 oder den Texten zum ersten Band über das *Nachmetaphysische Denken* von 1988. Denn die Klammer zwischen den idealistischen und junghegelianischen Entwürfen einer vernünftigen Freiheit und den von der Achsenzeit ausgehenden Entstehungskontexten des neuzeitlichen und modernen Denkens markiert er nun entlang einer Überführung von »semantischen Gehalten biblischen Ursprungs in die Grundbegriffe des nachmetaphysischen Denkens«.[11] Einen holistischen Bezug auf das Selbst und Welt umgreifende Ganze des menschlichen Orientierungsbedürfnisses könne Philosophie nur aufnehmen, wenn sie ungeachtet ihres säkularen Charakters sich über die religiöse Herkunft ihres historisch und kulturell transformierten Erbes nicht nur Rechenschaft gebe, sondern diese Hintergründe auch in die eigenen Reflexionen mit einfließen lasse.

Den einleitenden Ausführungen in *Auch eine Geschichte der Philosophie* zufolge habe diesen anspruchsvollen Weg jedoch nur die zweite, an Kant anschließende Spielart nachmetaphysischen Denkens eingeschlagen. Es sind in der Folge vier Weichenstellungen, anhand derer sich die Unterscheidung der beiden Spielarten entlang der von Kant und Hume ausgehenden Weggabelung[12] präzisieren lassen: »Die Unterschiede lassen sich an der Einstellung zu Religion und Theologie (a), an der kognitivistischen beziehungsweise nichtkognitivistischen Auffassung der praktischen Vernunft (b), an der Einstellung zur philosophischen Relevanz der Geistes- und Sozialwissenschaften [...] (c) und schließlich an der Stellungnahme zur Reflexion auf den jeweils eigenen historischen Standpunkt des philosophischen Denkens (d) festmachen.«[13] Die Differenzierung der beiden von Habermas als Entwicklungspfade markierten Varianten nachmetaphysischen Denkens hat entsprechende Implikationen für die zeitgenössische Ausgangsfrage nach der Rolle und den Aufgaben der Philosophie. Im Anschluss an die beiden hinsichtlich der genannten Weichenstellungen opponierenden Aufklärungsphilosophen stelle sich die Frage, »ob und gegebenenfalls wie die Philosophie auch in ihrer nachmetaphysischen Gestalt an dem Anspruch festhalten kann und soll, das im lebensweltlichen Hintergrund verankerte intuitive Welt- und Selbstverständnis der jeweils gegenwärtigen Generationen zu erklären und so weit wie möglich im Lichte des wissenschaftlich akkumulierten und jeweils verbesserten Weltwissens kritisch zu prüfen«.[14]

Dass Hume und Kant als »Exponenten eines unzweideutig nachmetaphysischen Denkens«[15] auf der Grundlage einer subjektphilosophischen Wende eine Weggabelung hinsichtlich dieser vier Themen vollziehen, kommt nach Habermas nur durch einen retrospektiven Blick auf den philosophiehistorischen Entwicklungsgang zur Geltung, die den Maßgaben einer spezifischen methodischen Einstellung folgt: »Erst vor dem Hintergrund der Genealogie nachmetaphysischen Denkens nimmt die Konstellation von Kant und Hume klare Konturen an.«[16] Die Analyse der mit den grundbegrifflichen Weichenstellungen des nachmetaphysischen Denkens verbundenen Lernschritte der Philosophie bedürfen demzufolge eines methodischen Blicks in die Historie, der von Habermas als ›genealogisch‹ bezeichnet wird. Auf der Oberflächenebene des Zugriffs auf die philosophiehistorischen Konstellationen führt dies – worauf Martin Bondeli hinweist – zu einem »sehr weit gefassten und durch unterschiedliche Ausgangsraster geprägten Begriff nachmetaphysischen (und damit auch: metaphysischen) Denkens«.[17]

Nach der in diesem Buch verfolgten Interpretationshypothese liegt der Grund für diese semantische Erweiterung des Begriffes vom nachmetaphysischen Denken in seinem Verhältnis zur Metaphysik an dem soziologischen Blickrichtungswechsel von einem säkularistischen zu einem postsäkularen Gesellschaftsbegriff. Diese Erweiterung des Konzeptes unter philosophiehistorischen Gesichtspunkten kontrastiert mit den systematischen Engführungen der sich von der klassischen Metaphysik abgrenzenden nachmetaphysischen Denkform, wie sie von Habermas in den 1980er Jahren charakterisiert worden ist.[18] Bondeli führt vier unterschiedliche Aspekte an, die bei Habermas schriftenübergreifend für den philosophiehistorischen Übergang zur nachmetaphysischen Denkform einzustehen scheinen: erstens die mit dem ›linguistic turn‹ als Paradigmenwechsel ausgezeichnete Wende von der Bewusstseins- zur Sprachphilosophie, zweitens die wissenschaftshistorischen Umorganisationen des philosophischen Denkkorpus im frühen 19. Jahrhundert, drittens den philosophischen Konnex zu den gesellschaftlichen Prozessen der Rationalisierung und Säkularisierung und viertens die Überwindung metaphysischer Relikte durch einen konsequenten Bruch mit bestimmten philosophischen Denkungsarten. In *Auch eine Geschichte der Philosophie* liegt die Konzentration auf dem historisch deutlich früher einsetzenden Paradigmenwechsel zur Subjektphilosophie, der bereits bei Augustinus und insbesondere Luther angelegt und in den Werken von Hume und Kant »konsequent durchgeführt«,[19] aber »in je anderer Weise radikalisiert«[20] worden sei: »Der Ausdruck ›nachmetaphysisch‹ steht in diesem Falle für einen mit Hume und Kant einsetzenden Beginn eines neuen, sich verzweigenden philosophischen Rationalisierungs-, Säkularisierungs- und Aufklärungsschub.«[21]

4.2 Genealogische Methode und Rekonstruktion von Lernschritten

Habermas zufolge stehen Hume und Kant als Aufklärungsphilosophen für eine bis in die Gegenwart auswirkungsreiche Weggabelung auf der Grundlage eines unterschiedlichen Umganges mit der eigenen geschichtlichen Verwurzelung in einem »langanhaltenden theologischen Diskurs über Glauben und Wissen«.[22] Die Paradigmenkonkurrenz zwischen unterschiedlichen Rationalitätskonzepten, die sich in der Ausbildung eines engen sowie eines komprehensiven Vernunftbegriffes in zwei Traditionslinien niederschlägt, ist Fluchtpunkt der genealogischen Untersuchung. Diese soll offenlegen, »aus welchen Gründen und Lernprozessen heraus die beiden Paradigmen zur Auszeichnung ihrer jeweiligen Leitperspektiven kamen«[23]. Mit einer solchen Selbstaufklärung des nachmetaphysischen Denkens möchte Habermas die historische Begründung für die bereits in den vorhergehenden Jahren formulierte Überlegung liefern, dass seit der »Weltbildrevolution der Achsenzeit«[24] ein wechselseitig verschränkter Lernprozess von Religion und Philosophie stattgefunden hat, der ihm zufolge für die Orientierungsfragen der heutigen Philosophie von außerordentlicher Relevanz ist. Diesen Lernprozess beschreibt er zum Abschluss des zweiten Bandes seines Spätwerks als einen philosophisch anspruchsvollen und normativ innovativen »Prozess der Einwanderung theologischer Gehalte«[25] ins philosophische und säkulare Denken. Entscheidend für ein Verständnis der philosophischen Ergebnisse der historischen Untersuchung ist das von Habermas intendierte Zusammenspiel von rekonstruktiver und genealogischer Methode.

Dass überhaupt von Paradigmenwechseln und mit diesen zusammenhängenden Lernprozessen in der Ideen-, Geistes- und Philosophiegeschichte gesprochen werden kann, verteidigt Habermas bereits in dem *Vorwort* von *Auch eine Geschichte der Philosophie* gegen mögliche Relativierungen aufgrund von Kontingenzerfahrungen oder Machtanalysen. Selbst die von Kuhn, Feyerabend oder Foucault formulierten Kritiken an einem starren Begriff von Paradigma setzen ihm zufolge noch ein Kontinuum von Theoriebildungen voraus, »die sich als Fortsetzung der bisherigen Philosophiegeschichte zu erkennen geben«.[26] Das Projekt einer Genealogie nachmetaphysischen Denkens will keine lineare oder teleologische Geschichtsphilosophie sein. Es steht gerade deshalb vor der Herausforderung, den methodischen Zugriff und dessen Ergebnisse zu plausibilieren. Lernprozesse in ihrer historischen Dimension zu rekonstruieren, muss die zunächst unterstellte Rationalität der Entwicklung immer aus zwei Perspektiven beleuchten. Die eine Perspektive ist die des den Prozess nicht nur beobachtenden, sondern aus der Retrospektive auch rekonstruierenden Wissenschaftlers, die andere ist die für das von Habermas intendierte Vorhaben entscheidende Blickrichtung aus der von Habermas als Beteiligten- oder Teilnehmendenperspektive gekennzeichneten Sicht: »Der Angemessenheit des reflexiven Selbstverständnisses einer philosophischen Denkweise im Ganzen vergewissern wir uns aber weder durch Definitionen noch durch Beschreibungen. Deshalb verschiebt sich die Frage von der Geltung auf die Genesis von Überzeugungen, freilich auf eine ihrerseits als *rational verstandene Genesis*: Nur die Argumentationsmuster, die sich im Zuge von *rational nachvollziehbaren* Lernprozessen herausgebildet haben, bedürfen keiner *weiteren* Rechtfertigung.«[27] Das dem Anspruch nach in der sozialen Realität immer schon angelegte Vernunftpotential, das beispielsweise Titus Stahl mit Blick auf Habermas' methodischen Zugang als »immanente Normativität sozialer Praktiken«[28] bezeichnet, muss sich in der über beschreibende Akte hinausgehenden genetischen Erklärung »zu einer *rekonstruktiven Darstel-*

lung von historischen Lernschritten verdichten, die nicht nur ex post plausibel sind, sondern den Beteiligten selbst als Lernschritte eingeleuchtet haben«.[29]

Die Entwicklung der nachmetaphysischen Denkform, um die es hier geht und die Habermas als entscheidende Weichenstellung für die säkulare Denkungsart der modernen Philosophie ansieht, soll demzufolge als rational nachvollziehbares und zugleich aus der Perspektive der Beteiligten sich immanent rechtfertigendes Ergebnis von historischen Lernprozessen in den Blick gerückt werden. Das rekonstruktive Vorhaben muss entsprechend zeigen, dass diese Entwicklung keinen Zufall darstellt und sowohl aus der historischen Teilnehmenden- als auch der zeitgenössischen Rekonstruktionsperspektive als rational beurteilt wurde und wird. Da Habermas zugleich eine Beantwortung der leitenden Frage nach einem angemessenen Selbstverständnis der zeitgenössischen Philosophie antizipiert, muss er ebenso verdeutlichen, warum die Lösung von Problemstellungen im Gang der historischen Lernprozesse für die Gegenwart von Relevanz ist und bleibt. Denn die Selbstbegründung und -rechtfertigung »aus eigenen Prämissen«[30] ist normative Maßgabe und leitendes Prinzip des nachmetaphysischen Denkens im Kontext von Aufklärung und Moderne. Daniel Gaus hat in einem Beitrag zum Stellenwert der Methode der rationalen Rekonstruktion für das übergreifende Theoriegebäude der Schriften aus Habermas' mittlerer Werkphase die Herausforderung einer solchen Annahme über historische Lernfortschritte gerade im Lichte dieser Prämissen des nachmetaphysischen Selbstverständnisses hingewiesen: »Die Schwierigkeit ist dabei die folgende: Wie lässt sich die Annahme eines historischen Lernfortschritts mit der pragmatistischen Einsicht vereinbaren, dass Wertvorstellungen nicht metaphysisch gegeben sind, sondern in welterschließender Praxis fortlaufend hervorgebracht werden? Die gesuchte Erklärung muss einen Standard für die Rationalität gesellschaftlichen Bewusstseins ausweisen, der es erlaubt, die historische Transformation menschlicher Erfahrung als gerichtet vorzustellen, dabei aber selbst weder als historisch kontingente noch als metaphysische Wertvorstellung erscheint.«[31]

Grundlage der von Habermas verfolgten Lösungsstrategie zur Bewältigung dieser Schwierigkeiten ist zum einen der Rekurs auf die Kernideen des formalpragmatischen Konzepts mitsamt seiner Einbettung in einen Theorierahmen mit gesellschaftstheoretischen Vorentscheidungen aus der mittleren Werkphase. Die Defizite der auf dieser Seite des Vorgehens zum Tragen kommenden externen, soziologischen Sicht auf den rekonstruierten historischen Zusammenhang intendiert er zum anderen durch Rekurs auf eine bestimmte Variante der genealogischen Methode einzuholen. Diese müsse sich sensibel zeigen für die situativen und kontextuellen Kontingenzen, in die die jeweiligen historischen Binnenperspektiven eingebettet bleiben. Voraussetzung für das von Habermas seit der mittleren Werkphase extrapolierte Verständnis von gesellschaftlicher Evolution ist die auf Gründen beruhende Reflexion von Problemstellungen, die gesellschaftliche Krisen für die subjektive Weltwahrnehmung auslösen: »Neue Probleme ergeben sich aus der Notwendigkeit, kognitive Dissonanzen zu bearbeiten, die ein intersubjektiv geteiltes Selbst- und Weltverständnis erschüttern. Solche Dissonanzen entstehen aus zwei verschiedenen Quellen: zum einen aus neuen Erkenntnissen über die objektive Welt, zum anderen aus Krisen der Gesellschaft.«[32]

Für die rationale Rekonstruktion ist die interne Dynamik der geistigen oder intellektuellen Bewältigung dieser beiden Arten von Problemstellungen von Interesse. Seit der *Theorie des kommunikativen Handelns* hat Habermas eine innere Verschränkung des diskurstheoretisch exemplifizierten argumentativen Begründungskonzeptes mit Lernprozessen so vorausgesetzt, dass die Verflechtung der Grundstrukturen sprachlicher Verständigung mit dem pragmatisierten Verständnis von Gründen auch die historischen Prozesse durchwirkt. So lassen sich die angesprochenen kognitiven Dissonanzen in geschichtlichen Transformationsprozessen und Umbruchsszenarien als Situationen verständlich machen, in denen Geltungsansprüche virulent und Gründe thematisch werden. Auch in *Auch eine Geschichte der Philosophie* bilden kriseninduzierte Problemlösungen und die diesen zugrundeliegende faktische Rechtfertigungsbedürftigkeit individueller und kollektiver Bewältigungsstrategien die Facetten eines Prozesses, dessen Medium nach Habermas' übergreifender Programmatik die eigentümliche Struktur der verständigungsorientierten und somit intersubjektiven Welterschließung bildet.

Dem hohen theoretischen Anspruch der rekonstruktiven Methode gemäß stellen die guten Gründe nun auch das entscheidende Bindeglied zwischen den Beteiligtenperspektiven und der unter Gesichtspunkten der rationalen Entwicklung interpretierenden Beobachtung dar. Dies setzt nach Habermas voraus, dass Lernprozesse nicht nur als adaptive Anpassungsprozesse verstanden werden, die für die Reproduktion von Gesellschaften in ihren bestehenden Modi und Rahmenhandlungen notwendig sind: »Unter sozialevolutionären Gesichtspunkten spielen aber insbesondere jene sozial- und moralkognitiven Lernprozesse eine entscheidende Rolle, die den funktionalen Anpassungsprozessen mit Rücksicht auf die Sicherung der sozialen Integration Beschränkungen auferlegen.«[33] Das sozialkognitive Lernen führt zur Dezentrierung und Entgrenzung der Selbst-, Kollektiv- und Weltbeziehungen und das moralische Lernen führt zu gewaltlosen Umgangsformen mit Konflikten und Dissensen.

Aus Sicht des rekonstruktiven Verfahrens wird hier die Herausforderung des Perspektivenwechsels maßgeblich: »Lernprozesse bemessen sich an der Lösung von Problemen, und diese kann nur ein Beobachter, der sich die Perspektive des Beteiligten zu eigen macht, *verstehen*.«[34] Für dieses komplexe Verstehen wird nun – und dies stellt eine entscheidende methodische Erweiterung im Spätwerk von Habermas dar – die problematisierende Kontextualisierung der rekonstruierten Entwicklung von historischen Lernschritten durch einen genealogischen Zugriff auf das geschichtliche Geschehen notwendig: »Es ist die Einbettung dieser problemgesteuerten, aber nicht ausschließlich intern erklärbaren Lernprozesse in kontingente, freilich gesellschaftstheoretisch verallgemeinerte Entstehungskontexte, die das genealogische Verfahren von einer ideen- und problemgeschichtlichen Darstellung unterscheidet. […] Mit dem Blick auf den gesellschaftsgeschichtlichen Entstehungskontext berücksichtigt das genealogische Verfahren den Umstand, dass die Philosophie auf ihrem Weg der rationalen Klärung des Selbstverständnisses der Gesellschaft auch zu deren Integration beiträgt – und damit ihrerseits in die Reproduktion der Gesellschaft verstrickt ist.«[35]

Das genealogische Verfahren erfüllt demzufolge zwei Aufgaben. Es bettet die Rekonstruktion von internen Dynamiken der rationalen Bewältigung von Problemen und Krisen in einen übergreifenden soziohistorischen Zusammenhang ein, der einen offenen Blick für die Kontingenzen der jeweiligen Entstehungs- und Entwicklungsgeschichten beibehält. Dadurch sollen nicht nur die Fallstricke von linearen und teleologischen Geschichtsphilosophien umgangen werden, sondern auch die mit Ideen- und Problemgeschichten einhergehenden Fragen nach dem problematischen externen Standpunkt der philosophischen Feder gegenüber ihrem Gegenstand. Die »*genealogische* Betrachtungsweise von *Lern*prozessen«[36] ist sich bewusst, dass die Philosophie auch in diesem Selbstvollzug der historischen Rekonstruktion in den untersuchten Zusammenhang eingebunden bleibt. Zugleich nimmt sie aufgrund des auf dem Boden der genealogischen Betrachtungsweise vollzogenen problematisierenden Zuganges[37] auch eine kritische Aufgabe wahr: »Die Rekonstruktion der Lernprozesse, aus denen das nachmetaphysische Denken hervorgegangen ist, nimmt dessen Voraussetzungen nichts an Überzeugungskraft, erweitert aber das Verständnis seines Entstehungskontextes in der Weise, dass nicht nur die Gewinne, sondern auch die *Kosten* dieses Lernprozesses sichtbar werden.«[38]

Dieser Verweis führt zurück auf die Ausgangsfrage von *Auch eine Geschichte der Philosophie*, die die Suche nach einem angemessenen Selbstverständnis der Philosophie in der Gegenwart in den Fokus des historisch orientierten Reflektierens rückt. Die *Genealogie des nachmetaphysischen Denkens* kann diesen Weg zu einer möglichen Korrektur von Fehlentwicklungen nur »indirekt«[39] gehen, wie Habermas an entscheidender Stelle bemerkt. Diese nur subtile Ausrichtung des Spätwerks auf die philosophischen Gegenwartsfragen haben Burkhard Liebsch und Bernhard H. F. Taureck einer Kritik unterzogen: »*Prima facie* verspricht das Projekt *Auch eine Geschichte der Philosophie* nicht, zumindest nicht direkt, zu einer Art Ortsbestimmung unserer Gegenwart beizutragen. [...] Wie es scheint, setzt der Autor auf die eigentümliche Indirektheit seines Vorgehens sogar seine ganze Hoffnung, seine Geschichte der Philosophie werde sich als eine zeitgemäße Philosophie der Geschichte herausstellen können, die aus der Vergangenheit dieser Disziplin die heute allein noch tragfähige, zukunftsweisende Orientierung kommunikativer Praxis gewinnt.«[40]

4.3 Zur Vorgeschichte nachmetaphysischen Denkens

Im Rahmen der von Habermas zu einer umfänglichen Darstellung gebrachten Vorgeschichte des nachmetaphysischen Denkens nimmt das 17. Jahrhundert eine Schlüsselrolle ein. Für dieses konstatiert er einen Wandel in den philosophischen Reflexionen auf Denken und Handeln, der auf verschiedene Quellen verweist. Bereits in dem 2009 geführten Interview mit Eduardo Mendieta fokussiert er entscheidende Umbrüche in der Wissenschafts- und Philosophieentwicklung: »Die objektivierenden Naturwissenschaften haben schon im 17. Jahrhundert zu einer Trennung der praktischen von der theoretischen Vernunft geführt. Diese Abspaltung wiederum provoziert die Versuche des Vernunftrechts und der Vernunftmoral, Verpflichtungen und Wertorientierungen statt aus der ›Natur der Dinge‹ aus praktischer Vernunft allein zu begründen.«[41] Zugleich veränderte sich die Rolle der Theologie infolge der naturwissenschaftlichen Fortentwicklungen, so dass sie im Verlauf des 17. Jahrhundert »den Anschluss an die zeitgenössische Wissenschaft, den ihr die Naturphilosophie des Aristoteles mit ihrem teleologisch strukturierten Weltbild bis dahin geboten hatte, verlor«.[42] Für die Philosophie konstatiert Habermas den Vollzug einer zunehmend stärkeren Anlehnung an die Wissenschaftsentwicklung und Abgrenzung zur Theologie und Religion genau seit jener Zeit. So entwickelten sich den weitläufigen Rekonstruktionen des Naturrechtsdiskurses zufolge mit den anthropozentrischen und sich von den theologischen Grundlagen entkoppelnden Wendungen im Rechtsdenken seit den konfessionellen Konflikten in der ersten Hälfte des 17. Jahrhunderts die für die Moderne grundlegenden Kategorien von freien und gleichen Subjekten. Diese neue philosophische Thematik der theoretischen und praktischen Grundlegung einer »*voraussetzungslosen*« und »*vernünftigen Freiheit des Subjekts*« habe zugleich »den im Laufe des 17. Jahrhunderts erkenntnistheoretisch vollzogenen Paradigmenwechsel zur Bewusstseinsphilosophie«[43] sowie den – wie es an anderer Stelle heißt – »Paradigmenwechsel zur Subjektphilosophie«[44] angestoßen und befördert.

Habermas knüpft hinsichtlich seiner Einschätzung der historischen und kulturellen Hintergründe und Quellen dieses Paradigmenwechsels zur Bewusstseins- und Subjektphilosophie explizit an ideengeschichtliche Analysen von Charles Taylor an. Übergreifend stimmt er mit Taylor darin überein, dass nicht die wissenschaftliche Aufklärung als alleinige und treibende Kraft der Säkularisierung angesehen werden kann. Die primäre Quelle der »umstandslosen Entzauberung religiöser Weltbilder« müsse stattdessen in den verzweigten theologischen Diskursen verortet werden, die selbst zur Revolutionierung der »Grundbegriffe des christlichen Weltbildes« beigetragen haben.[45] Zur Begründung dieser historischen These greift Habermas auf die von Taylor geübte Kritik an zwei Varianten der sogenannten »Substraktionsgeschichte«[46] der Neuzeit zurück. Die erste, engere Variante führt demzufolge »alles auf Entzauberung zurück«[47] und sieht als illusionslösenden Motor dieser Entzauberung die naturalistischen Welterklärungen der Naturwissenschaften an, die quasi an die Stelle Gottes gerückt seien. Für Taylor stellt dies eine deutlich verkürzte Lesart der komplexen historischen Entwicklungen im kulturellen, politischen und wissenschaftlichen Raum dar: »Die neue mechanistische Wissenschaft des siebzehnten Jahrhunderts wurde nicht unbedingt als eine Gefahr für Gott gesehen. Eine Bedrohung war sie für das verzauberte Universum und die Magie. Nach und nach wurde sie auch für bestimmte Formen der Vorsehung zum Problem. Es gab jedoch wichtige christliche Motive dafür, den Weg der Entzauberung einzuschlagen.«[48]

Ebenso kritisiert Taylor eine umfassendere Variante der gängigen Vorstellung von Substraktionsgeschichte, nach der durch das Dahinschwinden der Präsenz Gottes der Blick auf die Alternativen und hierunter insbesondere die naturwissenschaftliche Welterklärung gelenkt worden sei. Ihm zufolge hat die naturwissenschaftliche Entwicklung zwar einen Beitrag zu einem neuen Selbst- und Weltverständnis im Verlauf der Neuzeit geleistet. Sie blieb aber selbst abhängig von einem noch tiefgreifenderen Umbruch, der den philosophisch relevanten, jedoch primär im lebensweltlichen Kontext situierten Wandel im Verständnis von Subjektivität angeht: »Eine entscheidende Bedingung dafür war ein Sensorium für das Ich und dessen Stellung im Kosmos. Es galt nicht mehr als offen, porös und einer Welt der Geister und magischen Kräfte ungeschützt ausgeliefert, sondern als sozusagen ›abgepuffert‹. Aber um das abgepufferte Selbst hervorzubringen, war mehr nötig als Entzauberung. Es bedurfte darüber hinaus eines Vertrauens in die eigenen sittlichen Gestaltungskräfte.«[49] Die im historischen Diskurs geläufige Substraktionsgeschichte stellt also eine unzulängliche Analyse und Betrachtungsweise der Moderne dar, nach deren verkürzender Darstellung das Verschwinden von göttlichen und mythischen Bezugspunkten des Denkens und Handelns dazu geführt habe, das menschliche Wohl unter wissenschaftlich induzierten Fortschrittsimperativen in den Blick zu nehmen. Durch diese auf die Wissenschaftsentwicklung fokussierte Erklärung des Säkularisierungsprozesses werden laut Taylor die entscheidenden kulturellen Veränderungen unterschätzt, die zu »neuen Vorstellungen vom Selbst und seiner Stellung in der Gesellschaft, in Raum und Zeit«[50] geführt haben. Die Wandlungen im Selbst- und Weltverhältnis beziehen sich in besonderer Weise auf die vorwissenschaftlichen und vorphilosophischen Einstellungen und Erfahrungen.

Für Habermas sind diese historischen Überlegungen Anknüpfungspunkt für die eigene Rekonstruktion von Lernschritten in der Vorgeschichte des nachmetaphysischen Denkens. Er spricht von reflexiv angelegten »Umschlagspunkten *innerhalb* des jüdisch-christlichen Selbstverständigungsdiskurses«[51] mit erheblichem Einfluss auf die kulturellen und politischen Entwicklungen. Voraussetzung für diesen historischen Zugang ist die These, dass die für den säkularen und nachmetaphysischen Diskurs der praktisch orientierten Philosophie entscheidenden Schlüsselbegriffe der Moral und des Rechts, des freien Willens und der vernünftigen Freiheit sowie der Person und des Individuums »ihre Herkunft aus dem christlichen Erfahrungshorizont nicht leugnen können«.[52] Zugleich macht er im Rahmen dieser theologisch inspirierten Diskurse solche Umschlagspunkte aus, die zu einer Ab- oder Entkoppelung des begrifflichen Gehalts dieser Kategorien von den theologischen Grundlagen und Konsequenzen geführt haben. Einen solchen Umschlagspunkt stellt den weitläufigen Ausführungen zufolge das vernunftrechtliche Denken dar. Dieses hat sich im Kontext der konfessionellen Auseinandersetzungen im 16. und 17. Jahrhundert ausgebildet und durch die Etablierung eines neuen Begriffs von Rechtssubjekten zu einer *»anthropozentrischen Ablösung des Naturrechts von seinen religiösen Grundlagen«*[53] geführt.

Durch diesen Prozess ist letztlich auch die Stellung des Glaubens und der Theologie im kulturellen, politischen und wissenschaftlichen Raum einem deutlichen Wandel unterworfen worden.

Entscheidend für das damit einhergehende neue Selbstverständnis der Philosophie ist, dass die Emanzipation von theologischen Prämissen im theoretischen Begründungszusammenhang nicht mit einer solchen im Rahmen der Fluchtpunkte und Zwecksetzungen der Reflexionen einhergeht. Auch wenn die Figur des Philosophen im 17. Jahrhundert nicht länger an den theologisch ausgebildeten Gelehrten gebunden war und stattdessen eine philosophisch-naturwissenschaftliche Personalunion das rationalistische Systemdenken bestimmte, fokussiert Habermas das Fortleben einer gemeinsamen philosophischen und theologischen Aufgabenstellung. So teilt trotz der neuen Orientierung der Philosophie an den methodisch verfahrenden Wissenschaften diese mit der Theologie weiterhin »die Arbeit der Verständigung über uns selbst im Lichte dessen, was wir jeweils Neues über die Welt gelernt haben«.[54] In den Blickpunkt der *Genealogie nachmetaphysischen Denkens* rückt angesichts veränderter kultureller und gesellschaftlicher Bedingungen das Problem einer »Fortschreibung oder Revision des Selbst- und Weltverständnisses der Gesellschaft im Lichte der Ergebnisse neuer Lernprozesse«.[55] In der Konsequenz wird im philosophischen Diskurs der Neuzeit die Frage virulent, wie die Philosophie ihrer Verständigungsaufgabe ohne Rückgriff auf theologische Prämissen gerecht werden könne.

Nach den Ausführungen im zweiten Band von *Auch eine Geschichte der Philosophie* teilten sich Philosophie und Theologie im Umbruch zur Neuzeit die Funktion der Welt- und Selbstverständigung auf eine Weise, dass Letztere als ein kollektiver Vollzug von Reflexionswissen in Abhängigkeit von Lernprozessen über die Welt verstanden worden ist. Zugleich rückte mit der dynamisierten Wissenschaftsentwicklung die Philosophie in ihren theoretischen Exponaten stärker an die Seite der methodisch verselbstständigten Naturwissenschaften. Habermas spricht hinsichtlich dieser veränderten theoretischen Weichenstellungen von einem »philosophischen Diskurs der Moderne«, der sich seit dem 17. Jahrhundert »systematisch der Denkungsart der modernen Wissenschaften und der kapitalistischen Dynamik der Gesellschaft« öffnete und sich zugleich von seinen theologischen Grundlagen radikal emanzipierte.[56] Die durch die naturwissenschaftlichen Entdeckungen markierten Wissenserweiterungen gingen an den jeweiligen Umbruchstellen mit Lernschritten einher, ohne dass von Habermas das Bestehen eines linearen Zusammenhangs zwischen philosophischer Reflexion und wissenschaftlichem Fortschritt konstatiert wird. Die verschiedenen Versuche, die Philosophie auch mit Blick auf ihre praktische Orientierungsfunktion »endlich zu einer Wissenschaft zu machen«, blieben – so die von Habermas verfolgte langfristig angelegte historische Kernthese zur Erklärung des Umbruchs und seinen Folgen – angewiesen auf Intuitionen, Alltagserfahrungen, öffentlichen Diskursen und Erwartungen.[57] Es sind also neben den internen Problemkonstellationen auch die kulturellen und gesellschaftlichen Verschiebungen im breit in den Blick zu nehmenden historischen Kontext, die den Anstoß zu der Ausbildung von neuen und auch konkurrierenden Paradigmen gegeben haben.

Der Paradigmenwechsel zur Bewusstseins- und Subjektphilosophie kann demzufolge weder auf die wissenschaftliche Revolution noch die philosophieinterne Entwicklung reduktionistisch zurückgeführt werden. Stattdessen sind – und hier knüpft Habermas an Taylor an – grundlegende Brüche im lebensweltlich und kulturell situierten Selbstverständnis eingetreten, die zu neuen Reflexionen Anlass gegeben haben. Zugleich verliert Habermas die Bedeutung der experimentell verfahrenden mathematischen Naturwissenschaften für die philosophische Entwicklung nicht aus dem Blick, sondern weist diesen eine von den Subtraktionsgeschichten abweichende Rolle zu. Der Vollzug eines Paradigmenwechsels in der Philosophie sei eben nicht zeitgleich mit der Revolutionierung der naturwissenschaftlichen Forschung erfolgt, da das philosophische Selbstverständnis der Forscher und Entdecker – Habermas nennt Galilei, Kepler und Newton – sich »noch im Horizont der Überlieferung bewegte«.[58] Auch wenn die wissenschaftlichen Verfahrensweisen der Naturerforschung sowohl methodisch als auch durch die mit ihnen verbundenen Entdeckungen einen grundlegenden wissenschaftlichen Paradigmenwechsel einleiteten, so haben jene unter Gesichtspunkten eines Außen- und Innenblicks auf die anthropozentrische Wende noch keinen Perspektivenwechsel vorgenommen: »Diese Forscher machen keinen Versuch, die neue

Konzeption der Naturgesetze vom christlichen Hintergrund ihres Weltverständnisses abzulösen. Was sie als Mathematiker verbindet, ist vielmehr die Vorstellung einer geometrischen Infrastruktur des von Gott geschaffenen Universums, die der beobachtende und experimentierende, zugleich kalkulierende Naturforscher hinter dem Schleier der uns kontingent begegnenden Erscheinungen entdeckt. Das Neue daran ist die Mathematisierung der Naturbeschreibung, nicht die Ontologie.«[59] Es ist also weder die Ablösung des christlichen Weltbildes, das zur Ausbildung eines neuen Paradigmas auf Grundlage der naturwissenschaftlichen Revolutionen führt, noch kann die philosophische Adaption von Vorgehensweisen und Erkenntnissen für den entscheidenden Punkt einstehen, der zu einem Bewusstseinswandel führt. Für den Zugriff auf die für die neuzeitliche Vorgeschichte des nachmetaphysischen Denkens einschlägigen Paradigmen und Figuren bleibt das Motiv der lebensweltlich orientierten Reflexion maßgeblich, die erstens das theoretische Verhältnis des Menschen zur Welt betrifft (4.4.1), zweitens die Möglichkeiten eines philosophischen Zugriffes auf dessen praktisches Selbstverständnis unter nachmetaphysischen Prämissen (4.4.2) und drittens die Reflexion der sozialen Dimensionen des lebensweltlichen Zusammenhangs in modernen Gesellschaften (4.4.3).

4.4 Paradigmen und Figuren in der Genealogie des neuzeitlichen Denkens

Die nachfolgend ausgewählten Konstellationen einschlägiger Denker aus der Philosophiegeschichte wird hier unter dem Gesichtspunkt dargelegt, dass es sich nach Habermas' genealogischem Zugriff um exemplarische Figuren handelt, die für spezifische Schritte innerhalb eines Paradigmas oder von Paradigmenwechseln stehen. Ein Grundproblem zahlreicher kritischer Rezensionen zu *Auch eine Geschichte der Philosophie* besteht darin, die von Habermas vorgenommenen philosophischen Rekonstruktionen zu den Werken und Theorien der historisch zu situierenden Protagonisten als solche mit werkexegetischem oder -hermeneutischem Anspruch zu verstehen. Habermas geht es hingegen um spezifische Motivlagen, die zur Ausbildung der ihn interessierenden Denkform beigetragen haben und für die jene Protagonisten als Figuren exemplarisch einstehen. Entsprechend beanspruchen die Darstellungen keine philosophische oder interpretatorische Vollständigkeit oder den übergangslosen Anschluss an aktuelle werkbezogene Forschungen. Sie werden stattdessen nur verständlich vor dem Hintergrund des in den vorangegangenen Kapiteln dieses Buches dargelegten methodischen Zugriffs mitsamt den aus diesen folgenden philosophischen Intentionen.

4.4.1 Bacon und Descartes

Eine Paradigmenbildung, die aus den naturwissenschaftlichen Umbrüchen und Revolutionen zwar resultiert, aber doch ihre philosophische Eigenständigkeit behält und auf die eigenen Aufgabenstellungen reflektiert, ist nach den Ausführungen im zweiten Band von *Auch eine Geschichte der Philosophie* erst auf dem geisteswissenschaftlichen Reflexionspfad eingeleitet worden. Hierbei bedurfte es »der philosophischen Reflexion auf das, was die neuen Erkenntnisse für das Selbstverständnis der erkennenden und handelnden Subjekte einer im Großen und Ganzen nach wie vor christlichen Welt bedeuteten«.[60] Francis Bacon (1561–1626) wird an dieser Stelle von Habermas die Rolle zugesprochen, die konstatierte »anthropozentrischen Wende« in der Verhältnisbestimmung von Mensch und Welt noch vor den rationalistischen und empiristischen Entwürfen des 17. Jahrhunderts eingeleitet zu haben.[61]

Habermas stellt anknüpfend an die gängige Wissenschaftsgeschichtsschreibung mit ideengeschichtlichem Fokus die »Mathematisierung der Naturbeschreibung«[62] in den Vordergrund seiner Rekonstruktion des naturwissenschaftlichen Paradigmenwechsels. Darüber hinaus konzentriert er sich im Rahmen des eigenen Argumentationsganges auf das »konstruktive Element«[63] der mit dem experimentellen Naturbezug einhergehenden neuen, sich an der Idee der Induktion orientierenden Verfahrensweisen[64] für die praktischen Bereiche des Lebens. Entscheidend zum Verständnis von Habermas' Rekonstruktion ist sein Verweis darauf, dass die übergreifenden Nutzbarmachungsfragen erst von Francis Bacon im Sinne eines auch gesellschaftsrelevanten wissenschaftlichen Paradigmenwechsels – dem »kühnen Entwurf einer Logik der Forschung, die sich am Ziel nomologischer Erklärung orientiert«[65] – explizit gemacht wurden: »Aus dieser Sicht entdeckt Bacon den internen Zusammenhang zwischen dem Wachstum von Gesetzeswissen und der Erweiterung unserer technischen Verfügungsgewalt über die in ihrer Gesetzmäßigkeit erkannten Naturprozesse. Er durchschaut den Zusammenhang von methodisch erzielten naturwissenschaftlichen Erkenntnissen und der möglichen Verwertung dieser Erkenntnisse für technische Verbesserungen, die das Leben erleichtern können.«[66]

In Bacons Werk wurde diese Brücke vom theoretischen Wissenschaftsverständnis zu den praktischen Fragen nach der Darstellung in *Auch eine Geschichte der Philosophie* durch zwei philosophische Bezugspunkte begründet. So thematisierte Bacon erstens moralische und politische Fragen durch den Rekurs auf Grundideen der antiken Moralphilosophie mitsamt der Forderung einer Orientierung von Einzel- und Partikularinteressen am Gemeinwohl. Entscheidend für die wissenschaftsgeschichtliche Einordnung ist hier die enge Bindung dieser über die moralische Norm der Nächstenliebe begründeten Gemeinwohlidee an die Hoffnungen, die mit dem wissenschaftlichen Fortschritt verbunden sind. Damit werden Forschungsweisen und Ergebnisse der Naturwissenschaften zu einem philosophischen Thema, das zugleich das praxisbezogene Selbstverständnis des Menschen tangierte und veränderte.

Habermas insistiert darauf, dass die Paradigmenwechsel an der Wende zur Neuzeit der Philosophie durch die naturwissenschaftlichen Fortschritte nicht – wie es einschlägige wissenschaftshistorische Narrative formulieren – »aufgenötigt worden« seien.[67] Stattdessen beginnen sie erst dort, wo sich die philosophische Reflexion aktiv auf die Bedeutung der neuen Erkenntnisse für das Selbstverständnis der Menschen in einer noch christlich und durch den Schöpfungsgedanken geprägten Welt wendet. Und so besteht zweitens die Verankerung des Wissenschaftsverständnisses von Bacon, dem »bekennenden Calvinisten«,[68] in einer praktisch orientierten Weltanschauung mit theologischer Kontextualisierung. So habe dieser zwar auf einer Trennung der Erforschung der Natur vom Wissen über Gott und die Mysterien insistiert. Zugleich liefere aber gerade die Erforschung der Natur starke Gründe für die Existenz Gottes, aus denen wiederum praktische Maßgaben sich ableiteten: »Gott hat der gefallenen Menschheit die Wissenschaft als ein kollektives Projekt zur Verbesserung ihrer Lebensumstände *aufgegeben.*«[69]

Der epistemische Blick aus der Sicht einer sich neu herausbildenden naturwissenschaftlichen Forschung veränderte dieser Lesart zufolge den Naturbegriff im frühen 17. Jahrhundert auf eine Weise, dass die Philosophie ihr Selbstverständnis hinsichtlich ihrer normativen Hintergründe sowie naturwissenschaftlichen Bezugspunkte neu reflektieren musste. Zugleich zeigte sich, dass die Philosophie zu dieser Reflexion gegenüber Theologie und Naturwissenschaft aus eigenem Antrieb und in selbstbewusster Weise in der Lage gewesen sei. Habermas sieht gerade in Bacon die entscheidende Übergangsfigur zu einem »neuen Typus des Philosophen, der sich als Wissenschaftler versteht, ohne die reflexive Einstellung zu den Wissenschaften aufzugeben«.[70] Mit Blick auf die als entscheidenden Schritt in die neuzeitliche Philosophie anzusehende Unterscheidung zwischen »dem Buch Gottes und dem Buch der Natur« spiegele sich entsprechend »eine reflexive Einstellung des Philosophen zur Arbeit und zum *Ergebnis* der Wissenschaften«.[71] Die bei Bacon noch bestehende Verbindung zwischen den Gesetzmäßigkeiten auf der Seite Gottes und jenen auf der Seite der Natur wurde jedoch nach der von Habermas gelieferten Darstellung der Genealogie neuzeitlichen Denkens von den nachfolgenden Philosophen des 17. Jahrhunderts folgenreich gekappt.

Habermas nimmt an einer Textstelle die kritische Deutung der Verwandlung des Naturbegriffs im 17. Jahrhundert in Horkheimers und Adornos *Dialektik der Aufklärung* wieder auf: »Unter dem epistemischen Blick der Naturwissenschaften verwandelt sich der Begriff der Natur; ernüchtert streift diese den Charakter einer auf den Menschen als ihr Telos angelegten Schöpfung ab und steht nun als gegenständliches Universum der in Raum und Zeit gesetzmäßig bewegten Körper dem experimentierenden Beobachter gegenüber.«[72] Im Unterschied zu Habermas, der positiv die mit der wissenschaftlichen Blickänderung auf die Natur einhergehende Selbstermächtigung rationaler menschlicher Subjektivität mitsamt den folgenden praktischen Weltgestaltungsmöglichkeiten hervorhebt, kritisieren Horkheimer und Adorno die aus dieser Weichenstellung folgenden Entwicklungen radikal. Sie sehen in dem aus der zunächst naturwissenschaftlichen und dann anthropozentrischen Wende auch historisch hervorgehenden rationalistischen und aufklärerischen Programm der »Weltentzauberung« die Ursächlichkeit des »triumphalen Unheils«, in dessen Zeichen »die vollends aufgeklärte Erde strahlt«.[73]

Auf den ersten Seiten des Fragments *Begriff der Aufklärung* taucht auch in der *Dialektik der Aufklärung* die Figur Bacon auf. Mit Blick auf dessen Verhältnis zu den naturwissenschaftlichen Umwälzungen ab der Jahrhundertwende und den ihm nachfolgenden philosophischen und wissenschaftlichen Protagonisten des 17. und 18. Jahrhunderts bemerken Adorno und Horkheimer genauso wie nach ihnen Habermas, dieser habe die »Gesinnung der Wissenschaft, die auf ihm folgte, gut getroffen«.[74] Drei miteinander zusammenhängende Aspekte führen Horkheimer und Adorno für die Motivlage der kritisierten positivistischen Wissenschaftsentwicklung in der Neuzeit im Ausgang von Bacon thetisch an: erstens dessen Rekurs auf einen normativ unterlegten Wissensbegriff, der zum einen radikal von mythologischen und metaphysischen Formen des bloß eingebildeten Wissens abgrenzt wird und zum anderen die Bedingung der Möglichkeit für die Einnahme einer überlegenen und machtvollen Position des Menschen gegenüber der Natur darstelle. Zweitens werde dieses »patriarchale« Verhältnis des Menschen zur Welt als Utopie der konkreten Mensch-Natur-Beziehung eingeführt, die Bacon mit der Rede von einer »glücklichen Ehe des menschlichen Verstandes mit der Natur der Dinge« beschreibt.[75] Und drittens leitet sich aus Sicht von Horkheimer und Adorno aus diesen ersten beiden Motivlagen ein für die Neuzeit paradigmatischer Wissenschaftsbegriff her, der ihnen zufolge nicht nur als wissenschaftlicher zur Kritik steht, sondern aufs Engste mit den ebenso problematisierten Gesellschaftsentwicklungen zusammenhänge.

Im Unterschied zu Habermas wird von Horkheimer und Adorno die philosophische Reflexion Bacons auf die Implikationen der naturwissenschaftlichen Forschungsfortschritte nicht im Sinne eines kognitiven Lernschrittes gedeutet, sondern unter Bezugnahme auf wenige Zitate einer durchgängig negativen Suggestion unterzogen:

Bacon wende sich gegen traditionelle Naturvorstellungen, die auf ungeprüfter Meinungsbildung beruhen, und nehme zugleich die in der *Dialektik der Aufklärung* ebenso scharf kritisierte transzendentale Wende durch Kant vorweg. Dies komme vor allem in dem Plädoyer zum Ausdruck, der Mensch solle sich von der Natur »in der Erfindung leiten« lassen, damit er ihr in der Folge »in der Praxis gebieten könne«.[76] Die Deutung dieser Textstellen in der *Dialektik der Aufklärung* zieht hieraus für das von Bacon motivgebend initiierte Wissenschaftsverständnis zwei Schlussfolgerungen: Die Mensch-Natur-Beziehung werde nach dieser gesellschaftlichen und wissenschaftlichen Zielvorstellung ausschließlich als ein Herrschaftsverhältnis des den Aberglauben hinter sich lassenden Verstandes »über die entzauberte Natur« [77] gedacht. Und das, was die Menschen von der Natur lernen können und wollen, sei der Doktrin Bacons zufolge[78] ausschließlich die Anwendung von technischen Instrumenten mit dem Zwecke, »sie und die Menschen vollends zu beherrschen«.[79]

Mit Blick auf die Wissenschaftsentwicklung kann der von Horkheimer und Adorno an dieser Textstelle ins Feld geführte kritische Technikbegriff somit sowohl im Sinne der technologischen Entwicklung als auch der wissenschaftlichen Methodik ausgedeutet werden. Apodiktisch endet das Fragment *Begriff der Aufklärung* wiederum mit einem Verweis auf Bacon, dessen Utopie eines »gebieterischen« Umganges des Menschen mit der Natur »in der Praxis« sich »in tellurischem Maßstab« zwar erfüllt habe, jedoch in Zwang, Herrschaft und Ideologie umgeschlagen sei: »In ihre Auflösung vermag das Wissen, in dem nach Bacon die Überlegenheit des Menschen ohne Zweifel bestand, nun überzugehen. Angesichts solcher Möglichkeit aber wandelt im Dienst der Gegenwart Aufklärung sich zum totalen Betrug der Massen um.«[80] Die pragmatische Ausrichtung von Bacons Denken, die den Bogen von der theoretischen Erkenntnis zur praktischen Nützlichkeit spannte, nimmt nach Horkheimer und Adorno eine Schlüsselrolle im Entwicklungszusammenhang einer negativen Geschichtsphilosophie ein. Bacons Denken führte der Kernthese der *Dialektik der Aufklärung* zufolge nicht nur zu einem einseitigen oder reduzierten Verständnis des Mensch-Natur-Verhältnisses, sondern beförderte dessen grundlegend instrumentelle Struktur und Beziehung.[81]

Habermas kritisiert bereits in den Vorlesungen zum *Philosophischen Diskurs der Moderne* diesen zumindest in der *Dialektik der Aufklärung* tendenziell übertreibend negativen Zugriff auf die Aufklärungsgeschichte dahingehend, dass die Einebnung der sich ausdifferenzierenden Wertsphären auf eine einseitige Kritik der instrumentellen Vernunft deren vernünftigen Gehalt unterlaufe und so dem vernünftigen Potential der kulturellen Moderne nicht gerecht werde. Mit Blick auf die Entwicklung der Sphäre der Wissenschaften exemplifiziert er diese Vermutung durch den Verweis auf »die theoretische Eigendynamik, die die Wissenschaften, auch die Selbstreflexion der Wissenschaften, über die Erzeugung technisch verwertbaren Wissens hinaustreibt«.[82] Die Entdeckung der Zusammenhänge zwischen dem Wachstum von Gesetzeswissen über die Natur und der damit einhergehenden Erweiterung der technischen Verfügungsgewalten führe somit nicht nur zu praktisch nutzbaren Formen der Lebenserleichterung, sondern auch zur kulturell wichtigen Entflechtung der Konfusionen über das Verhältnis von Natur und Kultur im Zuge der Entmythologisierung, ohne diese von den orientierenden Funktionen des religiösen Weltbildes gänzlich zu entkoppeln.[83] Im Unterschied zu Horkheimer und Adorno liest Habermas den Bacon zugeschriebenen Satz, dass Wissen und Erkenntnis mit Macht synonym seien, also nicht aus einer politischen, sondern aus einer praxeologischen Deutungsperspektive. Demzufolge ging es Bacon im Kern um Machbarkeits- und Vermögensfragen und weniger um eine Apologie von politisch relevanten Machtbeziehungen.[84]

Für das Anliegen einer *Genealogie des nachmetaphysischen Denkens* im Spiegel der intendierten historischen Rekonstruktion von Verflechtungen und Entzerrungen des Verhältnisses von Glauben und Wissen ist für Habermas von besonderem Interesse, dass Bacon die »Frage der technischen Naturbeherrschung immer schon im Schatten der religiösen Frage nach der Bedeutung des praktischen Nutzens neuer Erkenntnisse für das Heilsschicksal der Menschen«[85] thematisiert habe. René Descartes und Thomas Hobbes kappten nach der von ihm vorgelegten Rekonstruktion in der Folge jene enge Verbindung zwischen Natur und Gott. Descartes rückte Habermas zufolge in die Rolle der Figur eines »*neuen Typus des Philosophen*«, der sich ebenso »als Naturwissenschaftler verstand« und zugleich »die reflexive Einstellung zu den Wissenschaften« nicht aufgab.[86] Hierbei steht in *Auch eine Geschichte der Philosophie* der Vollzug einer methodisch begründeten radikalen Abkehr von theologischen Prämissen im Fokus, die sich sowohl im Begründungsmodus der philosophischen Darstellung als auch in der sich am wissenschaftlichen Ideal orientierenden methodischen Einstellung abzeichnet. Die bereits von Luther aus theologischer Sicht vollzogene strikte Trennung von Glauben und Wissen nehme Descartes im 17. Jahrhundert wiederum aus der Perspektive des Naturwissenschaftlers auf, so dass dessen Werk für das philosophische Denken »eine ähnliche Zäsur«[87] bedeutete wie dasjenige Luthers für die Theologie. Auch Descartes wird in die Systementwürfe des 17. Jahrhunderts eingereiht, deren gemeinsames Merkmal in dem Versuch einer rein aus Vernunft begründeten Entwicklung des Selbst- und Weltverständnisses bestand, trotz der fortbestehenden Bezugnahmen auf den Gottesbegriff im Grundriss seiner *»erkenntnistheoretisch erneuerten Metaphysik«*[88].

Der philosophische Grundbau dieser erkenntnistheoretisch erneuerten Metaphysik, die mit dem rationalistischen Anspruch einer geschlossenen Systembildung aufgetreten war, wird von Habermas mit Blick auf die von Descartes vorgetragenen Intentionen und Lösungsversuche als widersprüchlich, ambivalent oder inkonsequent gekennzeichnet. Die Begründung dieser Einschätzung entwickelt sich hierbei entlang den spezifischen methodischen Neuerungen und Weichenstellungen, die Descartes gerade durch die reziproke Bezugnahme von naturwissenschaftlichen Forschungen und philosophischen Reflexionen als Schlüsselfigur in der neuzeitlichen Ideengeschichte ausweisen. Ausgangspunkt ist eine erkenntnistheoretische Einstellung, die aus der von Descartes deklarierten Abhängigkeit der Philosophie von der objektivierenden Erkenntnisart der modernen Naturwissenschaften folgt: »Sie legt sich auf die drittpersonale Beobachterperspektive, die gleichzeitig in der erstpersonalen Einstellung zu sich selbst als erlebendem Subjekt einen beobachtenden Zugang erhält, als die maßgebende Erkenntnisperspektive fest.«[89] Der sowohl die dritt- als auch die erstpersonale Perspektive der wissenschaftlichen Beobachtung kennzeichnende und in objektivierender Einstellung vollzogene Zugang zu Welt und Selbst habe im Ausgang von Descartes zum einen zu einer

Abgrenzung und Vergegenständlichung der körperlich ausgedehnten Außenwelt in ihrer Gesamtheit und inkludierte Aspekte der Fremdwahrnehmung von anderen menschlichen Körpern sowie Tieren geführt.

Zum anderen verweist Habermas auf die daran anschließende besondere Konstellation des erkenntnistheoretischen Selbstzuganges, der dem methodischen Grundsatz nach ebenso als ein beobachtender Zugang zum Erleben in der erstpersonalen Perspektive modelliert wurde. So verstehe Descartes auch die Introspektion »als ein auf innere Gegenstände gerichtetes Pendant zur Beobachtung von körperlichen Gegenständen in der äußeren Welt«.[90] Sowohl die paradigmenbildende subjektphilosophische Wende als auch die dualistische Voraussetzung des Bestehens einer »*für uns* unüberbrückbaren Kluft zwischen Subjekt und Objekt«[91] gehen demzufolge auf die methodische Entscheidung zurück, dass die objektivierende Erkenntnisform der mathematisierten Naturwissenschaften zur Methode und zum Maßstab jeglichen epistemischen Gegenstandsbezuges sowie sämtlicher daraus resultierender Wissensformen erhoben wurde. Auch die Transformation des »naturwissenschaftlich modifizierten Substanzbegriffes«[92] in Descartes' Philosophie sei über diese methodische Neuausrichtung mitsamt den nachfolgenden problematischen Konsequenzen für die praktischen Aufgabenstellungen der Philosophie erklärbar. Habermas deutet bereits eingangs des Kapitels zu Descartes an, dass diese Selbstbegrenzung der Vernunft auf objektivierende Einstellungen im Gegenstands- und Objektbezug mitsamt der Ablösung des Substanzbegriffes von dessen theologischen, teleologischen und normativen Bedeutungskomponenten zu Problemstellungen führten, die insbesondere den praktischen Bereich philosophischen Denkens betreffen.

Habermas rekonstruiert in der *Genealogie des nachmetaphysischen Denkens* seine These zu Descartes' Stellung auf Grundlage weniger Kerngedanken aus den *Regulae ad directionem ingenii* und dem *Discours de la méthode*. In beiden Schriften wird demzufolge eine philosophische Grundlegung und Begründung der Methoden der Naturwissenschaften intendiert, die zugleich einen Umbruch im cartesischen Fragehorizont einleiteten. So sei über die Grundlegungsfrage hinausgehend die Zuverlässigkeit der Methode in den

Fokus der Reflexion gerückt worden: »Aber entgegen dieser Absicht verlassen schon die ›Regeln‹ den präskriptiven Weg eines methodologischen Leitfadens, der nach geometrischem Vorbild zu klarer und genauer Erkenntnis der Natur führen soll zugunsten der reflexiven Frage, wie sich das erkennende Subjekt vergewissern kann, dass sein methodisches Vorgehen Täuschung ausschließt. Der *Discours de la méthode* nimmt damit den Charakter einer Selbstverständigung über den neuen Modus der naturwissenschaftlichen Betrachtungsart an.«[93] Habermas spürt über seine Darstellung hinweg immer wieder den Unsicherheiten nach, die gerade aus dem stringenten Rekurs auf das methodisch enggefasste naturwissenschaftliche Erkenntnisvokabular folgen und die den Philosophen dazu nötigen, eine skeptische Perspektive gegenüber den eigenen Überzeugungen einzunehmen. Und so präsentierten sich ihm zufolge die genannten Schriften hinsichtlich ihres philosophischen Gehalts gerade noch nicht in Form systematischer Grundlegungen in klar intendierter erkenntnistheoretischer Absicht, die Descartes' naturwissenschaftliche Abhandlungen fundierend begleiten. Stattdessen wurde die allgemeinwissenschaftliche Methode zugleich einer skeptischen Überprüfung hinsichtlich ihrer Leistungsfähigkeit unterzogen[94] und so habe sich Descartes auf der Fluchtlinie der Gedankenführung um eine Problemstellung gedreht, die sich aus dieser Umkehrung des philosophischen Blickwinkels auf den Gegenstand ergab. Sie betraf dem genealogischen Zugriff zufolge in einer grundlegenden Weise die praktische Selbstverständigung von Individuen in der historischen Umbruchssituation: »Es geht um die reflexive Verarbeitung dessen, was der radikale Wechsel von der aristotelischen Naturbetrachtung zu den modernen Naturwissenschaften für das bis dahin gültige christliche Selbstverständnis bedeutet.«[95]

Es waren diesem Argumentationsgang zufolge eben nicht die naturwissenschaftlichen Großereignisse, die auf direktem Wege eine solche lebensweltlich orientierte Reflexion erforderten. Stattdessen nahmen die Erwägungen ihren Ausgang von Fragestellungen, die das über das Mittelalter transportierte christliche Weltbild angesichts der neuen Sichtweisen auf eine in den Dimensionen des Mathematischen und Physikalischen ausbuchstabierbare Natur betrafen.[96] Für Descartes wurden nach der von Habermas präsentierten Lesart in anderer Weise als für Bacon diese Wissensumbrüche und die aus ihnen resultierenden technischen und praktischen Konsequenzen zu einem grundlegenden philosophischen Problem, das zu einem Neuansatz herausforderte. Ebenso waren sie Grund für eine sich nun philosophisch zum Ausdruck bringende lebensweltliche Verunsicherung. Habermas versucht übergreifend die historische These nachzuweisen, dass nicht die erkenntnistheoretische Wende – gekennzeichnet als Paradigmenwechsel zur Subjektphilosophie – ursächlich war für diese Verunsicherung, sondern die Reduktion des Vernunftbegriffs auf »technisch verwertbares Gesetzeswissen«[97] im Zuge einer Monopolisierung von Wissensansprüchen durch die mathematisierten Naturwissenschaften. Hierdurch sei auf der sich den praktischen Fragen zuwendenden Seite der philosophischen Reflexion das in der vorangegangenen Tradition metaphysisch und theologisch begründete Handlungswissen prekär geworden. Diese Entwicklung wird von Habermas als entscheidender Anlass für den von Descartes in den *Meditationen* in radikaler Form durchgeführten methodischen Zweifel angeführt: »Der *Grund für die Skepsis*, die Descartes mit der Entkräftung eines methodisch radikalisierten Zweifels überwinden möchte, ist die Erschütterung des bisher metaphysisch begründeten Rationalitätsanspruchs *normativer Handlungsorientierungen*.«[98] Auf der Ziellinie führte dieser durch einen experimentellen Zweifel universalisierte methodische Skeptizismus,[99] der in einer sowohl lebensweltlichen als auch philosophischen Weltbilderschütterung durch den neuen Erkenntnisgewinn der mathematisierten Naturwissenschaften gründete, schließlich zum »modernen Bewusstsein der Freiheit«,[100] wie Habermas mit Bezug auf einen Essay von Herbert Schnädelbach über die Rolle der cartesianischen Denkbewegung für das Projekt der Aufklärung anmerkt.[101]

Schnädelbach unterscheidet in dem zitierten Beitrag hinsichtlich der ambivalenten Rolle, die Descartes für die Entwicklung der Philosophie einnehme, zwischen der von ihm begründeten und für die neuzeitliche Geschichte maßgeblichen Wissenschaftsgestalt auf der einen Seite und dem radikalen Aufklärungsprojekt auf der anderen. Letzteres rückt Schnädelbach mit Blick auf die Wirkmächtigkeit des Cartesianismus und dem von Descartes selbst verfolgten skeptizistischen Programm in den Vordergrund.

Die Zielsetzung der Erlangung von Autonomie im Wissen trage auch ein Moment des Zwanges und des Schicksalhaften in sich, das sich mit der neuen Situation aber notwendig stelle und für das Klarheit und Kontrollierbarkeit des eigenen Tuns die entscheidenden Wegmarken zum Selbstverständnis der Aufklärung bilden: »Autonomie im Wissen meint somit zugleich vernünftige Selbstständigkeit im Handeln, für die nach Descartes die klare Sicht auf subjektiv-gewisse Wahrheiten und der Gang von einer Wahrheit zu anderen Wahrheiten in kontrollierbaren Schritten unerlässlich ist.«[102] Die Neubegründung der Wissenschaften bleibt demzufolge verwiesen auf ein solches aufklärerisches Selbstverständnis von Subjektivität, so dass Schnädelbach auf die enge Verflechtung des Projektes der Aufklärung mit dem neuzeitlichen Programm der Wissensgenerierung aus autonomen Quellen aufmerksam machen kann. Zugleich verweist er auf eine neue Problemstellung, die aus dieser Verflechtung folgt: »Aufklärung als Projekt ist bei Descartes der Vorspann einer Neubegründung der Wissenschaft und auch seine Entscheidung, die Moral im Provisorischen zu belassen, ist davon bestimmt.«[103] Die Faszination einer aus der autarken Kraft der Vernunft gewonnenen neuen Kategorie des Wissens nach dem Vorbild der durch die naturwissenschaftlichen Errungenschaften der Frühneuzeit geprägten Art von Erkenntnis führte nämlich, wie Habermas herausstellt, zu einer spezifischen sprachlichen Gestalt der Theoriebildung sowie einer »Eingrenzung des Objektbereichs auf physikalisch messbare Gegenstände«.[104] Folgenreich ist der von Descartes in den *Regulae* formulierte Entschluss, dass der Weg zur Wahrheit nur über jene Gegenstände gehen dürfe, die eine den arithmetischen oder geometrischen Beweisen gleiche Gewissheit gewinnen können.[105]

Gerade diese Unbestimmtheit in Fragen der über die epistemischen Weltzugänge hinausweisenden praktischen Handlungsorientierung wird für Habermas zum Problem der cartesianischen Denkfigur mit einer weitreichenden Folgelast für die Entwicklung des nachmetaphysischen Denkens. Die Eingrenzung der wissenschaftlichen Erkenntnisbezüge auf die geometrisch und arithmetisch beherrschbaren und räumlich-zeitlich ausgedehnten Gegenstandsbereiche führt zu deren Abgrenzung von der Sphäre des »unausgedehnten Geistes, der *res cogitans*«.[106] Diese dualistische

Unterscheidung wiederum sieht Habermas – hier ganz in Übereinstimmung mit den klassischen Philosophiegeschichtsschreibungen – als den entscheidenden Grund für den subjekt- und bewusstseinsphilosophischen Paradigmenwechsel an: »Auch wenn Descartes die Erkenntnistheorie in einen metaphysischen Rahmen einordnet, vollzieht er auf exemplarische Weise den Paradigmenwechsel zur Subjektphilosophie.«[107] In dem folgenden Kapitel aus *Auch eine Geschichte der Philosophie* hält Habermas entsprechend für die im Fokus stehende paradigmatische Entwicklung des nachmetaphysischen Denkens im Ausgang von einer subjektphilosophische Wende fest: »Die Denker des 17. Jahrhunderts, die auf den Erfolg der modernen Naturwissenschaften reflektieren, ziehen aus der methodischen Vergegenständlichung der Natur zur Gesamtheit physikalisch messbarer Gegenstände die Konsequenz, bei der epistemischen Beziehung zwischen erkennendem Subjekt und erkennbarem Objekt anzusetzen. Die Frage, von wo aus ich denke, erhält systematische Bedeutung; damit wird das erkennende Subjekt aus dem Ganzen der ontologisch vergegenständlichten Welt herausgedreht und dem objektivierten Seienden gegenübergestellt.«[108]

In seinem Versuch einer historischen Rückbestimmung des Einsatzpunktes nachmetaphysischen Denkens macht Habermas diesen Übergang zur Subjektphilosophie als einen entscheidenden Vorbereiter der modernen Denkform aus, da Philosophie mit diesem Schritt die totalisierenden Entwürfe und Bilder einer »um uns zentrierten Welt im Ganzen«[109] schrittweise hinter sich lasse. Zugleich wurde mit der subjektphilosophischen Wende die Introspektion zum wesentlichen philosophischen Werkzeug, das Habermas als ein »auf innere Gegenstände gerichtetes Pendant zur Beobachtung von körperlichen Gegenständen in der äußeren Welt«[110] markiert. Ebenso wie die sich am Modell der Naturwissenschaften orientierende Modellierung der Außenwahrnehmung habe Descartes auch die narrative und skeptische Durchführung der Introspektion aus der Perspektive eines beobachtenden und sich seines epistemischen Selbstzuganges gemäß der wissenschaftlichen Anspruchshaltung gewiss sein wollenden Subjekts gezeichnet. Letztlich führte demzufolge der in den *Meditationen* gegangene Weg der skeptischen Introspektion zu einer »*performativ vergewisserten*«

Existenz eines zweifelnden Geistes, der jedoch die in Frage gestellte »Existenz der Körperwelt noch offen hält«.[111]

Für die genealogische Problematisierung von historischen Hintergründen der Entwicklungslinien des nachmetaphysischen Denkens sind Habermas' abschließende kritische Bemerkungen zu den entstandenen normativen Leerstellen von entscheidender Bedeutung. So interpretiert er die »cartesianische Zuspitzung der epistemologischen Fragestellung auf den radikalen Zweifel« nicht nur als überraschendes »Bedürfnis nach Selbstvergewisserung«, sondern vorwiegend als ein Zeichen für eine um sich greifende »praktische Verunsicherung«.[112] Diese wiederum komme in nur wenigen raren Betrachtungen innerhalb des cartesischen Werkes zum Ausdruck, die sich auf Fragen der Moral und Handlungsorientierungen beziehen: »Im dritten Teil des *Discours* zieht der Autor ernüchternde Konsequenzen aus der Abkoppelung der Religion von einem Weltwissen, das mit der deskriptiven Erfassung von Naturgesetzen zwar ein sicheres Fundament erhalten hat, aber dies nur um den Preis, dass dieses ausgezeichnete Wissen *normativ sprachlos* wird.«[113] Während das nomologische Wissen der Naturwissenschaften in praktischer Hinsicht die schon mit Blick auf Bacon als ambivalent gekennzeichnete »technische Verfügung über Naturprozesse« fördere, bleiben die »ethischen Fragen, für die ausschließlich die Religion zuständig bleibt«, aus philosophischer Sicht unberührt.[114] Die Konsequenz, die Descartes aus seinem methodischen Zugriff, aber auch der Reflexion auf die Methode zieht, bleibt Habermas zufolge mit Blick auf die Orientierungsfragen der Philosophie unmissverständlich eingeschränkt und normativ defizitär: »Eine verantwortliche Philosophie wird sich für die vernünftige Orientierung im Handeln mit einer ›provisorischen Moral‹ der Klugheit begnügen. […] So erklärt sich schon aus dem normativen Defizit einer auf Klugheitsmaximen geschrumpften praktischen Vernunft jene Verunsicherung, die den motivationalen Hintergrund für die tiefgreifende Skepsis und den Versuch einer epistemologischen Selbstvergewisserung durch radikalen Zweifel bildet.«[115]

Mit dem durch Descartes eingeleiteten subjektphilosophischen Paradigmenwechsel, der auch die empiristischen Strömungen umfasst – Habermas rekonstruiert insbesondere die von Locke vollzogenen Versuche der Begründung von Normen und Rechten aus einem »empiristischen Bild vom handelnden Subjekt«[116] –, antwortet »die Philosophie auf die Entstehung einer Naturwissenschaft, der sie selbst den Weg bereitet hat«.[117] Das neue, zugleich anthropozentrische und dezentrierte Selbstverständnis des Menschen gilt zum einen als Folge einer streng objektivierenden Naturerkenntnis und impliziert zum anderen Problemlagen, die den normativen und praktischen Bereich der Selbst- und Fremdbezüge betreffen. Habermas begreift unter Rückgriff auf sein formalpragmatisch begründetes Lebensweltkonzept den Paradigmenwechsel zur Subjektphilosophie als einen »weiteren Schritt zur Objektivierung der Welt« im Sinne einer »projektiven Verschiebung der nur performativ gegenwärtigen Hintergrundgewissheiten aus der Lebenswelt in die objektive Welt«.[118] Der subjektphilosophische Paradigmenwechsel leitet demzufolge soziohistorisch den Abschied vom Zeitalter der Weltbilder ein – jedoch »nicht ohne Komplikationen«[119] und im Angesicht der sich stetig weiterentwickelnden Herausforderungen einer sich ausdifferenzierenden Welt. Der *Genealogie des nachmetaphysischen Denkens* zufolge haben Hume und Kant auf einer »Wegkreuzung« diese Herausforderungen »in ganz verschiedener Weise beantwortet«.[120]

4.4.2 Hume und Kant

Hume und Kant gehen – so Habermas zu Beginn des Kapitels über »Kants Antwort auf Hume« im zweiten Band von *Auch eine Geschichte der Philosophie* – von den »gleichen Voraussetzungen nachmetaphysischen Denkens« aus, zu denen insbesondere die subjekt- und bewusstseinsphilosophische Wende sowie eine grundsätzliche »Auszeichnung des Vorbildcharakters der Naturwissenschaften« zählen.[121] Entscheidend aus dem Blickwinkel der genealogischen Perspektivierung der Rekonstruktionen ideengeschichtlicher Lernschritte sind jedoch die unterschiedlichen Philosophiebegriffe und die damit verbundenen Intentionen. Diese haben im praktischen Bereich der Philosophie zu sich drastisch unterscheidenden Ergebnissen mit Konsequenzen bis in die Gegenwart geführt: »Die wissenschaftlich verfremdete Objektivierung veranlasst Hume zu einer Dekonstruktion der Grundbegriffe der *verantwortlichen* Urheberschaft *vernunftgeleiteten* Handelns, die aus dem theologischen Erbe der praktischen Philosophie stammen. Demgegenüber beharrt Kant darauf, die Substanz dieser Grundbegriffe […] zu *rekonstruieren.*«[122] Hinsichtlich der Aufgabenbestimmung der Philosophie scheiden sich die beiden Denker demzufolge an der Verhältnisbestimmung von philosophischem Denken und der Verpflichtung auf einen erfahrungswissenschaftlichen Modus von Erkenntnis. Während Hume in der praktischen Philosophie auf Rekurse auf die vernunftrechtliche Tradition im Gegensatz zu Hobbes oder Locke gänzlich verzichte, nehme er sich den »experimentell verfahrenden Naturwissenschaftler« auch in den weitläufigen praxisrelevanten Überlegungen zum Vorbild: »Die praktische Philosophie kann sich aus Humes Sicht erst dann zur Wissenschaft entwickeln, wenn das normative Begriffsnetz, das die Sollgeltung von Moral und Recht expliziert, als illusionär, allerdings als ein für die natürliche Lebensform des Menschen funktional notwendiger Schein nachgewiesen wird.«[123] Kant wiederum sperre sich nach den von Habermas präsentierten Lesarten insbesondere mit Blick auf jene das Orientierungsbedürfnis Ausdruck verleihenden normativen Fragen gegen eine solche Anpassung der Philosophie an die naturwissenschaftlich inaugurierte Einstellungsposition. Den Anker hierzu bildet in dessen Philosophie wiederum die subtile Aneignung religiöser Überlieferungen unter nachmetaphysischen Gesichtspunkten.

Hume, dessen Wirkungsgeschichte vor Kant beginnt und eng mit der schottischen Aufklärungsphilosophie verbunden ist, wird von Habermas zum einen als skeptischer Empirist begriffen, der sich »innerhalb des Paradigmas der Bewusstseinsphilosophie bewegt«.[124] Zum anderen wird er ebenso als »empiristisch verfahrender Psychologe«[125] bezeichnet, der ganz im Fahrwasser des methodologischen Individualismus »psychologisch beim Einzelnen ansetzt«.[126] So präsentiere sich der »Moralphilosoph Hume« seinen Zeitgenossen und der Nachwelt als »Erkenntnistheoretiker und wissenschaftlicher Psychologe in einer Person«.[127] Gerade aufgrund seiner von Habermas als skeptizistisch und positivistisch gekennzeichneten Ausdeutung der subjektphilosophischen Wende müsse jener »die Perspektive des wissenschaftlichen Beobachters, das heißt des Psychologen«,[128] ein- und übernehmen. Diese Perspektive sei mit der für die neuzeitliche Philosophie charakteristischen »objektivierenden Sicht«[129] auf Subjektivität und die innerlichen Vorgänge einhergegangen. Sowohl Humes skeptische Grundhaltung mitsamt einem auf philosophische Aussagen ausgedehnten *»fallibilistischen Bewusstsein«*[130] als auch die positivistischen Grundzüge seien als Folge dieser entscheidenden methodischen und erkenntnistheoretischen Weichenstellungen anzusehen.

Habermas interessiert sich zunächst für diese methodischen Einstellungen und philosophischen Prämissen, die ihm zufolge in die bereits einleitend konstatierte Dekonstruktion von theologisch überlieferten Grundbegriffen der praktischen Philosophie einmündeten. Paradigmatisch und über die empiristische Traditionslinie hinausweisend sei der methodologische Schritt von einer erkenntnistheoretischen Untersuchung des menschlichen Verstandes und seines auf die empirische Welt bezogenen Vermögens hin zu einer »wissenschaftlichen Psychologie der Erkenntnisleistungen«,[131] die auch den Zugang zu den praktisch relevanten Vermögen – den handlungsmotivierenden und zugleich reaktiv auf Eindrücke reagierenden Gefühlen, Wünschen und Einstellungen – geprägt hat. Aus der Psychologie der Erkenntnisleistungen werde so eine psychologische Analyse, in deren objektivierendes Blickfeld jene subjektiven Phänomene geraten, die aufgrund eines projektiven Verfahrens des Bewusstseinsmechanismus die Subjekte aus der Innenperspektive des Handelns zu illusionären und selbsttäuschenden Vorstellungen über sich selbst, ihren Willen und die normative Verbindlichkeit ihrer Handlungen verleiten. Die Dekonstruktion, die Hume hier der genealogischen Lesart zufolge intendiert, ist aus aufklärerischem Blickwinkel die Ermöglichungsbedingung für das wissenschaftliche Projekt: »Ganz im Einklang mit dem Geist der Aufklärung möchte Hume […] die moralischen Prinzipien im Rahmen einer erfahrungswissenschaftlichen Anthropologie aus der Natur des Menschen erklären.«[132] Die aufklärende Dekonstruktion soll somit den Weg bereiten für das empirische Projekt einer Naturgeschichte von Moral und Recht, das sich von allen rationalistischen und vernunftrechtlichen Altlasten befreit wähnt. Dass nach der konsequenten Durchführung der methodischen Umstellung auf die theoretische Beobachtendenperspektive die moralische Natur des Menschen nur als ein zu untersuchender Teil der Natur zu begreifen sein soll, führt der von Habermas vorgelegten Rekonstruktion zufolge zu einer folgenreichen neuen Denkfigur mit Einfluss auf den wissenschaftlichen Zugang zu den praktischen Gegenstandsbereichen der philosophischen Reflexion: »Die durchgängig objektivierende Einstellung dieser Anatomie des Geistes lässt den Beobachter die subjektiven Phänomene als Teil eines natürlichen psychischen Geschehens auffassen, sodass der normative Sinn von Moral und Recht gewissermaßen als ein subjektiv notwendiger, weil gesellschaftlich funktionaler Schein [...] begriffen werden muss.«[133]

Die erste Dekonstruktion betrifft trotz der subjektphilosophischen Wende den Subjektbegriff sowohl in seiner rationalistischen, von Descartes herkommenden, als auch in seiner empiristischen, insbesondere von Locke geprägten Variante. Der projektive Charakter und Mechanismus einer Erkenntnis,[134] die sich trotzdem auf einen immer schon sinnlich gegebenen Erfahrungsgehalt stützen muss,[135] führt im Kontext von Introspektionen entsprechend zu einer Verwechslung der assoziativen Beziehung von auf das Innere des Selbst bezogenen perzeptiven Vorstellungen mit epistemischen und auch normativen Identitätsfragen. Im Bereich der Erkenntnistheorie war Humes Erklärung der Vorstellungsbildung über kausale Zusammenhänge der Welt als »*Projektion einer innerpsychischen Erfahrung auf eine in der Welt bestehende Relation*«[136] noch in unproblematischer Weise mit dessen Interpretation als einem »für die Naturwissenschaften *funktional notwendigen Schein*«[137] vereinbar gewesen. Habermas interessiert sich aber unter genealogischen Gesichtspunkten für die praktischen Folgen dieser skeptischen Weichenstellungen: »Einen *ganz anderen* Sinn erhält der *gleiche* projektive Mechanismus im Falle jener Grundbegriffe, auf die sich die moderne Theologie ebenso stützt wie die Moralphilosophie und das Vernunftrecht.«[138]

So modelliert und analysiert Hume – auch im Unterschied zu Locke – die Vorgänge der Selbstwahrnehmung in grundsätzlicher und ausschließlicher Weise aus der Perspektive einer dritten Person. Durch diese Umstellung der Perspektive unternehme er den zugleich skeptischen wie auch szientistischen Versuch einer Desillusionierung des individuellen Bewusstseins von der personalen Identität des Selbst: »Hume beginnt die Dekonstruktion dieses

Begriffsnetzes der praktischen Philosophie mit der Untersuchung des Scheins einer wie im Theater erlebten persönlichen Identität.«[139] Die aus dem klassischen normativen Selbstverständnis des Personenkonzeptes folgenden normativen Aspekte der Eigen- und Fremdverantwortung muss Hume demzufolge als Formen Selbsttäuschung entlarven: »Die introspektive Erforschung des subjektphilosophisch erschlossenen Bereichs des Bewusstseins muss erst von allen Phänomenen des regelgeleiteten, normativ und begrifflich strukturierten Bewusstseins gereinigt werden, bevor die Theorie der menschlichen Natur [...] auf die Erfahrungsgrundlage der modernen Naturwissenschaften umgestellt werden kann.«[140] Eine ähnliche Selbsttäuschung stellt für Hume das Phänomen des in der lebensweltlichen Praxis verankerten Freiheitsbewusstseins dar, das sich auf »ein Gefühl der Spontaneität«[141] stütze und in der klassischen Philosophie als Willens- oder Handlungsfreiheit gefasst wurde und werde. Dieses innere Freiheitsempfinden dekonstruiert Hume wiederum vor dem Hintergrund seines methodischen Zuganges als eine erstpersönliche Illusion, die ganz grundsätzlich auf beobachtbare Verhaltensweisen im deterministischen Kosmos von Gewohnheiten zurückgeführt werden können. Demzufolge seien Handlungen »aus den Motiven und Verhaltensgewohnheiten, im Grunde aus dem Charakter der handelnden Subjekte zu erklären, die über gefühlsgesteuerte Interaktionsbeziehungen mit anderen Subjekten vergesellschaftet sind«.[142] Wieder ist es die Perspektive der Beobachtung, aus der auch die Willensfreiheit als eine Illusion[143] sichtbar werde: »Ein Beobachter erkennt die uns performativ verborgene Ursache und kann eine Handlung aus deren Motiv und die Verhaltensweise einer Person aus deren zugrundeliegendem Charakter erklären.«[144]

Aus der Perspektive der *Genealogie des nachmetaphysischen Denkens* stellen sich diese skeptischen Zugangsweisen zu grundlegenden Phänomenen des Selbstverständnisses als eine Dekonstruktion der überlieferten Grundbegriffe der praktischen Philosophie dar. So komme Hume nach der in *Auch eine Geschichte der Philosophie* vorgelegten Rekonstruktion unter problematisierenden Gesichtspunkten zu der für einen bestimmten Pfad des nachmetaphysischen Denkens paradigmenbildenden Schlussfolgerung, »auch den normativen Vorstellungskomplex verantwortlichen

Handelns an introspektiv beobachtbare *Zustände* des Geistes zu assimilieren«.[145] Zum kritischen Nachvollzug dieses wesentlichen Gesichtspunktes einer genealogischen Analyse des von Hume verfolgten methodischen Begriffes von philosophischen Gegenstandszugängen verweist Habermas auf die Entkoppelung von Handlungs- und Rationalitätsfragen im zweiten und dritten Buch des *Traktats über die menschliche Natur*. Das aus dem ersten Buch des *Traktats* transportierte passive Vernunftkonzept[146] spricht dieser jegliche motivationalen und ursächlichen Kräfte für normative Handlungsorientierungen ab, so dass es hier zu einer problematischen »Einebnung der Dimension des Sollens«[147] komme. Diese Einebnung von Normativität folgt nach Habermas aus der Reduktion von intentionalen Handlungen auf angewöhnte Verhaltensweisen auf der einen und von Werturteilen auf rein affektiv verursachte Wahrnehmungen und Einstellungen auf der anderen Seite: »Was fälschlich der praktischen Vernunft zugeschrieben wird, sind aus Humes Sicht tatsächlich evaluative Urteile, in denen sich Gefühle nur manifestieren, aber keinen vernünftigen Ausdruck finden: Für die urteilende Person öffnet sich die expressive Dimension von Wert und Unwert mit der affektiven Billigung oder Ablehnung von Handlungsweisen oder Charakteren.«[148] In der Folge komme es auf diesem von Hume eröffneten Pfad des nachmetaphysischen Denkens, der eine Gleichsetzung der Gegenstandsbezüge philosophischen Denkens mit der »objektivierenden Sicht des Psychologen« vorangetrieben habe, zu einer folgenreichen Abkehr von der »deontologischen Geltungsdimensionen, also der durch Gründe gerechtfertigten Kraft der Verpflichtung«.[149]

Nachdem Habermas die für Hume paradigmatische Dekonstruktion von traditionell überlieferten Grundbegriffen auch der praktischen Philosophie aufgezeigt hat, geht er in einem zweiten Schritt daran, dessen alternative Deutung moralischer Phänomene unter ebenso normativen wie naturalistischen Gesichtspunkten darzustellen. Hume unternehme demzufolge eine Gratwanderung zwischen einer Erklärung sämtlicher sozialer und moralischer Fakten aus der Natur des Menschen auf der einen und dem Aufklärungsversprechen über »normativ richtiges Handeln«[150] auf der anderen Seite. Methodischer Hintergrund für den Versuch einer Einlösung dieses spannungsvollen Theorieanspruches bleibe die Anlage von dessen moralphilosophischer Untersuchung »nach dem Vorbild der erfahrungswissenschaftlich betriebenen Naturphilosophie«.[151] Vor diesem Hintergrund arbeite Hume durchgängig mit der Perspektivenunterscheidung zwischen den Sichtweisen und Selbstbeschreibungen der Teilnehmenden einerseits und den objektivierenden Einstellungen der als wissenschaftlich prädizierten philosophischen Einstellung andererseits: »Der Moralphilosoph schaut den Beteiligten über die Schulter: Was ›für sie‹, performativ aus der Beteiligtenperspektive, ›Tugend‹ bedeutet, unterscheidet er von dem, was er selbst aus der vergegenständlichenden Perspektive des wissenschaftlichen Beobachters als ein Produkt ihrer Wertschätzung und diese wiederum als Wirkung spezifischer Lust- und Unlustempfindungen erkennt.«[152]

Es sind verschiedene Problemlagen, die sich nach dieser Perspektivenunterscheidung und der sich aus dieser ergebenden Hierarchisierung stellen. Sie verbinden sich nach Habermas zudem mit Problemstellungen einer Verhältnisbestimmung der deskriptiv-empirischen Analysen der affektbasierten Konstitution von menschlichen Individuen auf der einen Seite und den normativen Fragen nach den Bedingungen und Möglichkeiten für das soziale Zusammenleben und die Vergesellschaftung dieser Individuen auf der anderen Seite. In einem die Philosophie auf gänzlich neue Füße stellenden Lösungsversuch zu diesem Problem – der Einführung einer »erfahrungswissenschaftlichen Methode in die Behandlung moralischer Gegenstände«[153] – bestehe so auch die praktische Absicht der von Hume vorgelegten Moraltheorie: »Um aber dem ausdrücklich verpönten Fehlschluss von Tatsachen auf Normen zu entgehen, muss sich die Moralphilosophie einer Sprache bedienen, in deren Aussagen sich die Adressaten selbst als evaluativ Stellung nehmende und moralisch handelnde Subjekte *wiederkennen* können. Sie muss also empirisch erklären, wie sich für uns als handelnde Subjekte, ausgehend von unseren affektiven Reaktionen, die Bedeutung und das Verständnis von Werten und Normen auf natürliche Weise entwickelt haben.«[154] Aus einer solchen objektivierenden Einstellung heraus stellt sich dann auch, wie Habermas es schon zu Beginn seiner Auseinandersetzung mit Hume andeutet, der »*normative Sinn* von Moral und Recht gewissermaßen als ein subjektiv notwendiger, weil gesellschaftlich funktionaler Schein«[155] dar.

Habermas rekonstruiert diese Intention der von Hume verfolgten Moraltheorie entlang dessen Überlegungen zu einer prosozialen Gefühlsbasis auf der Grundlage eines moralischen Sinnes sowie den emotionalen Wurzeln des Mitgefühls und der Selbstliebe. Durch eine komplexe Theorie der Gefühlsübertragungen zwischen Individuen habe Hume den Versuch einer Lösung des Problems der »gesellschaftlichen Generalisierung von Wertschätzungen«[156] in sowohl subjektbezogenen als auch intersubjektivitätstheoretischen Grundbegriffen unternommen. Aufgrund deren empiristischer und funktionalistischer Deutung sei jedoch der Primat des externen Standpunktes einer wissenschaftlichen Beobachtendenperspektive für eine Offenlegung der normativen Dimension der je individuellen Ausrichtungen von Affekten und Tugenden offensichtlich, den die »an der Erzeugung dieser Tugenden beteiligten Individuen als Handelnde *selbst* nicht einnehmen können«.[157]

Dieses Problem, das Habermas mit dem Begriff der »Schranke« zwischen Beteiligten- und Beobachtendenperspektive beschreibt, werde noch virulenter mit Blick auf rechts- und sozialphilosophisch relevante Konzepte, insbesondere mit Blick auf die den Nahbereich des individuellen Handelns transzendierende Gerechtigkeit: »Das Paradox der Unnatürlichkeit einer Gerechtigkeit, die gleichwohl nicht in rationalen Erwägungen, sondern in Gefühlen wurzelt, verrät sich unter anderem darin, dass der Geltungsbereich von Rechtsnormen den Nahbereich von Gefühlen überschreitet. Während die Gerechtigkeit auf das abstrakte Ziel des allgemeinen Wohls ausgerichtet ist, kann Hume keinen natürlichen Affekt anführen, der eine entsprechende Reichweite hätte.«[158] Stattdessen biete Hume sowohl eine vernunft- als auch eine gefühlsorientierte Strategie zur Etablierung der Tugend der Gerechtigkeit an, so zum einen durch die Forderungen nach einer Stärkung der Moralerziehung: »Damit sichert Hume der Moralphilosophie – hinausgehend über die theoretische Aufgabe der naturgeschichtlichen *Erklärung* von Moral und Recht – in der Theorie selbst den Ort für die praktische Aufgabe der *Erziehung* zu Moral und Rechtsgehorsam.«[159] Die von Hume zum anderen erwogene Strategie, über die faktische Annahme eines verbreiteten Mitgefühls auf die mehrheitliche Einnahme eines unparteiischen Verhaltens in Gerechtigkeitsfragen zu schließen, bleibe jedoch widersprüchlich und paradox.[160] Der übergreifenden Argumentation von Habermas zufolge ist ohne Rekurs auf einen gestärkten Begriff von praktischer Vernunft eine Begründung der für moral- und gerechtigkeitstheoretische Grundfragen intendierten Unparteilichkeit und universalistischen Reichweite von normativen Erwägungen nicht möglich.

Habermas verweist auf die in politischer Hinsicht konservativen Konsequenzen,[161] die aus Humes Versuch einer an den Erfahrungswissenschaften orientierten und als naturgeschichtliche Darstellung auftretenden Behandlung auch von moralphilosophisch relevanten Gegenständen folgen. Durch den Rückgriff auf das Prinzip der Gewohnheitsbildung nicht nur in der theoretischen, sondern auch in der praktischen Philosophie komme es zu einem anderen Verständnis des Verhältnisses von Gewohnheitsrechten auf der einen und abstrakten Rechten und Normen auf der anderen Seite als in den vernunftrechtlichen und vertragstheoretischen Ansätzen der frühen Neuzeit. Habermas spricht von einem »empiristischen Verständnis von Normativität«, das mit weitreichenden Folgen die Bindungswirkung staatlichen Rechts auf Gewohnheiten und Konventionen statt auf universell begründete moralische Normen zurückgeführt habe: »Die Kritik des Vertragsrechts und die Ablehnung der Konstruktion eines Gesellschaftsvertrages, kraft dessen die Bürger die politische Gewalt erst konstituieren, bedeuten, dass Hume jene beiden, für die Verfassungsrevolutionen des 18. Jahrhunderts wesentlichen Prinzipien der Rechtsstaatlichkeit und der Demokratie als Maßstäbe für die Legitimation von Herrschaft ablehnt.«[162]

Diese Ablehnung von prinzipiell angelegten Normbegründungen versetzt die Formen der sozialen und politischen Vergesellschaftung in einen naturgeschichtlichen Modus mit Hang zur Zivilisierung. Sie ist nach Habermas das Ergebnis des radikalen Bruchs, den Hume durch seine Dekonstruktion der überlieferten Grundbegriffe der praktischen Philosophie vollzogen habe. Die Dekonstruktion der normativen Begriffe habe entsprechend nicht nur einen methodischen Grund mit einem systematischen Ergebnis, sondern betreffe übergreifend den historischen Diskurs über Glauben und Wissen, aus welchem nach der von Habermas vorgelegten Rekonstruktion jene Grundbegriffe erst entsprungen und hervorgetreten waren. Die von ihm in den Vordergrund gerückte

Problematisierung der von Hume unternommenen Neuordnung der philosophischen Zugangsweisen zu erklärungsbedürftigen normativen Phänomenen wie Moral, Recht und Gerechtigkeit setzt nicht an dem Erklärungsversuch für sich an, sondern an dessen einseitigem Ergebnis, nämlich der »vergegenständlichenden Beschreibung, unter der das Phänomen selbst verschwindet«.[163] Aus einer sichtbar kantianischen Perspektive rückt Habermas konkret die normative Frage nach der »Sollgeltung moralischer Gebote« ins Blickfeld einer Moralphilosophie, die sich einer Erklärung, Rechtfertigung und in der Folge der Rettung des »Phänomens der verpflichtenden Kraft« unter nachmetaphysischen Prämissen verschreibt.[164] Und genau hier liege nach Habermas die entscheidende Differenz im Philosophieverständnis der beiden »Jahrhundertfiguren« Kant und Hume: »Kant sieht, dass die Philosophie, die sich dem vergegenständlichenden Modus der Erfahrungswissenschaften anpasst, ihr Proprium aufgibt – nämlich den Versuch, Antworten auf jene Menschheitsfragen zu geben, in denen sich das Orientierungsbedürfnis ›vernünftiger Weltwesen‹ ausspricht. […] Anders als Hume will Kant jene aus dem theologischen Erbe der praktischen Philosophie stammenden Grundfragen so rekonstruieren, dass sie unter Voraussetzungen nachmetaphysischen Denkens mit guten Gründen beantwortet werden können.«[165]

Der Fokus der genealogischen Problematisierung von entscheidenden Differenzpunkten der beiden nachmetaphysischen Denker Hume und Kant liegt in *Auch eine Geschichte der Philosophie* also auf einer Konfrontation der jeweiligen Philosophiebegriffe mit Blick auf deren Selbstverständigungs- und Orientierungsaufgaben in der anbrechenden Moderne. Habermas hebt die Integration der philosophischen Grundfragen vor der Ausgangsfrage nach der Stellung des Menschen in der Welt bei Kant hervor, durch die dieser die weltbürgerliche Bedeutung von Philosophie gegenüber nicht nur der Schulphilosophie, sondern auch einem »empiristisch begründeten Szientismus« herausgestellt hatte: »Kant begreift den Menschen als ein aus Intelligenz und Natur zusammengesetztes Wesen, das sich in der Welt dank des Verstandes nach Gesetzen der Kausalität klug orientieren, dank der Vernunft nach moralischen Gesetzen autonom handeln und das ›Weltbeste‹ fördern, also dem Aufklärungsinteresse am Fortschreiten der Menschheit dienen kann.«[166] Vor diesem Hintergrund greift Habermas seine bereits kurz nach der Jahrtausendwende formulierten Überlegungen zur normativ-praktischen Relevanz von Kants Religionsphilosophie[167] wieder auf. Während er auf der Seite der philosophischen Rekonstruktion im Anschluss an diese früheren Arbeiten herausarbeitet, wie Kant im Rahmen seiner Religionsphilosophie den moralischen Gehalt religiöser Überlieferungen und Spekulationen so rekonstruiert habe, dass er sich auch im Kontext seiner transzendentalphilosophischen Wende mit Gründen rechtfertigen lasse, erklärt er aus einer die möglichen Wege der nachmetaphysischen Denkform in den Blick nehmenden genealogischen Perspektive Kants herausragende Stellung in dieser Geschichte: »Die Genealogie nachmetaphysischen Denkens erklärt, warum Kant zum Repräsentanten seines Jahrhunderts geworden ist: Weil er die Substanz der Frage, die dem Diskurs über Glauben und Wissen zugrunde lag, nicht einfach beiseiteschiebt, sondern unter Prämissen nachmetaphysischen Denkens aufgreift und bearbeitet, bedeuten für ihn Religionsphilosophie und Aufklärung dasselbe Thema. Ihm ist die Ambivalenz des Aufklärungsimperativs bewusst.«[168]

Habermas thematisiert diese Reflexionen über die Ambivalenzen des Aufklärungsprozesses entlang von Kants kritischen Überlegungen zur Gesetzgebungskraft der Vernunft unter subjekt- und transzendentalphilosophischen Prämissen.[169] Die Gleichzeitigkeit von Wissenserweiterung im erfahrungswissenschaftlichen und Wissensbeschränkung im metaphysischen Bereich führe zu einer Spannung zwischen dem sich in der Spontaneität des Selbstdenkens und der Autonomie seines Handelns manifestierenden Aufklärungsgedanken sowie einem ebenso aufklärerisch auszuweisenden menschlichen Bedürfnis nach Orientierung, das jedoch über die Engführungen praktischer Rationalität hinausweist: »Es mag erstaunen, dass Kant, der die Moral von allen Verstrickungen in die Gefühls- und Bedürfnisnatur reinigt und der Kompetenz der gesetzgebenden Vernunft überantwortet, im Innersten dieser Vernunft selbst ein Gefühl und ein Interesse entdeckt.«[170] Über den hier implizierten Rekurs auf zwei prominente Anmerkungen aus der *Grundlegung zur Metaphysik der Sitten*[171] eröffnet Habermas den Bogen von der theoretischen und praktischen Philosophie zur systematischen Relevanz von Kants übergreifenden anthropologischen und religionsphilosophischen Überlegungen. Die kritische Einhegung des Vernunftgebrauchs beziehe sich nämlich sowohl auf die kognitiven als auch die motivationalen Grenzen des sich selbst aufklärenden Subjekts. Hieraus erwachse ein Problem, das auch für den historischen Aufklärungsprozess im Ganzen kennzeichnend war – und bis in die Gegenwart ist: »In Kants Denkbewegung spiegelt sich nämlich exemplarisch die Herausforderung, die eine Anknüpfung an den Diskurs über Glauben und Wissen für ein säkulares, *vom Glauben entkoppeltes* philosophisches Denken darstellt.«[172]

Im Abgleich mit der in den *Vorlesungen* zum *Philosophischen Diskurs der Moderne* vorgelegten Deutung der kantischen Position im und für den Modernisierungsprozess ist von Interesse, dass Habermas in den 1980er Jahren Kant zwar auch als einen Spiegel für die kulturellen und gesellschaftlichen Entwicklungen herangezogen hatte, aber mit einem Fokus auf sowohl soziologische als auch philosophische Fragen nach der Ausdifferenzierung von Wert-, Rationalitäts- und Geltungssphären in der Moderne. In seinem Spätwerk rückt nun Kant als Spiegel für einen spezifischen Umgang mit dem schon durch Luther eingeleiteten Abkopplungsprozess von Glauben und Wissen in die Geschichte des an der Schwelle zur Moderne stehenden nachmetaphysischen Denkens ein. Aus dieser Perspektive sind es nicht die Fragen nach der Reichweite und den Grenzen von Wissen, die beunruhigen, sondern das Zusammenspiel der drei Fragen nach dem praktischen Orientierungs- und Hoffnungsbedürfnis eines sich nun auch selbst befragenden Menschen. Und die Pointe der kantischen Denkbewegung habe darin bestanden, »*in der Vernunft selbst ein Interesse* an einer ermutigenden Antwort«[173] auf die metaphysischen und theologischen Grundfragen auch unter säkularen Bedingungen ausgemacht zu haben: »Die festgehaltenen Fragen von Religion und Metaphysik sind gleichsam die Stimmgabel, die in dem ganz auf sich und sein Selbstdenken gestellten Subjekt den Dreiklang vernünftig begründeter Antworten erzeugt.«[174]

Habermas konzentriert sich in seiner Rekonstruktion von Kants spezifischem, sowohl Empirismus als auch Rationalismus hinter sich lassenden einflussreichen Beitrag zur nachmetaphysischen Denkgeschichte zunächst auf die praktische Dimension des Anschlusses an subjektphilosophische Grundbegriffe unter transzendentalphilosophischen Prämissen. Über die Frage nach den subjektiven Bedingungen der Erkenntnis hinausgehend komme es bei Kant zu einer deutlichen Verschiebung des »theoretischen Interesses auf Fragen der praktischen Selbstverständigung des endlichen Vernunftwesens«.[175] Mit dieser Stoßrichtung der Rekonstruktion geht Habermas auch über den eigenen Interpretationsrahmen hinaus, den er mit Blick auf Kant in den Sammelbänden zum *Nachmetaphysischen Denken* sowie zu *Wahrheit und Rechtfertigung* vorgelegt hatte. Dort lag der Schwerpunkt auf den epistemischen Fallstricken einer transzendentalphilosophisch begründeten und sowohl dualistisch als auch introspektiv angelegten Subjektphilosophie, die nicht immanent, sondern nur durch den sodann von Hegel gegangenen Schritt hin zu einem detranszendentalisierten Verständnis von Subjektivität überwunden worden sei.

In *Auch eine Geschichte der Philosophie* setzt Habermas in einer anderen Weise an. Ausgangspunkt für die Situierung Kants in der *Genealogie nachmetaphysischen Denkens* ist zum einen dessen Konfrontation mit Hume und zum anderen eine handlungstheoretische Ausdeutung seines Subjektbegriffs, die den Blick auf die normativ spannungsvollen und als agonal gekennzeichneten inneren Beweg- und Motivationsgründe für moralische Handlungen lenkt: »Da nun die praktische Vernunft mit der theoretischen ein und dasselbe ist, und da Kant die Selbstkritik der reinen Vernunft in ihrem theoretischen Gebrauch von vornherein mit dem Blick auf die Rechtfertigung der praktischen Vernunft unternommen hat, komme ich zu dem Schluss, dass er den eigentlich revolutionären Zug mit der *Einführung eines agonalen und wesentlich praktischen Begriffs der Subjektivität* tut, der in sich eine gewaltige Spannung birgt und austrägt: die Spannung zwischen der empirischen, sich selbst in der Zeit erscheinenden Person einerseits und dem sich als spontan gesetzgebend denkenden noumenalen Ich andererseits.«[176] Doch zu dieser nicht in Begriffen der theoretischen Philosophie gefassten Spannung, die auf unterschiedliche Weise bereits von Adorno und Foucault thematisiert worden ist, gesellt sich ein weiteres Problem, das auf den theologischen Diskurs verweist, in den Kant von Habermas in seinem Spätwerk hineingestellt wird. Das Interesse der Vernunft, aus sich heraus eine Rechtfertigung für das praktisch vernünftige Handeln zu finden, kondensiert sich in der Idee, dass sich »in dem Inkognito der vernünftigen Selbstgesetzgebung des Ichs der transzendentalen Apperzeption von vorneherein schon die anfechtbare, vom Kampf zwischen Gut und Böse herausgeforderte Autonomie des im buchstäblichen Sinne *handelnden* Subjekts verbirgt«.[177] Nach Kant stellte sich demzufolge nicht die Frage, ob Erkenntnis und Moral möglich ist – beides blieb auch im Rahmen seiner kritischen Schriften als Faktum vorausgesetzt, wenn auch in einer unterschiedlich voraussetzungsreichen Weise mitsamt einer komplexen internen Verhältnisbestimmung. Stattdessen habe Kant vor dem Hintergrund seines Weltbegriffes von Philosophie vor der Herausforderung gestanden, zu »erklären, wie Erkenntnis möglich ist, um zu zeigen, dass jenseits dieser Grenzen zwingende moralische Einsicht möglich ist«.[178] Dass es Freiheit gibt, ist sodann die Basis für die Einsicht, dass sich trotz der »überschießenden Forderungen des Moralgesetzes ein in der Vernunft selbst hinsichtlich ihres praktischen Gebrauches angelegtes *Interesse an den eigenen Wirkungschancen in der Welt* verbirgt«.[179]

Indem Habermas nun den Fokus auf einen »im Praktischen zentrierten Begriff der Subjektivität«[180] legt, kann er die Ergebnisse einer auf dem Boden der naturwissenschaftlichen Entwicklung stehenden Kritik der theoretischen Vernunft als Mittel ausweisen, mit dem Kant auf der moralphilosophischen Seite durch Rekurs auf den Autonomiebegriff eine von Habermas sowohl als »eine der großen Errungenschaften der Philosophiegeschichte«[181] als auch als »genial«[182] bezeichnete Einsicht präsentiert habe, hinter der sich die »Arbeit der Transformation religiöser Motive«[183] verberge. Nun steht Kant damit in einer weitläufigen historischen Tradition, die Gegenstand von *Auch einer Geschichte der Philosophie* ist. Zugleich jedoch stelle dessen reflexiver Zugang zu religiösen und theologischen Überlieferungen eine »Zäsur« in jener »Geschichte der philosophischen Aneignung religiöser Gehalte« genau deshalb dar, »weil er als Erster über die Art der hermeneutischen Einstellung, die die Philosophie zu den überlieferten Gehalten einnehmen soll, explizit Rechenschaft ablegt«.[184] Hierzu zähle die Konzentration auf den semantischen Gehalt der Glaubenslehre vor dem Hintergrund einer Unterscheidung zwischen Text und Zeremonie sowie eine erneuerte wissenschaftliche Verhältnisbestimmung von Philosophie und

Theologie. Nach Letzterer wird die rationale Prüfung von Fragen des Weges zum Heil, zur Glückseligkeit und zur Gerechtigkeit zu einer Sache der Philosophie, die nach Kants Auffassung »in ihren Begriffen die Substanz der Moral klarer erfasst hat, als es irgendeiner Religion möglich gewesen ist«.[185] Grundlegend für diese Verhältnisbestimmung sei Kants gesetzesbezogenes Moralverständnis, durch welches der Inhalt der Moral eine rational prüfbare Form annehme.

Aus der kantischen Reduktion von Fragen der Moralität auf ein Gesetz folgten zwei Problemstellungen, die Habermas im weiteren Verlauf seiner Rekonstruktion skizziert. Zum einen konnte durch diese philosophische Reduktion »das reichere Konzept einer rettenden Gerechtigkeit«,[186] das in der Theologie über die Fluchtlinien von Heilswegen und -versprechen zum Ausdruck gebracht wird, nicht eingeholt werden. Bereits im ersten Band von *Auch eine Geschichte der Philosophie* verweist Habermas auf die von Kant vollzogene Trennung der religiös und theologisch konnotierten Vorstellung von einer rettenden Gerechtigkeit und der in den praktischen Schriften in den Blick genommenen deontologischen Gerechtigkeit: »Um der Autonomie der endlichen Gerechtigkeit willen hatte Kant vom starken Begriff der rettenden Gerechtigkeit das deontologische Moment der Gerechtigkeit abspalten müssen, um den verpflichtenden Kern des göttlichen Gesetzes auf die Selbstgesetzgebung des verantwortlich handelnden Subjekts umpolen zu können. Aber wenn die Vernunftreligion die damit aufgerissene Lücke zwischen der moralischen Verpflichtung und der Attraktionskraft des Guten am Ende doch nicht schließen kann, muss man sich mit dem eigentümlich schwebenden Interesse der Vernunft an ihrer eigenen Verwirklichung begnügen.«[187] Für Habermas sind dann auch – wie im Titel des zweiten Kapitels zu Kant explizit angedeutet – die Möglichkeiten und Grenzen einer »nachmetaphysischen Rechtfertigung eines der Vernunft innewohnenden Interesses«[188] das von Kant ausgehende und zugleich über diesen hinausweisende Motiv für das rekonstruktive und genealogische Anliegen von *Auch eine Geschichte der Philosophie*.

Im zweiten Band des Spätwerks verdeutlicht Habermas nochmals unter religions- und geschichtsphilosophischen Gesichtspunkten die Genealogie jener beiden Gerechtigkeitskonzepte, die auf eine entscheidende Herausforderung verweist, vor der Kant als »erster wahrhaft moderner Denker«[189] gestanden habe: »Am historischen Übergang vom christlichen Naturrecht zum Vernunftrecht lässt sich ablesen, dass der universalistische Begriff der deontologisch bindenden Gerechtigkeit aus der komplexen achsenzeitlichen Konzeption einer rettenden Gerechtigkeit hervorgegangen ist und damit auf einen Ursprung im sakralen Komplex verweist. Dieser genealogische Zusammenhang löst sich unter dem dichotomisierenden Zugriff der transzendentalen Grundbegriffe auf.«[190] Im Kontext seiner Auseinandersetzung mit Kant legt Habermas den Fokus der Rekonstruktion zunächst auf dessen diesbezüglichen Versuch, die Selbsterzeugungsmöglichkeiten einer Realisierung der aus der Konzeption einer rettenden Gerechtigkeit übernommenen Glückseligkeit als höchstem Gut aus dem Moralgesetz selbst zu erweisen. Aus der transzendentalphilosophisch geerdeten Subjektperspektive entstehen so doppelte Anforderungen, die mit der deontologischen Moralphilosophie auf der einen und den Fragen nach der individuellen und kollektiven Glückseligkeit auf der anderen Seite einhergehen. Habermas hebt hier die von Kant bereits antizipierte paradoxe Situation hervor, nach der sich das Moralgesetz dem handelnden Subjekt in seinem normativen Selbstbezug als eine »*überwältigende* Herausforderung« gegenüberstellt, weil er sich dieses »spontan gegeben hat und aus eigener Kraft *bewältigen* soll«.[191] Zur Lösung dieses Problems greife Kant im Rahmen seiner schriftübergreifenden Erklärungen zum Autonomiebegriff nicht nur auf die »nominalistische Erneuerung des deontologisch zugespitzten Gesetzesbegriffes« zurück, sondern auf eine konstruktive »Auseinandersetzung mit Luthers Gnadenlehre und der dahinterstehenden augustinischen Tradition«.[192] Der kantische Zugriff auf diese Tradition steht nach Habermas paradigmatisch für eine »*halbe Übersetzung*«[193] normativer religiöser Gehalte unter nachmetaphysischen Prämissen.

Habermas' Rekonstruktion, die dem Nachweis seiner genealogischen These dienen soll, geht über den üblichen Kanon der praktischen Schriften – die *Grundlegung zur Metaphysik der Sitten*, die *Metaphysik der Sitten* sowie die *Kritik der praktischen Vernunft* – hinaus. Hauptbezugspunkt in den Kapiteln zu Kant im zweiten Band von *Auch eine Geschichte der Philosophie* sind zunächst die religionsphilosophischen Schriften, insbesondere Kants Spätwerk *Die Religion innerhalb der Grenzen der bloßen Vernunft*. Nach Habermas sind es zwei Motive, die Kant aus seiner Auseinandersetzung mit Luthers Gnadenlehre gewonnen habe und die maßgeblich für die von ihm anvisierte Lösung einer Bewältigung der mit der Freiheit unter selbstgegebenen Gesetzen verbundenen Herausforderungen einstehen. Zum einen habe Kant im Theorem von der gesetzgebenden Kraft der praktischen Vernunft die »determinierende Kraft der göttlichen Prädestination«[194] übersetzt und naturalisiert. Die Gnadenwirkung in Verbindung mit der normativen Kraft des Heilsversprechens wird demzufolge von Kant in das Verständnis einer Bestimmung des Willens durch das moralische Freiheitsgesetz transformiert. Hier komme es erneut zu der ambivalenten Situation, dass sich die handelnden Subjekte als verantwortlicher Urheber ihrer Handlungen zugleich an die Verwirklichung des von ihnen eingesehenen Vernunftgesetzes gebunden sehen: »Die vernünftige Freiheit des menschlichen Willens besteht also nach dieser kühnen Lesart in der Bereitschaft, sich der ›Natur‹ des Moralgesetzes (der als Gnadenwirkung interpretierten Anlage zum Guten) eher zu unterwerfen als der Natur unserer Affekte und Triebe, um diese Anlage zur Wirkung kommen zu lassen. Es liegt freilich beim Subjekt selbst, die ›Anlage‹ zu aktualisieren und zu entwickeln.«[195] Habermas spricht von einer »Interpretation«, aber ebenso von einer »waghalsigen Übersetzung« des Gedankens von einem göttlichen Gnadenakt hin zu einem selbstermächtigenden und willensbestimmenden Begriff von Autonomie: »Die als Gnadenwirkung eingeführte Vernunftanlage verwandelt sich gemäß der subjekttheoretischen Deutung dieser praktischen Vernunft in eine *Ermächtigung* zur Selbstgesetzgebung.«[196] Diese Ermächtigung zur Selbstgesetzgebung ist normativ an die Sollgeltung genau jener selbstgegebenen Gesetze der Vernunft gebunden.

Das zweite, aus der Auseinandersetzung mit Luther gewonnene Motiv, auf das Habermas mit Blick auf Kants religionsphilosophisch erweiterte Bestimmung von Moralität verweist, betrifft die Deutung und den Umgang mit dem einem jeden Menschen inkarnierten Hang zum Bösen, der jedoch »nicht als eine angeborene Eigenschaft seiner moralischen Verantwortung entzogen wäre«.[197] Für Habermas scheint hier entscheidend zu sein, dass sich bei Kant im Gegensatz zu Humes naturgeschichtlichem Verständnis einer empirisch rekonstruierbaren, aber nicht aus Vernunfteigenschaften erklärbaren Moralität und Sittlichkeit gerade infolge der dualistischen Trennung von Natur und Sittlichkeit sowie der Unterscheidung zwischen Fragen der Glückseligkeit und solchen nach der Einsicht in die vernünftige Gesetzgebung ein Konzept von moralischer Verantwortung und Autorschaft entwickelt habe. Durch dieses sei – so die ideengeschichtliche Kernthese – das historische Band zu den überlieferten und übersetzten theologischen Diskursen auch unter nachmetaphysischen Prämissen nicht zerschnitten worden. Indem Kant wie bereits zuvor Luther und Augustinus einen dialektischen Zusammenhang von Gut und Böse entfaltet habe, konnte er das moralische Sollen als notwendige menschliche Kraftanstrengung aus der Binnenperspektive aller handelnden Subjekte dechiffrieren: »Das moralische Sollen erhält erst durch den Kontrast zu einem *gleichursprünglichen* Widerstand den radikalen Sinn einer kategorischen Aufforderung zur moralischen Bezähmung der korrumpierten *geistigen* Natur.«[198] Die im Kontext der praktischen Schriften Kants offen gebliebenen Fragen nach einem auch unter nachmetaphysischen Prämissen nachvollziehbaren und zugleich »unorthodoxen Verständnis der moralischen Motivation«[199] wurde somit aus der Perspektive der *Genealogie des nachmetaphysischen Denkens* nur bei einer der beiden Schlüsselgestalten des 18. Jahrhunderts durch Rückgriff auf theologische Motive, die tief in der Historie der abendländischen Ideengeschichte gründen, zu lösen versucht.

Aus der Erklärung der Sollgeltung moralischer Gesetze aufgrund ihrer vernünftigen Allgemeinheit kann deren Verpflichtungs- und Bindungskraft unter motivationalen Gesichtspunkten nicht aus sich heraus und in Gänze gefolgert werden: »Die Vernunftmoral muss sich gewiss auf gute Gründe stützen, aber die Motivationskraft guter Gründe reicht für die Erklärung der deontologischen Bindungskraft moralischer Gebote nicht aus.«[200] Zugleich muss die Trennung von Glauben und Wissen auch in Kants späten religionsphilosophischen Überlegungen unter Maßgabe der transzendentalphilosophischen Prämissen der kritischen Philosophie aufrecht erhalten bleiben. Die über Aufklärung und Wissenschaft hinausweisenden und dem Orientierungsbedürfnis von Menschen zum Ausdruck verhelfenden Fragen Kants nach deren Selbstverständnis und den Hoffnungsperspektiven sehen sich an eine zeitliche Dimension verwiesen, die seit der Aufklärungsepoche philosophisch virulent geworden ist – die Frage nach einer teleologischen Struktur der aus dem europäischen Blickwinkel heraus universalisierten Menschheitsgeschichte unter philosophischen Gesichtspunkten.

Habermas erweitert seine Rekonstruktion der kantischen Argumentationslinien von den religionsphilosophischen Schriften auf die geschichtsphilosophischen Annahmen zur Etablierung eines bürgerlichen Rechtszustandes.[201] Hintergrund hierfür ist zunächst der aus dem theologischen Diskurs herausgefilterte Gedanke einer fortschreitenden Entwicklung menschlicher Moralität und Sittlichkeit hin zum Besseren durch die Überwindung böser Kräfte: »Weil moralisches Handeln implizit auch heißt, *sich selbst* moralisch zu bessern, sind wir einbezogen in einen die Menschheit als solche erfassenden moralischen Lernprozess.«[202] In einer grundsätzlichen Weise zehrt auch das Habermas' Spätwerk im Ganzen von dieser hier Kant zugeschriebenen optimistischen Sichtweise. Im Rahmen der weitergehenden Rekonstruktionen werden jedoch zugleich die internen Problemstellungen des kantischen Lösungsversuches sowie die nur genealogisch in den Blick zu bekommenden Vereinseitigungen und Verluste der skizzierten epochenübergreifenden Lernprozesse mit Implikationen für die Entwicklung von Wissen und Moral antizipiert. Rainer Forst spricht diesbezüglich von dem Aspekt der »milden Selbstrelativierung«[203] der auf die Historie bezogenen Fortschrittsrekonstruktion in *Auch eine Geschichte der Philosophie*, der bereits durch den an Herder erinnernden Buchtitel offensichtlich werde. Den überraschenden begrifflichen Ausgangspunkt für die Erweiterung des Rahmens der Moralphilosophie Kants stellt nach Habermas die Frage nach dem Ort der Glückseligkeit in einer nachmetaphysischen Konzeption dar. Die Vereinbarkeit des deontologischen Ansatzes mit einer teleologischen Ausrichtung des individuellen und kollektiven Lebens auf Glückseligkeit habe Kant jedoch nur unter dem Vorbehalt einer »Unterordnung des Telos unter das Gesetz«[204] leisten können. Das Streben nach Glückseligkeit sei demzufolge von Kant »*als Bestandteil* der Befolgung einer moralischen Pflicht ausgewiesen«[205]

worden, so dass sich im Umkehrschluss jenes als pflichtmäßig zu befolgendes Gebot der Vernunft präsentiert habe.[206]

Für die Konfrontation mit Humes szientistischer Weichenstellung ist die wiederholt von Habermas angeführte Beibehaltung von Fragestellungen der praktischen Orientierung in Unabhängigkeit von Wissenschaftsfortschritten und -entwicklungen von entscheidender Relevanz für die Deutung der Position Kants in der *Genealogie des nachmetaphysischen Denkens.* Hierzu sei die in *Auch eine Geschichte der Philosophie* thematisierte Ausweitung seiner moralphilosophischen Überlegungen in die Felder der Religions-, Geschichts- und Rechtsphilosophie notwendig gewesen. Als Hintergrund für diese Strategie dechiffriert Habermas das kantische Bewusstsein dafür, dass die Motivations- und Beweggründe für die Befolgung jener Gebote der praktischen Vernunft abhängig bleiben von Fragen nach der Verwirklichung von Glückseligkeit. Letztere scheint jedoch von einer die subjektiven Kapazitäten übersteigenden koordinierenden Kraft abhängig zu sein. Kant habe deshalb in der *Postulatenlehre* der *Kritik der praktischen Vernunft*[207] auf die Ideen von Gott und der Unsterblichkeit der Seele zurückgegriffen, um die inhaltliche Seite des »Gedankens einer *rettenden* Gerechtigkeit, der bisher religiösen Überlieferungen vorbehalten war, als ein Element der Vernunftmoral selbst zu rechtfertigen«.[208] Hierdurch werde die deontologische Geltungsdimension der praktischen Begründung des moralischen Gesetzes ergänzt durch einen mit den Postulaten verbundenen Glaubensanspruch, der sich im Habitus oder der Einstellung von zugleich moralischen und gläubigen Personen manifestiere.

Zwei problematisierende Schlussfolgerungen zieht Habermas aus seiner Rekonstruktion dieser Brücke zwischen Moral- und Religionsphilosophie, die auf das Problem der »Motivationsschwäche der abstrakten Vernunftmoral«[209] abstellen. So habe Kant zwar den Vernunftglauben als Orientierungsparadigma wiederentdeckt, der jedoch aufgrund seiner eigenen Abhängigkeit von einem moralischen Akt nur ein »schwaches kognitives Polster«[210] für die Einbettung moralischer Gesinnungen abgebe. Daraus folge eine zirkuläre Struktur von Vernunftmoral und Vernunftglaube, die Habermas zum einen als vergeblichen Versuch der Lösung des Motivations- und Bindungsproblems einer deontologischen Ethik interpretiert:

»Die Vernunftmoral ist, entgegen Kants eigener Überzeugung, eine zu schmale Basis, um den *Orientierungsbedarf* eines endlichen Vernunftwesens, das sich kraft des autonomen Gebrauchs seiner Vernunft von Lebensformen selbstverschuldeter Unmündigkeit emanzipieren will, zu befriedigen.«[211] Zum anderen schießen ihm zufolge die religions- und auch geschichtsphilosophischen Bezüge auf Heilsversprechen »über alles hinaus, was Kant in moralphilosophischen Begriffen vernünftig einholen kann«.[212]

Relevant sind für Habermas mit Blick auf diese Motivlage mitsamt den konstatierten Defiziten hinsichtlich einer möglichen Lösung des Motivations- und Bindungsproblems der Vernunftmoral jedoch zwei Implikationen mit Folgewirkung für die Geschichte des nachmetaphysischen Denkens. So habe Kant durch seinen Rekurs auf kollektive Heilsversprechen einen zweiten Handlungsaspekt neben der Ausrichtung von subjektiven Maximen des Handelns von Individuen an dem moralischen Gesetz in seine Überlegungen mit aufgenommen und so diesem einen zeitlichen Vektor mit teleologischem Fluchtpunkt verliehen. Kant habe so ein für die nachfolgende Geschichte des nachmetaphysischen Denkens »hinausschießendes Element der Sittlichkeit«[213] entdeckt, indem er in seinen späten Schriften die »Kooperation mit anderen um eines moralisch ausgezeichneten, aber nur gemeinsam zu verfolgenden und nur durch kollektive Anstrengung erreichbaren, nämlich geschichtsphilosophischen Zieles willen«,[214] in den Fokus rückte. Während also aus religionsphilosophischer Sicht die Verwirklichung einer göttlich anmutenden ethischen Gemeinschaft in der teleologischen Fluchtlinie erscheint, ist es in dem durch die praktische Vernunft vorbestimmten und durch die Urteilskraft unter heuristischen Gesichtspunkten erschlossenen emanzipatorischen Sinn der Weltgeschichte die Zielperspektive der Verwirklichung eines weltbürgerlichen Zustandes. Dieser werde von Kant jedoch nicht in theologischen, sondern in säkularen juristischen Begriffen beschrieben und zugleich als Rechtszustand entlang den sich am Kernbestand seiner praktischen Philosophie orientierenden moralphilosophischen und demokratischen Bedingungen legitimiert.

Diese Entwicklung einer Vernunftmoral unter Bezugnahme auf die »grundbegrifflichen Bahnen des modernen Vernunftrechts« interpretiert Habermas als kantischen »Gegenentwurf« zu den auf der empiristischen Linie des nachmetaphysischen Denkens entworfenen Erklärungen für Handlungsorientierungen,[215] die entweder die kluge Interessenabwägung oder für die Fälle der intersubjektiven Relevanz von Handlungsintentionen die Sympathie und das moralische Gefühl in den Vordergrund rückten. Entscheidend für die von Habermas insbesondere gegen Hume vollzogene Abgrenzung des kantischen Zugriffs auf die Problemstellungen einer Bestimmung der Verhältnisse von Moral und Recht in geschichtlichen Kontexten ist, dass ihm zufolge Kant die Deutung der Selbstaufklärungsprozesse der Menschen eben nicht vor dem Hintergrund psychologischer oder naturwissenschaftlicher Objektivierungsansprüche vollzogen habe: »Demgegenüber setzt Kant die Selbstverständigung, die wir als vernünftige Naturwesen im Lichte unseres wissenschaftlich erworbenen Wissens von der Welt anstreben, nicht mit Wissenschaft gleich. Die Vernunft, die auf ihre eigene Tätigkeit reflektiert, beansprucht gegenüber der objektivierenden Verstandeserkenntnis ein eigenes Recht.«[216] Erst durch diese Öffnung und Erweiterung der Horizonte der Vernunfttätigkeit treten so deren auf die grundlegende menschliche Orientierung abzielenden Bedürfnisse und Interessen auch unter nachmetaphysischen Bedingungen in das Blickfeld.

Für Habermas ist mit Hume und Kant eine Differenz in der Ausrichtung des nachmetaphysischen Denkens markiert worden, die er in den Begriffen der Verengung und Erweiterung des Philosophieverständnisses umschreibt: »Während der Empirismus die Weichen für eine szientistische Engführung des professionellen Selbstverständnisses der Philosophie stellt, markiert Kants Bekenntnis zum Weltbegriff der Philosophie die Verpflichtung des Aufklärers, an den substantiellen Fragen der Philosophie festzuhalten und zur Welt- und Selbstverständigung der Zeit beizutragen.«[217] Für die in Fragen der philosophischen Aufgabenbestimmung an Kant anschließenden idealistischen und hermeneutischen Ansätze des 19. Jahrhunderts werde sodann das Problem eines zeitangemessenen Verständnisses von Subjektivität als Kernproblem der Auseinandersetzung mit der Transzendentalphilosophie relevant. Habermas unterscheidet hier – in Übereinstimmung mit seinen diesbezüglichen philosophischen Schriften aus der mittleren Werkphase – zwischen zwei Theorieoptionen. So komme es bei den als Nachfolger bezeichneten Philosophen entweder zu einer Detranszendentalisierung oder zu einer Extranszendentalisierung der kantischen Vernunft. Beide Varianten exemplifiziert Habermas bereits in den *Vorlesungen* zum *Philosophischen Diskurs der Moderne* sowie den philosophischen Schriften der 1990er Jahre an Hegel. In *Auch eine Geschichte der Philosophie* nimmt er einen weitläufigeren Blick auf die historisch rekonstruierbaren Ansätze einer sich zum objektiven Idealismus gegenläufig verhaltenden Detranszendentalisierung der subjektphilosophischen Grundbegriffe ein, indem er in gleicher Weise auf Hamann, Herder und Humboldt auf der einen wie auf Hegel, Feuerbach und Marx auf der anderen Seite rekurriert. Gemeinsam sei all diesen Autoren des späten 18. und 19. Jahrhunderts, dass sie die subjektive Vernunft »als eine *organisch verkörperte*, in der *historischen Zeit* und im *sozialen Raum situierte* geistige Tätigkeit begriffen«[218] haben.

Auch wenn das jeweilige Verständnis des Verhältnisses von subjektivem und objektivem Geist stark hinsichtlich des jeweiligen Begriffs von Vergesellschaftung – ob sprachlich, sozial, kulturell oder ökonomisch – variiere, so wurde der Rekonstruktion zufolge dieses Motiv im Anschluss an die junghegelianische Kritik am objektiven Idealismus maßgeblich für die Geschichte des nachmetaphysischen Denkens. Zugleich verweist Habermas darauf, dass neben dem Aufklärungsmotiv ein weiteres entscheidendes Moment der kantischen Philosophie für diesen Pfad der ideengeschichtlichen Entwicklung bestimmend bleibe, denn die Subjekte behalten auch im Stande ihrer Einbettung in kooperative gesellschaftliche Zusammenhänge »etwas wesentliches vom Erbe des transzendentalen Ich: die Lernfähigkeit von welterschließenden und Hypothesen entwerfenden Intelligenzen sowie die Spontaneität vernunftgeleitet und frei handelnder Subjekte, die ihre Erfahrungen im Umgang mit der objektiven Welt miteinander zugleich phantasiereich und rational verarbeiten können.«[219] Die beiden großen Schlusskapitel von *Auch eine Geschichte der Philosophie* intendieren entsprechend den Nachvollzug jenes weiteren und über den subjektiven und objektiven Idealismus hinausweisenden Reflexionsschubes im Rahmen der nachmetaphysischen Denkform, der Habermas zufolge »uns in die Konstellation nachmetaphysischen Denkens befördert hat, in der wir uns heute vorfinden«.[220] Den entscheidenden Schritt hierzu sei die »Generation der nachidealistischen Schüler«[221] gegangen, die sich unter Beibehaltung der Idee eines sich selbst aufklärenden und weltentwerfenden Subjekts von verschiedenen anderen Setzungen der idealistischen Philosophien verabschiedeten und den Weg für neue Verhältnisbestimmungen von subjektivem und objektivem Geist vorbereitet haben.

4.4.3 Feuerbach und Marx

In Übereinstimmung mit gängigen Philosophiegeschichtsschreibungen wird Ludwig Feuerbach im zweiten Band von *Auch eine Geschichte der Philosophie* in die philosophische Gedankenentwicklung zwischen Hegel und Marx eingeordnet. Das entsprechende Kapitel überschreibt Habermas mit »*Ludwig Feuerbachs anthropologische Wende: Zur Lebensform organisch verkörperter und kommunikativ vergesellschafteter Subjekte*«.[222] Mit diesem Titel ist bereits die Rolle Feuerbachs in der *Genealogie des nachmetaphysischen Denkens* angedeutet. Die konstatierte anthropologische Wende soll einen Beitrag zu einem neuen Verständnis der Vergesellschaftung von Subjekten in Begriffen von einer Lebensform liefern. Neben der kommunikativen Vergesellschaftungsbefähigung hebt Habermas ein gesättigtes Verständnis der organischen Verkörperung von Subjekten in Feuerbachs Philosophie hervor. Darin liege im Kontext der Lernschritte des nachmetaphysischen Denkens so auch dessen entscheidender und über die idealistische Philosophie hinausweisender Beitrag.

Das Grundproblem, das Habermas im idealistischen Denken Hegels trotz der Thematisierung von Detranszendentalisierungsaspekten von Subjektivität im vermittelnden Raum des objektiven Geistes identifiziert und das zu einer Überschreitung herausfordert, liegt in der spezifischen Art und Weise der Fassung des Verhältnisses des objektiven zum subjektiven Geist: »Hegel beraubt den subjektiven Geist im Zuge der Vergesellschaftung seiner im Kantischen Sinne eigenen vernünftigen Freiheit und verschiebt diese auf den objektiven Geist; denn im Rahmen der subjektphilosophischen Grundbegriffe muss er die vernünftige Freiheit, die er nicht in der Gestalt einer intersubjektiv ausgeübten Praxis wiedererkennen kann, je nach Entwicklungsstufe, alternativ entweder dem subjektiven oder dem objektiven Geist zuschreiben.«[223] Die Problematik, dass Hegel in seiner den subjektiven und objektiven Geist übergreifenden gesellschaftstheoretischen Konzeption keinen Ort für die eine der Autonomie von vergesellschafteten Subjekten gerecht werdende intersubjektive Praxis vorgesehen hatte, stellt Habermas zufolge »die Bruchstelle des ins Performative überführten idealistischen Ganzheitsdenkens« dar, »an der die Kritik der Hegelschüler ansetzen wird«.[224] Habermas zeigt diese Sollbruchstelle an Beispielen aus Hegels *Rechtsphilosophie* auf: das Fehlen eines demokratischen Ortes für die Artikulation von individuellen sowie kollektiven Meinungsbildungen oder auch Einsprüchen gegen institutionalisierte Praktiken oder auch das einseitig vom objektiven Geist her gedachte Verständnis eines Bildungsprozesses des subjektiven Geistes.[225] Hegel konzipiere als Ort dieser Vermittlungen regelhaft eine höherstufige Form der Subjektivität in den verschiedenen Sphären des objektiven Geistes wie das abstrakte Recht, den Markt oder die Staatsmacht. Durch diese Extranszendentalisierung subjektphilosophischer Grundprämissen werde die kantische Idee einer spontanen Selbstermächtigung von Einzelnen und Kollektiven sowohl konzeptuell als auch hinsichtlich der methodologischen Perspektivierung unterlaufen: »Weil Hegel unter seinen Prämissen eine solche Selbstermächtigung der Bürger nicht kennt, ignoriert er auch den entsprechenden Perspektivenwechsel.«[226]

Für Habermas sind die Grundprobleme von Hegels gesellschaftstheoretischem Ansatz vielschichtig. Zwar habe Hegel Subjektivität viel stärker als Kant in Kategorien der Kontextualisierung und Vergesellschaftung gedacht. Zugleich habe er den Subjekten aufgrund der Anlage seiner Philosophie des objektiven Geistes jedoch die Selbstermächtigung zum individuellen und kollektiven Handeln aus Spontaneität genommen. Gelungene Vergesellschaftung wurde in den *Grundlinien zur Philosophie des Rechts* als abhängig von den höherstufigen Subjektivitäten – Recht, Familie, Markt und Staat – konzipiert, weil Hegel zufolge ohne diese sozialen Institutionen die Individuen wie »ein atomistischer Haufen«[227] ohne kommunikative Verbindung in Erscheinung treten würden. Hegels Blick auf die Formen vergesellschafteter Subjektivität vergegenständliche nach der von Habermas formulierten Kritik diese aus der theoretischen Vogelperspektive so, dass der Kern des kantischen Gedankens von den aufklärerischen Möglichkeiten der spontanen Welterschließung von Subjekten verloren gegangen sei. Aufgrund der Extranszendentalisierung des Subjektbegriffes auf höherstufige Vergesellschaftungsformen sieht Habermas in Hegels Philosophie trotz ihrer gewichtigen Rolle noch keine neue Gestalt des nachmetaphysischen Denkens. Hegel sei deshalb noch in das subjekt- und bewusstseinsphilosophische Paradigma einzuordnen. Der zum Paradigmenwechsel notwendige Schritt hin zu einer Neubestimmung des Verhältnisses von subjektivem und objektivem Geist verdanke sich entsprechend erst der »de- und rekonstruierenden Arbeit seiner Schüler«.[228] Hierfür stehe ein sich im Junghegelianismus deutlich anzeigender veränderter, weil performativer Gebrauch des bereits sittlich gewendeten Begriffs der Totalität. Gegen die Vergegenständlichungstendenzen bei Hegel fokussieren nach Habermas die Junghegelianer die Innen- und Beteiligtenperspektive einer intersubjektiv geteilten Lebensform, in der spontan handelnde Individuen in gemeinsamen Praktiken den »inklusiven Sinn des sozialen Ganzen«[229] performativ herstellen.

Für den Einsatzpunkt Feuerbachs ist nun entscheidend, dass Habermas die in Hegels System liegenden Probleme, die »zu einem Paradigmenwechsel herausfordern«,[230] nicht nur in der Notwendigkeit einer neuen Verhältnisbestimmung von subjektivem und objektivem Geist lokalisiert. Ebenso fallen die Sphären von Natur und Geist auseinander und müssen entsprechend in einer neuen Weise aufeinander bezogen werden: »Die Bruchstücke verlieren zusammen mit der logischen Stufenfolge ihren systematischen Ort und treten jeweils in ein komplementäres Verhältnis zueinander. So verändert sich nicht nur die Beziehung des detranszendentalisierten Subjekts zu den gesellschaftlichen, kulturellen und geschichtlichen Kontexten, in die es eingebettet ist, sondern auch und gleichzeitig dessen Beziehung zur Natur, und zwar sowohl zur umgebenden Natur, mit der es konfrontiert ist, wie zur subjektiven Natur des jeweils eigenen Leibes.«[231] Die vielfältigen Versuche aus der Zeit nach Hegel, diese Vermittlungsfragen durch eine »naturalistisch ansetzende philosophische Anthropologie«[232] einzulösen, folgten entsprechend auf die ersten idealistischen Versuche, den subjektiven Geist in seinen Verkörperungsformen zu situieren. Sie reagierten zugleich auf die im 19. Jahrhundert ansetzende naturwissenschaftliche Kritik und Überwindung der spekulativen Naturphilosophie.

Die Figur Feuerbach nimmt nach der *Genealogie nachmetaphysischen Denkens* im Rahmen des skizzierten postidealistischen Paradigmenwechsels eine Schlüsselrolle ein. Der von Habermas rekonstruierte Beitrag von Feuerbach betrifft demzufolge sowohl die Versuche einer Neubestimmung des Verhältnisses von Geist und Natur als auch die zeitbezogene und zugleich kritische Thematisierung einer »vom absoluten Geist freigelassenen Kultur mit Kunst, Religion, Wissenschaft und Philosophie«.[233] Historisch setzten Erstere demzufolge »mit Feuerbachs Anthropologie ein, die bereits in Umrissen die grundlegende Struktur der menschlichen Lebensform«[234] freigelegt habe. Letztere verweisen auf Feuerbachs prominente Religionskritik, die sich am »Modell der Selbstentfremdung«[235] orientierte. Trotz des übergreifenden Leitfadens einer Darstellung der historischen Verflechtungen von philosophischen und theologischen Diskursen in *Auch eine Geschichte der Philosophie* ist es jedoch weniger die religionskritische Stoßrichtung in Feuerbachs Schriften, die Habermas interessiert. So weist er dieser zwar eine motivgebende Rolle für die junghegelianischen Kritiken zu, indem sie die Formulierung einer radikalen und unversöhnlichen Religionskritik mit der Idee einer Verweltlichung des »ethischen Inhalts der Religion«[236] koppele. Zugleich entnimmt er aus Feuerbachs Schriften über das *Wesen des Christentums* eine Kritik des religiösen Projektionsmechanismus, die Feuerbach mit einer gegenüber dem Idealismus verschobenen, aber letztlich in deren Grundbegrifflichkeiten verbleibenden Entfremdungstheorie verbunden habe. Dieser Lesart zufolge setzt Feuerbach normativ auf die menschliche Wiederaneignung von projektierten religiösen Prädikaten. Während sich dieses Modell noch »in den konventionellen Bahnen der Reflexionsphilosophie« bewegt und zu einer problematischen Vergegenständlichung und Essentialisierung jener Prädikate tendiert, seien für die *Genealogie nachmetaphysischen Denkens* jedoch von größerer Relevanz die »zugrundeliegenden philosophischen Weichenstellungen, die die Ausgangssituation des nachhegelschen Denkens definieren«.[237] Habermas entdeckt in Feuerbachs Philosophie die entscheidenden Implikationen für den

Schritt in Richtung einer zugleich organisch und kollektiv verstandenen Subjektivität: »Die anthropologische Entsublimierung des Gottesreiches verlangt die Explikation eines Bezugspunktes: Das ›Selbst‹ der Selbstentfremdung ist nämlich nicht länger ein sich seiner selbst bewusstes Subjekt, das sich Gegenstände vorstellt, sondern die *Lebensform der organisch verkörperten Menschen in der Welt.*«[238]

Gegenüber Hegel treibt Feuerbach dieser Lesart zufolge die Detranszendentalisierung des Subjekts in der nachkantischen Traditionslinie in dreierlei Hinsicht über den grundbegrifflichen Rahmen des Idealismus hinaus. Feuerbach verabschiedet sich erstens von einer bewusstseinsphilosophischen Dichotomie von vorstellenden Subjekten und vorgestellten Objekten und damit zweitens von einem einseitig kognitivistisch oder mentalistisch gedachten Subjektbegriff. Zudem führt er drittens im Rahmen seiner anthropologisch fundierten Neubestimmung von Subjektivität das Konzept der Lebensform als dem Zusammenschluss von »organisch verkörperten Menschen in der Welt«[239] ein. Dieses Konzept adressiert demzufolge eine intersubjektive Ebene der Vergemeinschaftung, die in Hegels Gesellschaftstheorie zwischen dem subjektiven und objektiven Geist keinen Ort gefunden hat. Die skizzierten Vermittlungsprobleme in der Verhältnisbestimmung von Individuen, Praktiken und Institutionen wurden Habermas zufolge in Feuerbachs Philosophie aufgrund der anthropologischen Wende und ihrer intersubjektivistischen Erweiterung im Konzept der Lebensform einer ersten Auflösung zugeführt: »Wir dürfen Feuerbach als den Philosophen betrachten, der den Selbstbezug der Anthropologie zu einem Für-uns intersubjektivistisch erweitert.«[240]

Habermas referiert zunächst einzelne Textstellen aus dem von Feuerbach im September 1839 publizierten Aufsatz *Zur Kritik der Hegelschen Philosophie*. Er interpretiert diesen Text bereits hinsichtlich des über den Idealismus hinausweisenden »Paradigmenwechsels von der Bewusstseins- zur Sprachphilosophie«.[241] Zum Beleg der These, dieser sei von Feuerbach mit eingeleitet worden, rekurriert er auf drei Textpassagen, in denen dieser das Verhältnis des Denkens zur Sprache klärt, um einen ihm zufolge neuen Begriff von Unmittelbarkeit und voraussetzungslosem Denken zu explizieren, der sich vom vermittlungslogischen Gebrauch in der idealistischen Philosophie unterscheidet. Habermas interessieren an den angeführten Textpassagen systematisch zwei Aspekte, nämlich zum einen das sich selbst einklammernde philosophische Selbstverständnis und zum anderen der auf verkörperte Interaktionen abzielende Sprachbegriff.

Weder Idealist noch Historist, könne Feuerbach demzufolge als »einer der ersten Fallibilisten«[242] der Philosophiegeschichte positioniert werden. Habermas begründet diese These damit, dass Feuerbach ganz grundsätzlich für die Historizität eines jeden philosophischen Einsatzpunktes argumentiere und zugleich diesen Akt als philosophischen Selbstzweifel ausweise, der für die Voraussetzungslosigkeit des Philosophierens einstehe. So sollte nach Feuerbach »jede Philosophie in dem Sinne voraussetzungslos denken, dass sie die eigenen Aussagen, nachdem sie sich kritisch mit den Gegenpositionen auseinandergesetzt hat, im selbstkritischen Bewusstsein ihrer Fehlbarkeit für wahr, und das heißt: bis auf Weiteres für schlechthin wahr hält.«[243] Aus diesem Philosophiebegriff folgt nach der von Habermas vorgelegten Rekonstruktion auch das für den anthropologischen Sensualismus und Naturalismus charakteristische andere Verständnis vom menschlichen Umgang mit den Widerständen der Empirie. Im Ausgang von diesem seien erstmalig in der skizzierten Traditionslinie sowohl das Selbst und die Anderen als auch die weltlichen Gegenstände als körperliche und organische in den Blick genommen worden. Der Sprache wurde wiederum eine entscheidende Aufgabe für die Vermittlung und Relationierung der kognitiven Tätigkeiten des Menschen zugesprochen. Habermas hebt hervor, dass schon der junge Feuerbach erkannt habe, dass Sprache nicht als selbstbezügliche Vernunft- oder Verstandesform an sich zu verstehen sei, sondern in demonstrativer und mitteilender Hinsicht die Gedanken des einen Denkenden zu anderen Denkenden oder auch des einen allgemeinen und vernünftigen Gedankens für alle Denkenden durch Mitteilungs- und Ausdrucksformen vermittle.[244]

Habermas interpretiert diese Überlegungen in zweierlei Hinsicht als Wegmarken für einen Paradigmenwechsel von der Bewusstseins- zur Sprachphilosophie. Zum einen habe sich Feuerbach durch die Rückbindung von Denken und Sprechen an die verkörperten Denkenden und Sprechenden von der idealistischen

Hypostasierung von Selbstbewegungen des Begriffs gelöst. Die Kritik Feuerbachs ziele entsprechend auf Weisen der »Verobjektivierung des Begriffsgeschehens«[245] und ermögliche dadurch auf der von Kant ausgehenden Traditionslinie den für das nachmetaphysische Denken so fundamentalen Vollzug eines Paradigmenwechsels von der Bewusstseins- zur Sprachphilosophie. Zum anderen interpretiert Habermas die oben zitierten Passagen als auf die Folgeschriften vorgreifende Darstellung eines wahrheitsbezogenen Austauschs von sprachlich vermittelten Argumenten, durch die sich eine intersubjektive Beziehung zwischen »Opponenten aus Fleisch und Blut«[246] herstelle.

Die weiteren Abhandlungen Feuerbachs, auf die Habermas zur Rekonstruktion der nachidealistischen Entwicklung hin zu einem Paradigmenwechsel zurückgreift, sind die *Grundsätze der Philosophie der Zukunft* sowie die *Thesen zur Reform der Philosophie* von 1843. Habermas sieht in diesen Texten den für die *Genealogie des nachmetaphysischen Denkens* entscheidenden »programmatischen Entwurf einer materialistischen Anthropologie«.[247] In seiner Lesart ist es der Versuch einer Verkoppelung oder Vermittlung von »beiden Aspekten der Naturabhängigkeit und der kommunikativen Vergesellschaftung«[248] in Feuerbachs neuer Philosophie, der von systematischem Interesse für das Anliegen seines rekonstruktiven Zugriffs bleibt. Hierbei werden zunächst zwei Abhängigkeitsverhältnisse hinsichtlich des Naturbezuges thematisiert, die zugleich Anlass zu einer kritischen Bestimmung des Selbst- und Weltverhältnisses geben. In kognitiver Hinsicht habe Feuerbach den Menschen im Kontext seines realistischen Umganges mit einer widerständigen objektiven Welt situiert. In anthropologischer Hinsicht habe er die dem Menschen als geistigem Wesen zukommenden kognitiven Fähigkeiten an »die organische Verwurzelung der Selbsttätigkeit der vergesellschafteten Subjekte«[249] zurückgebunden. Die Form der Vergesellschaftung wurde demzufolge von Feuerbach wiederum unter Aspekten der grundlegenden dialogischen Struktur von verkörperten Ich-Du-Beziehungen gefasst und inhaltlich über die Mikroebene von Liebesbeziehungen als positiven Lebensformkonzepten gefüllt. Als textliche Belege führt Habermas verschiedene Passagen aus den *Thesen* und den *Grundsätzen* an, in denen auf der methodologischen Ebene ein neues und sich vom spekulativen Idealismus verabschiedendes Philosophieverständnis einschließlich des Schrittes hin zu einer materialistischen Anthropologie aufzeigen lasse.[250] In diesen verweist Feuerbach auf die Verbindung seiner Überlegungen mit den naturwissenschaftlich fundierten Theorien vom Menschen, ohne jedoch die aus dem Idealismus transportierte metaphysische Fallhöhe einer »monistischen Konzeption«[251] aufgegeben zu haben.[252] Aus diesem zwiespältigen methodischen Zugriff heraus bleibe die von Feuerbach ansatzweise unternommene Verkoppelung von anthropologischen und gesellschaftstheoretischen Erwägungen im Gesamtkonzept inhaltlich unbestimmt und vage. Als Innovation bezeichnet Habermas jedoch den von Feuerbach unternommenen Versuch einer »groben strukturellen Beschreibung der Verschränkung jener beiden für die menschliche Lebensform konstitutiven Beziehungen der vergesellschafteten und zugleich organisch verkörperten oder leidenschaftlichen Subjekte sowohl zueinander wie zur objektiven Welt«.[253]

Interessant ist, dass Habermas im Anschluss an den Junghegelianismus diesen beiden Relationen im Sozial- und Weltverhältnis sowohl eine positive als auch eine kritische Dimension zuspricht. Positiv hebt er Feuerbachs philosophische Stärkung des organisch gefassten Sinnlichkeitsaspektes des menschlichen Daseins mehrfach hervor. Im Fokus steht darüber hinaus das dadurch entfaltete Verständnis einer ganzheitlich ausgerichteten Anthropologie, die jener wahlweise als höchsten Gegenstand der Philosophie oder auch als Universalwissenschaft verstanden wissen wollte. Habermas leitet aus Feuerbachs von einem anthropologischen Standpunkt aus unternommener Erkenntniskritik eine neue wissenschaftliche Position ab, da durch die bewusste Unterscheidung der dem Menschen eigenen Denkmöglichkeiten von dessen natürlichen, sozialen und objektiven Bedingungen und Beschränkungen »die falsifizierende Kraft negativer Erfahrungen« im Sinne eines »Fallibilitätsbewusstseins« thematisch werde.[254] Die auf Grundlage der anthropologischen Wende vollzogene fallibilistische Positionierung Feuerbachs deutet Habermas wiederum intersubjektivitätstheoretisch: »Der Widerstand des Sinnlichen ist letztlich nur im Zusammenhang mit dem Widerspruch der Anderen eine korrektive Instanz [...]. Schon die Objektivität der wahrgenommenen Dinge konstituiert sich erst durch die reziproke Übernahme der Perspektiven, aus der andere Personen dieselben Dinge wahrnehmen.«[255] Der Befähigung zu einer Perspektivenübernahme ohne strategische Intention liegt demzufolge die oben thematisierte nachidealistische Unterscheidung von Denken und Sein, von Subjekt und Objekt sowie von Ich und Du zugrunde. Diese Schrittfolge kehrt Feuerbach Habermas zufolge um, indem er die intersubjektive Dimension der organischen Verkörperung zum strukturellen Primat der Beziehungen zwischen Subjekt und Objekt sowie Denken und Sein erhebt. Zum Nachweis greift Habermas auf Feuerbachs These aus den *Grundsätzen* zurück, nach der der natürliche Standpunkt des Menschen, von dem die Unterscheidungen zwischen Ich und Du sowie Subjekt und Objekt praktisch immer schon getroffen werden, als der wahre und absolute Standpunkt der Philosophie zu bezeichnen sei.[256]

Während Feuerbach sich terminologisch trotz des auch gegenüber der frühen Hegelkritik nochmals veränderten philosophischen Blickwinkels auch in den *Grundsätzen einer Philosophie der Zukunft* weiterhin in idealistischen Bahnen bewegt, deutet Habermas die dargelegten erkenntniskritischen Grundüberlegungen zur Etablierung einer anthropologisch fundierten neuen Philosophie bereits in intersubjektivitätstheoretischen Begriffen.[257] So erfährt die dialogisch gedachte Ich-Du-Beziehung ebenso wie das Gattungsverständnis in Feuerbachs Philosophie durch die Rede von einem »lebensweltlichen Hintergrund« oder einer »Intersubjektivität der Verständigung über etwas in der Welt«[258] eine unter gesellschaftstheoretischen Gesichtspunkten wiederum deutlich über Feuerbach hinausweisende Stoßrichtung. Dieses Problem einer die begriffliche Rahmenhandlung der von Feuerbach als neue Philosophie ausgerufenen Anthropologie überstrapazierenden Interpretation ist Habermas bewusst und er setzt genau an diesem Punkt die Notwendigkeit eines weiteren Lernschrittes im Rahmen der *Genealogie des nachmetaphysischen Denkens* an: »Allerdings bleibt der gemeinsame, durch kommunikative Vergesellschaftung in sprachlicher Transparenz hergestellte Hintergrund eigentümlich blass. Die Welt des objektiven Geistes verliert bei Feuerbach merkwürdigerweise die Kompaktheit, die die sittliche Welt bei Hegel durch die traditionelle Gewohnheit des Familienlebens, die zwangsrechtlichen Normen des bürgerlichen Wirtschaftsverkehrs und die autoritären Institutionen des Staates erhalten hatte. Diese Substanz der Gesellschaft verschwindet hinter dem kulturellen Schleier einer Religion, die als ausschlaggebende repressive Gewalt gilt.«[259]

Es ist nach der genealogischen Stoßrichtung der Ausführungen zu Feuerbach als dem maßgeblichen philosophischen Vertreter der nachhegelschen Philosophieepoche interessanterweise gerade nicht dessen Religionskritik, die Habermas überzeugt. Die Religion stellt einen kulturellen Schleier dar, der für Fragen der Vergesellschaftung von Relevanz ist. Sie müsste jedoch im Ausgang von den Differenzierungsversuchen Hegels und den anschließenden soziologischen Theorien der Moderne im Zusammenspiel mit den staatlichen und gesellschaftlichen Institutionen betrachtet werden, was von Feuerbach eben nicht geleistet wurde. Als den entscheidenden, über Hegel hinausgehenden und die Überwindung der Bewusstseinsphilosophie anzeigenden Schritt in der nachmetaphysischen Traditionslinie identifiziert Habermas stattdessen die von Feuerbach auf Grundlage der anthropologischen Wende vollzogene Erfassung von »allgemeinen Strukturen menschlicher, das heißt intersubjektiv geteilter Lebensformen«.[260]

Die Analyse und gesellschaftstheoretische Bestimmung dieser Strukturen von intersubjektiv geteilten Lebensformen sind ein Kernthema der philosophischen und soziologischen Arbeiten von Habermas seit der mittleren Werkphase. In dieser nutzt er insbesondere das Potential von pragmatistischen und phänomenologischen Theorien für die Explikation eines gesellschaftstheoretisch nutzbaren Lebensweltkonzeptes, das in der an Feuerbach historisch anschließenden kritischen Gesellschaftstheorie von Marx seinen damaligen Kritiken zufolge noch unterbestimmt oder auch unausgeschöpft geblieben sei. Im zweiten Band von *Auch eine Geschichte der Philosophie* interpretiert Habermas nun die frühen Schriften von Marx und Engels unter diesem Gesichtspunkt und stellt fest, dass insbesondere in der *Deutschen Ideologie* ein Verständnis von einer »Konzeption der Lebensform von kommunikativ vergesellschafteten Subjekten«[261] theoretisch bereits vorausgesetzt wird. Im Ausgang von dieser Feststellung kann Habermas für die nachmetaphysische Traditionslinie eine erneute Weggabelung verzeichnen, deren Wege sich jedoch trotz des historischen Abstandes aus seiner

Sicht – im Gegensatz zu jener zwischen Hume und Kant – produktiv aufeinander beziehen lassen: »Der Pragmatismus wird die vernünftige Infrastruktur dieser Lebensform näher analysieren, während sich Marx für die empirische Vielfalt und die historische Entwicklung der Gesellschaftsformen interessiert.«[262]

Habermas verweist zunächst auf die Übergänge und Anschlüsse von Marx und Engels an die Kernüberlegungen von Feuerbach. Hierzu zählt er insbesondere das Äußerungsmoment der Bestimmung des Wesens des Menschen als Gattungswesen »in den konkreten Lebensweisen vergesellschafteter Subjekte«.[263] Im Anschluss an seine sprachtheoretische Auslegung von Feuerbachs programmatischen Schriften zur Reform und Zukunft der Philosophie konstatiert Habermas darüber hinaus, dass Marx und Engels mit jenem auch »das Konzept der sprachlichen Vergesellschaftung«[264] geteilt hätten und deshalb in den Kontext des Paradigmenwechsels von der Bewusstseinsphilosophie zu einer kommunikativen Vergesellschaftungstheorie einzuordnen seien. Zum Beleg dieser These rekurriert er auf eine einschlägige Textstelle aus der *Deutschen Ideologie,*[265] in der Marx und Engels zum einen die für alle historischen Formen gültige konstitutive Funktion der Sprache für die Vergesellschaftung hervorheben und die Bewusstseinsformen zugleich als gesellschaftliches Produkt ausweisen: »Die Struktur des menschlichen Bewusstseins verdankt sich einer Integration von beiden Beziehungen zur Umgebung, einerseits des Verhaltens zu etwas in der Welt und andererseits des gleichursprünglichen Verhaltens zu Anderen, wobei die interpersonale Einstellung mein Für-den-Anderen-Sein mit dem Für-mich-Sein des Anderen verklammert. Diese anthropologisch allgemeine Struktur des menschlichen Bewusstseins liegt den verschiedenen historischen Bewusstseinsformen zugrunde.«[266]

Einen weiteren Aspekt, den Habermas zufolge Marx und Engels mit Feuerbach geteilt haben, betrifft die Klammer der von Kant ausgehenden Traditionslinie nachmetaphysischen Denkens als dem Thema der Freiheit und Emanzipation von fremden Mächten unter Aspekten der praktischen Vernünftigkeit: »Das ist das gemeinsame Erbe des idealistischen Freiheitsbegriffs, der nun aber einem in der Geschichte situierten, in Raum und Zeit vergesellschafteten Subjekt zugeschrieben wird.«[267] Zugleich verweist

Habermas auf die von Marx und Engels gegenüber Feuerbachs anthropologischem und religionskritischem Zuschnitt vollzogene materialistische Wende, nach der die »produktive Tätigkeit, das heißt die gesellschaftliche Arbeit, durch die Menschen ihr Leben reproduzieren«,[268] als selbsterhaltendes und selbsterzeugendes Prinzip menschlicher Vergesellschaftung in den Mittelpunkt einer Theorie über die Praxis gerückt wird. Diese materialistische Wende kann zugleich »ihre idealistische Herkunft nicht verbergen«, so dass es sich im Kontext der Entwicklung einer nachmetaphysischen Denkform um eine Variante der »Detranszendentalisierung von Kants intelligiblem Subjekt« handele.[269]

Habermas diagnostiziert eine Ambivalenz in Marx' Auffassung der spontanen Vernünftigkeit des Subjekts im Kontext seiner ihm als Gattungswesen zukommenden und zugleich historisch bestimmten Eigenschaften: »Die vernünftige Freiheit kommunikativ vergesellschafteter Subjekte hinterlässt in der Geschichte der Katastrophen nur noch die schwachen Spuren von umstrittenen Lernprozessen; sie kann nicht länger als Variable einer Vernunft betrachtete werden, die der Geschichte im Ganzen hypothetisch unterlegt wird oder die durch diese dialektisch hindurchgreift. Marx will dieses geschichtsphilosophische Erbe abschütteln; aber er wird das Problem, solange er an Feuerbachs bewusstseinsphilosophischer Denkfigur der Vergegenständlichung festhält, nicht los.«[270] Diese Denkfigur zeige sich insbesondere in dem Marx und Engels zugeschriebenen Verständnis von kumulativen Lernprozessen im gattungsspezifischen Entwicklungsprozess. Anthropologischer Ausgangspunkt sei aus der mit der *Deutschen Ideologie* anhebenden materialistischen Perspektive das Bestehen von Bedürfnissen, während die Mittel zur Befriedigung durch den Fortschritt der Technologien sowie die Optimierung von Qualifikationen und Arbeitsteilungen einer historischen Bestimmung unterliegen.

Zum normativen Problem spitzen sich diese Entwicklungen im Zuge von Marx' und Engels' Analysen von Verselbstständigungstendenzen gesellschaftlicher Strukturen im Sinne eines »*selbsttragenden* Prozesses« zu: »Das Problem einer in der Geschichte situierten vernünftigen Freiheit besteht darin, das Verhältnis der frei handelnden Subjekte zur eigensinnigen Bewegung des gesellschaftlichen Prozesses zu bestimmen. Wie verhält sich die Objektivität der Gesellschaft zur Spontaneität der vergesellschafteten Subjekte in einem Kreisprozess, worin diese von der Gesellschaft, die sie produzieren, ebenso abhängen?«[271] Diese aus den Frühschriften entspringende Problemstellung rückt Habermas zugleich in den Fokus seiner übergreifenden Rekonstruktion der Theorieentwicklung von Marx, für die er eine »Interessenverlagerung von einer historisch-materialistischen Gesellschaftstheorie [...] zur Kritik der politischen Ökonomie«[272] diagnostiziert. Im Zentrum der auf die Entwicklung der nachmetaphysischen Denkform gerichteten Rekonstruktion steht hierbei zum einen die Frage nach Marx' Ausbuchstabierung der Sphäre des objektiven Geistes im Anschluss an Hegels *Grundlinien zur Philosophie des Rechts*. Zum anderen tritt das idealistische Thema der vernünftigen Freiheit unter Aspekten des die Verselbstständigung von gesellschaftlichen Verhältnissen befördernden sozialen und ökonomischen Wandels in das Blickfeld der genealogischen Problematisierung.

Habermas fragt entsprechend unter Bezugnahme auf Marx, wie sich »*Freiheit und Abhängigkeit vergesellschafteter Subjekte* im geschichtlichen Kontext zueinander verhalten«.[273] Das der Auseinandersetzung mit Marx' Beitrag zur Geschichte des nachmetaphysischen Denkens gewidmete Kapitel im zweiten Band von *Auch eine Geschichte der Philosophie* ist überschrieben mit »Karl Marx zum Thema der geschichtlich situierten Freiheit produktiv tätiger und politisch handelnder Subjekte«.[274] Damit sind auch die beiden Quellen und Dimensionen von gesellschaftlichen Dynamiken und Lernprozessen benannt, die Marx nach Habermas' Lesart für das menschliche Handeln veranschlagt. Die gesellschaftliche Dynamik ergibt sich aus dem spannungsvollen Zusammenspiel zwischen den produktiven Tätigkeiten der Subjekte qua Arbeit und den politischen Handlungsformen. Die Lernprozesse umfassen sodann sowohl epistemische als auch sozial-kognitive und moralische Aspekte.[275]

Analog dazu wird die gesellschaftliche Dynamik im Bild des *Historischen Materialismus* auf der einen Seite von der durch die Tätigkeitsformen der Individuen und des Kollektivs bestimmten gesellschaftlichen Arbeit getragen, auf der anderen von Konflikten und Klassenkämpfen, die jeweils neue institutionelle Rahmenbedingungen für die produktive Tätigkeit schaffen: »Marx steht insofern in der Tradition des deutschen Idealismus, als er die mitlaufende philosophische Frage nach der geschichtlichen Dynamik jener Formen der gesellschaftlichen Integration im Auge behält, in denen das jeweils erreichte Maß an politisch erkämpfter vernünftiger Freiheit im Verhältnis zu den strukturellen Einschränkungen dieser Freiheit durch repressive Herrschaft und ökonomische Ausbeutung institutionalisiert wird.«[276]

Habermas zufolge sehen Marx und Engels in ihren politischen und revolutionstheoretischen Schriften diese beiden Handlungsformen, also die produktive Tätigkeit und das politische Handeln, als konstitutiv für die Entfaltung progressiver Dynamiken der Gesellschaftsentwicklung an. Sie verweisen damit auf zwei unterschiedliche und zugleich voneinander abhängige Zusammenhänge der Interaktion mit emanzipatorischem Fluchtpunkt: »Da Marx das große Thema der vernünftigen Freiheit im geschichtlichen Kontext des Handelns vergesellschafteter Subjekte aufnimmt, richtet sich sein Blick allgemein auf Vorgänge, die als Beförderung der Emanzipation, also der Befreiung aus der repressiven Gewalt ideologisch stabilisierter gesellschaftlicher Strukturen gedeutet werden können.«[277] In dieser Konvergenz von aus normativen Irritationen hervorgehenden und in die Entfaltung von Kräften, Konflikten und Kämpfen mündenden Lernprozessen einerseits und evolutionären Annahmen über die wachsende Komplexität von Gesellschaften andererseits sieht Habermas die Restbestände eines auf Emanzipationsschübe abzielenden geschichtsphilosophischen Denkens. Da eine interne Beziehung zu Fragen der Freiheit und Emanzipation jedoch nur auf der Seite der politischen Handlungsformen verortet werden kann, problematisiert Habermas Marx' Umgang mit der asymmetrischen Beziehung zwischen den normativen und den evolutionär-systemischen Logiken des gesellschaftlichen Wandels.

Ausgangspunkt dieser Problematisierung eines »verwickelten Sachverhalts« stellt die mit Blick auf die frühen Schriften von Marx und Engels rekonstruierte »Analyse der geschichtlichen Situierung vernünftiger Freiheit« von vergesellschafteten Subjekten dar.[278] Willensfreiheit besteht dieser materialistischen Analyse zufolge darin, mit Gründen zwischen alternativen Handlungspfaden entscheiden zu können, die wiederum bedingt werden durch gegebene natürliche und soziale Umstände sowie den »performativ vorausgesetzten Überlieferungskontext einer eingewöhnten Lebensform«.[279] Diese Kontexte können einen ermächtigenden oder beschränkenden Charakter haben. Die gesellschaftlichen Dynamiken nutzen nun ein normatives Überschusspotential, in dessen Medium sich die vorausgesetzten Einbettungskontexte und Rahmenbedingungen »durch bessere Gründe« so angreifbar machen, dass Widerstände, Revolten und revolutionäre Praktiken entstehen können: »Nur diese Art öffentlich gerechtfertigter Praktiken steht also in einer *inneren* Beziehung zur erwarteten Emanzipation als dem Ende der naturwüchsigen Vorgeschichte, aber nicht die Entfaltung der Produktivkräfte oder das Komplexitätsniveau per se.«[280] Habermas führt hier die für den gesamten Grundriss der *Genealogie des nachmetaphysischen Denkens* relevante Unterscheidung von epistemischen und normativen Lernprozessen an, um seine bereits in der frühen und der mittleren Werkphase vielfach geäußerte Kritik am *Historischen Materialismus* zu formulieren. Während Marx und Engels sich die Entfaltung der Produktivkräfte sowie die Komplexitätssteigerung von Gesellschaften auf epistemischen und technologischen Schrittfolgen als gerichtete evolutionäre Dynamik vorgestellt hätten, bleibe mit Blick auf die Zielrichtung der »Dynamik von Klassenkämpfen«[281] begründungslogisch unklar, ob diese nun teleologisch oder zirkulär erfolge. Habermas kritisiert an dem von Marx und Engels vorgelegten geschichtsphilosophischen Modell, dass in diesem »die politische Praxis als *Fortsetzung* der produktiven Tätigkeit« verstanden werde und es somit zu einer »*unmittelbaren Rückkoppelung* der politischen Emanzipation an die Entfaltung der Produktivkräfte« komme – eine ihm zufolge »wenig überzeugende Hypothese«.[282]

Ausgangspunkt der politischen Praxis bleibt nach dieser Lesart, die in Auslegung und Stoßrichtung dem Kapitel zu Marx' Gesellschaftstheorie in der *Theorie des kommunikativen Handelns*[283] sowie einem Exkurs zum Produktionsparadigma im *Philosophischen Diskurs der Moderne*[284] folgt,[285] der auf dem Vermittlungsmedium der Arbeit beruhende Produktionsprozess: »Demnach soll die im Prozess der gesellschaftlichen Arbeit operierende vernünftige Freiheit der spontan zusammenwirkenden Produzenten gleichzeitig die Triebkraft der politisch umwälzenden Praxis sein. [...]

Marx und Engels betrachten die Produktivität der gesellschaftlichen Arbeit als Energiequelle für den politischen Gebrauch der vernünftigen Freiheit.«[286] Diese Verengung von gesellschaftlichen Vermittlungsformen auf das Produktionsparadigma[287] spitzt sich Habermas zufolge im Spätwerk von Marx – der *Kritik der politischen Ökonomie* – durch die dortige Fokussierung auf die internen Struktur-, Verteilungs- und Herrschaftsmechanismen des kapitalistischen Wirtschaftssystems weiter zu. In diesem sei die aus der idealistischen Traditionslinie gewonnene Thematik der vernünftigen Freiheit von vergesellschafteten Subjekten von den historischen Konfliktdynamiken auf die »spezifische Form der innerhalb des kapitalistischen Wirtschaftssystems ausgeübten systemisch versachlichten Machtausübung«[288] verschoben worden.

Habermas verhält sich in *Auch eine Geschichte der Philosophie* zur marxschen Diagnose der Aus- und Folgewirkungen einer »*systemischen Verselbstständigung* der Ökonomie gegenüber dem von ihr evolutionär abhängigen Ganzen einer sozialen Lebensform«[289] ebenso wie im zweiten Band der *Theorie des kommunikativen Handelns* ambivalent. Zum einen habe Marx mit seiner Analyse »ein Problem erkannt, das sich nach wie vor in der Einschränkung der vernünftigen Freiheit vergesellschafteter Subjekte durch naturwüchsige gesellschaftliche Verhältnisse manifestiert«.[290] Andererseits führe die Einschränkung der handlungstheoretischen Grundlagen und emanzipatorischen Versprechen der ökonomiekritischen Analyse auf die Revolutionierung von Produktionsverhältnissen zu einer einseitigen Konzentration der gattungsspezifischen Lernprozesse auf die Entwicklungslogiken auf der wissenschaftlich-technischen Seite. Damit habe Marx jedoch »das Erklärungspotential jener sprachtheoretischen Grundlagen kommunikativer Vergesellschaftung nicht ausgeschöpft«.[291] Eine solche Ausschöpfung bleibt aber für die von Habermas selbst vorgezeichnete Fluchtlinie einer *Genealogie des nachmetaphysischen Denkens* unter kommunikationstheoretischen Prämissen von entscheidender Relevanz – trotz der veränderten Motivlagen seines Spätwerkes.

4.5 Geschichte und Gegenwart nachmetaphysischen Denkens

Die drei hier vorgestellten Figuren- und Motivkonstellationen in der Neuzeit stehen nach Habermas' Darstellung paradigmatisch für die Kontexte eines philosophischen Überganges in die nachmetaphysische Denkform, die sich in Begriffen der Subjektphilosophie artikuliert und zugleich einen dezentrierten Begriff von Vernunft und Subjektivität vorbereitet. Maßgeblich für die rekonstruierten philosophischen Entwürfe ist demzufolge die schrittweise Ablösung von den die Vorgeschichte des nachmetaphysischen Denkens bestimmenden Denkformen, die Habermas in *Auch eine Geschichte der Philosophie* zum einen anhand der grundbegrifflichen Strukturen der achsenzeitlichen Weltbilder und zum anderen anhand der verschlungenen Wege des Diskurses über Glauben und Wissen in Spätantike, Mittelalter und früher Neuzeit skizziert. Als gemeinsames Bild dieser ideengeschichtlichen Linien hält er fest, dass die soziale und kulturelle Funktionalität der jeweiligen Weltbilder in einer vergegenständlichenden Form der Vergewisserung der Bewohnbarkeit der Welt bestehe: »Es sind die ins umfassend Kosmische und Weltgeschichtliche erweiterten Dimensionen eines *erfahrbaren sozialen Raums* und einer *erlebbaren historischen Zeit*, in denen die den Erscheinungen zugrundeliegende Wesensordnung transparent wird.«[292] Auf ihre Weise und mit unterschiedlichen Hintergründen und Intentionen haben aus der retrospektiven Perspektive eines sowohl rekonstruktiven als auch genealogischen Zugriffs Bacon und Descartes, Hume und Kant sowie Feuerbach und Marx auf ihre je eigene Weise zu einer Überwindung jener Weltbildkonstellation beigetragen: »Diese begriffliche Struktur zerfällt mit dem Übergang zur Subjektphilosophie. Der Verzicht der Philosophie, ein Bild einer um uns zentrierten Welt im Ganzen zu entwerfen, bedeutet den Übergang zum nachmetaphysischen Denken.«[293]

Dieser Übergang führt zugleich neue philosophische und kulturelle Problembestände mit sich. Diese können nach der hier vorgeschlagenen Lesart von *Auch eine Geschichte der Philosophie* zum einen an dem Konzept von Subjektivität festgemacht werden, das den neuzeitlichen Philosophien zugrunde liegt, zum anderen an der Art und Weise der jeweiligen theoretischen Reflexion dessen, was Habermas in seiner eigenen Theorie als den lebensweltlichen Hintergrund von individuellen und kollektiven Denkformen, Wahrnehmungsmustern und Handlungsweisen bezeichnet. Die von Habermas sehr weitläufig skizzierte Vorgeschichte des nachmetaphysischen Denkens kann so auch unter genau diesen beiden Gesichtspunkten mit Blick auf die philosophisch entscheidenden Gesichtspunkte eingeordnet und konzentriert werden. In einer im ersten Band enthaltenen »*Skizze des Gedankenganges*« spricht er bezüglich des historisch und geografisch relevanten Rahmens von einer »Genealogie des nachmetaphysischen Denkens, die bis in die soziale Evolution der achsenzeitlichen Kulturen zurückreicht«.[294] Für diese von ihm – im Anschluss an Karl Jaspers – als »achsenzeitliche Transformation der Weltbilder und des Staates«[295] gekennzeichnete Phase der zunehmenden sozialen Komplexität und kulturellen Differenzierung sind für beide Konzepte – Subjektivität und Lebenswelt – entscheidende Veränderungen im Zuge der Entwicklung von Weltreligionen und metaphysischen Weltbildern aus einer Überwindung von mythischen Narrativen heraus nachzuvollziehen.

Das Spezifische einer kulturellen Orientierung an Weltbildern sieht Habermas zunächst in der Bezugnahme auf transzendente Fluchtpunkte, wie sie für einige der Hochkulturen des ersten Jahrhunderts vor der christlichen Zeitrechnung zumindest unter Bezugnahme auf begriffliche und idealtypische Abgrenzungsweisen konstatiert werden könnten. Diese Bezugnahme auf einen transzendenten Fluchtpunkt führen nach der Darstellung in *Auch eine Geschichte der Philosophie* zu einer »vergegenständlichenden Reflexion auf die Stellung des Menschen im Ganzen des Seienden«, einem neuen »Zeitbewusstsein von der Kontingenz des innerweltlichen Geschehens« und der Ermöglichung der Einnahme eines »universalistischen Standpunkt« gegenüber bestehenden kulturellen und sozialen Formen.[296] Ein solcher universalistischer Standpunkt stellt in der von Habermas vorgelegten Fortschrittsgeschichte von Lernschritten eines reflexiver werdenden und sich dezentrierenden Denkens eine Horizonterweiterung dar, die wiederum ein verändertes Verständnis von Personalität und Subjektivität zur Folge gehabt habe: »Auf der Ebene der Person entsteht mit

Bezug zur Transzendenz ein vereinzelnder und zugleich reflektierender Blick auf sich *als individuellen Einzelnen*; dementsprechend bilden sich einerseits ein Bewusstsein von Freiheit und persönlicher Verantwortung, andererseits ein Interesse am Gelingen des eigenen Lebens aus.«[297]

Hintergrund dieser Herausbildung eines neuen Selbst- und Weltverständnisses im Kontext der achsenzeitlichen Revolution ist nach Habermas ein »Strukturwandel der Weltbilder«, der das von ihm als mythisch bezeichnete Weltbild von der sich nun ausdifferenzierenden und schließlich »dualistischen Struktur der achsenzeitlichen Weltbilder« unterscheidet.[298] Dieser Dualismus betrifft in den von Habermas verwendeten soziologischen Kategorien das Auseinandertreten von objektiver Welt auf der einen und von sozialer und alltäglicher Welt auf der anderen Seite. Während im mythischen Weltbild die objektive Welt »so in eine in die Alltagswelt hineinprojezierte Lebenswelt aufgesogen wird, dass die nur im Vollzugsmodus gegenwärtigen *Kategorien verständigungsorientierten* Handelns das *innerweltliche Geschehen* im Ganzen *strukturieren*«,[299] kommt es durch den Bezugspunkt auf einen das Ganze der Welt strukturierenden transzendierenden theologischen oder metaphysischen Bezugspunkt im achsenzeitlichen Weltbild zu einer Unterscheidung und veränderten Verhältnisbestimmung von der Welt im Ganzen und dem innerweltlichen Geschehen: »Die religiös-metaphysischen Lehren unterscheiden sich von den mythischen Erzählungen durch die Distanz, die sie zu einer *im Ganzen* auf Distanz gebrachten Welt einnehmen. Dieser Zug zur Objektivierung, der ihnen den Charakter von umfassenden Welt*bildern* verleiht, verlangt das Hinausgreifen über alles episodisch vergegenwärtigte und *in* der Welt präsente Geschehen.«[300] Der mit dieser Entwicklung verbundene kognitive Schub führte demzufolge nicht nur zur Ausbildung eines reflexiven Bewusstseins von der eigenen Personalität, sondern ebenso »zu einer Entdämonisierung der Welt, die sowohl die Überwindung magischen Denkens und die Abschaffung des Opfers wie auch die Entsakralisierung der Herrschaft erklärt«.[301]

Unter dem genealogischen Blickwinkel geht dieser Strukturwandel der Weltbilder zugleich mit Problemstellungen einher, die Habermas in Kategorien der Verobjektivierung und Versachlichung beschreibt. In einem Beitrag mit dem Titel *Von den Weltbildern zur Lebenswelt* verweist er bereits 2012 in genealogischer Absicht auf den Preis und die Kosten einer solchen Versachlichung: »In den Weltbildern der Achsenzeit taucht die Lebenswelt nicht als solche auf, sondern verschmilzt mit den Erscheinungen der Alltagswelt.«[302] Zwar kommt es aus der Perspektive der Handelnden zu einer Unterscheidung der innerweltlichen Geschehnisse von dem theologisch oder metaphysisch erklärten Weltganzen, doch die »eigene, hinter dem Rücken fungierende Lebenswelt« verschwinde hier noch gänzlich »hinter den ontotheologisch vergegenständlichten Bildern der Welt«.[303] In *Auch eine Geschichte der Philosophie* diagnostiziert Habermas entsprechend: »Die mit den achsenzeitlichen Weltbildern dezentrierende Versachlichung der im Mythos noch unmittelbar vollzogenen Fusion der Lebenswelt mit der objektiven Welt bleibt auf halbem Wege stehen.«[304] Aus dem Blickwinkel der Genealogie des nachmetaphysischen Denkens blieb diese Weltbildstruktur auch über die Spätantike und das Mittelalter hinaus erhalten und zerfiel – wiederum mit Folgekosten – erst durch den »in Begriffen der modernen Naturwissenschaften vollzogenen Schritt zur Objektivierung der Welt«.[305] Mit dem von Descartes bis hin in die Transzendentalphilosophie Kants vollzogenen Schritt zur Subjektphilosophie entsteht im Grunde unter nun nachmetaphysischen Prämissen ein neues Weltbild, das Habermas ebenso unter rekonstruktiven und genealogischen Aspekten darstellt: »Indem die Erkenntnistheorie des 17. Jahrhunderts dem vorstellenden Subjekt die Welt als die Gesamtheit vorstellbarer Objekte gegenübersetzt, verzichtet die Philosophie im folgenden Jahrhundert darauf, das Bild einer *um uns zentrierten* Welt im Ganzen zu entwerfen.«[306] Dieser Verzicht ging nach Habermas mit einer erneut problematischen Verhältnisbestimmung von objektiver Welt und Lebenswelt einher, indem deren für die Orientierung in der lebensweltlichen Alltagspraxis höchst relevante »komplementäre Verschränkung«[307] in den durch das naturwissenschaftliche Denken beeinflussten aufklärerischen Denkströmungen gänzlich ignoriert worden sei: »Das Ansichsein dieser für uns bestehenden Differenz zwischen Welt und Lebenswelt ist ein Thema, das für die weitere Radikalisierung des nachmetaphysischen Denkens von zentraler Bedeutung ist.«[308]

Von zentraler Bedeutung für die Frage nach den Möglichkeiten einer reflexiven Thematisierung des Zusammenhangs von lebensweltlichen Hintergrundstrukturen, Bewusstsein von eigener Subjektivität und objektiven Weltbezügen ist nach Habermas der Gedanke der Performativität, der ihm zufolge in den verschiedenen subjektphilosophischen Konzepten unterschiedlich ausgeprägt gewesen sei. Das Grundproblem der neuzeitlichen Entwicklung diagnostiziert er in der Durchsetzung eines reduktionistischen Blicks auf Lebenswelt, Alltagspraktiken sowie die inneren Motivlagen von Handelnden. Durch diesen infolge der naturwissenschaftlichen Umstellung auf für die Bereiche der praktischen Philosophie unternommenen szientistischen Zuschnitt wurden dieser Lesart zufolge mögliche Bezugnahme auf performative Gestalten des Selbst- und Lebensweltbezuges an den Rand der wissenschaftlichen Theoriebildung gedrängt. Der grundlegende systematische Einwand von Habermas zielt auf die objektivierenden Einseitigkeiten dieses Zuganges zur subjektphilosophischen Grundproblematik, der in der Konsequenz nicht nur mit wissenschaftlichen, sondern auch mit starken normativen Einschränkungen einhergehe: »Die Lebenswelt *in actu* lässt sich nicht als solche auf die Objektseite bringen. Bestenfalls lässt sich das performativ Gegenwärtige durch Reflexion *in seinen allgemeinsten Strukturen* durchsichtig machen.«[309]

Nun waren es Habermas zufolge Ideenkonstellationen in der christlichen Theologiegeschichte, die für das philosophische Denken relevante Möglichkeiten der performativen Selbstreflexion eröffneten. Sie blieben und bleiben demzufolge in der philosophischen Moderne für den von Kant ausgehenden Zweig des nachmetaphysischen Denkens, in dessen Tradition sich Habermas selbst einordnet, von gewichtigem Interesse. So sieht Habermas in den *Confessiones* des Kirchenvaters Augustinus einen entscheidenden Wendepunkt für die nachfolgende Entwicklung des philosophischen Denkens. Die von ihm als »*Umkehr der Blickrichtung vom Kosmos ins eigene Innere*« beschriebene Selbstbefragung des Augustinus deutet Habermas als entscheidende Figur der »Erschließung von Subjektivität« durch die Konzentration auf die Bereiche der »*performativ gegenwärtigen* Erfahrungen«.[310] Durch diesen selbstbezüglichen Blick auf die eigene Seelenstruktur in ihrem Gespräch mit einem innerlichen Gott konnte auf einigen philosophischen Pfaden für eine introspektive und performative Umwendung der philosophischen Blickrichtung der Weg geebnet werden. Habermas spricht mit Blick auf Augustinus von einer theologisch begründeten »*Abkehr von der Anschauung des Kosmos zugunsten einer Erschließung der Subjektivität*«,[311] die jedoch rein theologischen Zielsetzungen gefolgt sei und die auch noch Jahrhunderte später an der Schwelle zur Neuzeit bei Luther ihre prägenden Spuren hinterlassen hat: »Augustin betrachtet den menschlichen Geist aus der epistemischen Einstellung einer sich reflexiv im Gespräch mit Gott erlebenden Person als ein Spiegelbild des göttlichen Geistes.«[312] Gerade dieser Spiegelungsgedanke führte demzufolge in der Folgegeschichte zu interessanten philosophischen Wendungen des theologischen Diskurses, die beispielsweise in skeptischen Grundhaltungen gegenüber dem eigenen Wissen von der Welt und einer methodischen Fokussierung von inneren geistigen Aktivitäten im weitesten Sinne mündeten. Dieser weiteste Sinn von geistigen Aktivitäten führt wiederum auf den für Habermas interessanten Gedanken der lebensweltlichen Performativität. Diese sei grundsätzlich nicht auf wissenschaftlichem Wege, sondern nur aus der Selbstbeschreibungsperspektive von Personen einzuholen: »Mit dem Perspektivenwechsel von der Anschauung des Kosmos zur gewissenhaften Erforschung des Bewusstseins eines von der Sorge um das eigene Heil umgetriebenen Subjekts erschließt Augustin der philosophischen Thematisierung den Bereich der über gegenständliche Bewusstseinsakte hinausreichenden Akte – den Bereich eines immer schon vertrauten, subjektiv gewissen und nur im intuitiven Vollzug, also *performativ gegenwärtigen* Erlebens.«[313]

Im Umbruch zur Neuzeit führte nach der Darstellung in *Auch eine Geschichte der Philosophie* die von Augustinus vorbereitete Subjektfigur bei Luther zu einem tiefen Einschnitt in dem sich der Rekonstruktion zufolge über Spätantike und das Mittelalter erstreckenden Diskurs über Glauben und Wissen: »Indem er (Luther) den Glauben vom Wissen entkoppelt, zerbricht die Theologie selbst den Rahmen, innerhalb dessen sich der Diskurs über Glauben und Wissen bewegt hatte. Sie beendet das Zeitalter des Weltbildes und verweist die Philosophie in die Schranken nachmetaphysischen Denkens.«[314] Im Rahmen einer ersten Ausbuchstabierung von

Grundbegriffen der Subjektphilosophie unter theologischen und auf die private Beziehung des Gläubigen zu Gott bezogenen Prämissen tauchte bei Luther auch der Gedanke der Performativität des eigenen Erlebens dieses Erfahrungsbereichs wieder auf, die sich jeglichen Beobachtungseinstellungen einer dritten Person entzieht. Entscheidend sei die sich durch Luthers Schriften ziehende »reflexive Vergegenwärtigung dieses performativen Wissens«[315] in expliziter Unterscheidung von sämtlichen objektivierenden Wissensansprüchen qua epistemischer Einstellung.[316] Mit Blick auf die von ihm in den Fokus der philosophiehistorischen Auseinandersetzung mit dem subjektphilosophischen Paradigma gestellte Weggabelung des nachmetaphysischen Denkens im späten 18. Jahrhundert konstatiert Habermas: »Im grundbegrifflichen Rahmen der Subjektphilosophie wird sich erst Kant diesen rekonstruierenden Nachvollzug performativen Wissens für die Untersuchung der spontanen Leistungen des erkennenden, erlebenden und handelnden Subjekts zu eigen machen.«[317] Die genealogisch sensibilisierte Sichtweise der Auflösung von projektiven Weltbildern und den damit verbundenen engen und sich auf die menschlichen Grundfragen beziehenden Verschränkungen von Theologie und Metaphysik, die sich in der Neuzeit »unter dem doppelten Druck kognitiver Dissonanzen und gesellschaftlicher Krisen«[318] vollzogen hatte, stellt auch die Grundfigur der Transzendentalphilosophie in diese Entwicklungslinie. Nach dieser Lesart stellt der transzendentalphilosophische Ansatz die Bezugnahme des Gedankens der Performativität auf den epistemischen und lebensweltlichen Hintergrund von denkenden und handelnden Subjekten in sozialen Kontexten in subtiler Weise wieder her. Die aus dem Diskurs über Glauben und Wissen überlieferte reflexive Grundhaltung des sich qua Reflexionsfigur der kantischen Philosophie in performativer Weise selbst beschreibenden und erkennenden Menschen wird Habermas zufolge auch für das nachfolgende linguistische und pragmatistische Paradigma motivgebend bleiben: »Wie bei Kant das transzendentale Wissen, so kann auch dieses Hintergrundwissen (das uns zum Vollzug der Akte des Sprechens, Denkens oder Handelns befähigt), nur *als performatives* Wissen rational rekonstruiert werden.«[319]

In dieser Referenz auf die ermöglichenden Grundstrukturen für die reflexiven Bezugnahmen auf einen performativen Wissenshintergrund in Kants transzendentalphilosophischem Projekt sieht Habermas zum einen den Bruch des nachmetaphysischen Denkens mit dem »mehr als anderthalb Jahrhunderte währenden philosophischen Diskurs über Glaube und Wissen«,[320] den er in *Auch eine Geschichte der Philosophie* als eine historisch überlieferte Form der wechselseitigen Übersetzungsarbeit von theologischen und philosophischen Grundgedanken deutet. Zum anderen hole Kant mit der deontologischen Konzeption einer vernünftigen Freiheit »die Substanz dieser Übersetzungsarbeit in die begründende Rede nachmetaphysischen Denkens«[321] zurück. Die von Hegel über Feuerbach bis hin zu Marx rekonstruierbaren Versuche einer Kontextualisierung der organisch verkörperten Subjektivität in den soziokulturellen Lebensformen stellen Habermas zufolge nun die entscheidenden Schritte dar, um das Konzept der Lebenswelt in Verbindung mit dem Gedanken der Performativität theoretisch in einer für die moderne Ausgangslage anschlussfähigen Weise wiederzugewinnen. Die theoriegeschichtliche Strömung, die ihm zufolge unter nachmetaphysischen Prämissen die entscheidende philosophische Brücke für eine Ausdifferenzierung dieser Zusammenhänge geschlagen habe, ist der Pragmatismus. In *Auch eine Geschichte der Philosophie* konzentriert sich die Rekonstruktion abschließend auf Kernüberlegungen von Charles Sanders Peirce, die von Relevanz sind für Fragestellungen der Verkörperung von Vernunft in den Praktiken der Forschung und Politik, aber im übertragenen Sinne auch für die im Fokus stehenden lebensweltlichen Praktiken. In seiner Rekonstruktion geht es Habermas nicht um eine Untersuchung der von Peirce selbst als Pragmatizismus bezeichneten Philosophie unter erkenntnistheoretischen und forschungslogischen Gesichtspunkten, sondern »um den Paradigmenwechsel, den Peirce anhand dieser Fragestellungen durchführt«.[322] Dieser ist für die Entwicklungsgeschichte des nachmetaphysischen Denkens deshalb von Interesse, weil »sich der von Peirce initiierte Pragmatismus wirkungsgeschichtlich als eine Gestalt unzweideutig nachmetaphysischen Denkens durchgesetzt«[323] habe.

Peirce knüpft nach der Darstellung in *Auch eine Geschichte der Philosophie* an die Motivlagen der nachidealistischen Philosophie in zweierlei Hinsicht an. Zum einen versteht er eine organisch verkörperte und intelligente Gemeinschaft von handelnden Subjekten als den auch für das philosophische Selbstverständnis relevanten Ausgangspunkt von kontrollierten Problemlösungsprozessen. Letztere gelten als hypothetisch, fallibel und von negativen Erfahrungen angetrieben, zugleich als zukunftsbezogen und wahrheitsorientiert. Für die Gemeinschaft von organisch verkörperten und intelligent handelnden Subjekten wird von ihm wiederum das Bild einer »geschichtlich eingebetteten *community of investigators*«[324] gezeichnet. Zum anderen verweist Habermas auf normative Motive in Peirce' Schriften, aus denen der idealistische Grundgedanke von einer vernünftigen Freiheit der handelnden Subjekte im Raum des Praktischen unter einer transformierten und auf den linguistischen Paradigmenwechsel vorausweisenden Perspektive in den Blick genommen worden sei: »Vielmehr entwirft er den sprachpragmatischen Begriff des Geistes im Anschluss an die klassischen erkenntnistheoretischen Fragestellungen auf der Grundlage seiner Theorie der Zeichen in Form einer Logik der Forschung.«[325] Aus dem genealogischen Blickwinkel führt die hiermit verbundene Reduktion von vernunftbezogenen Handlungsaspekten auf erkenntnistheoretische und forschungslogische jedoch auf eine ambivalente Einordnung und Rolle der komplexen semiotischen Zeichentheorie. Auf der einen Seite habe man es beim Spätwerk von Peirce mit dem Versuch zu tun, durch die Rückbindung des naturwissenschaftlichen Erkenntnisvorganges die Objektivierungen von Natur an die kommunikativen Austausch- und Lernprozesse der Forschungsgemeinschaft die lebensweltlichen Begriffe und Konzepte für den wissenschaftlichen Diskurs zurückzugewinnen. Es komme hier also zum einen zu einem diskurstheoretischen Verständnis des methodischen Vorgehens von forschenden Subjekten in einer Gemeinschaft, und zum anderen beschränke sich das Diskursverständnis von Peirce eben auf die Verfahrensrationalitäten von nomologischen Erfahrungswissenschaften.

Für Habermas von noch größerem Interesse ist die andere Seite der ambivalenten Zusammenführung von Forschungspraxis und wahrheitsorientierter Erkenntnisgewinnung: »Andererseits können wir den Pragmatismus in seiner klassischen Periode aufgrund des konstruktiven Anschlusses an die schottische Theorie des Commonsense als den Versuch begreifen, anhand der klassischen Themen der Erkenntnistheorie und mithilfe einer originellen Zeichentheorie die sprachpragmatische Wende analytisch durchzuführen.«[326] Hintergrund für diesen Blickrichtungswechsel ist die Fokussierung der Theorie auf einen stabilen Gebrauch von Zeichen im Medium des Sprachgebrauchs innerhalb von geteilten Kommunikationsräumen, in denen sie die Ermöglichungsbedingung für den öffentlichen Austausch zwischen verschiedenen kommunizierenden Subjekten darstellen. Für die Geschichte des nachmetaphysischen Denkens ist entscheidend, dass Peirce aus dieser philosophischen Perspektivierung heraus sich von verschiedenen Grundannahmen einer auf mentalistischen Prämissen beruhenden Subjektphilosophie trotz der Beibehaltung eines naturwissenschaftlich orientierten empirischen Bezugsrahmens verabschieden musste. So kann die sowohl empiristische als auch rationalistische und transzendentalphilosophische Vorstellung von einem Vorrang der epistemischen Selbstbeziehung unter der von Peirce stark gemachten Annahme einer durchweg diskursiven und intersubjektiven Struktur von Forschungs- und Erkenntnisprozessen nicht mehr aufrecht erhalten werden: »Das erfordert die Umkehrung der subjektphilosophischen Ordnung der Begründung, die von innen nach außen fortschreitet. […] Tatsächlich können wir aber nur im Ausgang von intersubjektiv geprüften Erfahrungen auf innere Vorgänge *schließen*.«[327]

Habermas sieht in dieser intersubjektivitätstheoretischen Ausrichtung eine entscheidende epistemische Weichenstellung für die späteren sprachpragmatischen Anschlüsse an diese nachmetaphysische Figur, die Subjektivität als immer schon eingebettet in und verschränkt mit intersubjektiven und sozialen Relationen versteht. Mit Blick auf die pragmatistische Theoriegeschichte und im Ausgang von eigenen kommunikationstheoretischen Überlegungen bemerkt er entsprechend in einem auf die Relevanz der pragmatischen Sprachtheorien des 20. Jahrhunderts abzielenden Beitrag von 2005 mit dem Titel *Kommunikatives Handeln und detranszendentalisierte Vernunft*: »Die Detranszendentalisierung führt einerseits zur Einbettung der vergesellschafteten Subjekte in lebensweltliche Kontexte, andererseits zur Verschränkung der Kognition mit Sprechen und Handeln. […] Die Sprachvermittlung des Weltbezuges erklärt die Rückbeziehung der im Handeln und Sprechen unterstellten Objektivität der Welt auf die Intersubjektivität der

Verständigung zwischen Kommunikationsteilnehmern.«[328] Von entscheidender Relevanz auch für die Darstellung des Ausgangspunktes von Peirce ist, dass das durch die Einbettungs- und Kontextualisierungsprozesse veränderte Verständnis von Subjektivität nicht an der idealistischen Idee der Spontaneität und praktischen Freiheit rüttelt. Die erkennende Subjektivität verlor und verliert demzufolge durch die pragmatisch verstandene Detranszendentalisierung »nicht die Eigenschaften einer spontan leistenden und in praktischer Hinsicht frei handelnden Subjektivität; denn in kommunikativer Vergesellschaftung mit anderen Subjekten bildet sie die Gemeinschaft der Interpreten«.[329]

Im Zusammenhang mit der Einordnung von Peirce und den anschließenden pragmatistischen Entwürfen des 20. Jahrhunderts in die *Genealogie des nachmetaphysischen Denkens* konstatiert Habermas abschließend: »Die entscheidende Leistung von Peirce sehe ich in der Durchführung der Detranszendentalisierung der Vernunft unter Prämissen einer sprachpragmatisch ansetzenden Philosophie der Praxis.«[330] Peirce gilt ihm als Begründer einer Erweiterung des sprachanalytischen Blicks auf die Formen und Transformationen von Sätzen durch die Pragmatik, die für einen gewichtigen und grundlegenden Aspekt von praktischen Handlungskoordinationen – der sprachlichen Kommunikation – die »innerweltliche Dynamik der Vernunft«[331] offengelegt habe. In dieser Grundannahme einer rationalen und am freien Gebrauch der Vernunft orientierten sprachlichen Kommunikation sieht Habermas so auch die mit Peirce einzuschlagende Verbindung zwischen der Praxis der Forschenden und den lebensweltlichen Alltagspraktiken: »Mit der Orientierung an Wahrheit zieht ein kontrafaktisches Element aber nicht nur in die Forschungspraxis selbst ein, sondern ebenso in beliebige Alltagspraktiken, die sich gewohnheitsmäßig auf festgelegte – gegebenenfalls in der Forschung zuvor fixierte – Überzeugungen stützen. […] Im Alltag kreist der Fluss der Interpretationen um das erfolgskontrollierte Handeln […]. Implizit bewegen wir uns damit auch im Alltag immer schon in jenem Raum der Gründe, in dem sich die Forscher ›thematisch‹ bewegen.«[332]

Mit dieser starken Rede von den lebensweltlichen Alltagsstrukturen als einem Raum der Gründe schließt sich der hier in diesem Buch nachverfolgte Bogen der Interpretation. Ausgangspunkt war die in den 1980er Jahren von Habermas diagnostizierte Problematik einer Abkoppelung der Expertenkulturen von den alltagspraktischen Diskursen als einer Aporie der kulturellen Moderne entlang ihrer Ausdifferenzierung in Wert-, Rationalitäts- und Geltungssphären. Das eigene kommunikationstheoretische Konzept ist in der Folge als Versuch zu verstehen, die Kontrafaktizität einer an Gründen orientierten kommunikativen Vernunft gegen solche Tendenzen der Verselbstständigung, Vereinseitigung und Instrumentalisierung theoretisch zu explizieren. An späterer Stelle bemerkt Habermas, dass trotz der für die Entwicklung der Moderne maßgeblichen und unhintergehbaren Ausdifferenzierungen von Wert- und Rationalitätssphären entlang unterschiedlicher Formen von Geltungsansprüchen »die Behandlungen empirischer und theoretischer, instrumenteller und strategischer, moralischer und juridischer, ethischer und ästhetischer Fragen insofern ein Kontinuum bilden, als letztlich die besseren Argumente im Streit über die Geltung entsprechender Aussagen entscheiden«.[333]

Nach der hier als Bruchlinie gekennzeichneten zweiten werkbiografischen Wende hat Habermas wiederum die mit der Metaphorik von einem Raum der Gründe einhergehende Vorstellung von freischwebenden diskursiven Zusammenhängen selbstkritisch reflektiert und auf die Einbettung dieses Raumes in vordiskursive Sinnzusammenhänge hingewiesen. Die Performativität der Selbstbeschreibungszusammenhänge von Menschen muss folglich auf beiden Seiten aufruhen – auf den diskursiv verfügbaren Wissens- und Meinungshintergründen wie auch auf den nichtdiskursiven Ressourcen von normativen Sinngehalten. Hierauf verweist Habermas' Rede von einer »kognitiven Nichthintergehbarkeit der Lebenswelt im Ganzen«,[334] die eine wesentliche Fluchtlinie seiner ideengeschichtlichen Vergewisserungen unter rekonstruktiven und genealogischen Aspekten darstellt, auch wenn diese mit dem Schritt ins frühe 20. Jahrhundert enden. Habermas nimmt auf diesen Einschnitt in der historischen Darstellung im *Postskriptum* noch einmal Bezug: »Die nur bis zum Beginn des 20. Jahrhunderts durchgeführte Genealogie des nachmetaphysischen Denkens kann bestenfalls einen historisch informierten Blick auf die Ausgangslage einer sich dann weit verzweigenden Diskussion eröffnen, die auf einigen Traditionslinien – wie der des Pragmatismus oder Existentialismus, der kritischen Gesellschaftstheorie oder philosophischen Hermeneutik – auch weiterhin um das Problem der vernünftigen Freiheit und das Thema des Zusammenhangs von Theorie und Praxis kreist.«[335] In jenen Strömungen und Traditionslinien sieht er also die Arbeit am kantischen Konzept der Vernunft weiter am Werk und zugleich als historisches Resultat: »Die Genealogie nachmetaphysischen Denkens lässt sich als der Versuch verstehen, dieses Konzept als Ergebnis eines Lernprozesses darzustellen, der von der Frage nach der Vernünftigkeit des Glaubens ausgegangen ist.«[336]

5. Zur Genealogie der Genealogie nachmetaphysischen Denkens

Abschließend soll eine nicht auf Vollständigkeit zielende, sondern nur diskurseröffnende Skizze von Anschlussfragen an die hier vorgestellten methodischen und inhaltlichen Grundlinien von *Auch eine Geschichte der Philosophie* gegeben werden. Hierbei werden Kritiken ausgeklammert, die entweder einzelne autorenbezogene Rekonstruktionen in der Darstellung von Werken und Theorien entlang des gegenwärtigen Forschungsstandes oder der eigenen Forschungsposition problematisieren oder auch auf die Nichtrezeption von für die vorgestellte Historie von Philosophie relevanten Autoren oder Traditionslinien hinweisen.[1] Bei den hier exemplarisch angeführten Rezensionen liegt ein gemeinsames Grundproblem darin, in der Kritik nicht von den methodischen und inhaltlichen Prämissen und Intentionen des Autors auszugehen, sondern gänzlich externe Maßstäbe auf der Grundlage eigener Forschungen und Zugänge zur Philosophiegeschichte an die von Jürgen Habermas als Genealogie des nachmetaphysischen Denkens intendierte Schrift heranzutragen.[2]

Mit Blick auf den hier herausgearbeiteten Ausschnitt aus der neuzeitlichen Philosophiegeschichte ist sicherlich die herausragende These jene von der Weggabelung zwischen Hume und Kant. Dass die Philosophie Kants von Habermas nicht als transzendentalphilosophische Symbiose von rationalistischen und empiristischen Prämissen unter Absehung von deren aus der Retrospektive problematischen Setzungen – ob metaphysischer oder szientistischer Art – gelesen wird, richtet sich gegen gängige Darstellungen des Verlaufes der neuzeitlichen Philosophiegeschichte. Stattdessen diagnostiziert er in *Auch eine Geschichte der Philosophie* einen Gegensatz in einer »Konstellation von Denkrichtungen« zwischen Kant und Hume, indem er deren historisch nie direkt geführte »Auseinandersetzung« als eine solche beschreibt, »die die Trennung zwischen Empirismus und Transzendentalphilosophie bis in die Gegenwart zur Folge hatte«.[3] Diese Lesart ergibt sich aus dem genealogischen Zugriff, der eine problematische Gegenwartssituation zum Anlass für die historische Rekonstruktion unter Gesichtspunkten eben dieser Problemstellung nimmt. Es ist Habermas' Kernthese mit Blick auf die gegenwärtige Situation der akademisch situierten Philosophie, dass diese zum einen aufgrund der Spezialisierungstendenzen nach dem Vorbild der Einzelwissenschaften und auf der Grundlage eines sich verstärkenden szientistischen Selbstverständnisses ihre Aufgabe, einen lebensweltlich anknüpfbaren Beitrag zur Orientierung im Sinne der vier kantischen Fragen zu leisten, nicht nur aus den Augen verliert, sondern bewusst ignoriert. Zum anderen habe dieses aus dem empiristischen Skeptizismus erwachsene neue Selbstverständnis der Philosophie aufgrund seines theoretischen Zuganges auch zu praktischen Fragen den Sinn für die aus der szientistischen Beobachterperspektive nicht einholbaren Formen der Performativität von lebensweltlichen Selbstbeschreibungs- und Reflexionsleistungen in einer folgenreichen Weise verloren. So bleiben Habermas zufolge die auch aus den Perspektiven der Teilnehmenden relevanten normativen Begründungen von Handlungsweisen nach einem regulativen Moralprinzip weiterhin der zentrale Anknüpfungspunkt für eine zeitgenössische Philosophie, die an einem übergreifenden, also komprehensiven und holistischen Konzept von vernünftiger Freiheit festhält. Historisch konstituiere sich seit den neuzeitlichen Ausdifferenzierungen von theoretischer und praktischer Vernunft in den verschiedenen Traditionslinien bis in die Gegenwart die »Alternative zwischen einem engeren und einem weiteren Konzept der Vernunft – und der Möglichkeit entsprechender Lernprozesse. Der Einschränkung auf die methodische Orientierung der Vernunft an den überzeugenden Leistungen der modernen Naturwissenschaft steht die liberale Auffassung gegenüber, dass sich die Vernunft für die intelligente Bearbeitung aller Probleme öffnen kann, die sich ›uns‹ in unseren verschiedenen soziokulturellen Lebensformen stellen«.[4]

Die Alternative zwischen zwei Wegen, vor die sich die Lesenden von *Auch eine Geschichte der Philosophie* gestellt sehen, ist natürlich in theoretischer Hinsicht abhängig von dem genealogischen Blickwinkel, den Habermas in Bezug auf die Historie des Diskurses über

Glauben und Wissen einnimmt. Sie ist ebenso bedingt von seiner »ambivalenten Charakterisierung des Post-Metaphysischen«.[5] Nun setzen sich die beiden Hintergrundprämissen mitsamt den aus ihnen folgenden Thesen für diese unter genealogischen Gesichtspunkten rekonstruierte Weggabelung des nachmetaphysischen Denkens wiederum Einwänden und Kritiken aus: »Die Frage, die ich stellen möchte, ist nämlich, wie überzeugend die für Habermas sehr zentrale These ist, dass sich die wesentlichen Prämissen allen nach-metaphysischen Philosophierens letztlich einem um das Verhältnis von Glauben und Wissen kreisenden Lernprozess verdanken. Die Begründung für diese steile These lautet, dass die beiden legitimen Varianten eines solchen Philosophierens, der auf Hume zurückgehende Empirismus und die auf Kant zurückgehende Vernunftkonzeption, aus einer entweder destruktiven oder produktiv-aneignenden Auseinandersetzung mit dem theologischen Erbe der christlichen Religion hervorgegangen seien.«[6]

Aus diesen von Axel Honneth hervorgehobenen Grundannahmen der *Genealogie des nachmetaphysischen Denkens* ergeben sich verschiedene Problemstellungen, die im Folgenden skizziert werden. Vor diesem Hintergrund wird zunächst noch einmal auf die verschiedenen offensichtlichen und versteckten Motivgeber und Gegenspieler eingegangen, die für den methodischen und inhaltlichen Grundriss von *Auch eine Geschichte der Philosophie* prägend und konstitutiv sind (1.). Die nochmalige Erörterung des methodischen Hintergrundes ist sodann Anlass für eine erneute Diskussion der geschichtsphilosophischen Konnotationen, die mit der Rekonstruktion von Lernschritten in der Philosophiegeschichte einhergehen und deren teleologische Implikationen durch die genealogische Problematisierung aufgehoben werden sollen (2.). Trotzdem bleibt die daran anschließende Problematik der Eröffnung eines Zusammenhanges zwischen einem für den okzidentalen Entwicklungspfad diagnostizierten moralischen Fortschritt, der von Habermas mit universalistischen Intentionen verknüpft wird, und der kulturellen Regionalität dieses historischen Entwicklungspfades unter einer globalen Perspektive (3.). Abschließend wird zu fragen sein, welche Rolle eine genealogische Rekonstruktion der okzidentalen Ideen- und Philosophiegeschichte für eine Kritische Theorie spielen kann, die sich in der jüngeren Vergangenheit aus dem kulturellen Rahmen des im weitesten Sinne okzidentalen und im engeren Sinne idealistischen Erbes in nicht allen, jedoch in vielen Hinsichten bereits zu lösen begonnen hat (4.).

5.1 Offene und versteckte Motivgeber

Als augenfälliger Motivgeber für das Projekt von *Auch eine Geschichte der Philosophie* kommt die *Dialektik der Aufklärung* von Horkheimer und Adorno in den Sinn. Den dort versammelten philosophischen Fragmenten wird zugesprochen, eine genealogische Urgeschichte der Zivilisation, des Aufklärungsprozesses und der Moderne unter negativen geschichtsphilosophischen Prämissen zur Darstellung gebracht zu haben. In dem Spätwerk von Habermas tauchen direkte Bezüge auf Grundideen der *Dialektik der Aufklärung* insbesondere in dessen Rekonstruktion des kommunikativen Zusammenhanges von Mythos und Ritual im Hinblick auf die aus dieser Konstellation hervorgegangene achsenzeitliche Transformation von Weltbildern wieder auf. Der Mythos verdankte seine sakralen Bindungskräfte demzufolge nicht nur seiner Verbindung mit dem Ritus, sondern bot auch eine Form der »*rationalen* Überzeugungskraft« mit »*Vernunftbezug*« eben durch die Form seiner kognitiven und moralischen Erklärungen an: »Die legitimierende und allgemein sozialintegrative Kraft der Weltbilder zehrt davon, *dass die Macht des Sakralen mit der Kraft guter Gründe kommuniziert.* In diesem Sinne ist der Mythos von Anfang an auch Aufklärung (Horkheimer/Adorno).«[7] In einer Fußnote bemerkt Habermas hierzu, dass in diesem Verständnis der aufklärerischen und rationalen Aspekte des Mythos mit Blick auf die verschiedenen kulturphilosophischen Interpretationen des 20. Jahrhunderts – beispielsweise bei Cassirer, Heidegger und Blumenberg – ein »Unterschied ums Ganze«[8] liege und welches Verständnis er grundlegend mit Horkheimer und Adorno teile. Nach Habermas war der Mythos »anfällig für Lernprozesse«,[9] woraus seine Umschlagsmöglichkeit in Aufklärungsprozesse folgte.

Was Habermas letztlich seit seiner Kritik im *Philosophischen Diskurs der Moderne* an dem von Horkheimer und Adorno entfalteten negativen Geschichtsnarrativ ablehnt, ist also weder die Annahme, dass »schon der Mythos [...] Aufklärung« sei, noch die These, nach der Letztere unter bestimmten Bedingungen, Umständen und Entwicklungen »in Mythologie umschlägt«.[10] In einem schwachen Sinne tauchen beide Thesen der *Dialektik der Aufklärung* in *Auch eine Geschichte der Philosophie* in verschiedenen Kontexten wieder auf, zumeist implizit sowie subtil und nur selten explizit sowie direkt. Auf den Umschlag von Aufklärung in einen regressiven Zustand rekurriert er beispielsweise zum Abschluss der umfänglichen Einführung in die Fragestellung des Buches und mit Bezug auf sein Verständnis von Lernprozessen: »In diesen Hinsichten ist die Lebensform von Homo Sapiens mit ›Fortschritten‹ verschwistert – die allerdings die Dimension von Regressionen erst eröffnen. Und mit dem Element der *selbst verantworteten Regression* tut sich das auf, was wir im 20. Jahrhundert als den eigentlichen Zivilisationsbruch erfahren haben: alles andere als einen ›Rückfall in die Barbarei‹, sondern die absolut neue und von nun an jederzeit gegenwärtige Möglichkeit des moralischen Zerfalls einer ganzen Nation, die sich nach den Maßstäben der Zeit als ›zivilisiert‹ betrachtet hatte.«[11] In Nuancierungen ist aus dieser Textstelle auch eine gegenüber der *Dialektik der Aufklärung* veränderte Deskription herauszulesen, da der ›Zivilisationsbruch‹ eben nicht als ein ›Rückfall‹ in einen mythologischen Zustand, sondern als ein solcher von völlig neuem Ausmaß und als von dem deutschen Kollektiv verantwortet markiert wird.[12] Zugleich spricht Habermas von einem Prozess des ›moralischen Verfalls‹, den er aber wiederum nicht auf die genealogisch in den Blick genommene Historie der abendländischen Ideengeschichte umlegt, sondern auf die spezifische historische Situation und Konstellation des Nationalsozialismus eingrenzt. Wie im *Philosophischen Diskurs der Moderne* opponiert Habermas gegen den für die *Dialektik der Aufklärung* motivbestimmenden apodiktischen Satz aus dem ersten Fragment: »Aufklärung ist totalitär.«[13]

Habermas erläutert, dass er das »Thema der ›Unvernunft in der Geschichte‹« in *Auch eine Geschichte der Philosophie* deshalb vernachlässigt habe, da ihm zufolge nicht die Verfallsformen, sondern die »kooperativen Lernprozesse für die Lebensformen des vernunftbegabten Tiers konstitutiv sind«.[14] Diese Ausgangsstellung verhält sich so spiegelverkehrt zu den apodiktischen Prämissen und Thesen der *Dialektik der Aufklärung*. Die Unvernunft in der Geschichte sieht Habermas als die »grausame Bestätigung des Themas der Vernunft«[15] an. Dem Letzteren möchte er sich, auch gegen zeitgenössische Tendenzen der akademischen und globalen Philosophie, in seinem Spätwerk widmen – was ein weiterer Beleg für die von Seyla Benhabib geäußerte These zu sein scheint, dass am ehesten eine Analogie zu dem großen idealistischen Bildungsroman – der *Phänomenologie des Geistes* von Hegel – bestehe.[16] Das Hauptmotiv für die Lernschritte des vernunftbegabten Tiers wiederum scheint in dem für alle Epochenzusammenhänge herausgearbeiteten Zusammenspiel aus kognitiven, kooperativen und moralischen Motivations- und Beweggründen zu bestehen, die Habermas als konstitutiv für die übergreifende Entwicklung der Gattung in epistemischer und normativer Hinsicht auszeichnet. Ein Novum stellt sicherlich sein Rückgriff auf ein ausgearbeitetes soziologisches und interaktionsbasiertes Konzept der Lebenswelt[17] zur Aufklärung der kulturell und philosophisch relevanten Entwicklungsstränge dar. Regina Kreide und Tilo Wesche sehen gerade in dieser Engführung auf Lernschritte ein nicht nur historisches, sondern auch systematisches Grund- und Begründungsproblem des als Genealogie mit problematisierendem Fluchtpunkt auftretenden Spätwerkes: »Und doch – obgleich wir die Stoßrichtung des Anliegens, auf die Performanz vernünftiger Freiheit zu setzen, nicht in Frage stellen – fehlt etwas in dieser Erzählung des moralischen Fortschritts. Es ist die Sicht auf Regressionserscheinungen und damit auf die Bedingungen des Rückfalls in Barbarei und in verkrustete, repressive Strukturen, die nicht Emanzipation ermöglichen, sondern Repression produzieren.«[18]

Habermas ist es in *Auch eine Geschichte der Philosophie* dieser Kritik zufolge nicht gelungen, die *Genealogie des nachmetaphysischen Denkens* als eine Geschichte der Dialektik von Aufklärung und Fortschritt auf der einen und Regression und Rückfall auf der anderen Seite zu schreiben. Es ist demzufolge gerade die Interpretation der ideen- und sozialgeschichtlichen Entwicklung unter den Gesichtspunkten von Lernschritten, die eine klare Differenz markiert zum negativen Projekt der *Dialektik der Aufklärung*. Deshalb sieht auch Seyla Benhabib eher eine methodische Analogie zwischen *Auch eine Geschichte der Philosophie* und Hegels *Phänomenologie des Geistes*: »Auch Hegel stellte die Errungenschaften der Moderne und den Ort seiner eigenen Philosophie in ihrem Zeitalter als eine große Erzählung, rekonstruiert als Lernprozesse, dar.«[19] Auch in anderen Rezensionen wird Habermas' Projekt viel näher in den klassischen geschichtsphilosophischen Kontext gerückt[20] als in den einer genealogisch aufbereiteten Verfallsgeschichte der Zivilisation.

Im Kontext seiner Genealogie des neuzeitlichen Denkens im zweiten Band von *Auch eine Geschichte der Philosophie* kritisiert Habermas jedoch Hegels Rückgriff auf höherstufige Subjektivitäten im Konnex von Geschichts- und Rechtsphilosophie, weil sich diesen »der Begriff intersubjektiver Verständigung entzieht«[21] – worauf wiederum auch Vittorio Hösle verweist: »Was Habermas an Hegels Geschichtsphilosophie besonders stört, ist, dass die Menschen nur das Material sind, an dem sich die Idee der Freiheit verwirklicht.«[22] Aus der Sichtweise der *Phänomenologie des Geistes* stellt sich dieses Verhältnis einer Darstellung der Bewusstseinsebenen der sich bildenden Subjektivität einerseits und der rekonstruierenden Narration andererseits wiederum komplexer dar, da auf beiden Ebenen ein ›Wir‹ zum Tragen kommt, das jedoch – so die Kritik von Benhabib – in *Auch eine Geschichte der Philosophie* systematisch unterbestimmt bleibe. Ebenso sehe sich der kollektivierende Bezug eines ›Wir‹ den kritischen Rückfragen bezüglich seines offensichtlich eurozentrischen Zuschnittes ausgesetzt: »Wenn diese Analogie zur *Phänomenologie* erhellend ist, dann ist die Frage: Wer ist das Wir, das in Habermas' AGP das Lernen und Vergessen übernimmt? Habermas' glänzende Nacherzählung der Philosophiegeschichte als Zusammenspiel von Glauben und Wissen ist am Ende des Tages eine sehr selektive Geschichte der intellektuellen Wandlungen der okzidentalen Menschheit.«[23]

Die mit dieser Diagnose verbundenen methodischen und systematischen Problemstellungen sollen in den folgenden Kapiteln noch einmal aufgegriffen werden. Hinsichtlich der hier zunächst zu thematisierenden Fragestellung nach den Motivgebern von *Auch eine Geschichte der Philosophie* kann zunächst herausgestellt werden, dass Habermas in unterschiedlicher Weise und in einem zugleich gegenüber den Klassikern stark abgeschwächten und teils spiegelbildlich verkehrten Sinne von geschichtsphilosophischen Grundmotiven sowohl Hegels als auch Horkheimers und Adornos beeinflusst ist. Da sich die Darstellung hauptsächlich auf die unter evolutionstheoretischen und ideengeschichtlichen Gesichtspunkten rekonstruierten Verbindungen und Entwicklungen zwischen Mythos, Weltbildern und Religionen konzentriert, ist es sinnvoll, sich hier um eine Einordnung und einen Abgleich zu bemühen. Bereits in der Einleitung zu diesem Buch wurde Habermas' Ausgangspunkt für die Hinwendung zum Thema Religion unter postsäkularen Bedingungen referiert, nach der er mit Hegels These übereinstimme, »dass die großen Religionen zur Geschichte der Vernunft selbst gehören«.[24] Das Verhältnis von Religion und Vernunft wird von Hegel und Habermas mit Blick auf deren interne Verknüpfung jedoch in unterschiedlicher Weise bestimmt. Während für Hegel bekanntermaßen sich im religiösen und philosophischen Bewusstsein der gleiche Inhalt in einer anderen Form darstellt, geht es Habermas im Spätwerk übergreifend um die Übersetzungen von normativen Gehalten unter den Prämissen von als nachmetaphysisch ausgewiesenen Formbestimmungen. Zwar geht es Hegel in der Sphäre des absoluten Geistes auch um Übersetzungsfragen, wenn er den Glauben als unmittelbares Wissen in das sich wissende Wissen der Philosophie aufhebt. Allerdings unterscheidet sich Habermas' Verständnis von Übersetzung zwischen zwei Diskursformen von dem Aufhebungsgedanken Hegels deutlich. Habermas interpretiert das Bestehen von religiösen Praktiken und säkularen Diskursen aus einer soziologischen und pragmatischen Sicht – es handelt sich demzufolge um zwei kulturelle Sphären, die in modernen Gesellschaften mehr oder weniger nebeneinander existieren, allerdings mit unterschiedlichen kulturellen und politischen Geltungsansprüchen. Für Hegel handelt es sich dementgegen um ein ineinander verschachteltes Aufhebungsverhältnis von gleichen Inhalten in unterschiedlichen Anschauungs-, Vorstellungs- und Denkformen, das wiederum in und seit seiner Zeit Anlass für unterschiedlichste philosophische und theologische Ausdeutungen des Verhältnisses von Philosophie und Religion im absoluten Idealismus gegeben hat.[25]

Hegels reife idealistische Überzeugung, dass – in den Worten von Habermas – die »Philosophie das einzige Bedürfnis, das ihr eine Existenzberechtigung gibt, allein in der Rolle einer, sagen wir so: zeitgemäßen Theologie erfüllen kann«,[26] wird im zweiten Band der *Genealogie nachmetaphysischen Denkens* wiederum kritisch diskutiert: »Hegel leugnet natürlich nicht die in der Aufklärung vollzogene Zäsur einer Ablösung des Glaubens vom Wissen. Die Abtrennung des profanen Welt- und Selbstverständnisses vom sakralen Komplex ist ein wesentliches Element der Gegenwart, das Hegel betont. Aber seit der Aufklärung ist er unter den großen Philosophen der Einzige, der [...] von der Voraussetzung eines methodischen, das Wissen vom Glauben *aussortierenden* Atheismus *abkehrt.*«[27]

Auch wenn Habermas in seinem Spätwerk an die hegelsche Motivlage eines Einbezuges des religiösen Bewusstseins in die bis in die jeweilige Gegenwart reichende Geschichte der Vernunft grundsätzlich anknüpft, so stellt er die Identitätsthese über die Inhalte von begrifflich verfahrender Philosophie und einer vorstellenden Religion als nicht mehr zeitgemäß heraus. Allerdings zielt seine kritische Haltung im Spätwerk mehr noch auf die damit verbundenen Ansprüche der und an die Philosophie als auf die hochrangige Stellung der Religion: »Dieser überschwängliche Anspruch der Philosophie entspricht, obwohl er aus dem ›Bedürfnis der Philosophie‹ erwächst, nicht mehr der modernen Konstellation von Glauben und Wissen.«[28] Hintergrund der Kritik am Philosophiebegriff Hegels ist weiterhin dessen Grundlage in einem Modell höherstufiger und sich von den Entwicklungen der subjektiven und intersubjektiven Lebensformen lösenden Subjektivität. Die Kritik an der Stellung der Religion wiederum wird von Habermas aus soziologischer Perspektive formuliert, da jene aus dieser als eingegliedert in das »sich ausdifferenzierende Gehäuse moderner Gesellschaften«[29] zu betrachten ist. Die Position des absoluten Idealismus mit Blick auf die höherstufigen Stellungen von Philosophie und Religion bei Hegel widerspricht also den gesellschaftstheoretischen Voraannahmen der Zeitdiagnose von Habermas.

Allerdings findet sich eine interessante Übereinstimmung mit den von Hegel in einem abgeschwächten Sinne übernommenen Thesen zur historischen und zeitgenössischen Rolle des religiösen Bewusstseins für die nachmetaphysische Denkform mit den parallel zur *Dialektik der Aufklärung* entstandenen und publizierten Vorlesungen zur *Kritik der instrumentellen Vernunft* von Max Horkheimer. Im Rahmen einer skizzenhaften Präsentation der Entwicklung des von ihm nicht als Diskurs, sondern als »Kontroverse«[30] bezeichneten Verhältnisses von Religion und Philosophie in Mittelalter und früher Neuzeit kritisiert Horkheimer deren Trennung in zwei distinkte Kulturbereiche. Diese Trennung habe zu einer Neutralisierung der Religion unter säkularen Prämissen geführt: »Obgleich die Religion, oberflächlich betrachtet, weiterhin geachtet wurde, ebnete ihre Neutralisierung den Weg, sie als Medium geistiger Objektivität auszuschalten und letztlich den Begriff einer solchen Objektivität abzuschaffen, welcher selbst der Idee der Absolutheit religiöser Offenbarung nachgebildet war. In Wirklichkeit ist der Inhalt der Philosophie wie der Religion durch diese scheinbar friedliche Beilegung ihres ursprünglichen Konfliktes zutiefst beeinträchtigt worden.«[31] Problematisch an der neuen Neutralität der Religion im säkularen und liberalen Zeitalter ist Horkheimer zufolge ein damit einhergehender Verlust an Wahrheitsbezug im Sinne einer objektiven und substantiellen Vernunft, für deren Primat gegenüber den von ihm als subjektiv, formal und instrumentell bezeichneten Vernunftbegriffen er sich in den 1944 an der Columbia University in New York gehaltenen Vorlesungen über *Society and Reason*[32] übergreifend ausspricht – in einem bewusst anachronistischen Sinne.

Während Habermas mit Horkheimers kritischer Diagnose über die Konsequenzen einer solchen durch Liberalisierung und Säkularisierung erzwungenen Neutralisierung der philosophischen und religiösen Wahrheitsansprüche übereinstimmt, hat er dessen Unterscheidung und Charakterisierung von subjektiver und objektiver Vernunft schon früh kritisiert. So argumentierte er in einem 1991 erstveröffentlichten Beitrag gegen Horkheimers Kernthese: »Horkheimer hat nie in Erwägung gezogen, daß es zwischen der ›instrumentellen‹ Vernunft und der ›formalen‹ einen Unterschied geben könnte. Er hat auch eine prozedurale Vernunft, die die Gültigkeit ihrer Resultate nicht mehr von den vernünftig organisierten Weltinhalten abhängig macht, sondern von der Rationalität der Verfahren, nach denen sie ihre Probleme löst, ohne Zögern der instrumentellen zugeschlagen.«[33] Habermas selbst sieht gerade in dem Zusammenspiel von Verfahrensrationalität und einer intersubjektivitätstheoretisch – und nicht objektivistisch – verstandenen kommunikativen Vernunft die Lösung der Problemstellung oder auch Aporie einer Vernunft unter neuzeitlichen und modernen Bedingungen, die Horkheimer wiederum in der *Kritik der instrumentellen Vernunft* wirkungsvoll diagnostiziert hatte.

Auch in der *Dialektik der Aufklärung* brechen Horkheimer und Adorno mit Blick auf eine normative Einordnung der Stellung der Religion in den gesellschaftlichen Entwicklungen mit den Ideologiekritiken von Feuerbach, Marx und Freud, die die Kritische Theorie noch in ihren Anfangsjahren maßgeblich beeinflusst hatten. In den *Philosophischen Fragmenten* greifen sie wieder auf eine hegelsche Denkfigur zurück, wenn sie der Religion einen besonderen Wahrheitsgehalt im Kontext sowohl der historischen Zivilisationsentwicklung als auch in ihrem Verhältnis zu Philosophie und Wissenschaft zusprechen. Jedenfalls wird in der *Dialektik der Aufklärung* nicht mehr – wie noch beim jungen Marx oder einem rationalistisch gelesenen Freud – die Religion zum Gegenstand der Ideologiekritik, sondern die vereinseitigte technologische und szientistische Rationalität des Aufklärungsprozesses. Umgekehrt verbanden Horkheimer und Adorno – ganz ähnlich wie Habermas in *Auch eine Geschichte der Philosophie* – mit den mythologischen und auch religiösen Weltbildern bestimmte normative Sinnressourcen für Versöhnungs-, Gerechtigkeits- und Erlösungsfragen. Mit Max Weber opponierten sie so gegen die aus der Aufklärungsphilosophie des 18. Jahrhunderts überlieferte Dichotomisierung von Religion auf der einen und Aufklärung und Rationalität auf der anderen Seite: »Durch den engen Anschluß an Webers Rationalisierungsbegriff vermeiden die Autoren der *Dialektik der Aufklärung* das rationalistische Vorurteil, diese beginne mit der modernen bürgerlichen Gesellschaft, mit der Akkumulation des Kapitals, der französischen Revolution und der großen Enzyklopädie. Die Identifizierung von ›Aufklärung‹ und ›Rationalisierung‹ bzw. ›Entzauberung‹ erlaubte es Horkheimer und Adorno aber vor allem, die dialektischen Verschlingungen der Aufklärung bereits in der religiösen Verzauberung der Welt, ja selbst im archaischen Mythos nachzuzeichnen.«[34]

Hauke Brunkhorst hat darauf bezugnehmend von einer Umkehrung der klassischen Religionskritik der europäischen Aufklärung in den Argumentationslinien der *Dialektik der Aufklärung* gesprochen. Allerdings folge daraus mit Blick auf die normativen Intentionen von Horkheimer und Adorno kein Ruf nach einer Rückverwandlung der Kritik der Moderne in ein theologisches Konzept. Stattdessen hätten sie den »durch die Geschichte der Rationalisierung belehrten Blick auf den identischen rationalen Kern von Religion und wissenschaftlicher Vernunft gerichtet«,[35] um aus einer Distanz sowohl zur rationalistischen Aufklärung als auch zur Romantik einen neuen Begriff von Aufklärung zu gewinnen. Zumindest grob kann eine ähnliche Intention auch für die *Genealogie des nachmetaphysischen Denkens* ausgemacht werden, die sich zumindest an der Oberfläche der Rekonstruktionslinien nicht von negativistischen, utopischen oder messianischen Motiven geleitet sieht.

Im Unterschied zur radikalen Wissenschafts- und Philosophiekritik von Horkheimer und Adorno plädiert Habermas in seinem Spätwerk wiederum nur für die Korrektur eines bereits eingeschlagenen Pfades der von ihm als nachmetaphysisch eingeordneten Denkform. Diese Korrektur ist gebunden an die Ausbuchstabierung eines detranszendentalisierten und zugleich intersubjektivitätstheoretisch konzeptualisierten Verständnisses von kommunikativer Vernunft unter Einbezug von verkörperten Sinnressourcen. So lässt sich nach Vittorio Hösle eine Hauptintention von *Auch eine Geschichte der Philosophie* am bündigsten zusammenfassen als »Versuch einer Selbsteinholung der eigenen, nachmetaphysischen Position im Durchgang durch die Geschichte der Religionen und der abendländischen Philosophie«.[36] Allerdings scheint mit Habermas' Spätwerk die von Hösle unterstellte ›eigene, nachmetaphysische Position‹ selbst problematisch geworden zu sein. Für die hier verfolgte Argumentationslinie und Interpretationshypothese ist deshalb entscheidend, dass Habermas auch gegenüber der in der mittleren Werkphase entfaltete *Theorie des kommunikativen Handelns* eine Korrektur für notwendig erachtet, die sich aus den Erkenntnissen der unternommenen Genealogie über den als produktiv dargelegten Diskurs zwischen Glauben und Wissen sowie Theologie und Philosophie speist.

An einer solchen Einsicht in die mit *Auch eine Geschichte der Philosophie* subtil verfolgte Selbstkritik des Autors mangelt es den

Rezensionen von Vittorio Hösle, Günther Mensching, Arbogast Schmitt, Burkhard Liebsch und auch Axel Honneth, die allesamt und unumwunden Habermas' Kommunikationstheorie der mittleren Werkphase als den normativen Fluchtpunkt und die evaluative Schablone der philosophiehistorischen Darstellung in *Auch eine Geschichte der Philosophie* ausgeben. Im Unterschied zu solchen Lesarten ist hier herausgearbeitet worden, dass Habermas in seiner späten Werkphase den historischen, systematischen und übersetzenden Rückgriff auf vordiskursive und verkörperte Sinnressourcen nun als notwendig für eine in praktischen Orientierungsfragen nicht stumm bleiben wollende Gegenwartsphilosophie erachtet.[37] Mit der werkbiografischen These von einer Bruchlinie soll entsprechend veranschaulicht werden, dass für Habermas die intersubjektivitätstheoretisch begründete Theorie einer kommunikativen Vernunft zwar weiterhin maßgeblich bleibt, jedoch selbst eine weitläufigere historische und soziologische Einbettung erfährt. Grund hierfür ist Habermas' Einsicht, dass die diskursive und performative Struktur des kommunikativen Sprachgebrauches nicht aus sich heraus die normativen Ressourcen bereitstellen kann, die für ein Gelingen der modernen Vergesellschaftung erforderlich sind.

Dieser entlang des genealogischen Verfahrens veränderte problematisierende Blick auf die Geschichte des nachmetaphysischen Denkens könnte auch als eine Annäherung an epistemische und normative Motivlagen der *Dialektik der Aufklärung* gedeutet werden. So kritisiert Habermas ähnlich wie Horkheimer und Adorno den Primat von instrumentellen Anteilen der sich ausschließlich am naturwissenschaftlichen Paradigma ausrichtenden philosophischen Strömungen seit der frühen Neuzeit. Zugleich erweitert er im Spätwerk sein Verständnis von für Verständigung und Interaktion relevanten kommunikativen Handlungen deutlich gegenüber dem diskurstheoretischen Paradigma der mittleren Werkphase. Solche Formen und Bilder einer kommunikativen Vernunft, die dem rationalistischen oder szientistischen Zugriff aus einer beobachtenden Perspektive performativ vorausgehen oder diese grundlegend unterlaufen, sind ein Kernthema der *Dialektik der Aufklärung*: »Und sucht man nach Beispielen für dieses ›andere‹ und ›mehr‹, fragt man nach dem, was *das Vernünftige* an diesem ›anderen‹ ist, dann dringen immer wieder Bilder einer *kommunikativen Vernunft* in die Texte der Kritischen Theorie ein: das Nicht-Instrumentelle an der Vernunft erläutern die älteren Theoretiker der Frankfurter Schule immer wieder am Modell ›unversehrter Intersubjektivität‹ und ›zwangloser Verständigung‹.«[38] Im Unterschied zu Habermas bleiben jedoch bei Horkheimer und Adorno die eigenen positiven Fluchtpunkte eines epistemisch und normativ gelungen Selbst-, Sozial- und Weltbezuges begrifflich und konzeptuell unterbestimmt: »Um das zu Beginn des Buches von dessen Autoren selbst postulierte Moment der Rationalität, das mit der Herrschaft zugleich und durch sie hindurch sich als das von bloßer, instrumenteller Herrschaft ›Verschiedene‹ durchsetzen soll, zu identifizieren, fehlen ihnen die Begriffe.«[39]

Im Rahmen der in *Auch eine Geschichte der Philosophie* aufgespannten Argumentationslinien können drei weitere Motive ausgemacht werden, die sich auf der jüdischen Theologie entnommene Intentionen in den Schriften von Theodor W. Adorno, Max Horkheimer, Walter Benjamin, Gershom Scholem und Ernst Bloch zurückführen lassen. Das erste Motiv hängt mit dem Übersetzungsgedanken zusammen, den Habermas unter Bezugnahme auf den historischen Diskurs über Glauben und Wissen entfaltet und als ebenso relevant für die Gegenwartssituation in der postsäkularen Gesellschaft erachtet. In den Schlusspassagen von *Auch eine Geschichte der Philosophie* zitiert er hierzu einen ihm zufolge »enigmatischen Satz von Adorno«,[40] der im ersten Absatz des 1957 im Westdeutschen Rundfunk gehaltenen und im Folgejahr in den Frankfurter Heften erstmalig publizierten Vortrages mit dem Titel *Vernunft und Offenbarung* einen kritischen Beitrag über die damalige antirationalistische Renaissance des Offenbarungsglaubens intendierte: »Nichts an theologischem Gehalt wird unverwandelt fortbestehen; ein jeglicher wird der Probe sich stellen müssen, ins Säkulare, Profane einzuwandern.«[41] Dieser Satz hat Habermas explizit als Leitfaden gedient, um eben jenen »Prozess der ›Einwanderung‹ theologischer Gehalte ins profane Denken als einen *philosophisch nachvollziehbaren Lernprozess* darzustellen«.[42] In der Fußnote zur Zitation des Satzes aus *Vernunft und Offenbarung* bemerkt Habermas mit Rekurs auf eine jüngere Monografie von Peter E. Gordon,[43] dass Adorno unter den Vertretern der alten Kritischen Theorie derjenige gewesen sei, »der im Gespräch mit dem antinomistischen Geist seines Freundes Gershom Scholem die negativistische Arbeit an der ›restlos‹ profanisierenden Transformation der noch unabgegoltenen theologischen Gehalte am konsequentesten betrieben hat«.[44]

In seinem Vortrag bewertete Adorno den zur damaligen Zeit verbreiteten und durch die Religionsphilosophie der Nachkriegszeit aufgewerteten Rückgriff auf offenbarungstheologische Glaubenssätze und -religiöse Praktiken als Sprung aus den diskursiven und argumentativen Kontexten, hinter dem sich ein »Bedürfnis nach Orientierung«, aber eben nicht nach »Wahrheit und Authentizität der Offenbarung« verberge.[45] Im Rahmen dieser Kritik formulierte er eine Forderung, die tatsächlich an die von Habermas thematisierten Übersetzungsleistungen zwischen religiösen und säkularen Diskursen erinnert: »Sondern Vernunft muß versuchen, die Rationalität selber, anstatt als Absolutes sie sei es zu setzen, sei es zu verneinen, als ein Moment innerhalb des Ganzen zu bestimmen, das freilich diesem gegenüber auch sich verselbstständigt hat. Sie muß ihres eigenen naturhaften Wesens innewerden. Dies Motiv ist den großen Religionen nicht fremd: gerade es aber bedarf heute der ›Säkularisierung‹, soll es nicht, isoliert und überhöht, zur Verfinsterung der Welt helfen, die es bannen möchte.«[46]

In einer Rezension des erst 2015 veröffentlichten Briefwechsels zwischen Adorno und Gershom Scholem, dem »gelehrten Inhaber der Schlüsselgewalt zu den hebräischen Quellen«, konzentriert sich Habermas auf die hier aus der Perspektive der jüdischen Mystik thematisierte Problemstellung nach dem »Schicksal des Sakralen nach der Aufklärung – ob und wie es in die Profanität einwandern kann«.[47] Er stellt heraus, dass sowohl Adorno als auch Scholem sich für den »möglichen Wahrheitsgehalt« interessierten, den »die monotheistischen Überlieferungen unter Bedingungen der Moderne noch entfalten können«,[48] ohne jedoch in dieser Frage mit gleicher Stimme und Intention zu sprechen. Während Adorno »im Wahrheitskern der liegen gelassenen Metaphysik ein transzendierendes, ein befreiendes Moment sieht, das die dumpfe Immanenz eines alle Lebensbezirke durchdringenden Kapitalismus aufsprengen könnte«, verbleibe Scholem intentional im Schatten des theologischen Selbstverständigungsprozesses über Tradition, Glaube und Erkenntnis im Kontext einer säkularisierten und auch entgleisenden Moderne: »Aber Scholem interessiert sich nicht für die kulturelle Gestalt eines philosophisch vermittelten Wahrheitsgehalts religiösen Ursprungs, der die säkulare Gesellschaft zu sich selber befreien sollte. Vielmehr sucht er in der Dimension der jüdischen Überlieferung, in der sich die Offenbarung fortsetzt, nach Funken der religiösen Wahrheit selbst.«[49]

Dass Habermas in *Auch eine Geschichte der Philosophie* nicht an die Ausdeutung eines wahrheitsorientierten Übersetzungsgedankens im Sinne Scholems, sondern an jene radikale Variante der Transformations- und Übersetzungsidee anknüpft, die für Adornos Denken maßgeblich war, erschließt sich aus dem für beide maßgeblichen Motiv einer »Transzendenz von innen«.[50] Dieses Motiv verweist als das zweite hier angeführte auf eine spezifische Kombination von geschichtsphilosophischem Denken, Materialismus und utopischem Bewusstsein, auf die Habermas zum Abschluss des Kapitels über Marx im zweiten Band von *Auch eine Geschichte der Philosophie* hinweist: »Die Vorstellung eines revolutionären Bruchs im Kontinuum der Geschichte, die Marx mit dem abstrakt-revolutionären ›Ende der Vorgeschichte‹ signalisiert, hat allerdings, philosophisch gesehen, in der Geschichte des westlichen Marxismus einen fruchtbaren Denkanstoß hinterlassen – einen Denkanstoß für den expressionistischen *Geist der Utopie* des jungen Ernst Bloch nicht weniger als für Benjamins dunkel glühende Fragmente des *Passagen-Werks* und das beschwörende Dementi der vollständig in sich verkapselten *Negativen Dialektik* Adornos.«[51] Für Habermas nimmt in den genannten Werken der »Einbruch des materialistischen Denkens in eine idealistische Tradition«[52] eine Gestalt des Bruches im Kontinuum der Geschichte an, der in der klassischen Geschichtsphilosophie des 18. und frühen 19. Jahrhundert noch nicht gedacht worden war.

In zwei theologischen Denkfiguren verortet Habermas diesen revolutionären Bruchgedanken historisch. Zum einen in der »jüdischen Erinnerung an den Messias, der das Gottesreich auf Erden errichten wird«, und zum anderen in den »chiliastischen, von der höchst irdischen Idee der leiblichen Wiederauferstehung beförderten und alle natürlichen Geschöpfe einschließenden Erlösungshoffnungen, die sich schon einmal in hochmittelalterlichen Reformorden und häretischen Sektenbewegungen erneuert hatten«.[53]

Hinsichtlich dieser von Habermas hier vollzogenen Parallelisierung von jüdischen und christlichen Motivlagen kann auf die von Seyla Benhabib in einem Nebensatz formulierte Kritik zurückgegriffen werden, nach der »die meisten Erzählungen der Moderne, Habermas' eingeschlossen, die Tendenz haben, das Reformjudentum dem Protestantismus einzuverleiben«.[54] In *Auch eine Geschichte der Philosophie* findet eine solche Einverleibung mit Blick auf den rekonstruierten Diskurs über Glauben und Wissen beispielsweise durch die häufig gebrauchte Rede von einem »jüdisch-christlichen Selbstverständigungsdiskurs«[55] unmerklich Eingang in den Begriffsgebrauch. Kritisch in den Blick genommen werden kann ebenso die von Habermas werkübergreifend genutzte sprachliche Synthetisierung einer »jüdisch-christlichen Traditionslinie«[56] oder der auch für die revolutionären Geschichtsvorstellungen relevanten »jüdisch-christlichen Heilsvorstellungen«.[57] Hannah Peaceman hat nachdrücklich diese von Habermas übergreifend genutzten synthetisierenden Redeweisen dahingehend kritisiert, dass durch sie die historischen und gegenwärtigen Widersprüche sowie die Geschichte von gewaltvollen Verhältnissen und Exklusionen, denen jüdische Motive und Existenzen in der durch das Christentum geprägten europäischen Geschichte immer schon ausgesetzt waren, in einer philosophisch und politisch problematischen Weise unthematisiert bleiben.[58] Dieses Problem stellt sich auch mit Blick auf die folgende Kommentierung der von Marx ausgegangenen Beeinflussung der sich von den klassischen Paradigmen absetzenden und vom jüdischen Messianismus beeinflussten geschichtsphilosophischen Reflexionen bei Bloch, Benjamin und Adorno: »Gleichviel, ob chiliastisch oder apokalyptisch gefärbt, ist die Vorstellung einer Revolution, die alle Revolutionen beendet, mit der sowohl jüdisch wie christlich eingeübten Erwartung des *ganz* Anderen und der abgründigen Abkehr von *aller* bisherigen Geschichte assoziiert.«[59]

Gegenüber Interpretationen, die die jüdischen Hintergründe der messianischen Motive in den Vordergrund der materialistischen, negativistischen und utopischen Ideenkonstellationen in den Werken von Benjamin, Bloch und Adorno rücken,[60] hat Habermas jene immer schon aus dem Kontext einer okzidentalen Ideengeschichte entlang eines von christlichen Fragestellungen geprägten Diskurses heraus verstanden. So verweist Micha Brumlik in einem Handbuchbeitrag[61] auf die bis in die frühesten Schriften von Habermas zurückreichende Auseinandersetzung mit jüdischer Philosophie und jüdischen Philosophen unter dem Index der okzidentalen Geschichte der Philosophie. Dieser behandelte in einem Beitrag von 1961 mit dem Titel *Der deutsche Idealismus der jüdischen Philosophen* beispielhaft die Frage, »wie produktiv sich aus der Erfahrung der jüdischen Tradition zentrale Motive der wesentlich protestantisch bestimmten Philosophie des Deutschen Idealismus erschließen lassen«[62] – die er abschließend mit der These beantwortet: »Der deutsche Idealismus der Juden produziert das Ferment einer kritischen Theorie [...].«[63] Der Beitrag der jüdischen Philosophie besteht also auch diesen Einlassungen zufolge ausschließlich in einer Kurskorrektur oder einem Blickrichtungswechsel, der die okzidental-christliche Ideengeschichte entweder sinnvoll ergänzt oder in eine neue Richtung umgeleitet habe.

Für die hier skizzierten drei Motivlagen von Interesse ist wiederum Habermas' Rekurs auf Differenzen zwischen Benjamin und Adorno, die er in einem 1972 von Siegfried Unseld herausgegebenen Sammelband *Zur Aktualität Walter Benjamins* unter dem Titel *Bewußtmachende oder rettende Kritik* publizierte: »Die Enttäuschung an der *falschen* Aufhebung, sei es der Religion, der Philosophie oder der Kunst, kann eine Reaktion des Innehaltens, wenn nicht des Zögerns derart hervorrufen, daß man eher gegen das Praktischwerden des absoluten Geistes überhaupt mißtrauisch wird als seiner Liquidierung zustimmt. Damit verbindet sich eine Option für die esoterische Rettung der wahren Momente. Das unterscheidet Adorno von Benjamin, welcher darauf besteht, daß die wahren Momente der Überlieferung für den messianischen Zustand entweder exoterisch oder gar nicht gerettet werden. Gegen die falsche Aufhebung der Religion setzt Adorno, atheistisch wie Benjamin (wenn auch nicht in gleicher Weise), die Einbringung der utopischen Gehalte als Ferment eines unnachgiebigen kritischen Denkens, aber eben nicht in der Form einer verallgemeinerten profanen Erleuchtung.«[64] Es ist die Adorno zugeschriebene bewusstmachende Kritik, an die Habermas durch seinen genealogischen Zugriff auf das historische Erbe subtil anknüpft, ohne auf das von Benjamin herkommende und sich retrospektiv auf die Geschichte beziehende »konservative« Motiv der »rettenden Kraft der zurückdenkenden Kritik« gänzlich verzichten zu wollen.[65]

Und doch bleiben die Einflusslinien durch diese beiden Motivgeber in *Auch eine Geschichte der Philosophie* verborgen und untergründig. Sie tauchen blitzartig an jenen Stellen auf, in denen Habermas das nachmetaphysische Fortleben des »idealistischen Erbes der vernünftigen Freiheit« mit dem in der säkularen Moderne erschütterten »Vertrauen in das Versprechen einer rettenden Gerechtigkeit« eng führt.[66] Die Frage nach der ›rettenden Gerechtigkeit‹ wird hier als dritte Motivlage gekennzeichnet, die auf den Einfluss sowohl einer sich mit der christlichen Chiliastik verbindenden jüdischen Mystik[67] als auch dem »deutschen Idealismus der jüdischen Philosophen«[68] zurückgeführt werden kann. Manfred Frank hat entsprechend den nicht nur philologischen, sondern auch systematischen Einfluss Schellings auf die frühen, sich noch uneingeschränkter auf geschichtsphilosophische Kontextualisierungen einlassenden Schriften von Habermas herausgearbeitet.[69] In *Auch eine Geschichte der Philosophie* wiederum taucht Schelling als entscheidender Ideengeber für die posthegelianische Wende im nachmetaphysischen Denken auf: »Angeregt durch den späteren Schelling, hat die im weitesten Sinne junghegelianische Gegenbewegung die im absoluten Geist verklammerten Grundbegriffe der Subjektphilosophie aufgesprengt und mit der kommunikations- und sprachphilosophischen Entschlüsselung des obdachlos gewordenen objektiven Geistes einen weiteren Paradigmenwechsel vollzogen.«[70] Schellings Einfluss betrifft sodann die auch für die eigene philosophische Zielperspektive von Habermas relevante ›Aufsprengung‹ des geistphilosophischen Rahmens der idealistischen Philosophie. Hierzu rekurriert Habermas auf den Junghegelianismus,[71] die Philosophien des Existentialismus[72] sowie die *Negative Dialektik* Adornos[73] mit dem Ziel einer Herausarbeitung der auf die Philosophie Schellings zurückführbaren und nur in ihrer performativen Gestalt zu verstehenden »Orientierungen an der geschichtlichen Existenz des Menschen«[74].

In den folgenden Kapiteln sollen die herausgearbeiteten Motivlagen und Intentionen von *Auch eine Geschichte der Philosophie* hinsichtlich zweier aktueller Fragestellungen diskutiert werden. Sie betreffen zum einen das Spannungsverhältnis zwischen einem rekonstruktiven und einem genealogischen Zugriff auf die okzidentale Geschichte der Philosophie. Zum anderen bleibt der positive Bezug auf den von Kant gewiesenen Pfad einer mit universalistischen Ansprüchen verbundenen deontologischen Grundhaltung in praktischen Fragen sowohl hinsichtlich der internen moralphilosophischen Argumentationslinien als auch unter Gesichtspunkten eines dezentrierten Blicks auf die okzidentale Ideengeschichte problembehaftet.

5.2 Genealogie zwischen Kontingenzbewusstsein und Fortschrittsgeschichte

Am Ende des Vorwortes von *Auch eine Geschichte der Philosophie* reflektiert Habermas auf den Status seines philosophischen und historischen Vorhabens im Kontext der gegenwärtigen Selbstverständnisse eines professionellen Philosophierens. Hierzu konfrontiert er zwei Arten der Religionskritik im säkularen Zeitalter. So habe zum einen auf der empiristischen und naturalistischen Linie des nachmetaphysischen Denkens die konsequente Lösung vom religiösen Erbe stattgefunden, für die nach der gelieferten genealogischen Rekonstruktion Hume als paradigmatischer Initiator gilt. Zum anderen sei es auch auf der anderen Linie des nachmetaphysischen Denkens zu einem mit dem Junghegelianismus verbundenen »tiefen Einschnitt jener radikalen Religionskritik«[75] gekommen.[76] Die entscheidende Differenz liegt für Habermas in dem Festhalten der letztgenannten Strömungen an einem »Interesse an den Spuren der Vernunft in der Geschichte« und damit einhergehend an der Ausrichtung des Denkens und Handelns an der »Beförderung vernünftiger Lebensverhältnisse«.[77] Die geschichtsphilosophischen Konnotationen, die dieser hegelianischen Figur immanent sind, schwächt Habermas in den folgenden Sätzen durch die Hinweise auf Unregelmäßigkeiten und Kontingenzen im Geschichtsprozess ab: »Ein solches professionelles Selbstverständnis lässt sich mit einer plausiblen Lesart der Geschichte der Philosophie stützen, wenn sich diese Geschichte über Abgründe hinweg auch als eine unregelmäßige Folge von kontingent ausgelösten Lernprozessen begreifen lässt. Im Verlauf der in diesem Sinne genealogischen Darstellung sollen nicht nur die kontingenten Umstände deutlich werden, die jeweils zu Lernprozessen herausgefordert haben, sondern auch die Gründe, die dafür sprechen, an einem komprehensiven Begriff der Vernunft und einem entsprechend anspruchsvollen Selbstverständnis des philosophischen Denkens festzuhalten.«[78]

Die angesprochene genealogische Darstellungsweise in *Auch eine Geschichte der Philosophie* fokussiert zweierlei Arten von Spannungen. Die erste, als intern zu kennzeichnende Spannung betrifft das methodisch komplexe Vorhaben einer Symbiose von rekonstruktiven und genealogischen Elementen bei der retrospektiven Betrachtung ideen- und philosophiegeschichtlicher Lernprozesse aus dem Blickwinkel der Gegenwartssituation. Eine zweite, als extern zu bezeichnende Spannung betrifft Habermas' Verständnis von Entwicklung, Evolution und Fortschritt im Kontext von Rationalisierungs- und Modernisierungsprozessen, das bereits für die mittlere Werkphase und insbesondere die *Theorie des kommunikativen Handelns* prägend war. Sehr unmissverständlich legt er sich dort darauf fest, dass diese »eine Alternative für die unhaltbar gewordene Geschichtsphilosophie bietet, der die ältere Kritische Theorie noch verhaftet war«.[79] Amy Allen ordnet diese Formulierungen so ein, dass Habermas keine Geschichtsphilosophie intendiert oder betrieben habe, die »von einem metaphysischen, teleologischen und notwendigen Progress eines einheitlichen historischen Subjekts ausgeht«.[80] Ihr zufolge besteht jedoch im kommunikativen Vernunftkonzept ein sehr enger Konnex zwischen dem normativen Begründungsanspruch der Kritischen Theorie einerseits und einem internen Zusammenhang zwischen einer Theorie der sozialen Evolution, einem spezifischen Moderneverständnis sowie den formalpragmatischen und diskurstheoretischen Kernaspekten seines Konzeptes der kommunikativen Rationalität andererseits. Auf die diesen komplexen Theorieaufbau kennzeichnende Spannung zwischen diachronen und synchronen Bausteinen hatte bereits Axel Honneth in den 1980er Jahren hingewiesen: »Die Evolutionstheorie, mit deren Ausarbeitung Habermas sich seit dem Beginn der siebziger Jahre beschäftigt, tritt als das diachrone Gegenstück zur synchron angelegten Theorie des kommunikativen Handelns auf: während diese in Form einer Universalpragmatik das implizite Regelsystem des sozialen Handelns rekonstruiert, soll jene dessen stufenweise Entwicklung in der phylogenetischen Dimension der Gattungsgeschichte analysieren.«[81] Aus der Perspektive von philosophischen Diskussionen der Gegenwart wiederum ergebe sich Amy Allen zufolge aus diesem Konglomerat von Evolutionstheorie und Universalpragmatik ein »pragmatisches, postmetaphysisches und deflationäres, aber dennoch progressives Geschichtsverständnis«,[82] das auf einem normativen Begriff von historischem Fortschritt beruhe. Als Kernproblem dieser theoretisch komplexen Zusammenhänge sieht sie das Problem des Eurozentrismus an, welches »nicht nur einfach deshalb auf Habermas lastet, weil er ein so entschiedener Verteidiger der im Zuge der europäischen Aufklärung geschmiedeten Ideale ist, sondern auch, weil die Theorie der sozialen Evolution – neben der Theorie der Moderne, die aus ihr hervorgeht – eine wesentliche Rolle für den Ausweis der kritischen Maßstäbe seiner kritischen Theorie spielt«.[83]

Die auch für die *Theorie des kommunikativen Handelns* maßgeblichen Überlegungen zur sozialen Evolution in den normativen Begriffen des Fortschritts formuliert Habermas bereits in der Aufsatzsammlung *Zur Rekonstruktion des Historischen Materialismus*. Gegen die auch in *Auch eine Geschichte der Philosophie* mit Blick auf die späten Schriften von Marx kritisierte Einengung des gesellschaftstheoretischen Gegenstandes auf die technisch-praktischen Aspekte von Rationalisierung beabsichtigte Habermas mit diesen Beiträgen die normativen Aspekte des Fortschritts ohne Anleihen bei der klassischen Geschichtsphilosophie oder dem »dogmatischen Konzept der Gattungsgeschichte«[84] für die moralisch-praktischen Bereiche der Vergesellschaftung auszuweisen. Die Theorie der sozialen Evolution ging stattdessen von der Prämisse aus, dass nicht Gattungs- oder Makrosubjekte, sondern »Gesellschaften und die in ihr integrierten Handlungssubjekte«[85] Träger von Evolutionen seien. Evolutionen wiederum bezeichnen »kumulative Vorgänge, die eine Richtung erkennen lassen«,[86] welche aber mit dem soziologischen Theorem der Komplexitätssteigerung nur unzureichend beschrieben werde. Ausgangspunkt für evolutionäre Prozesse waren dem unter damaligen Theoriebedingungen erneuerten Ansatz eines *Historischen Materialismus* zufolge hingegen die »Kompetenzen der gesellschaftlich integrierten Individuen«,[87] die im vom Zufall bestimmten Modus epistemische, kognitive und moralische Lernprozesse durchlaufen. Habermas verteidigte auf dieser theoretischen Grundlage in *Zur Rekonstruktion des Historischen Materialismus* die These, »dass die Kriterien des geschichtlichen Fortschritts [...] einer systematischen Rechtfertigung fähig sind«.[88] Georg Lohmann zufolge überwand er damit die geschichtsphilosophischen Selbstgewissheiten hinsichtlich einer übergreifenden Erkennbarkeit der Geschichte, ihrer ziel- und sinnbezogenen Verlaufsrichtung sowie deren Trägergruppen, ohne deren »theoretisch leitende Intentionen [...] und den kritischen Anspruch aufzugeben«.[89]

Interessant mit Blick auf den genealogischen Zugriff auf die sozialkulturellen Hintergründe der Ideen- und Philosophiegeschichte in *Auch eine Geschichte der Philosophie* ist Habermas' Bemerkung über die Kontingenzen der Entwicklungsvektoren: »Auch besteht keine Garantie für ununterbrochene Entwicklungen; es hängt vielmehr von zufälligen Konstellationen ab, ob eine Gesellschaft an einer Entwicklungsschwelle unproduktiv verharrt, oder ob sie ihre Systemprobleme durch Entwicklung neuer Strukturen löst.«[90] Amy Allen problematisiert den normativen Hintergrund für die von Habermas an diesen Stellen intendierte systematische Rechtfertigung von Fortschrittsnarrativen im Raum der historisch-kulturellen Kontingenzen. Die von Habermas bereits 1976 sehr ausführlich ausbuchstabierte Antwort auf jene Frage nach der systematischen Rechtfertigung der Annahme eines evolutionär erklärbaren geschichtlichen Fortschritts in den Dimensionen des Technischen und des Normativen verweist bereits auf die universal- und formalpragmatische Theorie der kommunikativen Rationalität. Als Voraussetzung für die Rechtfertigung führt er die »normativen Grundlagen der sprachlichen Kommunikation« an, denen zufolge »wahre Propositionen falschen Propositionen, und daß richtige (d.h. rechtfertigungsfähige) Normen unrichtigen Normen vorzuziehen sind«.[91] Aus dieser sprachtheoretischen Grundentscheidung und den Präsuppositionen vernünftiger Rede ergeben sich dem von Habermas seit Mitte der 1970er Jahre formulierten Anspruch zufolge alle weiteren Kriterien für seine Annahmen über den historischen Fortschritt in beiden Dimensionen der gesellschaftlichen Interaktion.

In *Auch eine Geschichte der Philosophie* kondensiert sich dieses Konglomerat an theoretischen Erwägungen in dem folgenden Hinweis aus dem Einleitungskapitel: »Die *Evolution der Gesellschaft* erklärt sich durch ein Zusammenwirken von Prozessen in den beiden Dimensionen der Lebenswelt und des Systems. Die intelligenteste Anpassung der gesellschaftlichen Strukturen an überkomplexe Umwelten sichert die systemische Integration und steigert dabei die Komplexität der Gesellschaft. Solche *Anpassungsprozesse* sind aber keine zureichende Bedingung für die Reproduktion der Gesellschaft im Ganzen. Dazu sind auch die Lernprozesse nötig, die gewissermaßen durch die Köpfe der kommunikativ handelnden Subjekte hindurchlaufen.«[92] Die Lernprozesse wiederum, welche sich in epistemischer, sozialkognitiver und moralischer Hinsicht vollziehen können und sollen, sind demzufolge als auf Gründe bezogene und zugleich lösungsorientierte Prozesse nur aus der Warte eines »Beobachters, der sich die Perspektive der Beteiligten zu eigen macht«,[93] verständlich zu machen.

Entscheidend für den zugleich rekonstruktiven und genealogischen Zuschnitt des ideengeschichtlich ausgerichteten Spätwerkes von Habermas ist die Rolle der Philosophie für jene Lernprozesse: »*Die philosophischen Lernprozesse erfüllen*, indem sie sich eigensinnig an Wahrheit orientieren, zugleich *eine gesellschaftliche Funktion*. Davon legt die Zweiteilung der Philosophie in einen theoretischen und einen praktischen Zweig bis heute Zeugnis ab.«[94] Wenn also die in der *Theorie des kommunikativen Handelns* explizierte Sprachpragmatik das Kernkriterium und somit die Rechtfertigungsbasis für die Theorie der sozialen Evolution in den Dimensionen des Technischen und Normativen darstellt, so erfüllt die *Genealogie des nachmetaphysischen Denkens* die Aufgabe, die philosophischen Grundlagen der sozialen Evolution der okzidentalen Gesellschaftsgeschichte so zu rekonstruieren, dass die Elemente sowohl der sozialen Desintegration als auch ihrer Integration vom Mythos bis in die Gegenwart hervortreten: »In Analogie zu Problemen des ›Scheiterns an der Natur‹, die zu kognitiven Lernprozessen herausfordern, verstehe ich Konflikte in der Folge sozialer Desintegration als Herausforderungen zur Implementierung schon erworbener, aber latent überschießender normativer Vorstellungen, oder eben als Anstöße zu eigensinnigen sozial- und moralkognitiven Lernprozessen.«[95]

Sowohl in der *Theorie des kommunikativen Handelns* als auch in der *Genealogie des nachmetaphysischen Denkens* stellt die kulturelle und philosophische Moderne den Fluchtpunkt und die normative Schablone für diese Lernprozesse dar. Die kommunikative Vernunft verbleibt in ihrer gesellschaftlichen Realisierung zugleich unter den ihr qua ihres Rationalitätspotentials zukommenden Möglichkeiten: »Hinsichtlich ihrer geschichtlichen Wirksamkeit operiert die kommunikative Vernunft danach unterhalb ihres eigenen Standards und deshalb braucht Habermas einen nichthistorischen, quasi-transzendentalen Ansatz, der die formalen und prozeduralen normativen Standards rekonstruiert.«[96] Habermas bekräftigt in *Auch eine Geschichte der Philosophie* mit seinem Verweis auf die jüngste Philosophiegeschichte und deren Vernunftbezug jedoch die Möglichkeit, jene normativen Standards bereits in einem historischen Lernprozess ausfindig machen zu können.

Vor diesem Hintergrund bekräftigt Habermas also den auf Max Weber zurückgehenden Gedanken, dass die rationalisierte Lebenswelt der okzidentalen Moderne mit der für sie typischen Ausdifferenzierung von Wert- und Geltungssphären das Produkt eines übergreifenden Lernprozesses darstellt, hinter den nicht zurückgegangen werden könne. Bereits seine auf dieser These aufruhende Rekonstruktion des *Philosophischen Diskurses der Moderne* hatte entsprechend Kritiken von Seiten der poststrukturalistischen Strömungen auf sich gezogen.[97] Gegenwärtig setzt sich diese modernistische und zugleich eurozentrische Grundlegung von Normativität ebenso einer starken Kritik aus den post- und dekolonialen Theorierichtungen aus.[98] Die kritischen Einsatzpunkte und ihre möglichen Repliken werden im nächsten Kapitel an den Problemstellungen der universalistischen Idee eines moralischen Fortschritts unter den von Kant inspirierten deontologischen Prämissen der ethischen Grundidee von Habermas skizziert.

5.3 Moralischer Fortschritt und das Problem des partikularen Universalismus

Auf die Probleme, die sich aus der Verbindung von sozialer Evolutionstheorie und moralphilosophischem Universalismus unter dem Deckmantel einer Theorie der okzidentalen oder europäischen Moderne ergeben, hat Johann P. Arnason bereits 1986 in einem Tagungsband zur *Theorie des kommunikativen Handelns* hingewiesen: »Der Überlegenheits- und Universalitätsanspruch, den Habermas aus dem Selbstverständnis der Moderne herausliest, wird vor allem auf kulturelle Fundamente zurückgeführt; die Kehrseite dieser grundlagentheoretischen Privilegierung der modernen Kultur ist aber eine reduktionistische Auffassung ökonomischer und politischer Strukturen, die sich demnach nur innerhalb eines durch die Kulturmuster festgelegten Spielraums entwickeln, verselbstständigen und zu alternativen Systemen zusammenschließen können.«[99] In Habermas' Spätwerk wird diese kulturelle Rahmung der lebensweltlichen und politischen Strukturen stärker als in der mittleren Werkphase durch Bezugnahmen auf die soziologische Relevanz von rituellen und religiösen Traditionen sowie des Einflusses von theologischen Deutungen auf die Philosophie bestimmt. Zugleich wird die damit verbundene Rekonstruktion eines theologisch-philosophischen Diskurses auf die okzidental-christliche Traditionslinie zugeschnitten. Hierbei kommt es ebenso zu einer – in den Worten von Seyla Benhabib – ›Einverleibung‹ von jüdischer Theologie bis hin zur säkularisierten jüdischen Philosophie in die christliche Traditionslinie. Habermas zufolge ist zwar nicht die übergreifende gesellschaftliche, aber die kulturelle Modernisierung mitsamt ihren »Errungenschaften« in einem an Hegel erinnernden Sinne »als Folge eines Lernprozesses«[100] aus christlichen und jüdischen Überlieferungen zu erklären. In einem mit Eduardo Mendieta geführten *Gespräch über Gott und die Welt* konstatiert Habermas bereits zur Jahrtausendwende, dass »der egalitäre Universalismus, aus dem die Ideen von Freiheit und solidarischem Zusammenleben, von autonomer Lebensführung und Emanzipation, von individueller Gewissensmoral, Menschenrechten und Demokratie entsprungen sind, unmittelbar ein Erbe der jüdischen Gerechtigkeits- und der christlichen Liebesethik«[101] darstelle.

Auch die *Genealogie des nachmetaphysischen Denkens* beruht auf dem Zusammenspiel einer diachronen mit einer synchronen Perspektive. Trotz dass durch die genealogische Perspektivierung und Problematisierung ein mit der diachronen Darstellung einhergehendes Bewusstsein für historische und kulturelle Kontingenzen intendiert wird, bleibt die synchrone Ziellinie der Idee eines moralischen Fortschritts in der Geschichte mit genau jenem Verständnis von einem egalitären Universalismus verbunden, das Habermas in dem Gespräch mit Mendieta hinsichtlich seiner theologischen Herkünfte thematisiert. Er bezeichnet die mit dieser Geschichte verbundene hintergründige sozialevolutionäre Entwicklungslogik, den moralphilosophischen Standpunkt und dessen universalistische Verallgemeinerungsfähigkeit bis in die Gegenwart als alternativlos. In seinem *Rückblick eines Autors* von 2021 verweist er auf die in *Auch eine Geschichte der Philosophie* mit Blick auf die historische Ausbildung des Vernunftrechts gegebenen »überzeugenden Beispiele« und »historischen Belege« für »moralische Fortschritte« in der okzidentalen Ideen- und Gesellschaftsgeschichte.[102] Die Einnahme eines solchen Standpunktes setzt sich aus zweierlei Perspektiven einer Kritik des universalistischen Gestus der historischen Fluchtpunkte aus. Beide berufen sich auf das ideologiekritische Motiv einer Universalismuskritik, die sich an dem Aufweis orientiert, dass in Kontexten der Geschichtsschreibung und in normativen Theorien eine eigentlich partikulare Sichtweise als allgemeine ausgegeben werde. Durch diese Art der Perspektivierung werden zum einen Marginalisierungen und Ausschlüsse anderer Sichtweisen produziert, und zum anderen die eigenen Sichtweisen als hegemoniale etabliert.

Für *Auch eine Geschichte der Philosophie* kann diese Problematik einer Universalisierung des eigentlich Partikularen sowohl für die Binnen- als auch die Außenperspektive auf die Geschichte eines okzidentalen Diskurses über Glauben und Wissen, der dieser zufolge in einem anspruchsvollen Konzept von vernünftiger Freiheit mündete, aufgezeigt werden. Aus der Binnenperspektive bleibt die vordergründige Synthetisierung der christlichen mit der jüdischen Geistesgeschichte in Europa problematisch, da durch diese sowohl die Eigenständigkeit von jüdischen Diskursen als auch deren Exklusion vom christlichen Diskurs durch antijudaistische und antisemitische Praktiken unthematisiert bleibt. Ebenso verweist Benhabib darauf, dass »die Stimmen von Frauen nicht in Habermas' Erzählung eingegangen sind«, was Folgen und Konsequenzen nicht nur für Erkenntnistheorie und Moralphilosophie, sondern auch dafür hat, »wie wir über das Thema Menschenrechte nachdenken«.[103] Mit Blick auf den Schritt von der Binnen- zur globalen Außenperspektive auf die Darstellung bemerkt sie ebenso kritisch: »Nicht nur die Stimmen von Frauen werden in dieser erzählenden Darstellung der Moderne ausgelöscht. Der transkulturelle Dialog, der in einer Weltgesellschaft eigentlich stattfinden sollte, wird ebenso vergessen.«[104] Und der Eintritt in diesen Dialog würde sodann auch zu der Einsicht führen, dass gerade von außen die okzidentale Geschichte nicht nur als eine moralische Fortschrittsgeschichte beschrieben werden kann, sondern sich einer übergreifenden Kritik an den mit ihrem partikularen Universalismus einhergehenden hegemonialen und auch gewaltvollen Akten stellen muss.

Habermas ist sich des von Amy Allen und Seyla Benhabib, aber auch von Regina Kreide und Tilo Wesche herausgestellten und bis in die Gegenwart reichenden Zusammenspiels »von Vernichtung und wissenschaftlicher Begründung, von Missionierung und Aufklärungsdenken, von Kolonialisierung und liberalen Freiheitsrechten für den Welthandel«[105] in der okzidentalen Realgeschichte unter globalen Gesichtspunkten natürlich bewusst. In *Auch eine Geschichte der Philosophie* trägt er diesen Problemstellungen im dritten Unterkapitel des ersten Abschnittes Rechnung, in dem es um die normativen Voraussetzungen des Ausganges von einem »okzidentalen Entwicklungspfad« mitsamt dem »Universalitätsanspruch nachmetaphysischen Denkens«[106] gehen soll. Er sieht die Spannung zwischen dem historischen und kulturellen Partikularismus einer okzidentalen Entwicklungsgeschichte auf der einen und dem »postkolonialen Zeitalter eines globalen Multikulturalismus« auf der anderen Seite und plädiert für eine Überwindung der sich auftuenden Differenzen und Konflikte wiederum in einem »interkulturellen Diskurs unter gleichberechtigten Teilnehmern im Bewusstsein lernbereiter Fallibilität«.[107] Habermas trennt hier wie in den Gesprächen und Interviews der Vergangenheit die Ebene der normativen und ihm zufolge immer schon auf dem kontrafaktischen Ideal der Gleichheit aller Teilnehmenden und Betroffenen beruhenden Begründung von der historischen Unvernunft, in die die Zivilisationsgeschichte von als ›westlich‹ oder ›okzidental‹ gekennzeichneten Gesellschaften verstrickt war und bleibt. In *Auch eine Geschichte der Philosophie* wird das normative Ideal wiederum in Begriffen von moralischen Lernschritten historisch umgelegt: »*Moralische Lernprozesse* führen zu einer stufenweisen Überwindung egozentrischer beziehungsweise ethnozentrischer Handlungsperspektiven und zu einer gegenseitigen Einbeziehung der Perspektiven der jeweils Anderen in eine erweiterte gemeinsame Perspektive.«[108] Entsprechend vollziehen sich ihm zufolge moralische Lernprozesse immer dann, wenn sich »auf der Grundlage von erweiterten sozialkognitiven Fähigkeiten und Dispositionen die Bereitschaft zur gewaltlosen Lösung von Konflikten über das jeweilige Kollektiv hinaus erweitert«.[109]

Eine Korrektur gegenüber den soziologischen Explikationen zur Moderne in der mittleren Werkphase stellt der neuere Rekurs auf die Theorien einer multiplen Moderne dar. In dem einleitenden Kapitel zu *Auch eine Geschichte der Philosophie* stellt Habermas selbstkritisch fest: »Denn das Bild ›der Moderne‹ lässt sich nicht mehr allein am okzidentalen Muster der nationalstaatlich organisierten Gesellschaften und ihrer internationalen Beziehungen ablesen.«[110] In der Konsequenz spricht er sich gegen eine Gleichsetzung von Modernisierung »mit Verwestlichung« aus, da ihm zufolge für nichtwestliche Kulturen andere Verarbeitungsweisen der »von der westlichen Kultur ausgehenden Prozesse« nachgezeichnet werden können.[111] Wie schon mit Blick auf die Integration von jüdischen Motivlagen in den christlichen Diskurs über Glauben und Wissen bleibt auch an dieser Stelle die okzidentale Entwicklungsgeschichte hin zu einer nachmetaphysischen Moderne das Idealbild, auf das sowohl ›vormoderne Traditionen‹ als auch ›außereuropäische Kulturen‹ bezogen werden. Habermas geht also weiterhin – um es mit Amy Allen zu formulieren – von der »entwicklungsmäßigen Überlegenheit und Unumgänglichkeit bestimmter Züge der europäischen Moderne aus – wie sehr diese Annahme auch durch Habermas' Anerkennung der Kontingenz historischer Entwicklungen und der Tendenz zur Regression oder durch seine in jüngerer Zeit zu vernehmende Rede von den multiplen Modernen auch abgeschwächt wird«.[112]

In direkter Auseinandersetzung mit den Schriften der späten Werkphase von Habermas sind verschiedene Auswege mit Blick auf die praktischen Dimensionen des Fortschrittsbegriffs skizziert worden. So diskutiert Amy Allen die Vor- und Nachteile einer »viel stärker kontextualistischen metanormativen Position«[113] über den Zusammenhang von Lebenswelt und Diskurs im Zusammenhang mit einer Theorie der multiplen Moderne. Einem solchen Kontextualismus entgegengesetzt argumentiert Rainer Forst für eine »nicht-reduktionistische Form nachmetaphysischer Philosophie«,[114] die sich zum einen von den als einengend charakterisierten sakralen und religiösen Hintergründen und Bindungskräften emanzipiert. Zum anderen plädiert Forst dafür, das intersubjektivistische Verständnis von Moral noch stärker an die transzendentalphilosophische Figur Kants zurückzubinden, um zwei Problemstellungen zu umgehen, die mit den mit dem Paradigma des ›Post-Metaphysischen‹ verbundenen historischen und systematischen Konzeptionen von Habermas in den vergangenen Jahrzehnten schrittweise einhergegangen seien: »Um dies knapp zusammenzufassen, denke ich, dass Habermas in Bezug auf die *Detranszendierung* der Moral nicht weit genug geht, da er von der Schwäche der nachmetaphysischen Konzeption ausgeht, die diese ihrer Autonomie berauben würde. In Bezug auf die *Detranszendentalisierung* hingegen geht er zu weit, da er damit explizit bezweifelt, was er implizit annimmt, nämlich die praktische Geltungskraft der transzendental-moralischen Idee, dass wir Mitglieder eines Reichs der Zwecke sind.«[115]

Während also Amy Allen für einen unter Aspekten der ›Dekolonisierung‹ zu vollziehenden Sprung aus dem bisherigen Theorierahmen plädiert, um die entstandene »Kluft zwischen dem kritisch-theoretischen Ansatz der Frankfurter Schule und einer im Zeichen postkolonialer Theorie entstandenen kritischen Theorie«[116] konstruktiv zu überbrücken, möchte Forst einen Schritt hinter das nachmetaphysische Projekt einer Detranszendentalisierung von Vernunft und Subjektivität durch Situierung und Kontextualisierung zurück gehen. Gegen diese von Forst ins Spiel gebrachte Rückführung nicht nur von Begründungs- und Rechtfertigungsfragen, sondern auch von Motivationsfragen auf eine als deontologisch verstandene kognitivistische Moral wendet Habermas im

Rückblick eines Autors noch einmal ein, dass durch sie das moderne Problem eines Verlustes an moralischer Motivationskraft, den der Glaube an Gott, Kosmos oder eine rettende Gerechtigkeit noch geliefert habe, nicht gelöst werden könne. Für ihn bleibt deshalb ein intersubjektivitätstheoretisches Verständnis von Moralität und Autonomie unhintergehbar, da nur aus den Problemlösungsprozessen des gesellschaftlichen Zusammenhangs heraus die Einzelnen als Träger ihrer vernunftgemäßen Freiheitsansprüche angesprochen werden können: »Aber einen gewissen Ausgleich für die Motivationsschwäche deontologischer Gründe bietet der detranszendentalisierte Begriff der Autonomie. Er bezieht sich nicht nur auf den freien Willen selbst, sondern zugleich auf das *Selbstverständnis* des unter Bedingungen der gesellschaftlichen Moderne lebenden Menschen als eines *autonomen Vernunftwesens* [...] – niemand ist wahrhaft, d.h. in Kants moralischem Sinne frei, solange nicht alle es sind.«[117]

Mit Sicherheit ist ein philosophischer Rückgang hinter das detranszendentalisierte Verständnis nicht nur von Subjektivität, sondern auch von Rechtfertigungspraktiken keiner, der sich in Zeiten der konzeptuellen Horizonterweiterungen anschlussfähig zeigt für transkulturelle und postkoloniale Themen, die die engen Horizonte in verschiedene Richtungen transzendieren. Und hierzu gehören auch jene von Habermas antizipierten Fragestellungen nach den praktischen Orientierungsaufgaben des philosophischen Denkens in der Gegenwart. Weder die historischen noch die gegenwärtigen Diskurse sind freischwebend, und das gilt auch für Subjektivitäten sowie für rechtfertigende Gründe. In diesem Sinne ist das Spätwerk von Habermas auch als eine Selbstkritik an den engen Kritikbegriffen der *Theorie des kommunikativen Handelns* zu lesen. In der Kommunikations- und Diskurstheorie der mittleren Werkphase wurde Kritik als ein Vollzugsmoment des freischwebenden Spieles des Gebens und Nehmens von Gründen verstanden. Die Präsuppositionen dieses kommunikativen Spieles, die Habermas insbesondere in seinen diskurstheoretischen Schriften der mittleren Werkphase freigelegt hat,[118] wurden von ihm dort wiederum als quasi-transzendentale und kontrafaktische Schablonen[119] für die defizitären Umsetzungsformen der regulativen Idee von verständigungsorientierten Diskursen eingeführt.

Habermas thematisiert jedoch seit der Jahrtausendwende in verschiedenen philosophischen Variationen und mit Bezug auf ethische, kulturelle und politische Themen, dass die normativen Quellen und Sinnressourcen, wollen sie denn eine starke Motivations- und Bindungskraft entfalten, tiefer liegen müssen als die Präsuppositionen der diskursiven Argumentations- und Rechtfertigungspraxis. Warum nun gerade Religion und Theologie das ›Anregungspotenzial‹ für jene das Selbstverständnis der Moderne stützenden normativen Sinngehalte bewahren und transportieren sollen, bleibt jedoch weiterhin diskutabel. Im Ausgang von den skizzierten Problemlagen und den von Rainer Forst und Amy Allen angeführten und zugleich sehr unterschiedlich gelagerten Versuchen, Lösungsoptionen für die moralphilosophische Fragestellung aufzuzeigen, wird abschließend nach den Folgen des von Habermas unternommenen rekonstruktiven und genealogischen Zugriffes auf die okzidentale Ideen- und Philosophiegeschichte für eine Kritische Theorie der Gegenwart gefragt.

5.4 Kritische Theorie und das historische Erbe

Aus der Perspektive gegenwärtiger kritischer Theorien erscheint das von Habermas mit *Auch eine Geschichte der Philosophie* unternommene Unterfangen einer genealogischen Rekonstruktion des okzidentalen Diskurses über Glauben und Wissen im Sinne einer Vorgeschichte des nachmetaphysischen Denkens in mehreren Hinsichten entweder als anachronistisch oder gar als widersprüchlich. Wesentliche Gelenkstellen für diesen historischen Anachronismus und die hier konstatierte normative Widersprüchlichkeit stellen der affirmative Rekurs auf die christliche Religion und Theologie sowie die aus diesem Blickwinkel rekonstruierte okzidentale Ideen- und Philosophiegeschichte auf der einen sowie der Mangel an Sensitivität für die repressiven Dimensionen gerade dieser beiden Bezugspunkte auf der anderen Seite dar.

Zunächst ist herauszustellen, dass Habermas seine Rekonstruktion des Diskurses über Glauben und Wissen an keiner Stelle explizit als ein Projekt der *Kritischen Theorie* markiert oder kennzeichnet.

Es geht ihm ganz um die Standortbestimmung einer gegenwärtigen Philosophie, die das Thema der vernünftigen Freiheit im Sinne einer Orientierungsaufgabe so wahrzunehmen vermag, dass die Selbstbeschreibungsperspektiven von Teilnehmenden in lebensweltlichen Praktiken und Diskursen darin einen herausragenden Ort erhalten. Und für diese Standort- und Aufgabenbestimmung spielt ihm zufolge der Rekurs auf die Religion eine historisch fundamentale und mit Blick auf die Gegenwart eine zumindest sehr wichtige Rolle: »Damit bleibt nach wie vor die Frage nach dem richtigen säkularen Selbstverständnis einer gegenüber den Religionen nicht verhärteten Vernunft offen. Wie muss sich ein nachmetaphysisches Denken verstehen, das sich gegenüber dem semantisch gehaltvollen Anregungspotential oder gar einem möglichen, der philosophischen Übersetzung zugänglichen Wahrheits*gehalt* von religiösen Überlieferungen lernbereit verhält, aber nicht bereit ist, dafür Abstriche am autonomen Gebrauch der Vernunft vorzunehmen?«[120] Paradigmatisch für Habermas' Arbeiten der vergangenen zwei Jahrzehnte liegt nach dieser programmatischen Äußerung die Konzentration auf einer sich als nachmetaphysisch verstehenden Philosophie und nicht auf dem Projekt einer *Kritischen Theorie*.

Interessanterweise hat sich Axel Honneth vor gut einem Jahrzehnt – also zu einer Zeit, als Habermas schon verschiedene Überlegungen zur konstruktiven Rolle des religiösen Bewusstseins in einer sich als postsäkular verstehenden Gesellschaft angestellt hatte – zu der Frage nach dem Status der Religion in der kritischen Theorie eher skeptisch geäußert: »Für mich hat Religion im Rahmen der kritischen Theorie oder auch des Versuchs einer Reaktualisierung der kritischen Theorie heute keinen herausgehobenen Stellenwert. Und damit sage ich nicht, dass Religion kein Gegenstand der kritischen Theorie ist. Die Frage ist, ob sie Anschubskraft und Motivationsmodus der kritischen Theorie ist. Das glaube ich nicht, weil ich nicht der Überzeugung bin, dass nur religiöse Einstellungen heute so etwas wie eine Quelle von ethischen Überzeugungen oder utopischen Potentialen darstellen.«[121] Aus der Perspektive gegenwärtiger kritischer Theorien ist demzufolge nicht die gegenüber dem Sprachparadigma auch von Habermas seit der Jahrtausendwende vollzogene Erweiterung des soziologisch zu beschreibenden und unter normativen Gesichtspunkten zu analysierenden Spektrums von Ausdrucks- und Interaktionsformen problematisch. Problematisch erscheint eher die im Anschluss vollzogene semantische Engführung dieses weiter gefassten Spektrums von Ausdrucks- und Vorstellungsformen mit normativem Sinngehalt auf einen bestimmten Diskurs der christlichen Religion. Honneth verweist ganz plausibel darauf, dass die gesuchten Quellen von ethischen Überzeugungen oder utopischen Potentialen nicht nur in religiösen Einstellungen ihren Ort haben. Darüber hinaus wäre auch auf die repressiven Spuren von Religionen und ihren Sinngehalten zu verweisen, die bis in die Gegenwart reichen, aber in Habermas' Darstellung als unvernünftige andere Seite des dargestellten Diskurses keine Thematisierung erfahren.

Dass es ausgerechnet Religionen mitsamt ihren Theologien einerseits und Ritualen andererseits sind, die für Habermas die entscheidende Ressource für gegenwärtige normative Fragen im Sinne eines ›Anregungspotentials‹ bereitstellen, lässt die jüngeren Generationen, die sich in der mit der *Kritischen Theorie* der *Frankfurter Schule* verbundenen Tradition verorten, genauso ratlos zurück wie die historische Engführung des Narrativs auf einen christlichen Diskurs über Glauben und Wissen. Davon zeugen bereits die auch in dem vorliegenden Buch skizzierten divergierenden Interpretationen, die sich kaum entscheiden können, ob es Habermas nun um die Emanzipation der praktischen Vernunft von dem religiösen und theologischen Erbe gehe oder ganz im Gegenteil um ein Plädoyer für eine neue postsäkulare Abhängigkeit von diesem mit normativen Implikationen. Dass das im *Philosophischen Diskurs der Moderne* formulierte Diktum, nach dem die Moderne infolge ihres modernistischen Selbstverständnisses ihre normativen Gehalte ausschließlich aus sich selbst zu schöpfen vermag und intendiert, auch im 21. Jahrhundert noch – wenn auch ohne zufriedenstellende Einlösung – fortbestehe, daran scheint unabhängig von den divergierenden Interpretationen kein Zweifel: »Denn es ist unverkennbar, dass die Solidarität zerbröselt und nicht wenige Bürger entweder zu wütend, zu desinteressiert oder zu abgehängt sind. Es liegt nahe, unter diesen Umständen erwartungsvoll auf die Religion zu blicken. Doch die kann die entstandene Lücke nicht füllen.«[122]

Während also für die Mehrzahl der theologischen und religionsphilosophischen Auseinandersetzungen mit dem bis in die

Anfangsjahre des 21. Jahrhunderts zurückreichenden Spätwerk von Habermas dessen Rückgriffe auf die Potentiale der Religion noch zu verhalten und eingeschränkt, in einigen Hinsichten auch zu rationalistisch oder gar »trostlos« ausfallen,[123] so erscheinen die vorwiegend affirmativen Bezugnahmen auf Geschichte und Gegenwart des christlichen Diskurses über Glauben und Wissen aus der Perspektive der jüngeren Generationen von sich in der Tradition der *Kritischen Theorie* verortenden Philosophinnen und Philosophen als anachronistisch und widersprüchlich. Jedoch sind zwei philosophische Motivlagen des Spätwerkes, die in dem vorliegenden Buch auch als Selbstkorrektur gegenüber der formalpragmatischen und diskurstheoretischen Programmatik der mittleren Werkphase gedeutet werden, als sehr anschlussfähig für aktuelle Fragestellungen der *Kritischen Theorie* einzuordnen.

Die erste Motivlage betrifft den methodischen Zugriff auf die Philosophie- und Ideengeschichte unter dem Titel einer Genealogie. Bereits in den vergangenen Jahrzehnten wurde verstärkt von Vertreterinnen und Vertretern der jüngeren Generationen der *Kritischen Theorie* auf die Relevanz eines Rückgriffes auf die über Nietzsche und Foucault tradierten genealogischen Konzepte einer kritischen Geschichtsschreibung von Praktiken und Diskursen hingewiesen.[124] Insbesondere Honneth hat im Anschluss an diese neuere Nietzsche- und Foucault-Rezeption auf das produktive Ineinandergreifen von konstruktiven, rekonstruktiven und genealogischen Verfahrensweisen für die Idee und das Programm einer erneuerten Gesellschaftskritik hingewiesen: »Die konstruktive Begründung eines kritischen Standpunkts soll eine Rationalitätskonzeption besorgen, die zwischen gesellschaftlicher Rationalität und moralischer Gültigkeit eine systematische Verknüpfung herstellt; von diesem Rationalitätspotential soll rekonstruktiv gezeigt werden, daß es in Form von moralischen Idealen die soziale Wirklichkeit bestimmt; und diese moralischen Ideale wiederum sollen unter dem genealogischen Vorbehalt stehen, daß sich möglicherweise ihr ursprünglicher Bedeutungsgehalt sozial bis zur Unkenntlichkeit verschoben hat.«[125]

Nun können die ersten beiden angeführten Momente – die konstruktive Standpunktbegründung und die Rekonstruktion von in die Sozialität hineinwirkenden moralischen Idealen – auch für die historische Untersuchung von *Auch eine Geschichte der Philosophie* als zumindest ein wesentlicher Strang der Argumentation ausgemacht werden. Im Unterschied zu den Überlegungen von Axel Honneth, aber beispielsweise auch von Martin Saar oder Amy Allen ist jedoch in Habermas' Spätwerk die Problematisierung unter genealogischen Prämissen nicht enggeführt mit den Vorgehensweisen von Nietzsche oder Foucault. Im Gegenteil ist auch für das Spätwerk die Abgrenzung zu beiden wesentlich. Aus diesem Grunde ist auch die von Habermas selbst vorgenommene Einordnung seiner Verfahrensweise als Form der problematisierenden Genealogie dann schief, wenn die Typologie von Koopman zugrunde gelegt wird, in der Foucault als paradigmatischer Vertreter einer problematisierenden Genealogie angeführt wird.[126]

Im Gegensatz zu Foucaults subtiler und zugleich radikaler Problematisierung von Diskursen und Praktiken der Subjektivierung hat in *Auch eine Geschichte der Philosophie* der genealogische Zugriff die Aufgabe einer Problematisierung in zwei andere Richtungen. Zum einen stellt Habermas gesellschaftliche und philosophische Fortschritte in einem Zusammenhang dar, der sowohl auf Lernschritte als auch auf Entwicklungsmöglichkeiten ohne teleologische Fluchtlinie verweist. Von dort aus soll der genealogische Zugriff entsprechend sensitiv sein für die Kontingenzen der rekonstruierten Entwicklung mitsamt den möglichen Weggabelungen, die zu unterschiedlichen Resultaten führen können. Im Rahmen der historischen Interpretationen verweist der genealogische Zugriff so auch auf das zweite, primär die synchrone Perspektive bestimmende Motiv mit Anschlussfähigkeit für aktuelle Fragestellungen von kritischen Theorien. Diese zweite Motivlage betrifft das gestärkte Verständnis von der Kontextualisierung von diskursiven Gründen in einem um- oder übergreifenden Raum von – wie es Habermas selbst ausdrückt – verkörperten Sinnsedimenten, die zu Quellen und Trägern von normativen Gehalten werden können. Mit dieser noch ausdifferenzierungsfähigen Idee greift Habermas zum einen auf Überlegungen von Adorno und Benjamin zum Vorrang der nichtdiskursiven, existentiellen und leiblichen Bezugspunkte der Reflexionen vor ihren begrifflich-argumentativen Zuschnitten zurück.[127] Zum anderen kommt er den verschiedenen Kritiken an dem von ihm in der mittleren Werkphase vehement vertretenen kognitivistischen Diskurs- und Moralverständnis[128] zumindest auf halber Strecke entgegen, ohne diese gänzlich zufriedenstellen zu können. Auch innerhalb der kritischen Theorien bleibt die Debatte über das Verhältnis von freistehenden, kontextualisierten und verkörperten Gründen sowohl mit Blick auf Geltungsfragen als auch aus einer genealogischen Perspektive lebendig, wie schon der gegebene kurze Ausblick auf die divergierenden Antwortversuche von Amy Allen, Axel Honneth und Rainer Forst verdeutlicht. Verstärkt wäre hier auf die kritischen Potentiale all jener Verkörperungspraktiken in den alternativen und diversen Räumen des Kulturellen und Politischen hinzuweisen, die nicht unter dem Schirm des Religiösen oder Mantel des Rituellen sich verfestigt haben.

Werkbiografisch könnten die neuen Weichenstellungen im Spätwerk von Habermas auch als eine Wiederaufnahme von Einflusslinien und Motivlagen seines Frühwerkes[129] oder auch der ›alten‹ Kritischen Theorie gedeutet werden, ohne dass sich die hier vorgelegte Argumentation darauf festlegen möchte. Einen relevanten Diskussionsanlass bietet zudem die Frage nach der zukünftigen Relevanz der europäischen Philosophiegeschichte für die kritischen Theorien der Gegenwart, die längst die Orts- und Schulanbindungen aufgegeben und sich internationalisiert haben. Schon klassisch fühlen sich aus dieser Perspektive die Bezüge auf Kant, Hegel und Marx an, die sich nicht nur aufgrund ihrer Regionalität und Partikularität, sondern auch mit Blick auf die in der Philosophie erst nachholend vollzogene Thematisierung von Rassismen und Misogynie in vielen kanonisierten Werken den zahlreichen und vielstimmigen Problematisierungen aus einer dezentrierten und globalen Perspektive aussetzen. Gerade der genealogische Zugriff auf die Diskurse und Praktiken der okzidentalen Ideengeschichte könnte einen solchen neuen Horizont aufspannen für historische Bezugnahmen, die sich nicht nur sensitiv, sondern auch kritisch gegenüber diesen repressiven Seiten der okzidentalen Vernunft- und Rationalitätsentwicklung verhalten. Eine solche Form der genealogischen Kritik wäre zu formulieren, ohne das Freiheits- und Emanzipationsversprechen aufzugeben, das auf der Aufrechterhaltung der Hoffnung auf einen kollektiven Sprung aus dieser Geschichte ohne Aufgabe ihrer normativen Potentiale beruht.

Ausblick und Danksagung

Wenige Wochen nach meiner Antrittsvorlesung am Philosophischen Seminar der Universität Münster im November 2019 fragte mich Kurt Bayertz, ob ich für das von ihm mitbetreute digitale Kindler-Lexikon eine Rezension des damals gerade veröffentlichten zweibändigen Spätwerkes von Jürgen Habermas mit dem Titel *Auch eine Geschichte der Philosophie* schreiben wolle. Es war damals nicht nur die Umfänglichkeit des zu lesenden Stoffes, die mich demütig auf diese Aufgabe blicken ließ, sondern auch die Anforderung, dass die Rezension einen Umfang von nur drei bis vier Seiten auf den üblichen Dateiformaten haben dürfe. Sicherlich ist dem ambitionierten Vorhaben in 2020 die erste Phase der Pandemie in der Hinsicht entgegengekommen, dass durch die Kontaktverbote und Lockdowns auch an den Universitäten der philosophische Rückzug in die Lese- und Schreibarbeit mehr Zeit einnehmen konnte als gewöhnlich. Nach der Einreichung und Publikation des Rezensionsmanuskripts genau ein Jahr nach der Anfrage[1] konnte ich erst einmal die beiden umfänglichen Bände wieder zurück ins Regal stellen und mich den verschiedenen anderen Forschungsoptionen widmen, die mit meinem von genuin philosophischen hin zu didaktischen Schwerpunkten reichenden Arbeitsfeld in Zusammenhang stehen. Es waren dann die in den Jahren 2021 und 2022 in einschlägigen Zeitschriften veröffentlichten und im Verlauf dieses Buches kritisierten Rezensionen von *Auch eine Geschichte der Philosophie*, die in mir die Idee haben reifen lassen, meine eigene Lesart des Spätwerkes in dem übergreifenden werkbiografischen Kontext der philosophischen Arbeiten von Habermas zu situieren und in Buchform zur Diskussion zu stellen. Angeregt wurde mein Vorhaben weiterhin durch einen Hinweis von Ludwig Siep zu möglichen motivischen Verbindungslinien zwischen dem Spätwerk von Habermas und der ›alten‹ Kritischen Theorie, insbesondere zu Horkheimer und Adorno. Durch ein von der Universität Münster und dem Fachbereich Geschichte/Philosophie ermöglichtes Forschungssemester im Sommer 2022 konnte ich erste Teile des Projektes verschriftlichen und in den beiden Folgesemestern das Buchmanuskript abschließen, für dessen Veröffentlichung in der vorliegenden Form ich herzlich dem Verlag Felix Meiner sowie Marcel Simon-Gadhof danke.

Neben den bereits genannten Kollegen danke ich Stefan Bird-Pollan, Dagmar Comtesse, Johannes Drerup, Franziska Dübgen, Klaus Feldmann, Ruth Gorbing, Stephan Grätzel, Gerald Hartung, Daniel C. Henrich, Matthias Hoesch, Martin Hoffmann, Nils Höppner, Marc Kleine, Heiner F. Klemme, Mohamed Lachhab, Sebastian Laukötter, Thomas Leinkauf, Marina Martinez Mateo, Walter Mesch, Nadine Mooren, Reza Mosayebi, Nicola Mühlhäußer, Stefan Müller, Hannah Peaceman, Michael Quante, Philipp Richter, Peter Rohs, Christof Schilling, Reinold Schmücker, Oliver R. Scholz, Thomas Wiederspahn, Benno Zabel und Dorothee Zuccha für interessante Hinweise zur Thematik und Fragestellung dieses Buches sowie Jule Bärmann, Markus Bohlmann und Tanja Uekötter für die wiederholte sachliche Unterstützung bei der Korrektur und Überarbeitung des Textes. Ein weiterer Dank für zahlreiche Anregungen zur Philosophie von Jürgen Habermas gilt Jule Heinz-Fischer und Tobias Schweitzer, die in ihrem Studium meine Lehrveranstaltungen so konstruktiv besucht und ihre Abschlussarbeiten im Themenfeld dieses Buches verfasst haben.

Für vieles mehr, was sich der Übersetzung in diskursive Formen sträubt, danke ich Debora Meyer, Miriam Friz Trzeciak sowie meinen Eltern.

Literaturverzeichnis

Adorno, Theodor W. (1958): *Vernunft und Offenbarung*; in: Gesammelte Schriften, Bd. 10/2. Frankfurt am Main: Suhrkamp, 608–616.

Allen, Amy (2013): *Having One's Cake and Eating It Too: Habermas's Genealogy of Postsecular Reason*; in: Calhoun, Craig / Mendieta, Eduardo / VanAntwerpen, Jonathan (Hrsg.): Habermas and Religion. Cambridge: Polity Press 2013, 132–153.

Allen, Amy (2017): *Beyond Kant versus Hegel: An Alternative Strategy for Grounding the Normativity of Critique*; in: Bargu, Banu / Bottici, Chiara (Hrsg.): Feminism, Capitalism, and Critique: Essays in Honor of Nancy Fraser. London: Palgrave Macmillan 2017, 243–261.

Allen, Amy (2019): *Das Ende des Fortschritts. Zur Dekolonisierung der normativen Grundlagen der kritischen Theorie*. Frankfurt am Main / New York: Campus 2019.

Arnason, Johann P. (1986): *Die Moderne als Projekt und Spannungsfeld*; in: Honneth, Axel / Joas, Hans (Hrsg.): Kommunikatives Handeln – Beiträge zu Jürgen Habermas' ›Theorie des kommunikativen Handelns‹. Frankfurt am Main: Suhrkamp 2002, 278–326.

Aschrafi, Zarin / Später, Jörg (2021): *Knotenpunkt Offenbach. Oskar Negt, Detlev Claussen, Dan Diner und das Denken nach Auschwitz*; in: Mittelweg 36: Metarmorphosen der Kritischen Theorie, 3/2021, 41–64.

Bacon, Francis (1999): *Neues Organon* (Lateinisch – Deutsch), 1. Teilband. Hamburg: Meiner 1999.

Baynes, Kenneth (2019): *Ein erneuerter Blick auf Habermas' ›Der philosophische Diskurs der Moderne‹*; in: Corchia, Luca / Müller-Doohm, Stefan (Hrsg.): Habermas global. Wirkungsgeschichte eines Werkes. Berlin: Suhrkamp, 408–419.

Bellah, Robert N. (2011): *Religion in Human Evolution. From The Paleolithic to the Axial Age*. Cambridge / London: Harvard University Press 2011.

Benhabib, Seyla (1982): *Die Moderne und die Aporien der Kritischen*

Theorie; in: Bonß, Wolfgang / Honneth, Axel (Hrsg.): Sozialforschung als Kritik. Zum sozialwissenschaftlichen Potential der Kritischen Theorie. Frankfurt am Main: Suhrkamp 1982, 127–175.

Benhabib, Seyla (1992): *Situating the Self. Gender, Community and Postmodernism in Contemporary Ethics*. Cambridge: Polity Press 1992.

Benhabib, Seyla (2021): *Habermas' neue Phänomenologie des Geistes: Zwei Jahrhunderte nach Hegel*; in: Deutsche Zeitschrift für Philosophie 69/4, 2021, 507–528.

Biebricher, Thomas (2005): *Habermas, Foucault and Nietzsche. A Double Misunderstanding*; in: Foucault Studies 3, 2005, 1–26.

Bohman, James (1996): *Two Versions of the Linguistic Turn: Habermas and Poststructuralism*; in: Passerin d'Entrèves, Maurizio / Benhabib, Seyla (Hrsg.): Habermas and the Unfinished Project of Modernity. Cambridge: Polity Press 1996, 197–220.

Bondeli, Martin (2022): *Kant und Hegel in Habermas' Genealogie nachmetaphysischen Denkens*; in: Freiburger Zeitschrift für Philosophie und Theologie Vol. 69/2, 575–609.

Brumlik, Micha (2001): *Theologie und Messianismus im Denken Adornos*; in: Vernunft und Offenbarung – Religionsphilosophische Versuche. Hamburg: EVA 2014, 87–113.

Brumlik, Micha (2009): *Jüdische Philosophie*; in: Brunkhorst, Hauke / Kreide, Regina / Lafont, Cristina (Hrsg.): Habermas Handbuch. Stuttgart: Metzler 2009, 121–127.

Brunkhorst, Hauke (1983): *Paradigmakern und Theoriedynamik der Kritischen Theorie*; in: Soziale Welt – Zeitschrift für sozialwissenschaftliche Forschung und Praxis, 1/1983, 22–57.

Brunkhorst, Hauke (1987): *Die Welt als Beute. Rationalisierung und Vernunft in der Geschichte*; in: van Reijen, Willem / Schmid Noerr, Gunzelin (Hg.): Vierzig Jahre Flaschenpost: ›Dialektik der Aufklärung‹ 1947 bis 1987. Frankfurt am Main: Fischer, 154–191.

Casanova, José (2013): *Exploring the Postsecular – Three Meanings of ›the Secular‹ and Their Possible Transecendence*; in: Calhoun, Craig / Mendieta, Eduardo / VanAntwerpen, Jonathan (Hrsg.): Habermas and Religion. Cambridge: Polity Press 2013, 27–48.

Conway, Daniel W. (1999): *Pas de deux: Habermas and Foucault in Genealogical Communication*; in: Ashenden, Samantha / Owen, David (Hrsg.): Foucault contra Habermas. Recasting the Dialogue between Genealogy and Critical Theory. London: Sage Publications 1999, 60–89.

Cooke, Maeve (1994): *Language and Reason. A Study of Habermas' Pragmatics*. Cambridge/London: MIT Press 1994.

Dallmayr, Fred (1996): *The Discourse of Modernity: Hegel, Nietzsche, Heidegger and Habermas*; in: Passerin d'Entrèves, Maurizio/Benhabib, Seyla (Hrsg.): Habermas and the Unfinished Project of Modernity. Cambridge: Polity Press 1996, 59–96.

Descartes, René (1973): *Regulae ad directionem ingenii* (Lateinisch–Deutsch). Hamburg: Meiner 1973.

Descartes, René (2011): *Discours de la Méthode* (Französisch–Deutsch). Hamburg: Meiner 2011.

Dietz, Simone (1993): *Lebenswelt und System – Widerstreitende Ansätze in der Gesellschaftstheorie von Jürgen Habermas*. Würzburg: Königshausen & Neumann 1993.

Dreyfus, Hubert L./Rabinow, Paul (1982): *Michel Foucault – Beyond Structuralism and Hermeneutics*. Chicago: University Press 1983.

Dreyfus, Hubert L./Rabinow, Paul (1990): *Was ist Mündigkeit? – Habermas und Foucault über ›Was ist Aufklärung?‹*; in: Erdmann, Eva/Forst, Rainer/Honneth, Axel (Hrsg.): Ethos der Moderne – Foucaults Kritik der Aufklärung. Frankfurt am Main/New York: Campus 1990, 55–69.

Dürnberger, Martin (2021): *Vernünftige Freiheit, vernünftiger Glaube. Über Glaubensbegriffe und Lernprozesse*; in: Gruber, Franz/Knapp, Markus (Hrsg.): Wissen und Glauben. Theologische Reaktionen auf das Werk von Jürgen Habermas ›Auch eine Geschichte der Philosophie‹. Freiburg/Basel/Wien: Herder 2021, 86–104.

Feuerbach, Ludwig (1975a): *Zur Kritik der Hegelschen Philosophie*; in: Ders.: Werke 3: Kritiken und Abhandlungen II (1839–1843). Frankfurt am Main: Suhrkamp 1975, 7–53.

Feuerbach, Ludwig (1975b): *Vorläufige Thesen zur Reformation der Philosophie*; in: Ders.: Werke 3: Kritiken und Abhandlungen II (1839–1843). Frankfurt am Main: Suhrkamp 1975, 223–243.

Feuerbach, Ludwig (1975c): *Grundsätze der Philosophie der Zukunft*; in: Ders.: Werke 3: Kritiken und Abhandlungen II (1839–1843). Frankfurt am Main: Suhrkamp 1975, 247–322.

Forst, Rainer (2021): *Die Autonomie der Autonomie. Zu Jürgen Habermas' ›Auch eine Geschichte der Philosophie‹*; in: Ders.: Die nou-

menale Republik. Kritischer Konstruktivismus nach Kant. Berlin: Suhrkamp 2021, 132–148.
Foucault, Michel (1967): *Nietzsche, Freud, Marx*; in: Dits et Écrits Bd. I. Frankfurt am Main: Suhrkamp 2001, 727–737.
Foucault, Michel (1970): *Die Ordnung des Diskurses*. Frankfurt am Main: Fischer 1991.
Foucault, Michel (1971): *Nietzsche, die Genealogie, die Histoire*; in: Schriften: Dits et Écrits Bd. II. Frankfurt am Main: Suhrkamp 2002, 166–191.
Foucault, Michel (1978): *Was ist Kritik?*. Berlin: Merve 1992.
Foucault, Michel (1984): *Was ist Aufklärung?*; in: Erdmann, Eva / Forst, Rainer / Honneth, Axel (Hrsg.): Ethos der Moderne – Foucaults Kritik der Aufklärung. Frankfurt am Main / New York: Campus 1990, 35–54.
Frank, Manfred (2009): *Schelling, Marx und Geschichtsphilosophie*; in: Brunkhorst, Hauke / Kreide, Regina / Lafont, Cristina (Hrsg.): Habermas Handbuch. Stuttgart: Metzler 2009, 133–147.
Fraser, Nancy (1994): *Michel Foucault: Ein ›Jungkonservativer‹?*; in: Widerspenstige Praktiken – Macht, Diskus, Geschlecht. Frankfurt am Main: Suhrkamp 1994, 56–85.
Gaus, Daniel (2013): *Rationale Rekonstruktion als Methode politischer Theorie zwischen Gesellschaftskritik und empirischer Politikwissenschaft*; in: Politische Vierteljahresschrift, 54/2, 2013, 231–255.
Gordon, Peter E. (2020): *Migrants in the Profane. Critical Theory and the Concept of Secularization*. New Haven: Yale University Press 2020.
Gordon, Peter E. (2021): *Gibt es ein Asymmetrie-Problem in der Genealogie der nachmetaphysischen Vernunft?*; in: Deutsche Zeitschrift für Philosophie 69/2, 2021, 257–266.
Gripp, Helga (1984): *Jürgen Habermas. Und es gibt sie doch – Zur kommunikationstheoretischen Begründung von Vernunft bei Jürgen Habermas*. Paderborn: Ferdinand Schöningh 1984.
Habermas, Jürgen (1961): *Der deutsche Idealismus der jüdischen Philosophen*; in: Philosophisch-politische Profile (Erweiterte Ausgabe). Frankfurt am Main: Suhrkamp 1981, 39–64.
Habermas, Jürgen (1967): *Arbeit und Interaktion. Bemerkungen zu Hegels Jenenser ›Philosophie des Geistes‹*; in: Technik und Wissenschaft als ›Ideologie‹. Frankfurt am Main: Suhrkamp 1968, 9–47.

Habermas, Jürgen (1968): *Technik und Wissenschaft als ›Ideologie‹*; in: Technik und Wissenschaft als ›Ideologie‹. Frankfurt am Main: Suhrkamp 1968, 48–103.

Habermas, Jürgen (1972): *Bewußtmachende oder rettende Kritik – die Aktualität Walter Benjamins*; in: Unseld, Siegfried (Hrsg.): Zur Aktualität Walter Benjamins. Frankfurt am Main: Suhrkamp 1972, 173–223.

Habermas, Jürgen (1976a): *Was heißt Universalpragmatik?*; in: Vorstudien und Ergänzungen zur Theorie des kommunikativen Handelns. Frankfurt am Main 1984, 353–440.

Habermas, Jürgen (1976b): *Zur Rekonstruktion des Historischen Materialismus*. Frankfurt am Main: Suhrkamp 1995.

Habermas, Jürgen (1980a): *Die Moderne – ein unvollendetes Projekt*; in: Welsch, Wolfgang (Hrsg.): Wege aus der Moderne. Schlüsseltexte der Postmoderne-Diskussion. Berlin: Akademie Verlag 1994, 177–192.

Habermas, Jürgen (1980b): *Replik auf Einwände*; in: Vorstudien und Ergänzungen zur Theorie des kommunikativen Handelns. Frankfurt am Main 1984, 475–570.

Habermas, Jürgen (1980c): *Rekonstruktive vs. verstehende Sozialwissenschaften*; in: Moralbewußtsein und kommunikatives Handeln. Frankfurt am Main: Suhrkamp 1983, 29–52.

Habermas, Jürgen (1981a): *Theorie des kommunikativen Handelns, Bd.1: Handlungsrationalität und gesellschaftliche Rationalisierung*. Frankfurt am Main: Suhrkamp 1981.

Habermas, Jürgen (1981b): *Theorie des kommunikativen Handelns, Bd. 2: Zur Kritik der funktionalistischen Vernunft*. Frankfurt am Main: Suhrkamp 1981.

Habermas, Jürgen (1981c): *Dialektik der Rationalisierung (Interview)*; in: Die neue Unübersichtlichkeit. Frankfurt am Main: Suhrkamp 1985, 167–208.

Habermas, Jürgen (1981d): *Die Philosophie als Platzhalter und Interpret*; in: Moralbewußtsein und kommunikatives Handeln. Frankfurt am Main: Suhrkamp 1983, 9–28.

Habermas, Jürgen (1982): *Erläuterungen zum Begriff des kommunikativen Handelns*; in: Vorstudien und Ergänzungen zur Theorie des kommunikativen Handelns. Frankfurt am Main 1984, 571–606.

Habermas, Jürgen (1983): *Diskursethik – Notizen zu einem Begründungsprogramm*; in: Moralbewußtsein und kommunikatives Handeln. Frankfurt am Main: Suhrkamp 1983, 53–126.

Habermas, Jürgen (1984): *Mit dem Pfeil ins Herz der Gegenwart*; in: Die neue Unübersichtlichkeit. Frankfurt am Main: Suhrkamp 1985, 126–131.

Habermas, Jürgen (1985a): *Der philosophische Diskurs der Moderne – Zwölf Vorlesungen*. Frankfurt am Main: Suhrkamp 1988.

Habermas, Jürgen (1985b): *Ein Interview mit der New Left Review*; in: Die neue Übersichtlichkeit. Frankfurt am Main: Suhrkamp 1985, 213–257.

Habermas, Jürgen (1985c): *Rückkehr zur Metaphysik? – Eine Sammelrezension*; in: Nachmetaphysisches Denken – Philosophische Aufsätze. Frankfurt am Main: Suhrkamp 1988, 267–279.

Habermas, Jürgen (1986): *Entgegnung*; in: Honneth, Axel / Joas, Hans (Hrsg.): Kommunikatives Handeln – Beiträge zu Jürgen Habermas' ›Theorie des kommunikativen Handelns‹. Frankfurt am Main: Suhrkamp 2002, 327–405.

Habermas, Jürgen (1988a): *Der Horizont der Moderne verschiebt sich*; in: Nachmetaphysisches Denken – Philosophische Aufsätze. Frankfurt am Main: Suhrkamp 1988, 11–17.

Habermas, Jürgen (1988b): *Metaphysik nach Kant*; in: Nachmetaphysisches Denken – Philosophische Aufsätze. Frankfurt am Main: Suhrkamp 1988, 18–34.

Habermas, Jürgen (1988c): *Motive nachmetaphysischen Denkens*; in: Nachmetaphysisches Denken – Philosophische Aufsätze. Frankfurt am Main: Suhrkamp 1988, 35–60.

Habermas, Jürgen (1988d): Handlungen, Sprechakte, sprachlich vermittelte Interaktionen und Lebenswelt; in: Ders.: Nachmetaphysisches Denken – Philosophische Aufsätze. Frankfurt am Main: Suhrkamp 1988, 63–104.

Habermas, Jürgen (1988e): *Die Einheit der Vernunft in der Vielheit ihrer Stimmen*; in: Nachmetaphysisches Denken – Philosophische Aufsätze. Frankfurt am Main: Suhrkamp 1988, 153–186.

Habermas, Jürgen (1988e): *Exkurs: Transzendenz von innen, Transzendenz von Diesseits*; in: Texte und Kontexte. Frankfurt am Main 1991, 127–156.

Habermas, Jürgen (1991): *Zu Horkheimers Satz: ›Einen unbedingten Sinn zu retten ohne Gott, ist eitel‹*; in: Texte und Kontexte. Frankfurt am Main 1991, 110–126.

Habermas, Jürgen (1996): *Eine genealogische Betrachtung zum kognitiven Gehalt der Moral*; in: Die Einbeziehung des Anderen. Frankfurt am Main: Suhrkamp 1996, 11–64.

Habermas, Jürgen (1999): *Wege der Detranszendentalisierung. Von Kant zu Hegel und zurück*; in: Wahrheit und Rechtfertigung – Philosophische Aufsätze. Frankfurt am Main: Suhrkamp 1999, 186–229.

Habermas, Jürgen (2000): *Werte und Normen – Ein Kommentar zu Hilary Putnams Kantischem Pragmatismus*; in: Wahrheit und Rechtfertigung – Philosophische Aufsätze (Erweiterte Auflage). Frankfurt am Main: Suhrkamp 2004, 271–298.

Habermas, Jürgen (2001a): *Glauben und Wissen*. Frankfurt am Main: Suhrkamp 2001.

Habermas, Jürgen (2001b): *Ein Gespräch über Gott und die Welt*; in: Zeit der Übergänge. Frankfurt am Main: Suhrkamp, 173–196.

Habermas, Jürgen (2002): *Die Zukunft der menschlichen Natur*. Frankfurt am Main: Suhrkamp 2005.

Habermas, Jürgen (2004): *Vorpolitische Grundlagen des demokratischen Rechtsstaates?*; in: Zwischen Naturalismus und Religion – Philosophische Aufsätze. Frankfurt am Main: Suhrkamp 2005, 106–118.

Habermas, Jürgen (2005a): *Einleitung*; in: Zwischen Naturalismus und Religion – Philosophische Aufsätze. Frankfurt am Main: Suhrkamp 2005, 7–14.

Habermas, Jürgen (2005b): *Kommunikatives Handeln und detranszendentalisierte Vernunft*; in: Zwischen Naturalismus und Religion – Philosophische Aufsätze. Frankfurt am Main: Suhrkamp 2005, 27–83.

Habermas, Jürgen (2005c): *Religion in der Öffentlichkeit. Kognitive Voraussetzungen für den ›öffentlichen Vernunftgebrauch‹ religiöser und säkularer Bürger*; in: Zwischen Naturalismus und Religion – Philosophische Aufsätze. Frankfurt am Main: Suhrkamp 2005, 119–154.

Habermas, Jürgen (2005d): *›Ich selber bin ja ein Stück Natur‹ – Adorno über die Naturverflochtenheit der Vernunft. Überlegungen zum Verhältnis von Freiheit und Unverfügbarkeit*; in: Zwischen

Naturalismus und Religion – Philosophische Aufsätze. Frankfurt am Main: Suhrkamp 2005, 187–215.

Habermas, Jürgen (2005e): *Die Grenze zwischen Glauben und Wissen. Zur wirkungsgeschichtlichen und aktuellen Bedeutung von Kants Religionsphilosophie*; in: Zwischen Naturalismus und Religion – Philosophische Aufsätze. Frankfurt am Main: Suhrkamp 2005, 216–257.

Habermas, Jürgen (2009): *Ein neues Interesse der Philosophie an der Religion? – Ein Gespräch (mit Eduardo Mendieta)*; in: Nachmetaphysisches Denken II – Aufsätze und Repliken. Berlin: Suhrkamp 2012, 96–119.

Habermas, Jürgen (2011): *Das Konzept der Menschenwürde und die realistische Utopie der Menschenrechte*; in: Zur Verfassung Europas. Berlin: Suhrkamp 2014, 13–38.

Habermas, Jürgen (2012a): *Versprachlichung des Sakralen*; in: Nachmetaphysisches Denken II – Aufsätze und Repliken. Berlin: Suhrkamp 2012, 7–18.

Habermas, Jürgen (2012b): *Von den Weltbildern zur Lebenswelt*; in: Nachmetaphysisches Denken II – Aufsätze und Repliken. Berlin: Suhrkamp 2012, 19–53.

Habermas, Jürgen (2012c): *Die Lebenswelt als Raum symbolisch verkörperter Gründe*; in: Nachmetaphysisches Denken II – Aufsätze und Repliken. Berlin: Suhrkamp 2012, 54–76.

Habermas, Jürgen (2012d): *Eine Hypothese zum gattungsgeschichtlichen Sinn des Ritus*; in: *Nachmetaphysisches Denken II – Aufsätze und Repliken*. Berlin: Suhrkamp 2012, 77–95.

Habermas, Jürgen (2012e): *Religion und nachmetaphysisches Denken. Eine Replik*; in: Nachmetaphysisches Denken II – Aufsätze und Repliken. Berlin: Suhrkamp 2012, 120–182.

Habermas, Jürgen (2015): *Adorno und Scholem. Vom Funken der Wahrheit*; in: Die Zeit, 15/2015; Online: https://www.zeit.de/2015/15/theodor-w-adorno-gershom-scholem-freundschaft-briefwechsel.

Habermas, Jürgen (2019a): *Auch eine Geschichte der Philosophie, Bd. 1: Die okzidentale Konstellation von Glauben und Wissen*. Berlin: Suhrkamp 2019.

Habermas, Jürgen (2019b): *Auch eine Geschichte der Philosophie, Bd. 2: Vernünftige Freiheit. Spuren des Diskurses über Glauben und Wissen*. Berlin: Suhrkamp 2019.

Habermas, Jürgen (2019c): *Noch einmal: Zum Verhältnis von Moralität und Sittlichkeit*; in: Deutsche Zeitschrift für Philosophie 67/5, 2019, 729–743.

Habermas, Jürgen (2021): *Rückblick eines Autors*; in: Deutsche Zeitschrift für Philosophie 69/2 2021, 231–240.

Haider, Placius Bernard (1999): *Jürgen Habermas und Dieter Henrich – Neue Perspektiven auf Identität und Wirklichkeit*. Freiburg: Alber 1999.

Hammer, Espen (2007): *Habermas and the Kant-Hegel-Contrast*; in: Hammer, Espen (Hrsg.): German Idealism – Contemporary Perspectives. New York: Routledge 2007, 113–134.

Hassan, Ibhab (1985): *Postmoderne heute*; in: Welsch, Wolfgang (Hrsg.): Wege aus der Moderne – Schlüsseltexte der Postmoderne-Diskussion. Berlin: Akademie 1994, 47–56.

Heider, Placius Bernhard (1999): *Jürgen Habermas und Dieter Henrich – Neue Perspektiven auf Identität und Wirklichkeit*. Freiburg/München: Alber 1999.

Henrich, Daniel C. (2007): *Zwischen Bewusstseinsphilosophie und Naturalismus. Zu den metaphysischen Implikationen der Diskursethik von Jürgen Habermas*. Bielefeld: Transcript 2007.

Henrich, Dieter (1987): *Was ist Metaphysik – was Moderne? Entgegnung auf eine Kritik von Jürgen Habermas*; in: Henrich, Dieter: Konzepte. Essays zur Philosophie in der Zeit. Frankfurt am Main: Suhrkamp 1987, 11–43.

Honneth, Axel (1980): *Arbeit und instrumentales Handeln*; in: Honneth, Axel/Jaeggi, Urs (Hrsg.): Arbeit, Handlung, Normativität – Theorien des Historischen Materialismus, Bd. 2. Frankfurt am Main 1980, 185–231.

Honneth, Axel (1985): *Kritik der Macht – Reflexionsstufen einer kritischen Gesellschaftstheorie*, Frankfurt am Main: Suhrkamp 1985.

Honneth, Axel (2001): *Die Kritische Theorie der Frankfurter Schule und die Anerkennungstheorie*; in: Basaure, Mauro/Reemtsma, Jan Philipp, Willig, Rasmus (Hg.): Erneuerung der Kritik. Axel Honneth im Gespräch. Frankfurt am Main: Campus 2009, 109–136.

Honneth, Axel (2007): *Rekonstruktive Gesellschaftskritik unter genealogischem Vorbehalt – Zur Idee der ›Kritik‹ in der Frankfurter Schule*; in: Pathologien der Vernunft – Geschichte und Gegenwart der Kritischen Theorie. Frankfurt am Main: Suhrkamp 2007, 57–69.

Honneth, Axel (2011): *Kritische Theorie im Wandel. Eine Diskussion zwischen Axel Honneth und Christoph Türcke*; in: Zeitschrift für kritische Theorie, 32/33, 2011, 200–225.

Honneth, Axel (2021): *Säkulare Vernunft? – Eine kleine Rückfrage an ein großes Buch*; in: Deutsche Zeitschrift für Philosophie 69(2), 2021, 241–256.

Hösle, Vittorio (2021): *Seine Geschichte der Philosophie – Zum Alterswerk von Jürgen Habermas*; in: Philosophische Rundschau 68 (2021), 164–207.

Hume, David (1989a): *Ein Traktat über die menschliche Natur. Buch I: Über den Verstand*. Hamburg: Meiner 1989.

Hume, David (1989b): *Ein Traktat über die menschliche Natur. Buch II: Über die Affekte. Buch III: Über Moral*. Hamburg: Meiner 1989.

Hume, David (2003): *Eine Untersuchung über die Prinzipien der Moral*. Hamburg: Meiner 2003.

Ingram, David (1994): *Foucault and Habermas on the subject of reason*; in: Gutting, Gary (Hrsg.): The Cambridge Companion to Foucault. Cambridge: University Press 1994, 215–261.

Jung, Matthias (2015): *Gründe als Rechtfertigungen – freistehend, eingebettet und verkörpert*; in: Jung, Matthias / Bauks, Michaela / Ackermann, Andreas (Hrsg.): Dem Körper eingeschrieben – Verkörperung zwischen Leiberleben und kulturellem Sinn. Wiesbaden: Springer VS 2015, 125–141.

Kant, Immanuel (1999): *Grundlegung zur Metaphysik der Sitten*. Hamburg: Meiner 1999.

Kant, Immanuel (2003): *Kritik der praktischen Vernunft*. Hamburg: Meiner 2003.

Kant, Immanuel (2009): *Kritik der Urteilskraft*. Hamburg: Meiner 2009.

Kant, Immanuel (2017): *Die Religion innerhalb der Grenzen der bloßen Vernunft*. Hamburg: Meiner 2017.

Kelly, Michael (1994): *Foucault, Habermas, and the Self-Referentiality of Critique*; in: Kelly, Michael (Hrsg.): Critique and Power. Recasting the Foucault / Habermas Debate. Cambridge / Massachusetts / London: MIT Press 1994, 365–400.

Knapp, Markus (2021): *Schwacher Naturalismus und Transzendenz. Theologische Überlegungen zu Jürgen Habermas' Rekonstruktion des Diskurses über Glauben und Wissen*; in: Gruber, Franz / Knapp,

Markus (Hrsg.): Wissen und Glauben. Theologische Reaktionen auf das Werk von Jürgen Habermas ›Auch eine Geschichte der Philosophie‹. Freiburg/Basel/Wien: Herder 2021, 15–39.

Koopman, Colin (2013): *Genealogy as Critique. Foucault and the Problems of Modernity.* Indiana: University Press 2013.

Krämer, Sybille (2001): *Sprache, Sprechakt, Kommunikation. Sprachtheoretische Positionen des 20. Jahrhunderts.* Frankfurt am Main: Suhrkamp 2019.

Kreide, Regina/Wesche, Tilo (2021): *Warum moralisch sein? Eine postmetaphysische Theorie moralischer Motivation in Jürgen Habermas' Auch eine Geschichte der Philosophie*; in: Deutsche Zeitschrift für Philosophie 69/2, 2021, 267–280.

Kunnemann, Harry: *Der Wahrheitstrichter – Habermas und die Postmoderne.* Frankfurt am Main/New York: Campus.

Lafont, Cristina (2021): *Remarks of a young Habermasian on Jürgen Habermas' ›Also a History of Philosophy‹*; in: Constellations. An International Journal of Critical and Democratic Theory, Vol. 28/1, 25–32.

Liebsch, Burkard/Taureck, Bernhard H. F. (2021): *Trostlose Vernunft? – Vier Kommentare zu Jürgen Habermas' Konstellation von Philosophie und Geschichte, Glauben und Wissen.* Hamburg: Meiner 2021.

Lima, Maria Herrera (2013): *The Anxiety of Contingency – Religion in a Secular Age*; in: Calhoun, Craig/Mendieta, Eduardo/VanAntwerpen, Jonathan (Hrsg.): Habermas and Religion. Cambridge: Polity Press 2013, 49–71.

Liska, Vivian (2016): *Prekäres Erbe. Deutsch-jüdisches Denken und sein Fortleben.* Göttingen: Wallstein 2016.

Lohmann, Georg (2014): *Ernüchterte Geschichtsphilosophie. Zur Rolle der Geschichtsphilosophie in Habermas' kritischer Gesellschaftstheorie*; in: Rapic, Smail (Hrsg.): Habermas und der Historische Materialismus. Freiburg/München: Karl Alber, 327–346.

Lopes, Ana Claudia (2022): *›Habermas im Kleid‹? Über Seyla Benhabib, loyale Opposition und Feminismus als Kritik*; in: Stöger, Karin/Colligs, Alexander (Hrsg.): Kritische Theorie und Feminismus. Berlin: Suhrkamp 2022, 286–304.

Lyotard, Jean-Francois (1982): *Beantwortung der Frage: Was ist postmodern?*; in: Welsch, Wolfgang (Hrsg.): Wege aus der Moderne – Schlüsseltexte der Postmoderne-Diskussion. Berlin 1994, 193–203.

Marx, Karl / Engels, Friedrich (1959): *Die deutsche Ideologie. Kritik der neuesten deutschen Philosophie in ihren Repräsentanten Feuerbach, B. Bauer und Stirner, und des deutschen Sozialismus in seinen verschiedenen Propheten*; in: Marx-Engels-Werke 3. Berlin: Dietz Verlag 1959, 9–530.

Marx, Karl (1974): *Zur Kritik der politischen Ökonomie*; in: Marx-Engels-Werke 13. Berlin: Dietz Verlag 1974, 3–642.

Marx, Karl (1983): *Grundrisse der Kritik der politischen Ökonomie*; in: Marx-Engels-Werke 42. Berlin: Dietz Verlag 1983, 15–770.

McCarthy, Thomas (1994): *The Critique of Impure Reason: Foucault and the Frankfurt School*; in: Kelly, Michael (Hrsg.): Critique and Power. Recasting the Foucault/Habermas Debate. Cambridge: MIT Press 1994, 243–282.

McCarthy, Thomas (2021): *On the interest of practical reason in hope*; in: Constellations. An International Journal of Critical and Democratic Theory, Vol. 28 (1), 11–16.

Menke, Christoph (1990): *Zur Kritik der hermeneutischen Utopie. Habermas und Foucault*; in: Erdmann, Eva / Forst, Rainer / Honneth, Axel (Hrsg.): Ethos der Moderne – Foucaults Kritik der Aufklärung. Frankfurt am Main / New York: Campus 1990, 101–129.

Mensching, Günther (2021): *Philosophie in der Globalisierung – Habermas und die Geschichte der Philosophie*; in: Zeitschrift für kritische Theorie 52/53, 2021, 203–214.

Müller-Doohm, Stefan (2014): *Jürgen Habermas – Eine Biographie*. Berlin: Suhrkamp 2014.

Niehaus, Lars (2010): *Moral als Problem – Zum Verhältnis von Kritik und historischer Betrachtung im Spätwerk Nietzsches*. Würzburg: Königshausen & Neumann 2010.

Nietzsche, Friedrich (1999): *Zur Genealogie der Moral – Eine Streitschrift*; in: Kritische Studienausgabe, Bd. 5. München: DTV 1999, 245–424.

Owen, David (1999): *Orientation and Enlightment: An Essay on Critique and Genealogy*; in: Ashenden, Samantha / Owen, David (Hrsg.): Foucault contra Habermas. Recasting the Dialogue between Genealogy and Critical Theory. London: Sage Publications 1999, 21–44.

Peaceman, Hannah (2022): *Die Dialektik der Emanzipation. Das Potential jüdischer Perspektiven für die politische Philosophie der Gegenwart*. Frankfurt am Main: Klostermann 2022.

Pippin, Robert B. (1997): *Hegel, Modernity, and Habermas*; in: Idealism as Modernism – Hegelian Variations. New York: Cambridge University Press 1997, 157–184.

Quante, Michael (2014): *Die Rückkehr des gegenständlichen Gattungswesens: Jürgen Habermas über die Zukunft der menschlichen Natur*; in: Rapic, Smail (Hg.): Habermas und der Historische Materialismus. Freiburg/München: Alber 2014, 296–314.

Reiß, Tim (2019): *Religion bei Habermas im Spiegel der religionsphilosophischen und theologischen Rezeption*; in: Corchia, Luca/Müller-Doohm, Stefan/Outhwaite, William (Hrsg.): Habermas global – Wirkungsgeschichte eines Werks. Berlin: Suhrkamp 2019, 244–287.

Saar, Martin (2003): *Genealogie und Subjektivität*; in: Honneth, Axel/Saar, Martin (Hrsg.): Michel Foucault – Zwischenbilanz einer Rezeption. Frankfurter Foucault-Konferenz 2001. Frankfurt am Main: Suhrkamp 2003, 157–180.

Saar, Martin (2007): *Genealogie als Kritik – Geschichte und Theorie des Subjekts nach Nietzsche und Foucault*. Frankfurt am Main/New York: Campus 2007.

Saar, Martin (2009): *Genealogische Kritik*; in: Jaeggi, Rahel/Wesche, Tilo (Hrsg.): Was ist Kritik?. Frankfurt am Main: Suhrkamp 2009, 247–265.

Schäfer, Thomas (1990): *Aufklärung und Kritik. Foucaults Geschichte des Denkens als Alternative zur Dialektik der Aufklärung*; in: Erdmann, Eva/Forst, Rainer/Honneth, Axel (Hrsg.): Ethos der Moderne – Foucaults Kritik der Aufklärung. Frankfurt am Main/New York: Campus 1990, 70–86.

Schmidt, James (1996): *Habermas and Foucault*; in: Passerin d'Entrèves, Maurizio/Benhabib, Seyla (Hrsg.): Habermas and the Unfinished Project of Modernity. Cambridge: Polity Press 1996, 147–171.

Schmitt, Arbogast (2022): *Von metaphysischem Glauben zu nachmetaphysischem Wissen? – Historisch-kritische Anmerkungen zur Konstruktion der Philosophiegeschichte durch Jürgen Habermas*; in: Archiv für Begriffsgeschichte, Vol. 64/1, 2022, 147–180.

Schnädelbach, Herbert (2000): *Descartes und das Projekt der Aufklärung*; in: Niebel, Wilhelm Freidrich/Horn, Angelica/Schnädelbach, Herbert: Descartes im Diskurs der Neuzeit. Frankfurt am Main 2000, 186–206.

Schotte, Dietrich (2018): *Shadow History with a Hidden Agenda? Francis Bacon als Positivist in der ›Dialektik der Aufklärung‹*; in: Lavaert, Sonja / Schröder, Winfried (Hrsg.): Aufklärungs-Kritik und Aufklärungs-Mythen – Horkheimer und Adorno in philosophiehistorischer Perspektive. Berlin 2018, 83–112.

Seel, Martin (1986): *Die zwei Bedeutungen kommunikativer Rationalität. Bemerkungen zu Habermas' Kritik der pluralen Vernunft*; in: Honneth, Axel / Joas, Hans (Hrsg.): Kommunikatives Handeln – Beiträge zu Jürgen Habermas' ›Theorie des kommunikativen Handelns‹. Frankfurt am Main: Suhrkamp 2002, 53–72.

Sierra, Rosa (2013): *Kulturelle Lebenswelt. Eine Studie des Lebensweltbegriffs in Anschluss an Jürgen Habermas, Alfred Schütz und Edmund Husserl*. Würzburg: Königshausen & Neumann 2013.

Später, Jörg: *Nach Adorno*; in: Mittelweg 36: Metarmorphosen der Kritischen Theorie, 3/2021, 3–11.

Stahl, Titus (2013): *Immanente Kritik. Elemente einer Theorie sozialer Praktiken*. Frankfurt / New York: Campus Verlag 2013.

Stehr, Nico / Adolf, Marian (2018): *Ist Wissen Macht? Wissen als gesellschaftliche Tatsache*. Weilerswist: Velbrück 2018.

Taylor, Charles (2012): *Ein säkulares Zeitalter*. Berlin: Suhrkamp 2012.

Thein, Christian (2013): *Subjekt und Synthesis – Eine kritische Studie zum Idealismus und seiner Rezeption bei Adorno, Habermas und Brandom*. Würzburg: Königshausen & Neumann 2013.

Thein, Christian (2016): *Identität, Differenz und das Problem der Kritik in der Lebenswelt bei Jürgen Habermas*; in: Mende, Janne; Müller, Stefan (Hrsg.): Differenz und Identität – Konstellationen der Kritik. Weinheim, Basel: Beltz Juventa, 111–126.

Thein, Christian (2017): *Synthesis a priori und gesellschaftliche Synthesis. Transformationen der idealistischen Semantik in der Kritischen Theorie*; in: Hackl, Michael / Danz, Christian (Hrsg.): Die Klassische Deutsche Philosophie und ihre Folgen. Wien: University Press 2017, 299–320.

Thein, Christian (2020): *Genealogische Anmerkungen über die kritischen Theorien zur Genese des Naturproblems in der Frühen Neuzeit*; in: Feldmann, Klaus / Höppner, Nils (Hg.): Wie über Natur reden? – Philosophische Zugänge zum Naturverständnis im 21. Jahrhundert. Freiburg: Alber 2020, 217–238.

Thein, Christian (2021): *Jürgen Habermas: Auch eine Geschichte der Philosophie (Rezension)*; in: Arnold, Heinz Ludwig (Hrsg.): Kindlers Literatur Lexikon (KLL). Stuttgart: J. B. Metzler. Online: https://doi.org/10.1007/978-3-476-05728-0_23221-1

Thein, Christian (2022): *Von den Menschenrechten zur Menschenwürde und zurück? – Neue Motivlagen im post-metaphysischen Rechtsdenken von Jürgen Habermas*; in: Archiv für Rechts- und Sozialphilosophie 2022, Nr. 3: 354–374.

Thein, Christian (2023a): *Feuerbach in Habermas' Genealogie nachmetaphysischen Denkens*; in: Reitemeyer, Ursula / Polcik, Thassilo / Gather, Katharina / Schlüter, Stephan (Hrsg.): Realer Humanismus im Vormärz – Ludwig Feuerbach (1804–1872) zum 150. Todesjahr. Münster / New York: Waxmann Verlag 2023.

Thein, Christian (2023b): *Von Hegel zum Vormärz*; in: Hartung, Gerald (Hrsg.): Der Neue Ueberweg. 19. Jahrhundert, Deutschsprachiger Raum, Band 2/3. Basel: Schwabe 2023, 94–124.

Yos, Roman (2019): *Der junge Habermas. Eine ideengeschichtliche Untersuchung seines frühen Denkens 1952–1962*. Berlin: Suhrkamp 2019.

Wellmer, Albrecht (1985): *Zur Dialektik von Moderne und Postmoderne – Vernunftkritik nach Adorno*. Frankfurt am Main: Suhrkamp 1985.

Wellmer, Albrecht (2007a): *Was ist eine pragmatische Bedeutungstheorie?*; in: Wie Worte Sinn machen – Aufsätze zur Sprachphilosophie. Frankfurt am Main: Suhrkamp 2007, 13–60.

Wellmer, Albrecht (2007b): *Konsens als Telos der sprachlichen Kommunikation?*; in: Wie Worte Sinn machen – Aufsätze zur Sprachphilosophie. Frankfurt am Main: Suhrkamp 2007, 61–73.

Willems, Ulrich (2013): *Religion und Moderne bei Jürgen Habermas*; in: Willems, Ulrich / Pollack, Detlef / Basu, Helene / Gutmann, Thomas / Spohn, Ulrike (Hrsg.): Moderne und Religion. Bielefeld: Transcript 2013, 489–526.

ANMERKUNGEN

Einleitung

1 Habermas 2005a, 13.
2 Habermas 1985, 104f.
3 Nietzsche 1999, 249f.
4 Nietzsche 1999, 250.
5 Nietzsche 1999, 253.
6 Niehaus 2010, 77.
7 Niehaus 2010, 31.
8 Saar 2003, 166.
9 Saar 2003, 167.
10 Vgl. zum Folgenden auch die Argumentation in Thein 2021.
11 Vgl. Allen 2013. Zur Einordnung des Spätwerkes von Habermas durch Amy Allen vgl. Thein 2020.
12 Koopman 2013, 58–86.
13 Habermas 2001, 12.
14 Allen 2013, 135.
15 Allen 2013, 139.
16 Saar 2009, 251.
17 Vgl. Habermas 2011, Habermas 2005e, Habermas 2009, Habermas 2012a, Habermas 2012b, Habermas 2012c, Habermas 2012d, Habermas 2012e.
18 Habermas 2019a, 70.
19 Liebsch/Taureck 2021, 28f.
20 Hösle 2021, 186.
21 Habermas 2019a, 9.
22 Habermas 2019a, 9.
23 Habermas 2019a, 71.
24 Habermas 2019a, 71.
25 Habermas 2019a, 71.
26 Habermas 2019a, 71.
27 Habermas 2021, 240.
28 Habermas 2019a, 28.
29 Habermas 2019a, 28.
30 Habermas 2021, 232.
31 Vgl. Thein 2022.

32 Vgl. Willems 2013.

33 Thein 2022, 355.

34 Habermas selbst spricht in einer Fußnote seines 2010 erstmalig veröffentlichten Aufsatzes über das *Konzept der Menschenwürde und die realistische Utopie der Menschenrechte* von einer »Verschiebung der Aufmerksamkeit« auf die als »kumulative Erfahrungen« ausweisbaren vor- oder außerbegrifflichen »Quellen der moralischen Motivation« (Habermas 2011, 22, Fußnote 19). In derselben Anmerkung wirft er die Frage auf, ob ihn die neueren Überlegungen zu einer Revision früherer Theorien – in diesem Falle des *Systems der Rechte* – nötigen.

35 Habermas spricht der Religion in *Auch eine Geschichte der Philosophie* die Rolle eines »Statthalters von Wahrheitspotentialen« zu, aufgrund der sie zumindest ihrem Potential nach eine noch »*gegenwärtige* Gestalt des Geistes« darstelle – in Abhängigkeit von dem jeweiligen Entbindungsspielraum für jene Gehalte (Habermas 2019a, 78). Hinter dieser Zuordnung einer Statthalter-Funktion steckt die Unterscheidung zwischen Wahrheitsgehalt und Wahrheitsfähigkeit: »Aber diese Grenzziehung nötigt die Philosophie nicht dazu, die Möglichkeit auszuschließen, dass sich in religiösen Überlieferungen *auch weiterhin* Wahrheits*gehalte* auffinden lassen, die gegebenenfalls auf dem Wege einer hermeneutisch sensiblen Übersetzung als wahrheits*fähige* Aussagen in allgemein zugängliche Diskurse eingeholt werden können.« (Habermas 2019a, 77f.)

36 Habermas 2019a, 28.

37 Habermas 2019a, 5.

38 Habermas 2021, 232.

39 Thein 2022, 363 und 370. Vgl. ebenso Quante 2014, 308.

40 Habermas 2019b, 767.

41 Habermas 1981b, 588.

42 Habermas 2019b, 213ff.

43 Vgl. Habermas 1988c.

44 Damit verhält sich die hier vorgelegte Lesart des Spätwerkes gegensätzlich zu den Ausdeutungen von Axel Honneth. Honneth unterstellt Habermas mit Blick auf die normativen Fluchtpunkte von *Auch eine Geschichte der Philosophie*, dieser argumentiere unter dem Deckmantel eines Plädoyers für die ›säkulare Vernunft‹ ganz grundsätzlich für eine Entkoppelung dieses Konzeptes von dessen »Rück- und Neuversicherung in kollektiven Ritualen«, und ergänzt diese Mutmaßung mit den Worten: »Das Welt- und Selbstbild, das Habermas uns mit seinem Konzept der säkularen Vernunft anempfehlen möchte, scheint ohne jegliche Stütze solcher Art auskommen zu können; denn nirgends in seinem Buch wird die Frage auch nur gestreift, ob es angesichts der Pluralität und Schnelllebigkeit unserer heutigen Lebenswelt nicht ratsam sein könnte, den religiösen Traditionen auch in der soziologischen Einsicht zu folgen, dass übergreifende, kollektiv geteilte Welt- und Selbstbilder um ihrer

stabilen Verankerung willen auf eine Ergänzung durch rituelle Praktiken angewiesen sind.« (Honneth 2021, 251) Honneth erneuert hier eine Kritik an Habermas, die er bereits 2001 in einem Interview ausformulierte: »Richtig ist, dass ich die Interaktionserfahrung in der ganzen Bandbreite ihrer sozialen Bedeutung wieder in den Blick rücken möchte, die – so denke ich – durch die Fixierung auf das sachliche Primat der Sprache bei Habermas vernachlässigt worden ist.« (Honneth 2001, 119)

Nach der hier vorgelegten, werkbiografisch orientierten Rekonstruktion der als ›Bruchlinie‹ gekennzeichneten Wende von der mittleren zur späten Werkphase werden genau die von Honneth angesprochenen Verankerungsformen von säkularen Diskursen in verkörperten und auch religiösen Praktiken als entscheidende Motivänderung in der Bestimmung der Merkmale und Aufgaben einer nachmetaphysischen Denkform ausgezeichnet. Zum Beleg dieser These wird im Folgenden auf sämtliche relevante Schriften aus den genannten Werkphasen Bezug genommen. Auch im Ausgang von dieser Wende hin zu einem tiefer und breiter angelegten sowohl soziologischen als auch normativen Verständnis von sozialer Interaktion bleiben die getroffenen Verhältnisbestimmungen von diskursiv-sprachlichen auf der einen und vorsprachlichen oder verkörperten Interaktionsformen auf der anderen Seite Gegenstände der philosophischen Diskussion, auch – aber nicht nur – zwischen Habermas und Honneth.

45 Sprachlich wird diese Wende in den folgenden Kapiteln durch die Nutzung unterschiedlicher Zeitformen gekennzeichnet – während die Vergangenheitsformen auf die mittlere und frühe Werkphase verweisen, steht die Gegenwartsform für den Bezug auf die späte Werkphase von Habermas seit der Jahrtausendwende.

46 Vgl. Knapp 2021; Dürnberger 2021; Liebsch/Taureck 2021.

47 Vgl. Mensching 2021; Hösle 2021; Schmitt 2022. Für eine Kritik von Kernthesen der Rezensionen von Günther Mensching, Vittorio Hösle und Arbogast Schmitt vgl. Fußnote 2, 316 f.

1. Der philosophische Diskurs der Moderne

1 Müller-Doohm 2014, 286.

2 Habermas 1981c, 181.

3 Müller-Doohm 2014, 319–322.

4 Habermas 1981c, 178.

5 Habermas 1981c, 180.

6 Habermas 1981c, 181.

7 Habermas 1981b, 445–593.

8 Habermas 1980a, 177.

9 Habermas 1980a, 178.

10 Habermas 1980a, 180f.
11 Habermas 1980a, 182.
12 Habermas 1980a, 182f.
13 Habermas 1980a, 183.
14 Habermas 1980a, 183.
15 Habermas 1980a, 183.
16 Habermas 1980a, 183f.
17 Habermas 1980a, 185.
18 Habermas 1980a, 185–188.
19 Habermas 1980a, 184f.
20 Habermas 1980a, 190.
21 Habermas 1980a, 191.
22 Habermas 1980a, 191.
23 Habermas 1980a, 191.
24 Habermas 1980a, 191.
25 Habermas 1980a, 191.
26 Habermas 1980a, 191.
27 Wellmer hat Habermas das zweibändige Spätwerk *Auch eine Geschichte der Philosophie* gewidmet.
28 Wellmer 1985, 48.
29 Wellmer 1985, 48.
30 Vgl. Hassan 1985.
31 Hassan 1985, 48.
32 Hassan 1985, 49f.
33 Hassan 1985, 52.
34 Wellmer 1985, 50–56.
35 Wellmer 1985, 50f.
36 Wellmer 1985, 53.
37 Lyotard 1982, 201.
38 Lyotard 1982, 201.
39 Wellmer 1985, 57.
40 Vgl. Fraser 1994b, 56.
41 Habermas 1985a, 7–21.
42 Habermas 1985a, 11.
43 Habermas 1985a, 16.
44 Habermas 1985a, 27.
45 Habermas 1985a, 27.
46 Habermas 1985a, 15.
47 Habermas 1985a, 26.
48 Habermas 1985a, 70f.
49 Habermas 1985a, 106.
50 Habermas 1985a, 69.
51 Habermas 1985a, 117.

52 Habermas 1985a, 120.
53 Habermas 1985a, 118.
54 Habermas 1985a, 120.
55 Habermas 1985a, 120.
56 Habermas 1985a, 284.
57 Habermas 1985a, 292.
58 Habermas 1985a, 293.
59 Habermas 1985a, 287.
60 Habermas 1985a, 290.
61 Habermas 1985a, 290.
62 Habermas 1985a, 292.
63 Felsch 2022, 160ff.
64 Habermas 1985a, 292.
65 Felsch 2022, 14ff.
66 Felsch 2022, 16.
67 Foucault 1967, 735.
68 Foucault, 1967, 735.
69 Habermas 1985a, 290.
70 Habermas 1985a, 291.
71 Foucault 1970, 41.
72 Saar 2007, 201.
73 Foucault 1971, 183.
74 Foucault 1971, 185.
75 Foucault 1971, 180.
76 Habermas 1985a, 293.
77 Habermas 1985a, 293.
78 Habermas 1985a, 293.
79 Habermas 1985a, 294.
80 Habermas 1985a, 295.
81 Habermas 1985a, 296.
82 Habermas 1985a, 297.
83 Habermas 1985a, 298.
84 Habermas 1985a, 203.
85 Habermas 1985a, 298.
86 Habermas 1985a, 300.
87 Habermas 1985a, 300.
88 Habermas 1985a, 300.
89 Foucault 1967, 736.
90 Foucault 1967, 177.
91 Habermas 1985a, 315.
92 Honneth 1985, 169.
93 Honneth 1985, 173.
94 Habermas 1985a, 301.

95 Habermas 1985a, 316.
96 Habermas 1985a, 325.
97 Habermas 1985a, 327.
98 Habermas 1985a, 328.
99 Habermas 1985a, 330.
100 Habermas 1985a, 325.
101 Habermas 1985a, 331.
102 Habermas 1985a, 336.
103 Habermas 1985a, 336.
104 Habermas 1985a, 337.
105 Für einen Vergleich der methodischen und inhaltlichen Zugänge zu den Konstellationen von Aufklärung und Moderne bei Habermas und Foucault vgl.: Dreyfus/Rabinow 1990; Menke 1990; McCarthy 1994; Ingram 1994; Schmidt 1996; Biebricher 2005. Für eine differenzierte Kritik der von Habermas im *Philosophischen Diskurs der Moderne* vorgelegten Interpretation von Foucault vgl. insbesondere: Kelly 1994; Owen 1999; Conway 1999.
106 Müller-Doohm, 312.
107 Habermas 1984, 131.
108 Foucault 1984, 41.
109 Foucault, 1984, 48.
110 Foucault 1984, 49.
111 Habermas 1984, 129.
112 Habermas 1985a, 16.
113 Habermas 1985a, 33.
114 Habermas 1985a, 31.
115 Habermas 1985a, 29.
116 Habermas 1985a, 30.
117 Habermas 1985a, 30.
118 Habermas 1985a, 30 f.
119 Habermas 1985a, 32 f.
120 Habermas 1985a, 32.
121 Habermas 1985a, 32.
122 Habermas 1985a, 32.
123 Habermas 1985a, 28 f.
124 Habermas 1988b, 25.
125 Habermas 1985a, 30.
126 Habermas 1985a, 9 f.
127 Habermas 1985a, 137.
128 Habermas 1985a, 11.
129 Habermas 1985a, 13.
130 Habermas 1985a, 57.
131 Habermas 1985a, 55.
132 Habermas 1985a, 57.

133 Habermas 1985a, 54.

134 Für eine ausführliche Kritik der von Habermas vorgetragenen Lesart der Philosophie Hegels in den ersten beiden Vorlesungen zum *Philosophischen Diskurs der Moderne* mit Blick sowohl auf die werkbiografischen Interpretationen als auch die Deutung von geistphilosophischen Schlüsselbegriffen vgl. Dallmayr 1996, 65ff. Seine Kritik der von Habermas vorgelegten Darstellung von Grundproblemen der Hegelschen Philosophie im Kontext einer sich konstituierenden philosophischen Moderne fokussierte insbesondere Problemstellungen einer ungenügenden Unterscheidung von metaphysischen Kategorien und politischen Implikationen: »As it seems to me, Habermas's interpretation is lopsided both on the level of certain historical nuances and with respect to key Hegelian concepts. [...] To a large extend, Habermas's Hegel chapter thus oscilliates precariously between subjective and objective reason, between action and passivity. [...] Hegel's ›spirit‹ like other key concepts is a metaphysical or ontological category – and not a partisan idea available for direct political utilization. As such a category, ›idea‹ or ›spirit‹ is not simply a subjective capacity (a capacity of self-reproduction) nor an objective rational principle, but rather a dimension presupposed by both and in which both are finally again reconciled.« (Dallmayr 1996, 65f.)

135 Habermas 1985a, 57.

136 Habermas 1985a, 33.

137 Habermas 1985a, 143.

138 Habermas 1985a, 144.

139 Diese Lesart der *Dialektik der Aufklärung*, die die insbesondere in der Vorrede von 1944 von Horkheimer und Adorno formulierte petitio principii unterschlägt, nach der »die Freiheit in der Gesellschaft vom aufklärenden Denken unabtrennbar ist« (Horkheimer/Adorno 1969, 3), hat zu unterschiedlichen und teils vehement vorgetragenen Kritiken geführt. Ohne direkte Anspielung auf die kurz zuvor veröffentlichte Lesart von Habermas formulierte Hauke Brunkhorst mit Blick auf die interpretationsbezogene Sachfrage: »Trotzdem wäre es falsch, den Autoren der *Dialektik der Aufklärung* vorzuwerfen, sie würden die Webersche Vielfalt der Rationalisierungstypen singularisieren und die Eigengesetzlichkeit (Weber) autonomer Wertsphären beharrlich leugnen. [...] Aber anders als Weber sehen sie sich in der bisweilen einsamen Rolle derer, die die bedrohte und gefährdete Autonomie einer *nicht-instrumentellen Moderne* gegen den überwältigenden, instrumentellen Zwang rationaler Ordnungen (Weber) verteidigen.« (Brunkhorst 1987, 163)

140 Habermas 1985a, 154.

141 Vgl. Baynes 2019, 409ff.

142 Habermas 1985a, 156.

143 Pippin 1997, 173.

2. Metaphysisches und Nachmetaphysisches Denken

1 Benhabib 1982, 154.
2 Habermas 1980, 183.
3 Habermas 1985b, 216.
4 Habermas 1985a, 344.
5 Habermas 1985a, 345.
6 Habermas 1981d, 10.
7 Habermas 1981d, 26.
8 Vgl. Müller-Doohm 2014, 317f.
9 Vgl. Heider 1999, 29–35.
10 Habermas 1985c, 274.
11 Habermas 1985c, 275.
12 Habermas 1985c, 276.
13 Vgl. Henrich 1986; Heider 1999, 31.
14 Heider 1999, 32.
15 Habermas 1988c, 36.
16 Habermas 1988c, 36.
17 Habermas 1988c, 36 (FN 4).
18 Habermas 1988a, 16.
19 Habermas 1988a, 11.
20 Habermas 1988c, 36.
21 Habermas 1988a, 16.
22 Habermas 1988c, 42.
23 Habermas 1988a, 14.
24 Habermas 1988c, 36.
25 Habermas 1988c, 37f.
26 Habermas 1988c, 39.
27 Habermas 1988c, 39.
28 Habermas 1988c, 40.
29 Habermas 1985a, 31.
30 Habermas 1985a, 31.
31 Habermas 1985a, 31.
32 Habermas 1988c, 48.
33 Habermas 1988c, 49.
34 Habermas 1988c, 52.
35 Habermas 1988c, 41f.
36 Habermas 1988c, 41.
37 Habermas 1988c, 46.
38 Habermas 1988c, 46.
39 Habermas 1988c, 46.
40 Habermas 1988b, 23.
41 Habermas 1999, 189.

42 Vgl. Habermas 1988b, 20.
43 Habermas 1988c, 39.
44 Habermas 1999, 190.
45 Habermas 1999, 190.
46 Habermas 1999, 189.
47 Habermas 1999, 191.
48 Habermas 1999, 192.
49 Habermas 1999, 193.
50 Für eine ausführliche Kritik dieser mentalistischen Einordnung von epistemologischen Kernannahmen der Transzendentalphilosophie Kants vgl. Hammer 2007, 117ff. Espen Hammer hebt insbesondere hervor, dass die mentalistische Vorstellung von den Möglichkeiten eines begrifflich unvermittelten und zugleich wissend-gewissen Zugriffs auf die Welt als Ganze oder auch auf mentale Zustände und empirische Entitäten weit entfernt sei von Kants epistemologischen Prämissen: »Habermas fails to realize that the crucial issue in Kant is not representation but the uncovering of the conditions our representation must comform to in order for human agents to be able to take them as representing objects in the first place.« (Hammer 2007, 119)
51 Habermas 1988c, 41.
52 Habermas 1988c, 48f.
53 Habermas 1988c, 50.
54 Vgl. Habermas 1967.
55 Habermas 1999, 186.
56 Habermas 1999, 186.
57 Habermas 1999, 192.
58 Habermas 1999, 193.
59 Habermas 1999, 194.
60 Habermas 1999, 194f.
61 Habermas 1999, 195.
62 Habermas 1999, 199.
63 Habermas 1999, 195.
64 Habermas 1999, 196.
65 Habermas 1999, 198.
66 Habermas 1999, 202.
67 Habermas 1999, 203.
68 Habermas 1999, 204.
69 Habermas 1999, 204.
70 Habermas 1999, 206.
71 Habermas 1999, 206.
72 Thein 2016, 113.
73 Habermas 1985a, 346f.
74 Habermas 1985a, 348.
75 Habermas 1985a, 347.

76 Habermas 1985a, 347.
77 Vgl. Müller-Doohm 2014, 298.
78 Habermas 1981a, 43.
79 Habermas 1981b, 187ff. Vgl. Sierra 2013, 36ff.
80 Habermas 1981b, 198.
81 Habermas 1981b, 182.
82 Habermas 1981b, 198.
83 Vgl. hierzu ausführlich Dietz 1993, 96ff. und Sierra 2013, 72ff.
84 Habermas 1981b, 182.
85 Habermas 1988d, 94f.
86 Habermas 1981a, 107.
87 Habermas 1981b, 192.
88 Habermas 1981b, 189.
89 Habermas 1981b, 192.
90 Habermas 1981a, 107.
91 Habermas 1988d, 84.
92 Habermas 1988d, 89.
93 Habermas 1981b, 188.
94 Habermas 1981b, 188.
95 Habermas 1981b, 189.
96 Habermas 1988d, 90.
97 Habermas 1988d, 90.
98 Habermas 1988d, 94.
99 Habermas 1988d, 94.
100 In diesem Kontext steht die Rede von sich ergänzenden und aufeinander bezogenen Teilnehmenden- und Beobachtendenperspektiven für die Einnahme von unterschiedlichen Rollen in der direkten Kommunikationssituation. In dieser können Teilnehmende an Interaktionen auch beobachtende Positionen einnehmen. Die Einstellung von Beobachtenden, Hörenden und Verstehenden ist bei Einnahme einer verständigungsorientierten Position in intersubjektiven Kommunikationssituationen als performativ zu kennzeichnen. Die theoretische Perspektive auf diesen kommunikativen Zusammenhang wiederum ist die einer sozialwissenschaftlichen »Beobachtung *in der* Lebenswelt« (Sierra 2013, 80).
101 Sierra 2013, 80.
102 Habermas 1988d, 95.
103 Habermas 1988d, 96.
104 Habermas 1981b, 192.
105 Habermas 1981b, 190.
106 Habermas 1981b, 190.
107 Krämer 2001, 75.
108 Habermas 1981a, 377.
109 Dietz 1993, 98.

110 Cooke 1994, xi.
111 Habermas 1981a, 389.
112 Vgl. Habermas 1976a, 404ff.
113 Habermas 1976a, 407f.
114 Habermas 1988d, 65.
115 Habermas 1981a, 400.
116 Habermas 1981a, 400.
117 Albrecht Wellmer verweist – trotz seines positiven Bezuges auf die Grundintuition der sprechakttheoretischen Grundüberlegungen von Habermas – auf die Schwierigkeiten einer reduktiven Erklärung der Wahrheitsbedingungen der propositionalen Gehalte von illokutionären Sprechakten aus einem Verständnis der Performativität des Gesagten. Zu unterscheiden sei insbesondere zwischen einem propositional darstellbaren Wissen über das auf die Kontextbedingungen verweisenden Bedeutungswissen eines Sprechenden und einem Wissen über Gegenstände in der Welt: »Beide Typen des Wissens können ja relevant sein für die Beurteilung der Akzeptabilität von Äußerungen – besonders klar im Falle von empirischen Behauptungen.« (Wellmer 2007a, 21)
118 Habermas 1981a, 401.
119 Habermas 1988d, 65.
120 Cooke 1994, 15.
121 Habermas 1968, 62.
122 Habermas 1981a, 385.
123 Habermas 1981a, 386f.
124 Vgl. Thein 2013, 406ff.
125 Habermas 1981a, 387.
126 Cooke 1994, 9.
127 Habermas 1988d, 69.
128 Habermas 1988d, 70.
129 Cooke 1994, 58.
130 Vgl. Habermas 1981a, 372ff.; Habermas 1981b, 98ff.; Habermas 1988e.
131 Habermas 1981a, 372.
132 Habermas 1981b, 98.
133 Habermas 1981b, 183.
134 Habermas 1981a, 413.
135 Habermas 1981a, 413.
136 Wellmer 2007a, 45.
137 Wellmer 2007a, 44.
138 Vgl. Habermas 1981a, 414f.; Habermas 1981b, 98f.
139 Eine differenzierte Kritik zu dieser These hat ebenso Albrecht Wellmer formuliert. Er argumentiert übergreifend gegen einen Kurzschluss der Geltungsdimensionen mit illokutionären Typen und im Gegenzug für die bedeutungstheoretisch relevante Verknüpfung der »Analyse der illokutionären

Dimension der Sprache mit einem verallgemeinerten Verständnis des internen Zusammenhangs zwischen dem Sinn von Geltungsansprüchen und den Möglichkeiten ihrer Begründung« (Wellmer 2007a, 59).

140 Habermas 1981b, 99.

141 Dietz 1993, 91.

142 Vgl. Habermas 1981a, 39.

143 Habermas 1988e, 179.

144 Habermas 1981a, 388.

145 Habermas 1988d, 72. Aus der Perspektive dieser Verhältnisbestimmung von kommunikativem und strategischem Sprachgebrauch erscheint die angeführte thetische Formulierung aus der *Theorie des kommunikativen Handelns* in einem neuen Licht. Der parasitäre Charakter des strategischen oder im eigenen Interesse erfolgsorientierten Sprachgebrauchs folgt sodann nicht aus einer sprachlogischen oder gar sozialontologischen Ab- oder Herleitung. Stattdessen ist er parasitär genau deshalb, »weil er auf Täuschung oder Selbsttäuschung beruht und deshalb gegen eine sprachimmanente Aufrichtigkeitsnorm verstößt: der Sprecher muß einen Hörer oder auch sich selbst über seine Intentionen, Überzeugungen, Motive oder Gefühle täuschen, um mit seiner Äußerung einen angestrebten Zweck zu erreichen« (Wellmer 2007b, 64). Infolge einer solchen selbst- und fremdtäuschenden Konstellation erlahmen sodann auch die illokutionären Bindungskräfte der Kommunikation. Allerdings ist diese Lesart einer Unterscheidung des kommunikativen vom strategischen Sprachgebrauch deutlich schwächer als die These von ersterem als dem Originalmodus von Sprache, der ein Ableitungsverhältnis und somit auch ein ontologisches Unterscheidungsmerkmal zwischen beiden transportiert.

146 Habermas 1988d, 75.

147 Honneth 1980, 217.

3. Genealogie der postsäkularen Vernunft

1 Habermas 1988d, 45.

2 Habermas 1988d, 42.

3 Habermas 1988e, 179.

4 Habermas 2000, 277.

5 Habermas 2000, 277.

6 Habermas 2000, 277.

7 Vgl. Müller-Doohm 2014, 416f.

8 Vgl. Müller-Doohm 2014, 425ff.

9 Habermas 2002, 45.

10 Thein 2022, 369f.

11 Müller-Doohm 2014, 436.

12 Habermas 2001a, 9.

13 Habermas 2001a, 12.
14 Habermas 2001a, 13.
15 Habermas 2001a, 24 und 29.
16 Habermas 1981b, 585.
17 Habermas 1982, 605.
18 Habermas 1980b, 522.
19 Seel 1980, 54.
20 Habermas 1980b, 338.
21 Habermas 1980b, 339.
22 Habermas 1980b, 340.
23 Habermas 1982, 594.
24 Habermas 1980b, 342.
25 Habermas 1980b, 342.
26 Habermas 1981a, 286.
27 Habermas 1981a, 297.
28 Habermas 1981b, 218.
29 Habermas 1981b, 218.
30 Habermas 1981b, 119.
31 Reiß 2019, 246.
32 Habermas 1981b, 219.
33 Vgl. Reiß 2019, 248f.
34 Vgl. Müller-Doohm 2014, 512.
35 Habermas 1988, 141.
36 Vgl. Reiß 2019, 247.
37 Habermas 1988e, 179.
38 Willems 2013, 490.
39 Habermas 2001, 11.
40 Habermas 2001a, 13.
41 Habermas 2001a, 20.
42 Habermas 2001a, 29.
43 Habermas 2001a, 22.
44 Habermas 2001a, 29.
45 Habermas 2001a, 29.
46 Habermas 1988e, 137.
47 Habermas 1988c, 60.
48 Vgl. Müller-Doohm, 514f.
49 Vgl. Reiß 2019, 252f.
50 Habermas 2004, 114.
51 Habermas 2004, 115.
52 Habermas 2004, 116.
53 Habermas 2004, 106.
54 Casanova 2013, 33.
55 Habermas 2009, 101.

56 Habermas 2009, 101.
57 Habermas 2004, 113.
58 Krämer 2001, 90.
59 Habermas 1981a, 37.
60 Habermas 1981b, 184.
61 Habermas 1981a, 387.
62 Habermas 1981b, 132.
63 Habermas 1988d, 65.
64 Habermas 1988d, 68.
65 Habermas 1988d, 72.
66 Krämer 2001, 90.
67 Vgl. Cooke 1994; Krämer 2001; Wellmer 2007a; Wellmer 2007b.
68 Vgl. Seel 1986; Arnason 1986; Brunkhorst 1987; Kunnemann 1991.
69 Habermas 2012a, 11.
70 Habermas 2012c, 59.
71 Habermas 2012c, 59.
72 Habermas 1981b, 99f.
73 Habermas 2012c, 60.
74 Habermas 2012c, 63.
75 Die kommunikative Urszene besteht aus und in der Verschränkung der horizontalen Beziehung von Sprechenden und Hörenden mit der vertikalen Bezugnahme auf Gegenstände, Sachverhalte oder Beziehungen. Entscheidend ist, dass diese Bezugnahme auf die Welt gleichgerichtet und intersubjektiv geteilt erfolgt: »Die Teilnehmer verständigen sich *uno actu miteinander über etwas*. Die evolutionär entscheidende Innovation ist daher nicht unmittelbar am Produkt der Sprache selbst, an ihrer grammatischen Form und ihren semantischen Inhalten, sondern an den *pragmatischen Rahmenbedingungen* für eine konventionalisierte, also fehlbare Verwendung von Symbolen überhaupt abzulesen.« (Habermas 2012d, 87f.)
76 Habermas 2012d, 88.
77 Habermas 2012d, 89.
78 Habermas 2012c, 63.
79 Habermas 2012d, 81.
80 Habermas 2012c, 69.
81 Habermas 2012d, 95.
82 Habermas 2012c, 67.
83 Habermas 2012c, 74f.
84 Habermas 2012c, 72.
85 Habermas 2012c, 74.
86 Axel Honneth hatte bereits in seiner Dissertationsschrift darauf aufmerksam gemacht, dass in der *Theorie des kommunikativen Handelns* »die Untersuchung von Grundstrukturen der Intersubjektivität auf eine Analyse von Sprachregeln hin vereinseitigt wird, so daß die leiblich-körperlichen Di-

mensionen sozialen Handelns von nun an nicht mehr in den Blick treten.« (Honneth 1985, 310)

87 Stahl 2013, 140.

88 Jung 2016, 128.

89 Jung 2016, 128.

90 Jung 2016, 126.

91 Die von Matthias Jung aufgeworfenen kritischen Rückfragen an Habermas' Verkörperungs- und Übersetzungskonzept werden im Schlusskapitel dieses Buches noch einmal ausführlich diskutiert.

92 Habermas 2012e, 99.

93 Habermas 2009, 100.

94 Habermas 2009, 101.

95 Habermas 2012c, 76.

96 Habermas 2012d, 102.

97 Habermas 2012d, 102.

98 Habermas 2012d, 102.

99 Habermas 2012d, 102.

100 Habermas 2012d, 103.

101 Habermas 2012e, 142.

102 Habermas 2012e, 142.

103 Habermas 2012e, 122.

104 Forst 2021, 134.

105 Habermas 2005e, 249.

106 Habermas 2005c, 149.

107 Reiß 2019, 252.

108 Habermas 2012d, 103.

109 Habermas 2005d, 213.

110 Vgl. Thein 2022. Zu den gemeinten Begriffen und Metaphern können die Rede von einer ethisch relevanten »Unverfügbarkeit und Unantastbarkeit der menschlichen Natur« (Habermas 2002, 59) oder auch der neue Rekurs auf »den Ursprung der Menschenrechte aus der moralischen Quelle der menschlichen Würde« (Habermas 2011, 16) gezählt werden.

111 Habermas 2012e, 122.

112 Habermas 2012d, 98.

113 Vgl. Habermas 1976a.

114 Habermas 1976a, 368.

115 Habermas 1976a, 370.

116 Habermas 1976a, 379.

117 Stahl 2013, 136.

118 Vgl. Habermas 1980c.

119 Habermas 1980c, 41.

120 Habermas 1980c, 41.

121 Habermas 1996, 13.

122 Habermas 1996, 16f.

123 Habermas 1996, 17.

124 Habermas 1996, 17.

125 Habermas 1996, 20.

126 Habermas 1996, 49.

127 Habermas 1996, 58.

128 Habermas 1996, 63.

129 Habermas 1996, 60.

130 Habermas 1996, 63.

131 Amy Allen greift hier auf eine Unterscheidung zwischen drei Gebrauchsweisen von ›Genealogie‹ zurück, die Colin Koopman als »three uses of genealogy« unterschieden hat: »Subversion, Vindication & Problematization« (Koopman 2013, 58–86). Nach Allen stellt die subversive Lesart, die ihr und Koopman zufolge Nietzsche zugeordnet werden kann, eine Untersuchungsform dar, die nicht nur die Frage nach dem Wert der Werte stellt, sondern letztere in einer grundsätzlichen Weise befragt und dekonstruiert. Vindikatorische oder auch rechtfertigende Genealogien wie jener Zugang von Bernard Williams beantworten hingegen jene Frage nach dem Wert von Werten affirmativ. Problematisierenden Genealogien spricht Allen im Anschluss an Koopman einen dritten Zugang zu Praktiken und Diskursen zu: »Problematizing genealogy aims not at a normative evaluation – either negative or positive – of the practices that it excavates, but rather, it attempts to clarify and intensify the difficulties that enable and disable the practices it studies.« (Allen 2013, 134) In sicherlich diskutabler Weise subsumiert Koopman das genealogische Vorgehen von Foucault in seiner Typologie unter die problematisierende Gebrauchsweise.

132 Allen 2013, 135.

133 Habermas 2009, 101f.

134 In der 2012 veröffentlichten Replik auf Tagungsbeiträge, die im Oktober 2009 anlässlich eines Symposiums an der New York University zum Verhältnis von nachmetaphysischem Denken und Religion im Spätwerk von Jürgen Habermas gehalten worden, spricht Habermas von dieser Position als einer solchen, »die noch nicht hinreichend ausgearbeitet ist« (Habermas 2012e, 120).

135 Habermas 2012e, 141.

136 Habermas 2012e, 141.

137 Allen 2013, 136.

138 Allen 2013, 139.

139 Habermas 2012e, 142.

140 Habermas 2012e, 143.

141 Habermas 2012e, 143.

142 Habermas 2012e, 143.

143 Habermas 2012e, 120.

144 Habermas 2012e, 125.

145 Habermas 2012e, 122. Habermas bezieht sich hier insbesondere auf die Studie *Religion in Human Evolution* von Robert N. Bellah (vgl. Bellah 2011).

146 Habermas 2012e, 123.

147 Mit dem von Historikern teils scharf kritisierten Konzept der ›Achsenzeit‹ knüpft Habermas an das von Karl Jaspers so bezeichnete halbe Jahrtausend von 800 bis 200 vor Christus an, in der demzufolge die bis heute wirkenden Religionen entstanden seien (Habermas 2019a, 273ff.). In der Achsenzeit hat der historisch ausgreifenden These zufolge auf verschiedenen geografisch-kulturellen Achsen der Menschheitsgeschichte eine kognitive Revolution vom mythischen zum metaphysischen Denken stattgefunden, die ebenso in einigen Kulturräumen mit der Herausbildung von monotheistischen Religionen einhergegangen sei.

148 Habermas 2012e, 126.

149 Habermas 2009, 101.

4. Genealogie des nachmetaphysischen Denkens

1 Habermas 2019a, 16.

2 Habermas 2019a, 9.

3 Habermas 2009, 101.

4 Habermas 2019a, 12.

5 Habermas 2019a, 14.

6 Habermas 2019a, 13.

7 Habermas 2019a, 26. Habermas insistiert darauf, diese Unterscheidung zweier Typen nachmetaphysischen Denkens nicht mit jener zwischen analytischer und kontinentaler Philosophie gleichzusetzen.

8 Habermas 2019a, 27.

9 Habermas 2019a, 173.

10 Habermas 2019a, 14.

11 Habermas 2019a, 15.

12 Habermas insistiert darauf, diese Unterscheidung zweier Typen nachmetaphysischen Denkens nicht mit jener zwischen analytischer und kontinentaler Philosophie gleichzusetzen ist (Habermas 2019a, 28f.).

13 Habermas 2019a, 29.

14 Habermas 2019a, 37.

15 Habermas 2019a, 166.

16 Habermas 2019a, 166.

17 Bondeli 2022, 577

18 In den von Axel Honneth formulierten Rückfragen an die mit dem Konzept einer postmetaphysischen Philosophie verbundene Idee einer ›säkularen Vernunft‹ in *Auch eine Geschichte der Philosophie* bleibt dieser werkbiografisch rekonstruierbare Schritt leider unthematisiert. In der Folge versucht

Honneth, das offene, von Habermas als komprehensiv bezeichnete Vernunftkonzept des Spätwerkes, das »im Operieren mit allen Gründen« (Habermas 2019b, 173) besteht, im Kontext der Prämissen des in den 1980er Jahren von Habermas explizierten Begriff einer nachmetaphysischen Denkform zu diskutieren. Hierbei konfundiert Honneth die kommunikationstheoretische Maßgabe, dass Gründe bestreitbar und öffentlich verfügbar sein müssen, mit den Hypotheken des »wissenschaftlichen Wissens« (Honneth 2021, 246). Zugleich liest er in Habermas Spätwerk die »sehr starke Behauptung« hinein, dass »die säkulare Vernunft in ihrer post-metaphysischen Gestalt das Erbe der religiösen Weltbilder antreten« (Honneth 2021, 243) und »die Philosophie in ihrer Verteidigung einer säkular verstandenen Vernunft die Aufgabe der Religion übernehmen« (Honneth 2021, 246) könne.

Im vorliegenden Buch wird hingegen die werkbiografisch aufgewiesene These vertreten, dass das Spätwerk von Habermas von einem »tiefen Skeptizismus« (Quante 2014, 308) hinsichtlich der Möglichkeiten durchzogen ist, praktische Orientierung ausschließlich im Medium einer säkularen, diskursiven und wissenschaftlichen Vernunft zu leisten (vgl. Thein 2022). Die Lösung dieses Problems, das in den Grundbegriffen der mittleren Werkphase – kommunikative Rationalität, sprachliche Verständigung, nachmetaphysische Denkform, rationale Rekonstruktion, aufgeklärte Moderne, säkulare Gesellschaft – nicht erschöpfend bearbeitet werden konnte, wird im Spätwerk durch neue begriffliche und konzeptuelle Konstellationen einzulösen versucht. Hierzu gehören insbesondere a) die methodische Erweiterung des rekonstruktiven Nachvollzuges von normativ relevanten Lernschritten und Gattungskompetenzen durch genealogische Problematisierungen, b) die semantische und normative Erweiterung des Verständigungskonzeptes durch den Rekurs auf vordiskursive, verkörperte Interaktionsformen und c) den soziologischen Wechsel von einem säkularen zu einem postsäkularen Gesellschaftsverständnis.

19 Habermas 2019a, 166.
20 Habermas 2019b, 204.
21 Bondeli 2022, 578.
22 Habermas 2019a, 71.
23 Dürnberger 2021, 88.
24 Habermas 2019a, 179.
25 Habermas 2019b, 806.
26 Habermas 2019a, 11.
27 Habermas 2019a, 69.
28 Stahl 2013, 135.
29 Habermas 2019a, 69.
30 Habermas 2019a, 77.
31 Gaus 2013, 241.
32 Habermas 2019a, 28.

33 Habermas 2019a, 139.

34 Habermas 2019a, 139.

35 Habermas 2019a, 72.

36 Habermas 2019a, 71.

37 Habermas wendet sich hier explizit gegen eine Zuordnung seines Verständnisses von Genealogie unter die von Koopman und Allen klassifizierten vindikatorischen Verfahrensweisen (Habermas 2019a, 70f.).

38 Habermas 2019a, 71.

39 Habermas 2019a, 37.

40 Liebsch/Taureck 2021, 32. Interessant ist, dass auch Foucaults genealogischer Zugriff auf soziale und kulturelle Praktiken als nur indirekt oder subtil gegenwartsbezogen in einem kritischen Sinne ausgewiesen wird, so dass hier einer möglichen methodischen Parallele in der genealogischen Verfahrensweise nachgegangen werden könnte: »Foucault offers, after all, a model of a reflexive social critique. Nor need this unavoidable normative reminder constitute the specific diacritic of a genealogy even if it is present therein – the force of Foucault is not to assert a normative judgement so much as to provoke a critical questioning.« (Koopman 2013, 91)

41 Habermas 2009, 100.

42 Habermas 2009, 102.

43 Habermas 2019b, 95.

44 Habermas 2019b, 200.

45 Habermas 2019b, 98.

46 Taylor 2012, 52f.

47 Taylor 2012, 53.

48 Taylor 2012, 53.

49 Taylor 2012, 54.

50 Taylor 2012, 57.

51 Habermas 2019b, 98.

52 Habermas 2019b, 771.

53 Habermas 2019b, 98.

54 Habermas 2019b, 99.

55 Habermas 2019b, 99.

56 Habermas 2019b, 100.

57 Habermas 2019b, 101.

58 Habermas 2019b, 114.

59 Habermas 2019b, 114f.

60 Habermas 2019b, 116.

61 Habermas 2019b, 114.

62 Habermas 2019b, 115.

63 Habermas 2019b, 117.

64 Habermas verweist auf die folgende Textstelle aus dem *Neuen Organon* zum Nachweis für Bacons Auszeichnung der »Induktion als Verfahren der

empirischen Generalisierung von Einzelbeobachtungen« (Habermas 2019b, 116): »Zwei Wege zur Erforschung und Entdeckung der Wahrheit sind vorhanden und gangbar. Der eine führt von den Sinnen und dem Einzelnen zu den allgemeinsten Sätzen, und aus diesen obersten Sätzen und ihrer unerschütterlichen Wahrheit bestimmt und erschließt er die mittleren Sätze. Dieser Weg ist jetzt gebräuchlich. Auf dem anderen ermittelt man von den Sinnen und vom Einzelnen ausgehend die Sätze, indem man stetig und stufenweise aufsteigt, so daß man erst auf dem Gipfel zu den allgemeinsten Sätzen gelangt; dieser Weg ist der wahre, aber so gut wie nicht begangene.« (Bacon 1999, 89). Diese zweitgenannte Option gilt aus Bacons historischer Situation heraus als »vom Blick auf die zeitgenössische Forschung inspiriert« (Habermas 2019b, 116).

65 Habermas 2019b, 116.

66 Habermas 2019b, 117.

67 Habermas 2019b, 113.

68 Habermas 2019b, 117.

69 Habermas 2019b, 118.

70 Habermas 2019b, 118.

71 Habermas 2019b, 118.

72 Habermas 2019b, 113.

73 Horkheimer/Adorno 1969, 9. Zum ausführlichen Vergleich der Lesarten von Bacon bei Habermas, Horkeimer und Adorno sowie Foucault vgl. Thein 2020.

74 Horkheimer/Adorno 1969, 10.

75 Horkheimer/Adorno 1969, 10.

76 Horkheimer/Adorno 1969, 10.

77 Horkheimer/Adorno 1969, 46f.

78 Der Satz, Wissen und Erkenntnis seien Macht, wird Bacon regelhaft zugeschrieben, findet sich aber nicht in den Originaltexten. Im dritten Aphorismus des Neuen Organons heißt es: »Wissen und menschliches Können ergänzen sich insofern, als ja die Unkenntnis der Ursache die Wirkung verfehlen läßt. Die Natur nämlich läßt sich nur durch Gehorsam bändigen.« (Bacon 1999, 81)

79 Horkheimer/Adorno 1969, 47.

80 Horkheimer/Adorno 1969, 49.

81 Für eine Kritik der in der Dialektik vorgetragenen Lesarten und Ausdeutungen von Bacon vgl. Schotte 2018.

82 Habermas 1985a, 138.

83 In gewisser Hinsicht ist im Rahmen der historischen Darstellung in der *Genealogie des nachmetaphysischen Denkens* Francis Bacon der einzige Philosoph in der neuzeitlichen Epoche vor Kant, der einen holistischen Beitrag für eine die theoretischen und praktischen Fragen umgreifende Selbst- und Weltverständigung auf stabilem Grund geleistet hat. Auf diese komplexe philosophische Aufgabenstellung verweist Axel Honneth mit Blick auf die ge-

genwartsbezogene Zielperspektive von *Auch eine Geschichte der Philosophie*: »Die Funktion eines stabilen und übergreifende Selbst- und Weltverständnisses erschöpft sich nicht darin, den Menschen plausible Erklärungen für ihren Platz in der sie umgebenden Natur anzubieten; von ebenso großer Bedeutung ist die Aufgabe, den Menschen das Gefühl zu vermitteln, dass ihre kommunikativen Bemühungen um eine Verbesserung ihrer Lebensverhältnisse über kurz oder lang nicht ohne Aussicht auf Erfolg sind. Diese zweite, praktische Funktion verlangt von einem solchen orientierenden Selbst- und Weltbild, dass es den Menschen ein gewisses Maß an Vertrauen vermitteln kann, über die Kräfte und Fähigkeiten zu verfügen, die zur Kontrolle sowohl des eigenen Verhaltens als auch der sozialen und natürlichen Umwelt erforderlich sind.« (Honneth 2021, 249)

84 Dies deckt sich mit der Forschungslage zu Bacon, nach der dessen Begriff der Macht als ›potentia‹ für den noch aus der aristotelischen Tradition überlieferten Vermögensbegriff einsteht, so dass Wissen und Kenntnisse in Verbindung mit dem Machtbegriff als ›scientia et potentia humana‹ (Bacon 1999, 80) nach diesem traditionsbezogenen Begriffsverständnis als ein rational fundiertes menschliches Handlungsvermögen zu verstehen ist (vgl. Stehr/Adolf 2018, 15f.).

85 Habermas 2019b, 117.

86 Habermas 2019b, 118f.

87 Habermas 2019b, 121.

88 Habermas 2019b, 119.

89 Habermas 2019b, 119.

90 Habermas 2019b, 127.

91 Habermas 2019b, 119.

92 Habermas 2019b, 120.

93 Habermas 2019b, 122.

94 Habermas verweist diesbezüglich auf die folgende Textpassage aus den *Regulae*: »Indem ich mir dies ziemlich aufmerksam durch den Kopf gehen ließ, wurde mir schließlich deutlich, daß nur all das, worin Ordnung oder Maß untersucht wird, zur Mathematik gehört, und es nicht darauf ankommt, ob ein solches Maß in Zahlen, Figuren, Sternen, Tönen oder einem anderen beliebigen Gegenstand zu suchen ist, und daß es demnach eine allgemeine Wissenschaft geben müsse, die all das entwickelt, was bezüglich Ordnung und Maß, noch ohne einem besonderen Gegenstand zugesprochen zu sein, zum Problem gemacht werden kann, und daß sie mit und in Gebrauch befindlichen Namen als >Mathesis Universalis< bezeichnet wird, weil in ihr alles das enthalten ist, um dessentwillen andere Wissenschaften auch Zweige der Mathematik genannt werden. Wie weit diese aber die anderen unter ihr stehenden Wissenschaften an Brauchbarkeit und Leichtigkeit übertrifft, das geht daraus hervor, daß sie sich auf all dasselbe wie jene und darüber hinaus noch auf vieles andere erstreckt und daß dieselbe Schwierigkeit, die sie etwa enthält,

auch in jenen auftreten, denen darüber hinaus noch andere aufgrund ihrer speziellen Gegenstände beiwohnen, die diese nicht hat.« (Descartes 1993, 173)

95 Habermas 2019b, 123.

96 Habermas verweist diesbezüglich auf die folgende Textstelle aus den *Regulae*: »Und so sind diese zwei Wege zur Wissenschaft (Intuition und Deduktion) am zuverlässigsten, und weitere darf man von Seiten der Erkenntniskraft nicht zulassen, sondern alle anderen sind als verdächtig und Irrtümern preisgegeben abzuweisen. Was jedoch nicht hindert, daß wir das, was von Gott geoffenbart ist, für zuverlässiger als alle Erkenntnis zu halten, weil der Glaube daran, so sehr er auch auf Verborgenes geht, doch keine Tat der Erkenntniskraft, sondern des Willens ist [...].« (Descartes 1993, 21)

97 Habermas 2019b, 124.

98 Habermas 2019b, 124.

99 Habermas verweist auf folgende Stelle aus dem *Discours*, um die über den naturwissenschaftlichen Kontext hinausgreifende Rolle des Zweifels mitsamt einer Ausklammerung der Existenz des eigenen zweifelnden Bewusstseins von eben jenem aufzuweisen: »Endlich erwog ich, daß uns genau die gleichen Vorstellungen, die wir im Wachen haben, auch im Schlafe kommen können, ohne daß in diesem Falle eine davon wahr wäre, und entschloß mich daher zu der Fiktion, daß nichts, was mir jemals in den Kopf gekommen wäre, wahrer wäre als die Trugbilder meiner Träume.« (Descartes 2011, 57).

100 Habermas 2019b, 125.

101 Vgl. Schnädelbach 2000.

102 Schnädelbach 2000, 190.

103 Schnädelbach 2000, 193.

104 Habermas 2019b, 125.

105 Die folgenreiche Weichenstellung entdeckt Habermas bereits in den *Regulae*: »Nunmehr darf man aus alledem vollends schließen, nicht zwar, daß allein Arithmetik und Geometrie gelernt werden dürfen, sondern nur, daß, wer den richtigen Weg zur Wahrheit sucht, mit keinem Gegenstand umgehen darf, über den er nicht eine den arithmetischen oder geometrischen Beweisen gleiche Gewißheit gewinnen kann.« (Descartes 1993, 13)

106 Habermas 2019b, 126.

107 Habermas 2019b, 127, Fußnote 144.

108 Habermas 2019b, 142.

109 Habermas 2019a, 171.

110 Habermas 2019b, 127.

111 Habermas 2019b, 129.

112 Habermas 2019b, 128f.

113 Habermas 2019b, 129. Descartes leitet den dritten Abschnitt des *Discours* ein mit dem Verweis auf die Mitteilung einer »vorläufigen Moral, damit ich in meinen Handlungen nicht unentschlossen bleibe« (Descartes 2011, 41). Insgesamt sind die moralischen Anforderungen in ihrem Verbindlichkeits-

charakter niedrigschwellig angesetzt, und entsprechen ethischen Klugheits- und Urteilsregeln ohne wissenschaftliche Bindungskraft: »Denn da unser Wille sich nur darauf erstreckt, etwas nur dann zu verfolgen oder zu vermeiden, wenn unser Verstand es ihm als gut oder schlecht darstellt, reicht es aus, gut zu urteilen, um gut zu tun, und es reicht aus, so gut zu urteilen, wie man kann, um auch sein Bestes zu tun, d. h. um alle Tugend zu erlangen und überhaupt alle anderen Güter, die man erlangen kann.« (Descartes 2011, 49)

114 Habermas 2019b, 129.

115 Habermas 2019b, 130.

116 Habermas 2019b, 169.

117 Habermas 2019b, 201.

118 Habermas 2019b, 204.

119 Habermas 2019b, 206.

120 Habermas 2019b, 207.

121 Habermas 2019b, 298.

122 Habermas 2019b, 298.

123 Habermas 2019b, 226.

124 Habermas 2019b, 265.

125 Habermas 2019b, 268.

126 Habermas 2019b, 274.

127 Habermas 2019b, 275.

128 Habermas 2019b, 280.

129 Habermas 2019b, 270.

130 Habermas 2019b, 246. Habermas führt die folgende Stelle aus dem ersten Buch des *Traktats* zum Nachweis dieses methodischen Ausgangspunktes einer »epistemologisch begründeten Skepsis« (Habermas 2019b, 233) der Philosophie Humes an: »Was die Eindrücke betrifft, welche von den Sinnen herstammen, so ist ihre letzte Ursache, meiner Meinung nach, durch menschliche Vernunft nicht zu erkennen; es wird stets unmöglich sein, mit Gewißheit zu entscheiden, ob sie unmittelbar durch den Gegenstand veranlaßt, oder durch die schöpferische Kraft des Geistes hervorgebracht werden, oder endlich von dem Urheber unseres Seins herstammen.« (Hume 1989a, 112 f.)

131 Habermas 2019b, 231.

132 Habermas 2019b, 240.

133 Habermas 2019b, 231.

134 Habermas verweist auf eine epistemologische Schlüsselargumentation aus dem ersten Buch des *Traktats*, nach der die Vorstellung von Kausalität in der »Selbstwahrnehmung der Reaktionen des Geistes auf solche Wahrnehmungen« (Habermas 2019b, 256) gründet: »Nun ist nichts gewisser, als daß der menschliche Geist, wenn er die Vorstellung zweier Gegenstände in sich vollzieht, damit nicht zugleich eine notwendige Verknüpfung zwischen ihnen vorstellt, oder jene Kraft und Wirksamkeit, die sie aneinander bindet, deutlich miterfaßt.« (Hume 1989a, 220)

135 Für den notwendigen Erfahrungsbezug einer Vorstellung von Kausalität rekurriert Habermas auf eine dem letzten Argument vorangehende und als Schlussfolgerung platzierte Überlegung aus dem gleichen Kapitel des *Traktats*: »Da die Vernunft niemals die Vorstellung der Wirksamkeit ins Dasein rufen kann, so muß diese Vorstellung aus der Erfahrung stammen, nämlich aus bestimmten Beispielen dieser Wirksamkeit, die durch die gewöhnlichen Kanäle, nämlich entweder die sinnliche Empfindung oder die innere Wahrnehmung in den Geist gelangt sind.« (Hume 1989a, 213)

136 Habermas 2019b, 257.

137 Habermas 2019b, 258.

138 Habermas 2019b, 258.

139 Habermas 2019b, 260.

140 Habermas 2019b, 262.

141 Habermas 2019b, 263.

142 Habermas 2019b, 263. Habermas verweist diesbezüglich auf eine Stelle aus dem dritten Buch des *Traktats*, in der Hume aus der Erfahrung zu begründen versucht, »daß unsere Handlungen in konstanter Verbindung mit unseren Motiven, unserem Temperament und den Umständen stehen« (Hume 1989b, 471).

143 Paradigmatisch für diese These Humes der Verweis von Habermas auf den einschlägigen Satz: »Wir können uns einbilden, die Freiheit in uns zu fühlen, aber ein Zuschauer wird wohl aus unseren Motiven und unserem Charakter auf unsere Handlungen schließen.« (Hume 1989b, 479)

144 Habermas 2019b, 267.

145 Habermas 2019b, 267.

146 Habermas zitiert von den vielen möglichen Stellen zur Darlegung von Einschränkungen und Begrenzungen der Fähigkeiten der Vernunft im *Traktat* die folgende mit Blick auf das Verhältnis von Rationalität und Affekten wesentliche Passage: »Entweder ruft sie (die Vernunft oder Rationalität) einen Affekt ins Dasein, indem sie uns über die Existenz eines seiner Natur entsprechenden Gegenstandes belehrt; oder sie zeigt uns die Mittel, irgendeinen Affekt zu bestätigen, indem sie den Zusammenhang von Ursachen und Wirkungen entdeckt.« (Hume 1989b, 535)

147 Habermas 2019b, 270.

148 Habermas 2019b, 270.

149 Habermas 2019b, 270.

150 Habermas 2019b, 273.

151 Habermas 2019b, 278.

152 Habermas 2019b, 278.

153 Habermas 2019b, 293.

154 Habermas 2019b, 276.

155 Habermas 2019b, 231.

156 Habermas 2019b, 282.

157 Habermas 2019b, 286.

158 Habermas 2019b, 287.

159 Habermas 2019b, 292.

160 Habermas führt zum Nachweis der in normativer Hinsicht problematischen Argumentationslinie folgenden von ihm als »paradoxe Aussage« (Habermas 2019b, 293) charakterisierten Satz aus dem dritten Buch des *Traktats* an: »So können wir schließlich nur sagen, die Vernunft *verlangt* ein solch unparteiisches Verhalten, es gelingt uns aber selten, dies Verlangen zu erfüllen; unsere Affekte folgen eben nicht willig der Entscheidung unseres Urteils.« (Hume 1989b, 672)

161 Referenz sind hier Überlegungen von Hume zu Fragen der Gerechtigkeit mit politischen Implikationen, die dieser im Anhang seines Essays *Eine Untersuchung über die Prinzipien der Moral* angestellt hatte (vgl. Hume 2003, 144 ff.). Ebenso rekurriert Habermas auf dessen Ausführungen zum Gewohnheitsrecht im dritten Buch des *Traktats* (vgl. Hume 1989b, 630 ff.).

162 Habermas 2019b, 296.

163 Habermas 2019b, 298.

164 Habermas 2019b, 298.

165 Habermas 2019b, 299.

166 Habermas 2019b, 302.

167 Vgl. Habermas 2005e.

168 Habermas 2019b, 305.

169 Habermas rekurriert hier auf einschlägige Textstellen aus der *Kritik der reinen Vernunft*, die für die Verbindung eben der subjektphilosophischen Grundbegriffe mit den epistemischen Prämissen der Transzendentalphilosophie einstehen (vgl. Habermas 2019b, 312 ff.). Hieraus schlussfolgert er mit Blick auf die inhaltliche Ausrichtung der Subjektphilosophie und den methodischen Zugriff der Transzendentalphilosophie auf die theoretischen und praktischen Problemstellungen: »Kant begreift das Ich als Akteur, als ein *von Haus aus handelndes Subjekt*, sodass die Selbstvergewisserung dessen, was er tut, nicht durch Introspektion, das heißt den anstarrenden Blick eines auf die eigenen Vorstellungen als Gegenstand gerichteten Beobachters, aber auch nicht durch Versenkung einer ersten Person in den Strom selbstevidenter Erlebnisse erfasst, sondern nur durch Reflexion im Sinne des *explizierenden Nachvollzuges* einer sich selbst zugerechneten, insofern schon vertrauten Performanz geleistet werden kann.« (Habermas 2019b, 313) Martin Bondeli kritisiert hinsichtlich dieser Lesart, dass Habermas vergesse, »die verschiedenen Subjektfunktionen und Begründungsstufen kenntlich zu machen« (Bondeli 2022, 589), die mit Kants Begründungsverfahren der Ermöglichungsbedingungen von Erfahrung verbunden sind. In der Folge werde Kant sehr einseitig als subjektiver Idealist gelesen, ohne dessen Widerlegung des problematischen und dogmatischen Idealismus zu thematisieren. Dadurch werde die Seite an Kant, die ihn ebenso als »empirischen Realisten und Vertreter einer Objekti-

vität der Erkenntnis« (Bondeli 2022, 589) ausweisen lasse, in problematischer und Kants Position verzerrender Weise aus der Darstellung ausgespart.

170 Habermas 2019b, 306.

171 Zu dieser Textpassage aus *Auch eine Geschichte der Philosophie* finden sich keine direkten Literaturverweise auf die relevanten Schriften Kants. Inhaltlich stehen zwei prominente Anmerkungen aus dem ersten und zweiten Abschnitt der *Grundlegung zur Metaphysik der Sitten* für Relevanz und Gewichtung von Gefühl und Interesse für ein vernunftgemäßes Handeln ein. So schreibt Kant mit Blick auf die Wirkungsrelationen zwischen dem Moralgesetz und den menschlichen Erkenntnis- und Begehrungsvermögen: »Man könnte mir vorwerfen, als suchte ich hinter dem Worte Achtung nur Zuflucht in einem dunklen Gefühle, anstatt durch einen Begriff der Vernunft in der Frage deutliche Auskunft zu geben. Allein wenn Achtung gleich ein Gefühl ist, so ist es doch kein durch Einfluß *empfangenes*, sondern durch einen Vernunftbegriff *selbstgewirktes* Gefühl und daher von allen Gefühlen der ersteren Art, die sich auf Neigung oder Furcht bringen lassen, spezifisch unterschieden. [...] Eigentlich ist Achtung die Vorstellung von einem Werte, der meiner Selbstliebe Abbruch tut. [...] Der *Gegenstand* der Achtung ist also lediglich das *Gesetz* [...]. Alles moralische sogenannte *Interesse* besteht lediglich in der *Achtung* fürs Gesetz.« (Kant 1999, 20f.). Mit Blick auf den Einfluss von Trieben, Wünschen und Bedürfnissen einerseits und Vernunft andererseits auf den Willen schreibt Kant im Folgenden: »Die Abhängigkeit des Begehrungsvermögens von Empfindungen heißt Neigung, und diese beweist also jederzeit ein Bedürfnis. Die Abhängigkeit eines zufällig bestimmbaren Willens aber von den Prinzipien der Vernunft heißt ein *Interesse*. [...] Wir haben im ersten Abschnitte gesehen, daß bei einer Handlung aus Pflicht nicht auf das Interesse am Gegenstande, sondern bloß an der Handlung selbst und ihrem Prinzip in der Vernunft (dem Gesetz) gesehen werden müsse.« (Kant 1999, 36)

172 Habermas 2019b, 307.

173 Habermas 2019b, 308.

174 Habermas 2019b, 309.

175 Habermas 2019b, 310.

176 Habermas 2019b, 319.

177 Habermas 2019b, 319.

178 Habermas 2019b, 319.

179 Habermas 2019b, 319.

180 Habermas 2019b, 320.

181 Habermas 2019b, 339.

182 Habermas 2019b, 326.

183 Habermas 2019b, 320. Diese Arbeit an der Transformation religiöser Motive war jedoch in den ersten Sätzen der Vorrede zur Schrift über *Die Religion innerhalb der Grenzen der bloßen Vernunft* noch von der von Habermas textlich angeführten moralphilosophischen Leitlinie noch verdeckt geblieben:

»Die Moral, sofern sie auf dem Begriffe des Menschen, als eines freien, eben darum aber auch sich selbst durch seine Vernunft an unbedingte Gesetze bindenden Wesens, gegründet ist, bedarf weder der Idee eines anderen Wesens über ihm, um seine Pflicht zu erkennen, noch einer anderen Triebfeder als des Gesetzes selbst, um sie zu beobachten.« (Kant 2017, 3)

184 Habermas 2019b, 320.

185 Habermas 2019b, 323.

186 Habermas 2019b, 323.

187 Habermas 2019a, 166f.

188 Habermas 2019b, 332.

189 Habermas 2019b, 353.

190 Habermas 2019b, 369f.

191 Habermas 2019b, 326.

192 Habermas 2019b, 326.

193 Forst 2021, 137.

194 Habermas 2019b, 327.

195 Habermas 2019b, 327f.

196 Habermas 2019b, 328.

197 Habermas 2019b, 330. Habermas verweist unter anderem auf verschiedene Textstellen aus Kants Diskussion des Hanges zum Bösen in der menschlichen in der Schrift über *Die Religion innerhalb der Grenzen der bloßen Vernunft* (vgl. Kant 2017, 33ff.).

198 Habermas 2019b, 331.

199 Habermas 2019b, 331.

200 Habermas 2019b, 347.

201 Axel Honneth verweist darauf, dass Habermas seine Rekonstruktion von Kants späten Vorschlägen zur Überbrückung des »Gegensatzes von Freiheit und Naturgesetzlichkeit« doch sehr viel stärker auf der Grundlage der religionsphilosophischen als der politischen und geschichtsphilosophischen Schriften vollzieht. Ihm zufolge bringe Habermas »diesen späten Spekulationen Kants nicht deswegen wenig Interesse entgegen, weil er den zusätzlichen Interpretationsaufwand vermeiden wollte, sondern weil er dem damit eingeschlagenen Lösungsweg zutiefst misstraut« (Honneth 2021, 247f.).

202 Habermas 2019b, 331.

203 Forst 2021, 135.

204 Habermas 2019b, 350.

205 Habermas 2019b, 350.

206 Habermas rekurriert in diesem thematischen Zusammenhang auf drei unterschiedliche Textstellen aus drei Werken Kants. In der *Religionsschrift* schrieb Kant über die Glückseligkeit aus einer das Begehrungsvermögen in seiner anthropologischen Dimension in den Blick nehmenden Perspektive: »Natürliche Neigungen sind, an sich selbst betrachtet, gut, d.i. unverwerflich, und es ist nicht allein vergeblich, sondern es wäre auch schädlich und

tadelhaft, sie ausrotten zu wollen, damit sie sich untereinander nicht selbst aufreiben, sondern zur Zusammenstimmung in einem Ganzen, Glückseligkeit genannt, gebracht werden können. Die Vernunft aber, die dieses ausrichtet, heißt Klugheit.« (Kant 2017, 74f.) In der *Kritik der praktischen Vernunft* schrieb Kant mit Blick auf eine notwendige Erweiterung der Grundbegrifflichkeiten seiner Moraltheorie um die Fragen nach der Glückseligkeit: »Denn der Glückseligkeit bedürftig, ihrer auch würdig, dennoch aber derselben nicht teilhaftig zu sein, kann mit dem vollkommenen Wollen eines vernünftigen Wesens, welches zugleich alle Gewalt hätte, wenn wir uns auch nur ein solches zum Versuche denken, gar nicht zusammen bestehen.« (Kant 2003, 149). Und in der *Kritik der Urteilskraft* wird »die Beförderung der Glückseligkeit, in Einstimmung mit der Sittlichkeit« (Kant 2009, 382) als »durch das moralische Gesetz geboten« (Habermas 2019b, 350) ausgewiesen.

207 Vgl. Kant 2003, 177ff.
208 Habermas 2019b, 351.
209 Habermas 2019b, 352.
210 Habermas 2019b, 354.
211 Habermas 2019b, 354.
212 Habermas 2019b, 357.
213 Habermas 2019b, 359.
214 Habermas 2019b, 358.
215 Habermas 2019b, 365.
216 Habermas 2019b, 367.
217 Habermas 2019b, 372.
218 Habermas 2019b, 373.
219 Habermas 2019b, 374.
220 Habermas 2019b, 377.
221 Habermas 2019b, 559.
222 Habermas 2019b, 603.
223 Habermas 2019b, 513.
224 Habermas 2019b, 509.
225 Vgl. Habermas 2019b, 528–542.
226 Habermas 2019b, 534.
227 Habermas 2019b, 534f.
228 Habermas 2019b, 566.
229 Habermas 2019b, 566.
230 Habermas 2019b, 574.
231 Habermas 2019b, 575.
232 Habermas 2019b, 575.
233 Habermas 2019b, 575.
234 Habermas 2019b, 598.
235 Habermas 2019b, 606.
236 Habermas 2019b, 604.

237 Habermas 2019b, 606f.

238 Habermas 2019b, 607.

239 Habermas 2019b, 607.

240 Habermas 2019b, 617.

241 Habermas 2019b, 608.

242 Habermas 2019b, 607.

243 Habermas 2019b, 607.

244 Habermas führt die folgenden Textstellen aus Feuerbachs früher Kritik an Hegel zum Nachweis des Schrittes hin zu einem sprachbasierten Paradigmenwechsel unter Rekurs auf ein gattungsethisches Verständnis von menschlicher Kommunikation an: »Die Demonstration ist nichts anderes als das Zeigen, daß das *wahr* ist, was ich *sage*, nichts anderes als die Rücknahme der Entäußerung des Gedankens an die *Urquelle* des Gedankens. Die Bedeutung der Demonstration kann daher nicht gefaßt werden ohne Bezugnahme auf die Bedeutung der *Sprache*. Die Sprache ist – abgesehen hier von dem Bedürfnis, welches ohnedem wohl überall der erste Ausgangspunkt, aber nicht der wahre und letzte Grund ist – nichts anderes als die *Realisation der Gattung*, die Vermittlung des Ich mit dem mit dem Du, um durch die Aufhebung ihrer individuellen Getrenntheit die Einheit der Gattung darzustellen. Das Element des Wortes ist daher die Luft, das spirituellste und allgemeinste Lebensmedium. Die Demonstration hat nur in der Vermittlungstätigkeit des Gedankens für andere ihren Grund.« (Feuerbach 1975a, 18). »Alle Demonstration ist daher nicht eine Vermittlung des Gedankens in und für den Gedanken selbst, sondern eine Vermittlung mittels der Sprache zwischen dem Denken, *inwiefern es meines* ist, und dem Denken des *anderen, inwiefern es seines* ist – wo zwei oder drei in meinem Namen versammelt sind, da bin ich: die Vernunft, die Wahrheit mitten unter Euch […].« (Feuerbach 1975a, 19). »Die Demonstrations- und Schlußweisen sind daher keine *Vernunftformen* an sich, keine Formen des innerlichen Denk- und Erkenntnisaktes; sie sind nur *Mitteilungsformen*, Ausdrucksweisen, Dar- und Vorstellungen, Erscheinungen des Gedankens.« (Feuerbach 1975a, 21). Eine Diskussion der von Habermas vorgenommenen sprachphilosophischen und kommunikationstheoretischen Einordnungen dieser Ausführungen von Feuerbach findet sich in Thein 2023a, 281f.

245 Habermas 2019b, 608.

246 Habermas 2019b, 608.

247 Habermas 2019b, 609.

248 Habermas 2019b, 609.

249 Habermas 2019b, 609.

250 Habermas zitiert die folgende Textstelle aus den *Vorläufigen Thesen zur Reformation der Philosophie* zum Nachweis einer Kontextualisierung von Philosophie in die sich neu entwickelnden naturphilosophischen und -wissenschaftlichen Diskurse in der ersten Hälfte des 19. Jahrhunderts: »Alle

Wissenschaften müssen sich auf *Natur* gründen. Eine Lehre ist solange nur eine *Hypothese*, solange nicht ihre *natürliche Basis* gefunden ist. Dieses gilt insbesondere von der *Lehre der Freiheit*. [...] *Die Philosophie muß sich wieder mit der Naturwissenschaft, die Naturwissenschaft mit der Philosophie verbinden.*« (Feuerbach 1975b, 243). Aus dem *Vorwort* zu den *Grundsätzen der Philosophie der Zukunft* paraphrasiert Habermas die folgende Passage, die für Feuerbachs Projekt der neuen Philosophie als Verwandlung der Theologie in die materialistische Anthropologie einstehe: »Die Philosophie der Zukunft hat die Aufgabe, die Philosophie aus dem Reiche der abgeschiedenen Seelen in das Reich der *bekörperten*, der *lebendigen* Seelen wieder einzuführen, aus der göttlichen, nichtsbedürftigen Gedankenseligkeit in das *menschliche Elend* herabzuziehen. Zu diesem Zwecke bedarf sie nichts weiter als einen *menschlichen* Verstand und *menschliche* Sprache.« (Feuerbach 1976c, 247).

251 Habermas 2019b, 609.

252 Zum Nachweis dieses ambivalenten Zuganges zu sowohl idealistischen und universalistischen als auch anthropologischen Bestimmungen des Menschen führt Habermas die folgende umfängliche Textstelle aus § 54 der *Grundsätze* mit wenigen Auslassungen an: »Der Mensch ist kein partikulares Wesen wie das Tier, sondern ein *universelles*, darum kein beschränktes und unfreies, sondern uneingeschränktes, freies Wesen, denn Universalität, Unbeschränktheit, Freiheit sind unzertrennlich. Und diese Freiheit existiert nicht etwas in einem *besondern* Vermögen, dem *Willen*, ebensowenig diese Universalität in einem besondern Vermögen, der *Denkkraft*, der Vernunft – diese Freiheit, diese Universalität erstreckt sich über sein ganzes Wesen. [...] Der Mensch hat nicht den Geruchssinn eines Jagdhundes, eines Raben; aber nur, weil sein Geruchssinn ein alle Arten von Gerüchen umfassender, darum freier, gegen besondere Gerüche indifferenter Sinn ist. Wo sich aber ein Sinn erhebt über die Schranke der Partikularität und seine Gebundenheit an das Bedürfnis, da erhebt er sich zu *selbstständiger*, zu *theoretischer* Bedeutung und Würde: – *Universeller* Sinn ist *Verstand*, *universelle* Sinnlichkeit *Geistigkeit*. Selbst die untersten Sinne, Geruch und Geschmack, erheben sich im Menschen zu geistigen, zu wissenschaftlichen Akten.« (Feuerbach 1975c, 318)

253 Habermas 2019b, 609.

254 Habermas 2019b, 611.

255 Habermas 2019b, 612.

256 Habermas 2019b, 615. Der von Habermas zitierte Satz findet sich in § 57 der *Grundsätze*: »Der *natürliche Standpunkt* des Menschen, der Standpunkt der *Unterscheidung* in *Ich* und *Du*, *Subjekt* und *Objekt* ist der *wahre*, der *absolute Standpunkt*, folglich auch der *Standpunkt der Philosophie*.« (Feuerbach 1975c, 319)

257 Zur Diskussion dieser intersubjektivitätstheoretischen Deutung vgl. Thein 2023a, 285.

258 Habermas 2019b, 615.

259 Habermas 2019b, 615.
260 Habermas 2019b, 617.
261 Habermas 2019b, 633.
262 Habermas 2019b, 634.
263 Habermas 2019b, 632.
264 Habermas 2019b, 632.
265 Habermas zitiert die folgende Textpassage aus dem mit ›Geschichte‹ überschriebenen Kapitel des Feuerbach-Teils aus der *Deutschen Ideologie* nach den Marx-Engels-Werken aus dem Dietz-Verlag: »Der ›Geist‹ hat von vornherein den Fluch an sich, mit der Materie ›behaftet‹ zu sein, die hier in der Form von bewegten Luftschichten, Tönen, kurz der Sprache auftritt. Die Sprache ist so alt wie das Bewußtsein – die Sprache *ist* das praktische, auch für andre Menschen existierende, also auch für mich selbst erst existierende wirkliche Bewußtsein, und die Sprache entsteht, wie das Bewußtsein, erst aus dem Bedürfnis, der Notdurft des Verkehrs mit andern Menschen. Wo ein Verhältnis existiert, da existiert es für mich, das Tier ›verhält‹ sich zu Nichts und überhaupt nicht. Für das Tier existiert sein Verhältnis zu andern nicht als Verhältnis. Das Bewußtsein ist also von vornherein schon ein gesellschaftliches Produkt und bleibt es, solange überhaupt Menschen existieren.« (Marx/ Engels 1959, 30f.)
266 Habermas 2019b, 633.
267 Habermas 2019b, 634.
268 Habermas 2019b, 634.
269 Habermas 2019b, 635.
270 Habermas 2019b, 635f.
271 Habermas 2019b, 636.
272 Habermas 2019b, 625.
273 Habermas 2019b, 625.
274 Habermas 2019b, 624.
275 Habermas referiert zum Nachweis der von Marx unternommenen Rückkoppelung von politischen Emanzipationsfragen an die Entfaltung der Produktivkräfte eine Textstelle aus dem Vorwort der dem *Kapital* werkbiografisch vorangehenden Schrift *Zur Kritik der politischen Ökonomie* aus dem Jahre 1859: »Eine Gesellschaftsformation geht nie unter, bevor alle Produktivkräfte entwickelt sind, für die sie weit genug ist, und neue höhere Produktionsverhältnisse treten nie an die Stelle, bevor die materiellen Existenzbedingungen derselben im Schoß der alten Gesellschaft selbst ausgebrütet worden sind.« (Marx 1974, 9)
276 Habermas 2019b, 637f.
277 Habermas 2019b, 651.
278 Habermas 2019b, 651.
279 Habermas 2019b, 651.
280 Habermas 2019b, 652.

281 Habermas 2019b, 652.

282 Habermas 2019b, 653.

283 Habermas 1981b, 489ff.

284 Habermas 1985a, 95ff.

285 Dementsprechende Kritiken an Marx' Theorie der kapitalistischen Produktionsweise hatte Habermas bereits in *Erkenntnis und Interesse (1968)* sowie in *Zur Rekonstruktion des Historischen Materialismus (1976)* formuliert.

286 Habermas 2019b, 653f.

287 Habermas verweist jedoch in einer Fußnote auf eine interessante Stelle aus den *Grundrissen zur Kritik der politischen Ökonomie*, in der Marx gegen eine Gleichsetzung von Sprache und Geld mit Blick auf die interaktiven Dimensionen der Vergesellschaftung opponiert: »Die Ideen werden nicht in die Sprache verwandelt, so daß ihre Eigentümlichkeit aufgelöst und ihr gesellschaftlicher Charakter neben ihnen in der Sprache existierte, wie die Preise neben den Waren. Die Ideen existieren nicht getrennt von der Sprache.« (Marx 1983, 96). Hier behandelt Marx ganz im Sinne der Intentionen der Kommunikationstheorie von Habermas die Sprache als »ein originär gesellschaftliches Phänomen«, ohne dass diese Einsicht eine weitergehende »systematische Relevanz« für die *Kritik der politischen Ökonomie* gehabt habe (Habermas 2019b, 663).

288 Habermas 2019b, 659.

289 Habermas 2019b, 660.

290 Habermas 2019b, 661. Vgl. Habermas 2019c.

291 Habermas 2019b, 662.

292 Habermas 2019a, 171.

293 Habermas 2019a, 171.

294 Habermas 2019a, 145.

295 Habermas 2019a, 146.

296 Habermas 2019a, 149f.

297 Habermas 2019a, 150.

298 Habermas 2019a, 464f.

299 Habermas 2019a, 470.

300 Habermas 2019a, 464.

301 Habermas 2019a, 465.

302 Habermas 2012b, 31.

303 Habermas 2012b, 31.

304 Habermas 2019a, 471.

305 Habermas 2019a, 472.

306 Habermas 2019a, 472.

307 Habermas 2019a, 472.

308 Habermas 2019a, 472.

309 Habermas 2019a, 472.

310 Habermas 2019a, 573.

311 Habermas 2019a, 573.

312 Habermas 2019a, 579.

313 Habermas 2019a, 583.

314 Habermas 2019b, 162.

315 Habermas 2019b, 164.

316 Martin Dürnberger verweist zudem darauf, dass diese »selbstreferentielle Abkapselung« (Habermas 2019b, 36) des religiösen Elements in Luthers Theologie ebenso mit einem den religiösen Vollzug selbstinterpretierenden »*fideistischen Drift*« einhergehe, der nicht nur für die in *Auch eine Geschichte der Philosophie* zur Darstellung gebrachte *Genealogie des nachmetaphysischen Denkens* als Charakteristikum ausgewiesen werde, sondern auch die Darstellung selbst betreffe: »An dieser Darstellung interessiert […], in welcher Weise das bei Luther festgestellte Verständnis von Glauben und dessen fideistische Drift in Habermas' eigenes Verständnis von Religion eingeht bzw. dieses orientiert. Für diese Annahme gibt es wenig überraschend *prima facie* einige Gründe.« (Dürnberger 2021, 93f.)

317 Habermas 2019b, 164.

318 Habermas 2019b, 773.

319 Habermas 2019b, 773.

320 Habermas 2019b, 749.

321 Habermas 2019b, 749.

322 Habermas 2019b, 705, FN 96.

323 Habermas 2019b, 704.

324 Habermas 2019b, 704.

325 Habermas 2019b, 704.

326 Habermas 2019b, 705.

327 Habermas 2019b, 715f.

328 Habermas 2005b, 33–39.

329 Habermas 2019b, 716.

330 Habermas 2019b, 749.

331 Habermas 2019b, 753.

332 Habermas 2019b, 756.

333 Habermas 2019b, 776.

334 Habermas 2019b, 773.

335 Habermas 2019b, 777.

336 Habermas 2019b, 769.

1 Vgl. Mensching 2021; Hösle 2021; Schmitt 2022; Bondeli 2022.

2 Arbogast Schmitt verweist einleitend zwar auf den Gegenwartsbezug der von Habermas rekonstruierten historischen Spuren, den er als »Besonderheit seiner *Geschichte der Philosophie*« herausstellt (Schmitt 2022, 148). Ohne weitergehende intensive Auseinandersetzung mit dem methodischen Zugriff und der zugrundeliegenden Intention von *Auch eine Geschichte der Philosophie* kritisiert er anschließend vor dem Hintergrund seiner eigenen – in der historischen Forschung ebenso nicht unkontroversen – Positionen eine Habermas wiederum unterstellte »direkte Entgegensetzung der Moderne gegen die Antike« (Schmitt 2022, 148). Auf einer autoren- und werkbezogenen Rezeptionsebene stellt Schmitt seine eigene Lesart der aristotelischen Metaphysik vor und integriert in die Darstellung Lob und Tadel für den Rekurs von Habermas auf die Rezeption des Aristoteles im Kontext von dessen weitläufigen Ausführungen zum mittelalterlichen Diskurs über Glauben und Wissen.

Günther Mensching fragt in seiner Rezeption, »ob Habermas' Interpretationen der einzelnen Philosophen mit deren Texten wirklich in Einklang steht« (Mensching 2021, 202). Mit überraschender hermeneutischer Naivität unterscheidet er zwischen positiv konnotierten repräsentativen und negativ konnotierten willkürlichen Darstellungsformen der Philosophiegeschichte und ordnet *Auch eine Geschichte der Philosophie* unumwunden der letzteren Spielart zu. Mensching selbst scheint jedenfalls sehr genau zu wissen, was »›die‹ Geschichte der Philosophie« ist und zeigt nur wenig Verständnis für einen genealogischen Zugriff auf diese: »Der Begriff der Genealogie unterstellt nämlich, dass die Metaphysik, deren Ende er verkündet, eine innere Tendenz zu ihrer eigenen Destruktion habe.« (Mensching 2021, 204) Anschließend wirft er Habermas mit Nietzsche und Heidegger in einen Topf und konstatiert zugleich, das Spätwerk von Habermas habe den einzigen Sinn, die kommunikationstheoretischen Überlegungen aus der mittleren Werkphase nun durch einen historischen Rückgang auf die Philosophiegeschichte durch eine Destruktion der Metaphysik zu legitimieren. Es ist offensichtlich, dass hier nicht genügend Arbeit in die Lektüre von *Auch eine Geschichte der Philosophie* investiert worden ist, so dass den im Verlauf der Rezension getätigten Mutmaßungen eine willkürliche und kaum repräsentative hermeneutische Stoßrichtung zu eigen scheint.

Im Vergleich sehr viel sorgfältiger geht Vittorio Hösle mit der zweibändigen Darstellung einer *Genealogie des nachmetaphysischen Denkens* um. Auch Hösle listet schulmeisterlich eine Reihe von »kleineren sachlichen Fehler« auf, die ihm bei der Lektüre aufgefallen sind (Hösle 2021, 201ff.). Interessanter ist jedoch sein Versuch, »Habermas' Projekt dadurch historisch zu situieren, dass ich die Hintergrundannahmen expliziere, die den Autor offenbar leiten« (Hösle 2021, 164). Und er sieht das Hauptproblem in dem systematischen Ausgangspunkt von Habermas, aus dem heraus die Aneignung der Philosophiegeschichte nicht überzeuge. Erstaunlicherweise identifiziert Hösle als Ausgangpunkt nicht eine spezifische Form des Zugriffes mitsamt einer gegenwartsbezogenen Intention, sondern eine genuin soziologische Perspektivierung, für die die religiös-metaphysische Form der Denk- und Ideengeschichte einer Vergangenheit angehöre: »Letztlich ist Habermas' Projekt eine Ausführung der Ideen Comtes.« (Hösle 2021, 205) Am Ende stünde so die Ausarbeitung eines »relativ kohärenten *soziologischen Weltbildes*«, dem zwar Respekt gebühre, das aber der internen Metaphysik- und Theologiegeschichte immer schon äußerlich bleibe (Hösle 2021, 207). Auch hier scheint die im Vergleich zu Mensching intensive Lektürearbeit ausschließlich den vielen kleinen Detailfragen der historischen Untersuchungen von *Auch eine Geschichte der Philosophie* gegolten zu haben – mit Blick auf den methodischen Hintergrund und die Intentionen verfehlt aber auch diese Rezension ihren Gegenstand.

3 Habermas 2019b, 768.

4 Habermas 2019b, 771.

5 Honneth 2021, 253.

6 Honneth 2021, 252.

7 Habermas 2019a, 147.

8 Habermas 2019a, 147, Fußnote 162.

9 Habermas 2019a, 148.

10 Horkheimer/Adorno 1969, 6.

11 Habermas 2019a, 174.

12 Habermas knüpft mit seiner Argumentation an die öffentlichkeitswirksame Formulierung der These vom ›Zivilisationsbruch‹ von Dan Diner an, die als Widerspruch gegen die »geschichtsphilosophische Idee aus der *Dialektik der Aufklärung*, wonach die ›neue Art von Barbarei‹ das Endprodukt menschlicher Zivilisationsgeschichte sei«, formuliert wurde (Aschrafi/Später 2021, 64).

13 Horkheimer/Adorno 1969, 12.

14 Habermas 2019a, 174.

15 Habermas 2019a, 174.

16 In den verschiedenen Beiträgen über die von Kant oder Hegel herkommenden Einflusslinien auf das Denken von Habermas (vgl. hierzu grundlegend Thein 2013) gibt es eine Debatte darüber, ob letzterer mit Blick auf die Durchführung seiner Hauptwerke als Neokantianer oder als Neohegelianer einzuordnen sei (vgl. Allen 2019, 76). Der hier vorgelegten Lesart zufolge ist Habermas in genau zwei Hinsichten von Hegel beeinflusst. Zum einen geht sein Modell der rationalen und normativen Rekonstruktion von Lernschritten auf verschiedene methodische Darstellungsformen in Hegels Werk zurück. Zum anderen knüpft Habermas auf der inhaltlichen Ebene an dessen auf die Frühschriften zurückführende Grundidee einer Detranszendentalisierung von Subjektivität an. Davon unabhängig zeigt sich Habermas in moralphi-

losophischer Hinsicht gebunden an das deontologische Projekt Kants, unter eben detranszendentalisierten Prämissen. *Auch ein Geschichte der Philosophie* zeigt sich methodisch in einer spezifischen – rekonstruktiven – Hinsicht von Hegel und auf der Ebene der philosophischen Intention insbesondere von Kant beeinflusst. Das Begründungsprogramm einer *Kritischen Theorie*, das Habermas wiederum mit der *Theorie des kommunikativen Handelns* intendierte, gilt zum einen der konstruktiven Begründung eines normativen Standpunktes – der einer kommunikativen Vernunft –, von dem aus sich wiederum der rationale und kritische Gehalt verständigungsorientierter Normen in modernen Gesellschaften rekonstruieren lasse. Hier liegt also auf der methodischen Ebene ein komplexes Zusammenspiel von konstruktiven und rekonstruktiven Anteilen vor.

Die gängig gewordene Gegenüberstellung von Habermas als »neokantianischem Konstruktivisten« auf der einen oder als »neohegelianischem Rekonstruktivisten« auf der anderen Seite (Allen 2019, 76) konfundiert also die zu unterscheidenden Ebenen der komplexen philosophischen und sozialwissenschaftlichen Methoden- und Theoriebildung im Werk von Habermas.

17 Vgl. Habermas 2019a, 466ff.

18 Kreide/Wesche 2021, 277.

19 Benhabib 2021, 513.

20 Vgl. Liebsch/Taureck 2021, 15ff.; Hösle 2021, 185f.; Allen 2019, 73ff.

21 Habermas 2019b, 525.

22 Hösle 2021, 182.

23 Benhabib 2021, 517.

24 Habermas 2005a, 13.

25 Vgl. Thein 2023b, 95f.

26 Habermas 2019b, 479.

27 Habermas 2019b, 480.

28 Habermas 2019b, 481.

29 Habermas 2019b, 481.

30 Horkheimer 1967, 30.

31 Horkheimer 1967, 31.

32 Der Titel *Zur Kritik der instrumentellen Vernunft* geht hervor aus der von Alfred Schmidt besorgten und 1967 im Fischer-Verlag veröffentlichten Übersetzung der fünf Vorlesungen.

33 Habermas 1991, 119.

34 Brunkhorst 1987, 162.

35 Brunkhorst 1987, 169.

36 Hösle 2021, 165.

37 Ganz gegensätzlich zu der säkularistischen Interpretationshypothese von Axel Honneth problematisiert Peter E. Gordon die von ihm wiederum diagnostizierte Vereinseitigung, die Habermas durch seinen postsäkularen Rekurs auf religiöse Sinnressourcen in die »pädagogische Beziehung von Glau-

ben und Wissen« eingetragen habe: »Wir sehen nämlich, wie die moderne Philosophie durch einen Prozess der rationalisierendenden Osmose entsteht: Die Philosophie lernt aus religiösen Quellen, obwohl sie nur jene Einsichten religiöser Tradition akzeptieren kann, die einer rationalen Prüfung standhalten.« (Gordon 2021, 262) Als ›Asymmetrie-Problem‹ kennzeichnet Gordon, dass Habermas dem Säkularisierungsprozess einer Übersetzung von theologischen und religiösen in philosophische Gehalte *»eine unidirektionale Form«* gegeben habe: »Die Prämisse scheint zu sein, dass die Religion normativen Einsichten vorausgeht und sie bereitstellt, sodass sie für die Weitergabe in ein rationalisiertes und säkularisiertes Erbe verfügbar werden.« (Gordon 2021, 263). Mit Honneth wiederum stimmt Martin Dürnberger überein, der mit Bezug auf die Textstelle zu den mit Kant gegebenen Erweiterungen des diskursiven Raumes um »moralische und juristische, ethische und ästhetische Gründe« (Habermas 2019b, 769) darauf verweist, dass religiöse Gründe hier nicht genannt und angeführt werden: »Dass religiöse Überzeugungen ebenfalls von sich aus den Anspruch verkörpern, mit Gründen beurteilt zu werden, kommt hier und im weiteren Zusammenhang nicht vor.« (Dürnberger 2021, 95).

38 Brunkhorst 1987, 179.
39 Brunkhorst 1987, 177.
40 Habermas 2019b, 806.
41 Adorno 1958, 609. Habermas 2019b, 806.
42 Habermas 2019b, 806.
43 Vgl. Gordon 2020.
44 Habermas 2019b, 806, Fußnote 22.
45 Adorno 1958, 610.
46 Adorno 1958, 611.
47 Habermas 2015.
48 Habermas 2015.
49 Habermas 2015.
50 Habermas 2015.
51 Habermas 2019b, 665.
52 Habermas 2019b, 665.
53 Habermas 2019b, 665.
54 Benhabib 2021, 523, Fußnote 523.
55 Habermas 2019b, 98.
56 Habermas 1981a, 278f.
57 Habermas 2012e, 140.
58 Vgl. Peaceman 2022, 51ff.
59 Habermas 2019b, 665.
60 Brumlik 2001, 103ff. Vgl. Liska 2016.
61 Vgl. Brumlik 2009.
62 Habermas 1961, 39.

63 Habermas 1961, 64.
64 Habermas 1972, 194f.
65 Habermas 1972, 186. Vgl. Frank 2009, 133.
66 Habermas 2019b, 803.
67 Brumlik 2009, 120.
68 Habermas 1961, 39.
69 Vgl. Frank 2009. Vgl. ebenso die Hinweise von Georg Lohmann zu den Motivlagen einer »ernüchterten Geschichtsphilosophie« im Schritt von der frühen zur mittleren Werkphase von Habermas (Lohmann 2014, 334ff.).
70 Habermas 2019a, 34.
71 Habermas 2019b, 569.
72 Im zweiten Band von *Auch eine Geschichte der Philosophie* widmet Habermas ein Kapitel der von Sören Kierkegaard unternommen und für die existentialistischen Philosophien wegweisenden Ausbuchstabierung einer »ethisch-existentiellen Freiheit des lebensgeschichtlich individuierten Einzelnen« (Habermas 2019b, 668ff.).
73 Vgl. Habermas 2005d. Für eine Einordnung und Diskussion des jüngeren Beitrages zu Adorno in die von Habermas im Spätwerk verfolgten Intentionen vgl. Thein 2022, 371ff.
74 Frank 2009, 133.
75 Habermas 2019a, 15.
76 Vgl. Thein 2023b, 114ff.
77 Habermas 2019a, 16.
78 Habermas 2019a, 16.
79 Habermas 1981b, 583.
80 Allen 2019, 74.
81 Honneth 1985, 311. Auch Seyla Benhabib hatte bereits 1985 – damals im Kontext ihrer engen Zusammenarbeit mit Habermas – sehr differenziert auf verschiedene Problemstellungen der in der *Theorie des kommunikativen Handelns* verfolgten Begründungsstrategie qua der Verbindung von synchroner und diachroner Ebene hingewiesen (vgl. Benhabib 1992, 29ff.; Lopes 2022, 295ff.).
82 Allen 2019, 74.
83 Allen 2019, 75.
84 Habermas 1976b, 154.
85 Habermas 1976b, 154.
86 Habermas 1976b, 155.
87 Habermas 1976b, 170.
88 Habermas 1976b, 157.
89 Lohmann 2014, 331.
90 Habermas 1976b, 155.
91 Habermas 1976b, 194.
92 Habermas 2019a, 138f.

93 Habermas 2019a, 139.
94 Habermas 2019a, 143.
95 Habermas 2019a, 143.
96 Lohmann 2014, 333.
97 Vgl. Bohman 1996.
98 Vgl. Allen 2019, 107ff.
99 Arnason 1986, 281.
100 Benhabib 2021, 519.
101 Habermas 2001b, 175.
102 Habermas 2021, 240. Vgl. Habermas 2019b, 788–797.
103 Benhabib 2021, 520.
104 Benhabib 2021, 520.
105 Kreide/Wesche 2021, 278.
106 Habermas 2019a, 110.
107 Habermas 2019a, 111.
108 Habermas 2019a, 143.
109 Habermas 2019a, 139.
110 Habermas 2019a, 113.
111 Habermas 2019a, 117.
112 Allen 2019, 113.
113 Allen 2019, 119.
114 Forst 2021, 136.
115 Forst 2021, 143.
116 Allen 2019, 22.
117 Habermas 2021, 239.
118 Habermas unterscheidet zwischen den allen Diskursteilnehmenden gemeinsamen Argumentationsvoraussetzungen wie den Aufrichtigkeits- und Zuverlässigkeitsansprüchen oder generellen logischen Prinzipien auf der einen und Präsuppositionen wie dem Prinzip der wechselseitigen Anerkennung, der Gleichheit im Diskurszugang, der Artikulationsfreiheit oder der Abstraktion von den egozentrischen Perspektiven auf die jeweiligen Interessenlagen auf der anderen Seite (vgl. Habermas 1983, 98ff.). Durch letztere, die Habermas auch als »allgemeine Symmetriebedingungen« (Habermas 1983, 99) einer gelungenen verständigungsorientierten Kommunikation ansieht, stellt sich die argumentative Rede als »ein Kommunikationsvorgang unter idealen Bedingungen dar, unter denen Formen von Repression, Zwang, Machtausübung und Ungleichheit ausgeschlossen bleiben« (Thein 2016, 119). Die Theorie der idealen Sprechsituation hat sich zahlreichen Einwänden ausgesetzt gesehen, auf die in diesem Buch aufgrund der veränderten Diskurslage seines Spätwerkes jedoch nicht eingegangen werden kann.
119 Auf den spannungsvollen Status transzendentaler Argumente für die Diskurstheorie im Rahmen des dezidiert fallibilistischen Wissenschaftsverständnisses von Habermas verweist Daniel Henrich (vgl. Henrich 2007, 178ff.).

120 Habermas 2019a, 100.

121 Honneth 2011, 220.

122 Kreide / Wesche 2021, 279.

123 Vgl. Liebsch / Taureck 2021; Dürnberger 2021; Knapp 2021; Hösle 2021.

124 Vgl. Saar 2007; Honneth 2007; Allen 2017.

125 Honneth 2007, 69.

126 Koopman 2013, 93.

127 Vgl. Thein 2013, 317 ff. und 361 ff.

128 Kritiken an dem an Kant anschließenden kognitivistischen Verständnis von Moral unter diskurstheoretischen Prämissen sind aus phänomenologischen, pragmatistischen, religionsphilosophischen, marxistischen, neohegelianischen, feministischen, poststrukturalistischen, postkolonialen und metaethischen Perspektiven formuliert worden.

129 Vgl. Yos 2019, 275 ff.

Ausblick

1 Vgl. Thein 2021.